U0455526

权威·前沿·原创

皮书系列为
"十二五""十三五"国家重点图书出版规划项目

边疆蓝皮书

BLUE BOOK OF
BORDERLAND

中国边疆发展报告
（2019）

ANNUAL REPORT ON CHINESE BORDERLAND
(2019)

主　　编／邢广程
执行主编／吕文利

社会科学文献出版社
SOCIAL SCIENCES ACADEMIC PRESS（CHINA）

图书在版编目（CIP）数据

中国边疆发展报告. 2019 / 邢广程主编. —— 北京：
社会科学文献出版社，2019.12
（边疆蓝皮书）
ISBN 978 - 7 - 5201 - 5881 - 7

Ⅰ.①中…　Ⅱ.①邢…　Ⅲ.①边疆地区 - 区域经济发
展 - 研究报告 - 中国 - 2019 ②边疆地区 - 社会发展 - 研究
报告 - 中国 - 2019　Ⅳ.①F127

中国版本图书馆 CIP 数据核字（2019）第 282764 号

边疆蓝皮书
中国边疆发展报告（2019）

主　　编／邢广程
执行主编／吕文利

出 版 人／谢寿光
责任编辑／郑庆寰　赵　晨

出　　版／社会科学文献出版社·历史学分社（010）59367256
　　　　　地址：北京市北三环中路甲 29 号院华龙大厦　邮编：100029
　　　　　网址：www. ssap. com. cn
发　　行／市场营销中心（010）59367081　59367083
印　　装／三河市东方印刷有限公司

规　　格／开　本：787mm × 1092mm　1/16
　　　　　印　张：24.75　字　数：373 千字
版　　次／2019 年 12 月第 1 版　2019 年 12 月第 1 次印刷
书　　号／ISBN 978 - 7 - 5201 - 5881 - 7
定　　价／128.00 元

主要编撰者简介

邢广程 中国社会科学院学部委员，中国社会科学院中国历史研究院中国边疆研究所所长、研究员，博士后合作导师，中国社会科学院大学（研究生院）博士生导师。新疆智库办公室主任。1991 年毕业于中国社会科学院研究生院苏联东欧系，获得博士学位。1986～2009 年，在中国社会科学院苏联东欧研究所（今俄罗斯东欧中亚研究所）工作，先后担任过所长助理、副所长、党委书记等职务，2004～2009 年任俄罗斯东欧中亚研究所所长；2009 年起在中国社会科学院中国边疆研究所（前身为中国边疆史地研究中心）工作，曾担任临时党委书记，2012 年至今为所长。2013 年至今被聘为国家领土主权与海洋权益协同创新中心中国社会科学院中国边疆研究所分中心主任。同时，兼任国家社会科学基金项目学科评审组专家、国家出版基金管理委员会评审专家、第二届国家民委决策咨询委员会专家等。1998 年被授予中国社会科学院"有突出贡献的中青年专家"，2000 年成为享受国务院特殊津贴专家，2002 年获新世纪"百千万人才工程"国家级人选荣誉称号，2012 年获文化名家暨"四个一批"人才荣誉称号，2014 年获国家"万人计划"哲学社会科学领军人才荣誉称号；2013 年，据俄罗斯联邦2013 年 3 月 1 日181 号普京总统令获授俄罗斯最高国家奖"普希金奖章"。多年来主要从事苏联问题、俄罗斯问题及中俄关系、中国与中亚国家的关系、周边国际环境与中国边疆等问题的研究。主编和合作撰写学术著作 40 余部。代表性专著《苏联高层决策 70 年——从列宁到戈尔巴乔夫》一书，获 2000 年中国社会科学院优秀科研成果专著类一等奖；《中国与新独立的中亚国家关系》一书，获 1998 年中国社会科学院第三届优秀青年学术成果专著类二等奖；《崛起的中亚》一书获 1994 年东欧中亚研究所优秀成果奖。

《邢广程论文选》和《苏联高层决策研究》被列入全国宣传文化系统"四个一批"人才作品文库（理论界）。2019年主编出版了《丝绸之路经济带建设与中国边疆稳定和发展研究》。

吕文利　内蒙古赤峰人，2007年获中国人民大学历史学博士学位，日本东京大学访问学者，中国社会科学院中国历史研究院中国边疆研究所研究员、西南边疆研究室副主任，中国社会科学院研究生院教授，兼任武汉大学国家领土主权与海洋权益协同创新中心研究员，国家社会科学基金项目评审专家等。主要研究方向为中国边疆发展、中国边疆史、疆域理论等，出版《嵌入式互动：清代蒙古入藏熬茶研究》《丝路记忆："一带一路"历史人物》《〈皇朝藩部要略〉研究》等7部专著（含合著），发表各类文章100余篇。研究报告曾获中国社会科学院优秀对策信息一等奖及优秀对策信息三等奖；与北京市第五中学合作的"高中与高校合作的长效机制探索"项目，获2017年北京市基础教育教学成果奖二等奖；《中国古代天下观的意识形态建构及其制度实践》一文获得2018年中国边疆研究所优秀科研成果三等奖；「乾隆前期（1736－1750年）の清・ジューンガル貿易における価格・取引方法をめぐる駆け引きとその影響」一文获得2015年中国边疆研究所优秀科研成果奖三等奖。主持国家社科基金等各类项目十余项。

摘　要

本报告由中国社会科学院中国历史研究院中国边疆研究所组织陆地边疆9省区社会科学院以及新疆生产建设兵团党委党校、海南省社会科学院的相关学者共同研讨撰写，分为总报告、区域篇和专题篇三个板块，对中国边疆与周边战略合作、新中国成立70周年来的边疆治理理论与实践、改革开放特别是"一带一路"倡议提出以来边疆的经济社会发展以及2018年经济社会发展进行了全面分析。总报告分为三篇，第一篇以"中国边疆发展与周边国际区域合作"为题，分析讨论了中国与世界深度合作必然借助中国的边疆地区——中国的陆疆和海疆实现的问题。中国陆疆和海疆是中国通向世界的前沿地区，是"一带一路"倡议统筹国内和国际两个大局的重要契合线和连接线。伴随"一带一路"倡议的逐步推进和深入，国内学界对中国边疆在其中所扮演的角色需要加以认真研究。第二篇分析了新中国成立70年来的边疆治理理论与实践问题。第三篇分析了改革开放尤其是"一带一路"倡议提出以来，边疆地区的发展问题。总体上看，2018年，陆地边疆9省区以及新疆生产建设兵团、海南省经济发展稳中有进，但存在地区性差异。区域篇分为11个部分，分别对2018年的黑龙江、吉林、辽宁、内蒙古、甘肃、新疆、西藏、云南、广西等陆地边疆9省区，以及新疆生产建设兵团和海南省的经济社会发展情况进行分析，并提出对策建议，资料翔实、数据可靠。最后一个板块是专题篇，详细解读了"一带一路"六大廊道与边疆地区发展的关系问题。各个部分内容紧扣经济社会形势分析，扎根中国边疆省区发展实践经验，以团队合力攻关的模式，力图为社会提供一份权威、专业的中国边疆发展研究报告。

关键词：中国边疆　经济社会　"一带一路"

目 录

Ⅲ 专题篇

皮书数据库阅读**使用指南**

总 报 告

General Reports

B.1

中国边疆发展与周边国际区域合作

邢广程 *

摘　要：　中国与世界深度合作必然借助中国的边疆地区——中国的陆疆和海疆加以实现。中国陆疆和海疆是中国通向世界的前沿地区，是"一带一路"倡议统筹国内和国际两个大局的重要契合线和连接线。伴随"一带一路"倡议的逐步推进和深入，国内学界对中国边疆在其中所扮演的角色需要加以认真研究。"一带一路"倡议是我国边疆获得发展的重要平台和载体，而我国边疆的发展则需要在"一带一路"框架下加以实现。我国边疆是实现"一带一路"倡议、与周边国际环境契合的重要空间。我们在关注和研究边疆与周边国家和地区进行深度合作的机遇的同时，也需要关注和研究其风险问题。

---

* 邢广程，中国社会科学院学部委员，中国历史研究院中国边疆研究所所长、研究员。

> 中国边疆的发展是中国发展的重要组成部分，是中国政府全神贯注加以解决的大问题。中国边疆与周边区域经济合作不仅是与周边国家和地区亲诚惠容，而且能从相互合作中实现自身的发展和繁荣。

关键词： 中国边疆 "一带一路"倡议 周边国际区域合作

在复杂多变的世界格局中，中国在不断崛起，中国的发展进入新时代。伴随这种大趋势，中国的边疆地区也呈现新的面貌。2019 年年底，习近平总书记在《求是》上撰文指出："要考虑国家安全因素，增强边疆地区发展能力，使之有一定的人口和经济支撑，以促进民族团结和边疆稳定。"① 中国边疆的发展是中国总体发展格局中的重要组成部分，需要引起关注。

一 "一带一路"倡议与中国边疆发展

2013 年，习近平主席高瞻远瞩，审时度势，在出访哈萨克斯坦和印度尼西亚期间先后提出了关于建设"丝绸之路经济带"和"21 世纪海上丝绸之路"的倡议。这表明，不断崛起的中国旨在解决自身不断持续发展与不断变化的世界之间的关系问题。从合作空间上看，"一带一路"倡议有一个不断扩展的过程，最开始致力于建立中国与泛欧亚地区的合作空间，让泛欧亚空间更加充满合作的活力。"丝绸之路经济带"的合作指向主要是中亚和西亚地区，并经过俄罗斯联邦和地中海地区通向欧洲和非洲北部地区；"21世纪海上丝绸之路"的合作指向主要是从中国东部和东南沿海出发，经印度洋通向欧洲，经南海到南太平洋。"一带一路"倡议将东亚经济圈和欧洲经济圈紧密连接起来，构成一个泛欧亚合作的现代网络体系。而最近几年，

---

① 习近平：《推动形成优势互补高质量发展的区域经济布局》，《求是》2019 年第 24 期。

"一带一路"倡议在不断扩大合作范围，形成了升级版，即"一带一路"已超越欧亚范围，实施全球意义上的合作，是全球范围的合作方案。

"一带一路"倡议是一个综合性的全球性的大区域合作方案，主要解决中国与世界的关系问题，更具体地说，是解决中国与世界的深度合作问题。而中国与世界的深度合作首先需要中国边疆与周边国际环境进行深度而全面的合作。因此，中国与世界深度合作就必然借助中国的边疆地区——中国的陆疆和海疆加以实现。可以明确地说，中国陆疆和海疆是中国通向世界的前沿地区，是"一带一路"倡议统筹国内和国际两个大局的重要契合线和连接线。中国沿边 9 个省区是中国与周边国家和地区实施融合发展及区域合作的重要接合部，是"丝绸之路经济带"与泛欧亚大陆相衔接的重要区域。而中国的海疆则是中国"21 世纪海上丝绸之路"通向世界的重要契合线和纽带。"一带一路"倡议离不开中国边疆地区。中国的边疆地区在中国与世界的深度对接中扮演着非常重要的角色。中国需要借助边疆地区与周边和泛周边地区进行全方位的经济合作和人文交流。中国陆疆和海疆的发展在新时代中国社会主义现代化强国建设方面具有重要的现实意义。边疆地区是对外联通的最佳空间，是与周边国家进行共商共建共享的衔接区域，是对外开放的枢纽地区。中国陆疆和海疆与周边国家在实施"贸易和投资自由化便利化"方面具有得天独厚的条件。新疆是构建"丝绸之路经济带"的核心区，中国的东北边疆、北部边疆也在构建"丝绸之路经济带"的进程中扮演着重要角色。中亚地区和南亚地区是中国构建"丝绸之路经济带"的重要合作区域。而我国南部沿海的福建可发挥很大作用，是建设"21 世纪海上丝绸之路"核心区。"21 世纪海上丝绸之路"倡议的重要方向就是中国与太平洋、南太平洋和印度洋国家甚至是北冰洋国家和地区加强区域经济合作，尤其是与东盟国家的合作。"中国 - 东盟命运共同体"的倡议是"21 世纪海上丝绸之路"倡议的重要组成部分，有利于中国与东南亚国家和地区在人文领域的交流。

"一带一路"倡议是构建"人类命运共同体"的重要载体。构建"人类命运共同体"首先需要从中国的周边国际环境做起。崛起的中国与周边国家的关系路径是非常明确的，即"对话而不对抗""结伴而不结盟"。从某

种意义上说，中国与周边国家的关系存在两面性，这表现在：合作与矛盾并存，利益契合与利益竞争并存，既有"中国机遇论"呼声，也有"中国威胁论"噪声。因此，构建人类命运共同体需要先构建周边地区命运共同体，这就需要通过发挥中国边疆地区的优势，充分与周边国家进行区域经济合作和文化交流，通过交流与合作不断增进彼此之间的信任和利益契合。

与周边国家发展睦邻友好合作关系是中国外交的重要优先方面，中国正在实施亲诚惠容的政策，与邻为善、以邻为伴，深化同周边国家关系，拓展周边外交，使之成为构建人类命运共同体的重要组成部分。

伴随"一带一路"倡议的逐步推进和深入，中国边疆所扮演的角色需要认真研究。"一带一路"倡议是我国边疆获得发展的重要平台和载体，而我国边疆的发展则需要在"一带一路"框架下加以实现。我国边疆地区是实现"一带一路"倡议、与周边国际环境契合的重要空间。还需要强调的是，我们在关注和研究边疆地区与周边国家和地区进行深度合作的机遇的同时，也需要关注和研究其风险问题。

二 中国边疆与周边地区合作

中国边疆地区与周边国家的合作是推动"丝绸之路经济带"建设的重要抓手。"丝绸之路经济带"与我国边疆地区关系极为密切，尤其是其六条经济合作走廊都需要通过中国边疆地区走向国际。黑龙江、吉林、辽宁和内蒙古与中蒙俄经济走廊、朝鲜半岛和泛东北亚地区的海上通道具有密切的关联，是东北亚地区经济合作的重要区域。

俄罗斯在"丝绸之路经济带"建设中的战略地位和作用是显而易见的。中俄《关于丝绸之路经济带建设和欧亚经济联盟建设对接合作的联合声明》具有重要意义。事实上，"丝绸之路经济带"建设和欧亚经济联盟建设对接本身就赋予了大欧亚空间合作的现实价值。2019 年中俄《关于发展新时代全面战略协作伙伴关系的联合声明》明确宣布，中俄关系进入新时代。俄罗斯联邦支持中国的"一带一路"倡议，中国支持俄罗斯和中亚等国家以欧亚经济联盟为载体所推动的一体化进程。中俄在着力加强"一带一路"建设与欧亚经济联盟建设相对接。中国还支持俄罗斯联邦提出的关于建设大欧亚伙伴关系的倡议。这表明,中俄都认为"一带一路"倡议同大欧亚伙伴关系并行不悖,完全可以造福欧亚大陆人民。① 在这个大的框架下,中俄将加强两国毗邻地区的经济合作,两国毗邻地区的企业将开展大豆等生产、加工、物流合作,全面落实《关于俄扩大大豆和豆制品输华的合作规划》《中国东北地区和俄罗斯远东及贝加尔地区农业发展规划》。中俄还将深化交通运输领域合作,推动中俄黑河公路大桥和同江铁路大桥的开通,加强两国间跨境运输合作。中俄黑龙江公路和铁路大桥的通车必将推动两国口岸全方位务实合作,这就要求两国毗邻地区优化口岸通关环境,展开务实对接。此外,中俄北极可持续发展合作具有重要意义,两国应扩大北极航道开发利用,共同建设北极地区基础设施,继续联合开展极地科研合作。2019 年是中俄建交 70 周年,中俄区域经济合作具有重要的前景。

中国"丝绸之路经济带"倡议与蒙古国"草原之路"战略对接,中国将华北、东北地区港口向蒙古国开放,使其能够通过这些港口走向海洋。中国可以通过区域合作向蒙古国提供向东过境运输便利,最为现实的是,在辽宁省向其开放港口。蒙古国可以借助辽宁省沿岸港口实现其与亚太地区的经济交流。中国与蒙古国共同建设二连浩特-扎门乌德跨境经济合作区具有重要合作意义。只有这样,蒙古国才能实现在亚太地区的深度经济合作。中蒙俄正在积极加强区域合作,谋求"丝绸之路经济带" + "草原之路" + 欧亚经济联盟,形成欧亚区域合作的大空间。正是在这个大背景下形成了《中蒙俄经济走廊合作规划纲要》《中蒙俄国际道路运输发展政府间协定》等文件。中蒙俄三国合作可以比较完整地实现欧亚过境运输通道的畅通。

新疆作为"丝绸之路经济带"的核心区,与新亚欧大陆桥、中蒙俄经济走廊、中国-中亚-西亚经济走廊和中巴经济走廊具有非常重要的经济关

---

① 《中华人民共和国和俄罗斯联邦关于发展新时代全面战略协作伙伴关系的联合声明》(2019年),https://www.fmprc.gov.cn/web/gjhdq_676201/gj_676203/oz_678770/1206_679110/1207_679122/t1670118.shtml,最后访问时间:2019 年 10 月 15 日。

联性和经济合作的辐射性。不仅如此，新疆地处我国西北边陲，与8个国家接壤，区域经济合作的地缘优势十分明显。中国与哈萨克斯坦有着密切的合作。哈萨克斯坦是"丝绸之路经济带"倡议的首倡国。两国需要落实《中哈2015～2020年毗邻地区合作规划纲要》，建立中哈霍尔果斯国际边境合作中心联合协调机制，形成中哈"物流机制"［具体标志是中哈（连云港）物流合作基地］，进一步畅通中哈陆海联运新型通道，引领哈萨克斯坦从欧亚内地走向海洋，实现"丝绸之路经济带"倡议和"光明之路"新经济政策对接。中国还与其他中亚国家持续进行经济合作，例如中国与吉尔吉斯斯坦共同实施关于两国毗邻地区合作规划纲要（2015～2020年）。

中国－中南半岛经济走廊构建离不开中国云南和广西两省区的区域经济合作。中国－中南半岛经济走廊从中国广西南宁和云南昆明出发，直至新加坡，由三条陆路和一条水路组成，即南宁和昆明分别至新加坡铁路和昆明至缅甸皎漂铁路，澜沧江－湄公河的水上运输。

东南亚的大湄公河次区域经济合作机制、东盟－湄公河流域开放合作机制和澜沧江－湄公河次区域合作机制在区域合作中不断发挥作用，中国也在逐步与其建立密切的关系。2015年，中国与湄公河流域国家形成了"澜沧江－湄公河合作机制"（LMC），主要涉及柬埔寨、老挝、缅甸、泰国、越南等，组建了政治安全、经济、社会文化"三位一体"的合作框架，在互联互通、产能合作、跨境经济交流、水资源、农业和减贫五个大的方面加强合作。中国所设立的"两优"贷款、产能合作专项贷款、优先使用南南合作援助基金、设立澜湄合作专项基金等举措具有积极的合作促进作用。澜湄地区基础设施和产能合作以及中小型合作项目建设需要得到更多的关注。

中国与中南半岛国家的互联互通取得很大进展，形成了公路、铁路、水运、航空立体综合运输体系和跨境多式联运等物流体系，形成了能源、信息等跨境网络体系，推进立体口岸基础网络建设，着力加强通关便利化制度体系建设。《中国－东盟交通战略规划》和《大湄公河次区域便利货物及人员跨境运输协定》是促进中国与东盟和大湄公河次区域合作的重要法律文件。但是，还要看到，我国广西北部湾港作为关键节点还有很大潜力，需要进一步挖掘。与此同时，还需要加强中国－东盟港口城市合作网络机制，加强大湄公河次区域铁路联盟，共同推进中老缅泰的《澜沧江－湄公河国际航运发展规划》。中国与中南半岛国家和地区的合作势在必行，而中国西南边疆——云南和广西应发挥不可替代的作用。从昆明到老挝、越南、缅甸等国际高等级公路已经开通多条，起到了互联互通的作用。

孟中印缅经济走廊具有重要的区域合作意义，但这条走廊还需各当事方投入更多的精力加以推动。目前这条走廊沿线各方合作进展不大。但值得注意的是，2019 年 10 月，习近平主席访问了印度和尼泊尔，对中国与南亚区域合作起到了推动作用。习近平主席同莫迪总理达成了几项重要的共识和决定：第一，设立高级别经贸对话机制；第二，加强经济发展战略对接；第三，探讨建立制造业伙伴关系，推动双边贸易平衡可持续增长；第四，同意拓展"中印＋"合作，推进地区互联互通建设；第五，推动各方尽早达成"区域全面经济伙伴关系协定"；第六，维护多边主义和多边贸易体制，共同应对全球性挑战。2019 年 10 月，习近平主席同尼泊尔国家领导人也达成了多项共识：第一，"一带一路"倡议对接尼泊尔的"陆联国"国策；第二，实施口岸、道路、铁路、航空、通信等联通工程，构建跨喜马拉雅立体互联互通网络；第三，启动中尼跨境铁路可行性研究；第四，加强贸易投资、灾后重建、能源、旅游四大领域合作。中尼"一带一路"框架下的互联互通，有利于中尼在区域经济发展中发挥枢纽作用。

中巴经济走廊是中国与巴基斯坦联手合作的重要平台，也是"丝绸之路经济带"六条走廊中进展最顺利和最快的合作走廊。当然，中巴经济走廊在建设进程中也有一些相关问题需要从学术的视角进行系统研究，尤其是相关的风险评估问题需要从多重视角进行分析。

三　边疆的协同发展

2013 年 3 月，习近平总书记提出"治国必治边、治边先稳藏"的重要思想。"建设海洋强国"的思想是在党的十八大报告中被首次提出来的，主

要表述是："提高海洋资源开发能力，发展海洋经济，保护海洋生态环境，坚决维护国家海洋权益，建设海洋强国。"① 而中国边疆的发展问题也在党的十九大报告中得到了重要体现。其明确提出："加快边疆发展，确保边疆巩固、边境安全。"② 这次党的代表大会还特别强调，实施陆海统筹，加快建设海洋强国，旨在提升我国陆疆和海疆发展的协同性，不断增强相互之间的联系性，不断提升其发展的统一性，落实国家陆海总体战略。中国不断强调海洋发展中的国际合作，2016 年，国家海洋局所发布的《南海及其周边海洋国际合作框架（2016～2020）》明确地阐述了中国与周边海洋国际合作的基本路径，这也是中国建立海洋合作伙伴关系的重要方面。

这些年来，习近平总书记多次赴边疆地区视察和调研，提出了一系列治理边疆的战略和政策，对我国边疆的安全、稳定和发展具有极其重要的指导作用。

新时代中国的边疆建设和发展必将在全方位开放状态下进行。中国的进一步开放也必将体现在沿海地区的进一步开放和沿边地区的进一步开放。党的十九大明确提出，中国需要"在更大范围、更宽领域、更深层次上提高开放型经济水平"。党的十九大报告还提出"实施区域协调发展战略"，着力支持"四区"——革命老区、民族地区、边疆地区、贫困地区的加快发展。③ 中国边疆地区需要比较系统和有效地借助我国的一系列区域发展的战略构想来发展自身。在"一带一路"倡议提出之前，中国就制订了一些战略方案（西部大开发战略、振兴东北老工业基地战略等），旨在促进边疆地区的发展。因此，沿边各省区应在国家层面的统筹下因地制宜，争取产生最大的综合效应。中国最大的政治优势就是"全国一盘棋"，加强内地与边疆的互动，沿海地区和内地的互动，加强陆海互动，是新时代中国边疆发展的必由之路。从这个观点出发，我国边疆地区的发展应与京津冀一体化、长江

---

① 《胡锦涛在中国共产党第十八次全国代表大会上的报告》，http://www.xinhuanet.com/18cpcnc/2012-11/17/c_113711665.htm。
② 《习近平在中国共产党第十九次全国代表大会上的报告》，http://www.qstheory.cn/llqikan/2017-12/03/c_1122049424.htm。
③ 《习近平在中国共产党第十九次全国代表大会上的报告》，http://www.qstheory.cn/llqikan/2017-12/03/c_1122049424.htm。

经济带等区域发展战略相呼应和相衔接。

需要指出的是，黑龙江、吉林和辽宁地区的区域合作需要整合。最近一个时期，我国东北地区经济下行趋势比较明显，经济发展后劲不足，人口迁移现象比较严重。因此，应从大区域发展的战略上比较慎重地研究东北地区经济发展下行的各种成因，对症下药，力求从根本上扭转这种局面。

着力加强西北地区的区域合作，着力加强西北地区与内地及沿海地区的合作，在当前和未来的全国区域布局中是十分必要的。新疆"丝绸之路经济带核心区"与陕西、甘肃、宁夏和青海应有效地加强区域内部的合作。党的十九大也强调，"优化区域开放布局，加大西部开放力度"。

同时，边疆地区还需要在互联互通、区域交通与口岸建设、东部发达区域的援边项目等方面下功夫。认真借鉴内地发达地区先进的发展理念，不断推动边疆地区的经济园区建设。应继续着力推进西部大开发，继续加快东北等老工业基地振兴。继续发挥长三角、珠三角、海峡西岸、环渤海等地区的辐射带动作用，继续加强中国（上海）自由贸易试验区建设，继续加强深圳前海、广州南沙、珠海横琴、福建平潭等开放合作区作用，继续推进粤港澳大湾区、浙江海洋经济发展示范区、福建海峡蓝色经济试验区和舟山群岛新区建设。

我国东部沿海地区分布着一系列沿海城市港口，这是我国与世界进行能量互动的重要平台，需要进一步深挖其潜力。继续发挥上海、广州等国际枢纽机场的作用，发挥香港、澳门特别行政区独特优势，为台湾地区参与"一带一路"倡议预留空间。重要的是，加强海南全岛建设自由贸易试验区和中国特色自由贸易港，将党中央、国务院《关于支持海南全面深化改革开放的指导意见》落实到位。目前海南确定了四大战略定位：全面深化改革开放试验区、国家生态文明试验区、国际旅游消费中心、国家重大战略服务保障区。但是海南省若实现上述四个定位还有很多问题需要解决。

总之，中国边疆的发展是中国发展的重要组成部分，是中国政府全神贯注加以解决的大问题。中国全面建成小康社会，总体摆脱贫困最主要的关注空间就在我国边疆地区，尤其是西部边疆地区。因此，发展边疆、建设边疆

不仅是我国边疆地区自身的事情，也是全中国的重要使命。中国内地省份对口援助边疆地区的做法已经取得很大的成效，这是中国发展边疆的重要的全国性举措。除关注我国边疆地区发展的国内协同之外，我们还要看到中国边疆的发展离不开国际环境，尤其是周边国际环境，只有坚定不移地实施全方位改革开放政策，中国边疆地区才能获得发展的巨大机遇。从这个意义上说，中国边疆与周边区域经济合作不仅是与周边国家和地区亲诚惠容，而且能从相互合作中实现自身的发展和繁荣。

B.2

新中国70年来边疆治理理论与实践

吕文利[*]

摘 要： 1949年，中华人民共和国成立。如今70年过去了，中国已由当年积贫积弱的国家一跃而为世界第二大经济体。这与中国边疆的稳定和发展是分不开的。盘点70年来的边疆治理理论与实践，笔者发现历代中央领导集体都是与时俱进的，在革命实践和社会主义建设实践中，不断调整边疆战略，以与当下形势相适应。无论是以和平方式解决边界问题，坚持和完善民族区域自治制度，还是"治国必治边、治边先稳藏""促进新疆社会稳定与长治久安""建设海洋强国"等战略，无不闪耀着新时代思想的光芒。

关键词： 新中国 成立70周年 边疆治理 边疆发展

引 言

中国的疆域辽阔，有三个显著特点。一是邻国众多，边界情况复杂。1949年，中华人民共和国成立，百废待兴，百业待举。当时中国陆上与朝鲜、苏联、蒙古、阿富汗、巴基斯坦、印度、锡金、不丹、尼泊尔、缅甸、老挝和越南12个国家接壤，且大多没有签订正式界约，边界大体以传统习惯线来处理。为了创造国内国外的稳定环境，中国政府也以维持现状的策略

---

* 吕文利，中国社会科学院中国历史研究院中国边疆研究所研究员、西南边疆研究室副主任。

来稳定边界。但周边国家有很多是渐次摆脱殖民统治的民族国家，对边界诉求较为强烈，与中国发生了一些冲突，于是以中缅边界的解决为开端，除印度、不丹外，中国政府逐渐在陆疆上解决了与邻国复杂的边界问题。二是大多数少数民族居住在广袤的边疆地区，边疆问题与民族问题纠缠在一起。自新中国成立之初，中国政府就建立和实践民族区域自治制度，并针对一些重点地区进行特殊施政，提出了很多创新理论。三是兼有陆疆与海疆。中国古代一直是背海向陆，以海洋作为天然屏障，明清时期还实施了很长时间的"海禁"政策，所以海防一直不受重视，统治者没有海权观念，到了近代，虽有改观，但成效不大。新中国成立后，中央政府重视海洋，提出了一系列海洋战略。

今天，边疆已成为中国的核心利益，牵一发而动全身，故笔者不揣浅陋，总结新中国成立 70 年来的边疆治理理论与实践，以为将来更好地前行。

一 新中国的边疆治理理论与边界划定实践

新中国成立后，面对国内外复杂形势，特别是还有朝鲜战争等大的战争，中国共产党对边界问题采取的政策是"维持现状和不承认主义"。[①] 1949 年 9 月通过的《中国人民政治协商会议共同纲领》，在第七章"外交政策"中的第五十四条规定："中华人民共和国外交政策的原则，为保障本国独立、自由和领土主权的完整，拥护国际的持久和平和各国人民间的友好合作，反对帝国主义的侵略政策和战争政策。"第五十五条规定："对于国民党政府与外国政府所订立的各项条约和协定，中华人民共和国中央人民政府应加以审查，按其内容，分别予以承认，或废除，或修改，或重订。"第五十六条规定："凡与国民党反动派断绝关系，并对中华人民共和国采取友好

---

① 1957 年 3 月 16 日，周恩来在全国政协会议上说："我们建国之初，对边界采取的政策，是维持现状和不承认主义，当时这样的政策是需要的，是恰当的，可是我们已意识到，这只是一个权宜措施，不是一个长远的政策，总不能永远拖下去。"转引自张植荣《中国边疆与民族问题——当代中国的挑战及其历史由来》，北京大学出版社，2005，第 44 页。

态度的外国政府，中华人民共和国中央人民政府可在平等、互利及互相尊重领土主权的基础上，与之谈判，建立外交关系。"① 现在我们回过头来看，当时百废待兴，国内国外政治形势未明，对于新兴的共产党政权来讲，"维持现状和不承认主义"在当时无疑是正确的。但是随着朝鲜战争的结束，一些边界冲突又起，中国领导人意识到，"维持现状和不承认主义"已不适应新的形势需要了，边界问题必须解决，边疆战略必须确立。1957 年，周恩来在谈到边界问题时说："中国的边界除中缅边界问题外，从南到北说，大致有这样一些问题：越南和中国之间有一两个小地方没有划清楚。印度和中国的边界是未定的。中国和尼泊尔边界是比较清楚的，因为有分水岭为界。中巴分界有一小段没有确定。中国和阿富汗接壤很少，但边界也没有最后的确定。中苏之间一般说来国界是定了，但是在新疆也还有一小块地方没有最后确定。当代同蒙古人民共和国的整个边界都没有划定，其间有些出入，在某些地方（如蒙古同我国新疆交界的一些地方）还存在着争论。我国同朝鲜民主主义共和国一般以鸭绿江、图们江为界，可是在没有江的地方，如在长白山、天池地区，也还有些争论。以上是陆地边界的情况。在海上，比如南沙群岛问题、中沙群岛问题、西沙群岛问题，也都有争论。"②

1955 年底发生的中缅黄果园边界冲突事件，③ 成为解决边界问题的突破口。经过周恩来等国家领导人多次查阅历史资料、多次请教专家学者，并与缅甸方面多次磋商后，中缅两国于 1960 年 1 月 28 日在北京签订了《中华人

---

① 《中国人民政治协商会议共同纲领》（一九四九年九月二十九日中国人民政治协商会议第一届全体会议通过），中共中央文献研究室编《建国以来重要文献选编》第 1 册，中央文献出版社，1993，第 13 页。

② 外交部编《周恩来论外交》（内刊资料），第 37 页。转引自张植荣《中国边疆与民族问题——当代中国的挑战及其历史由来》，第 43 页。

③ "国民党政权在中国大陆溃败后，一部分军队退入缅境，集中于景栋（Keng tung，即孟艮）、佤邦以及八莫地区。我军在解放初期到达'1941 年线'后未再前进。1951 年，国民党李弥残部入侵，我军于 1952 年将其击溃，并追击进入'1941 年线'以西地区。当时缅甸军队尚未到达该地区，因此我军未即撤回。1955 年，缅军向前推进，在'1941 年线'以西的黄果园附近同我军遭遇，发生了一次小冲突，是为'黄果园事件'。"参见朱昭华《中缅边界问题研究——以近代中英边界谈判为中心》，黑龙江教育出版社，2007，第 268 页注 1。

民共和国政府和缅甸联邦政府关于两国边界问题的协定》，10月，签署了《中华人民共和国和缅甸联邦边界条约》，标志着两国边界问题最终解决。"中缅边界问题的最终解决，是中国政府在北段未定界作出了较大让步"。①周恩来早在1957年政协全体会议上，对中缅边界问题所做的解释中就说，中缅举行边界谈判"是依据我国的国策，即首先是争取世界形势的和缓；第二是要与亚非国家真正和平共处，把帝国主义的侵略和包围打开一个缺口；第三是预防大国主义情绪"。②1960年10月2日，周恩来在首都十万人庆祝签订中缅边界条约的大会上发言，认为："中缅边界条约是中缅两国友好关系进一步发展的里程碑，是亚洲各国人民友好相处的光辉榜样，是亚洲各国之间解决边界问题和其他争端的良好范例。"③

正是中缅边界问题的友好解决，使得新中国逐渐形成了较为明确的边疆战略："第一，和平解决边界问题，树立中国和平共处的国际形象，争取中间地带国家，突破帝国主义与反华势力的包围，确保中国边疆与民族地区的安全。""第二，睦邻友好，安定四邻，为国内社会主义现代化建设创造和平国际环境。""第三，坚持平等互利，维护正当的民族利益，反对大国主义。""第四，以印度和缅甸为突破口，树立睦邻友好的典范。"④

中国在与缅甸解决边界问题的过程中，也逐渐形成了和平共处五项原则思想，⑤并逐步得到了周边及世界各国的公认，成为指导国际关系的基本准则。1955年万隆会议上所通过的《关于促进世界和平与合作的宣言》十项原则，正是在和平共处五项原则上的发展。以中缅边界问题的解决为开端，中国先后解决了同尼泊尔（1961年）、朝鲜（1962年）、蒙古（1962年）、巴基斯坦（1963年）、阿富汗（1963年）、老挝（1991年）、哈萨克斯坦

① 朱昭华：《中缅边界问题研究——以近代中英边界谈判为中心》，第283页。
② 中共中央文献研究室编《周恩来年谱（1949~1976）》中卷，中央文献出版社，1997，第26页。
③ 中共中央文献研究室编《周恩来年谱（1949~1976）》中卷，第354页。
④ 张植荣：《中国边疆与民族问题——当代中国的挑战及其历史由来》，第45~47页。
⑤ 和平共处五项原则，即互相尊重主权和领土完整、互不侵犯、互不干涉内政、平等互利、和平共处。

（1998 年）、吉尔吉斯斯坦（1999 年）、塔吉克斯坦（2002 年）、俄罗斯（2004 年）等国的边界问题。1999 年 12 月，中越两国签订了《中越陆地边界条约》；2000 年 12 月 25 日，签订了中越《关于在北部湾领海、专属经济区和大陆架的划界协定》以及中越《北部湾渔业合作协定》，解决了北部湾划界问题。目前在陆地边界问题上，除印度和不丹外，中国已与其他 12 个邻国签订了边界条约或协定，划定了陆地边界线。

随着边界问题的渐次解决，中国的边疆战略也需要重新思考。2013 年 10 月 24 日至 25 日，党中央高规格地召开了"周边外交工作座谈会"。这次会议的主要任务是，总结经验、研判形势、统一思想、开拓未来，确定今后 5～10 年周边外交工作的战略目标、基本方针、总体布局，明确解决周边外交面临的重大问题的工作思路和实施方案。习近平总书记强调，无论从地理方位、自然环境还是相互关系看，周边地区对我国都具有极为重要的战略意义。思考周边问题、开展周边外交要有立体、多元、跨越时空的视角。审视我国的周边形势，当今周边环境发生了很大变化，我国同周边国家和地区的关系也发生了很大变化，我国同周边国家和地区的经贸联系更加紧密、互动空前频繁。这客观上要求我们的周边外交战略和工作必须与时俱进、更加主动。习近平强调，我国周边外交的基本方针，就是坚持与邻为善、以邻为伴，坚持睦邻、安邻、富邻，突出体现亲、诚、惠、容的理念。发展同周边国家睦邻友好关系是我国周边外交的一贯方针。[1]

二 民族区域自治制度的建立及其理论的发展与实践

民族区域自治制度，是中国共产党在马克思主义指导下，结合中国实际、革命和社会主义实践，创造性地解决我国民族问题的基本政治制度。

1947 年，中国第一个自治区——内蒙古自治区成立，标志着民族区域

---

[1] 《习近平在周边外交工作座谈会上发表重要讲话》（2013 年 10 月 25 日），人民网，http：//politics. people. com. cn/n/2013/1025/c1024 - 23332318. html，最后访问时间：2019 年 6 月 25 日。

自治制度正式进入实践。1947年10月10日，毛泽东在《中国人民解放军宣言》中提出，"承认中国境内各少数民族有平等自治的权利"。①

中华人民共和国成立后，历代领导集体高度重视民族区域自治制度。新中国成立之初，《中国人民政治协商会议共同纲领》就明确规定："各少数民族聚居的地区，应实行民族的区域自治，按照民族聚居的人口多少和区域大小，分别建立各种民族自治机关。"② 此后又在《民族区域自治实施纲要》和《宪法》中进一步做了具体规定。至此，民族区域自治制度作为中国的一项基本国策被确定下来。1955年新疆维吾尔自治区成立，1957年宁夏回族自治区成立，1958年广西壮族自治区成立，1965年西藏自治区成立。随着社会主义实践的展开，民族区域自治制度也在不断完善。1980年，邓小平针对民族区域自治制度实施过程中出现的问题，提出"要使各少数民族聚居的地方真正实行民族区域自治"。③ 1984年，《民族区域自治法》颁布实施，这是在总结过去30余年实施民族区域自治制度经验的基础上，结合社会主义建设新时期的发展变化而出台的一部法律，标志着中国的民族区域自治制度进入法制化的轨道。1987年，邓小平强调："解决民族问题，中国采取的不是民族共和国联邦的制度，而是民族区域自治的制度。我们认为这个制度比较好，适合中国的情况。我们有很多优越的东西，这是我们社会制度的优势，不能放弃。"④

1997年，在中国共产党第十五次全国代表大会上，首次把民族区域自治制度、人民代表大会制度以及共产党领导的多党合作、政治协商制度一同确定为中国的三项基本政治制度。党的十八大以来，民族区域自治制度稳步

① 中共中央统战部编《民族问题文献汇编1921.7～1949.9》，中共中央党校出版社，1991，第1133页。

② 《中国人民政治协商会议共同纲领》（一九四九年九月二十九日中国人民政治协商会议第一届全体会议通过），中共中央文献研究室编《建国以来重要文献选编》第1册，第12页。

③ 《党和国家领导制度的改革》（1980年8月18日），《邓小平文选》第2卷，人民出版社，1994，第339页。

④ 《我们干的事业是全新的事业》（1987年10月13日），《邓小平文选》第3卷，人民出版社，1993，第257页。

发展。党的十八大报告提出："全面正确贯彻落实党的民族政策，坚持和完善民族区域自治制度，牢牢把握各民族共同团结奋斗、共同繁荣发展的主题，深入开展民族团结进步教育，加快民族地区发展，保障少数民族合法权益，巩固和发展平等团结互助和谐的社会主义民族关系，促进各民族和睦相处、和衷共济、和谐发展。"党的十九大报告提出："必须坚持中国特色社会主义政治发展道路，坚持和完善人民代表大会制度、中国共产党领导的多党合作和政治协商制度、民族区域自治制度、基层群众自治制度。"

需要指出的是，习近平总书记在2014年中央民族工作会议上提出了坚持和完善民族区域自治制度的"两个结合"思想，即坚持统一和自治相结合，民族因素与区域因素相结合。这是习近平总书记在总结中国共产党之前几十年民族区域自治制度实践的经验教训的基础上，所提出来的创新思想。① "坚持和完善民族区域自治制度，要坚持统一和自治相结合。团结统一是国家的最高利益，是各族人民的共同利益，是实行民族区域自治的前提和基础。没有国家的团结统一，就谈不上民族区域自治。" "坚持和完善民族区域自治制度，要坚持民族因素和区域因素相结合。一方面，我国的民族分布格局，全国是交错散居，民族自治地方也是交错杂居，现在这种趋势越来越明显。在一个自治地方，往往共同生活着数个甚至数十个民族。民族区域自治不是某个民族独享的自治，民族自治地方更不是某个民族独有的地方。另一方面，在我国，一个民族不仅可以在一个地区实行自治，成立自治

---

① "民族区域自治制度在确立之初，中国共产党强调的是区域自治和民族自治的正确结合。此后在不同的历史时期和阶段，中国共产党不断发掘民族区域自治的制度优势，不断深化认识，防止片面理解和误读。1957年青岛民族工作座谈会上，周恩来同志指出，民族区域自治是民族自治与区域自治的正确结合，是经济因素与政治因素的正确结合。江泽民同志在1992年中央民族工作会议上强调，民族区域自治制度把国家的集中统一与少数民族聚居地区的区域自治有机结合起来，把政治因素与经济因素有机结合起来，是完全适合我国国情的解决民族问题的基本制度。胡锦涛同志在2005年中央民族工作会议上指出，民族区域自治体现了民族因素与区域因素、政治因素与经济因素、历史因素与现实因素的统一。此后，在以上3种统一因素的认识基础上，又增加了制度因素与法律因素的统一，进一步丰富了民族区域自治制度的内涵。"参见国家民委民族理论政策研究室主编《中央民族工作会议创新观点面对面》，中华人民共和国国家民族事务委员会，http://www.seac.gov.cn/seac/xxgk/201506/1073901.shtml，最后访问时间：2019年6月25日。

区，而且可以分别在很多地方实行自治，成立自治州、自治县和民族乡。民族区域自治不仅使聚居的民族能够享受到自治权利，而且使散居的民族也能够享受到自治权利。各少数民族从人口多到人口少，从大聚居到小聚居，几乎都有了相当的自治单位，充分享受了民族自治权利。但同时需要强调的是，我国所有民族自治地方都是中国共产党领导下的地方，都是中华人民共和国的地方，都是全国各族人民共同拥有的地方。"①

民族区域自治制度"两个结合"思想，是站在维护国家统一的高度，依据现实实践而提出的创新理论，有利于击破分裂势力的险恶用心，防止民族隔阂、国家分裂，并为今后制定相关政策提供遵循。

三 治理西藏的理论与实践："治国必治边，治边先稳藏"

在边疆民族地区中，中国共产党特别重视西藏地区，这是因为广大的边疆民族地区，尤其是西藏地区，很多群众都信仰藏传佛教，正因如此，清代就形成了尊崇藏传佛教的国策。所以西藏在边疆民族地区中具有举足轻重的地位，牵一发而动全身。2015 年 8 月 24 日至 25 日，在中央第六次西藏工作座谈会上，习近平总书记指出："在 60 多年的实践过程中，我们形成了党的治藏方略。"

中国共产党对西藏的政策是在革命实践中逐步调整的。正如上文所说，早在 1922 年 7 月，中国共产党在第二次全国代表大会上就提出，"蒙古、西藏、回疆三部实行自治，成为民主自治邦"，"在自由联邦制原则上，联合蒙古、西藏、回疆，建立中华联邦共和国"。但是随着形势的发展和实践的变化，中央也在审慎考虑西藏问题。1950 年，邓小平在考虑西藏问题时说："当前在少数民族地区做工作，一个重要原则就是不准出乱子，不能把事情

---

① 国家民委民族理论政策研究室主编《中央民族工作会议创新观点面对面》，中华人民共和国国家民族事务委员会，http：//www.seac.gov.cn/seac/xxgk/201506/1073901.shtml，最后访问时间：2019 年 6 月 25 日。

搞坏。"① 这是关于稳定方面的思考，但他同时又强调："实行民族区域自治，不把经济搞好，那个自治就是空的。少数民族是想在区域自治里面得到些好处，一系列的经济问题不解决，就会出乱子。"这是关于发展方面的思考。关于具体办法，他说："毛主席对西藏问题就确定了两条，第一是实行民族区域自治，第二是进军西藏'不吃地方'。这两条搞好了，才能解决西藏问题，才能团结起来巩固国防。这两条对所有少数民族地区都是适用的。政治要以经济做基础，基础不坚固还行吗？如果我们只给人家一个民族区域自治的空头支票，而把人家的粮食吃光，这是不行的。"② 在对藏传佛教的认识上，中央逐渐形成了"宗教信仰自由""政教分离"的原则。1951年，在有关西藏和平解放的"十七条协议"签署时，毛泽东指出："在西藏人民中，佛教有很高的威信。人民对达赖喇嘛和班禅额尔德尼的信仰是很高的。因此，协议中不但规定对宗教应予尊重，对寺庙应予保护，而且对上述两位藏族人民的领袖的地位和职权也应予以尊重。"③

但是达赖喇嘛对中国共产党的政策持怀疑态度，在其他叛乱者的煽动下，最终酿成了1959年3月的拉萨叛乱。在达赖喇嘛前往印度之后，3月28日，中央宣布解散西藏地方政府，实行民主改革，彻底废除了政教合一的农奴制。1965年，西藏自治区成立，建立社会主义制度，实行民族区域自治，西藏实现了社会制度的历史性跨越，为西藏的发展稳定奠定了坚实的基础。

改革开放后，西藏同全国人民一道，进入新时期。1980年3月，中共中央总书记胡耀邦在北京主持召开了第一次西藏工作座谈会。这次会议主要任务就是进一步明确今后西藏建设的方针、任务和若干政策问题，并形成了《西藏工作座谈会纪要》（以下简称《纪要》），中共中央在关于转发这个

---

① 《关于西南少数民族问题》（1950年7月21日），《邓小平文选》第1卷，人民出版社，1994，第165页。

② 《关于西南少数民族问题》（1950年7月21日），《邓小平文选》第1卷，第167页。

③ 毛泽东：《必须恪守和平解放西藏办法协议》（一九五一年五月二十六日），中共中央文献研究室、中共西藏自治区委员会编《西藏工作文献选编（1949~2005）》，中央文献出版社，2005，第54~55页。

《纪要》的通知中，特别强调了要从自治区实际情况出发，制定了"八项方针"。一是中央各部门根据西藏的自然条件、民族特点、经济结构、各族人民思想觉悟和生活状况，制定工作方针。二是中央统战部和国家民委要积极协助中央和国务院处理好西藏工作中的一些具体问题。三是中央和中央各部门制定的方针、政策、制度，凡是不适合西藏实际情况的，西藏党政群领导机关可以不执行或变通执行。但重要的问题要事先请示，一般的问题要事后报告。四是大力培养藏族和其他少数民族干部。五是中央各部门要照顾西藏特殊需要，尽可能满足其合理要求，在物质、技术等方面给予积极支援。六是全国各有关地方和单位都要根据上级的指示，认真做好支援西藏工作。七是中央各部门和各省、自治区、直辖市，对于《纪要》中提到的和自己工作有关的问题，要专门研究，制定措施，抓紧解决，并将落实情况报告中央。八是西藏自治区党委要按照党的十一届三中、四中、五中全会和《纪要》的精神，认真总结过去工作，发扬成绩，克服缺点，纠正错误。① 1984年，又召开了第二次西藏工作座谈会。"实行'两个长期不变'（'土地归户使用、自主经营长期不变''牲畜归户、私有私养、自主经营长期不变'政策）。从'关键是看怎样对西藏人民有利，怎样才能使西藏很快发展起来，在中国四个现代化建设中走进前列'的衡量西藏工作标准的著名论断，到推动西藏拨乱反正、休养生息，为西藏制定了一系列特殊政策和灵活措施，开创了西藏社会主义建设事业的新局面。"② 邓小平一直在思考如何解决西藏的发展问题，他说："西藏是人口很稀少的地区，地方大得很，单靠二百万藏族同胞去建设是不够的，汉人去帮助他们没有什么坏处。如果以在西藏有多少汉人来判断中国的民族政策和西藏问题，不会得出正确的结论。关键是看怎样对西藏人民有利，怎样才能使西藏很快发展起来，在中国四个现代

---

① 《中共中央关于转发〈西藏工作座谈会纪要〉的通知》（1980年4月7日），金炳镐主编《民族纲领政策文献选编》第二编，第625~626页。

② 中共西藏自治区委党史研究室：《改革开放以来全国援藏工作纪略》，中共中央党史研究室科研管理部组织编写《改革开放实录》第二辑第3册，中共党史出版社，2018，第1859页。

化建设中走进前列。目前西藏情况有了明显的变化，西藏人民生活有了不小的改善，但总的讲还是处于落后状况，还有很多事情要做。不仅西藏，其他少数民族地区也一样。我们的政策是着眼于把这些地区发展起来。如内蒙古自治区，那里有广大的草原，人口又不多，今后发展起来很可能走进前列，那里有不少汉人。观察少数民族地区主要是看那个地区能不能发展起来。如果在那里的汉人多一点，有利于当地民族经济的发展，这不是坏事。看待这样的问题要着重于实质，而不在于形式。"①

但是，西藏在取得很大发展成绩的同时，不断面临对其稳定的挑战。在这种形势下，中央于 1994 年、2001 年、2010 年分别召开了第三、四、五次西藏工作座谈会，围绕西藏的发展和稳定两件大事，研究新情况，解决新问题，进一步明确加强西藏工作的指导思想。

党的十八大以来，中央尤其重视西藏工作。2013 年 3 月，习近平总书记在参加第十二届全国人大一次会议西藏代表团审议时，提出了"治国必治边、治边先稳藏"的重要战略思想，第一次深刻地阐明了治国、治边、稳藏的内在关系，成为新时期治藏方略的根本遵循。2015 年，中央第六次西藏工作座谈会，会议基调是"进一步推进西藏经济社会发展和长治久安工作"，弱化了原来"跨越式发展"的表述。中共中央总书记习近平在讲话中指出："西藏工作关系党和国家工作大局。党中央历来高度重视西藏工作。在 60 多年的实践过程中，我们形成了党的治藏方略，这就是：必须坚持中国共产党领导，坚持社会主义制度，坚持民族区域自治制度；必须坚持治国必治边、治边先稳藏的战略思想，坚持依法治藏、富民兴藏、长期建藏、凝聚人心、夯实基础的重要原则；必须牢牢把握西藏社会的主要矛盾和特殊矛盾，把改善民生、凝聚人心作为经济社会发展的出发点和落脚点，坚持对达赖集团斗争的方针政策不动摇；必须全面正确贯彻党的民族政策和宗教政策，加强民族团结，不断增进各族群众对伟大祖国、中华民族、中华文

---

① 《立足民族平等，加快西藏发展》（1987 年 6 月 29 日），《邓小平文选》第 3 卷，第 246 ~ 247 页。

化、中国共产党、中国特色社会主义的认同；必须把中央关心、全国支援同西藏各族干部群众艰苦奋斗紧密结合起来，在统筹国内国际两个大局中做好西藏工作；必须加强各级党组织和干部人才队伍建设，巩固党在西藏的执政基础。"①

四　治理新疆的理论与实践："促进新疆社会稳定与长治久安"

1949年9月26日，新疆省政府发出了和平起义通电，新疆和平解放。10月20日，解放军的先遣部队抵达乌鲁木齐。12月17日，新疆省人民政府和新疆军区宣告成立。新疆当时的局势错综复杂。新疆一直是我国西北的门户，民族众多，近代以来，列强不断觊觎新疆，在历次动乱中，都可以见到外来势力的影子，列强由此也培植了一些民族分裂势力。中国新疆地区同苏联接壤，虽然两国同属社会主义阵营，苏联在和平解放新疆等方面也发挥了一定的积极作用，但苏联在新疆也有维持其利益的考量。前国民党爱国将领、原新疆兵团司令员陶峙岳将军就曾这样说："19世纪60年代后的新疆形势，是强邻窥视，虎视眈眈，始终存在外来的强大压力。"②

鉴于新疆复杂的局面，1954年10月，中央人民政府命令驻新疆人民解放军的大部集体就地转业，脱离国防部队序列，组建生产建设兵团，其使命是劳武结合，屯垦戍边。从1956年5月起，兵团受国家农垦部和新疆维吾尔自治区双重领导。根据当时边疆的形势，兵团主要布防在北疆一带，形成了"北重南轻"的局面。目前兵团的14个师中，只有4个师驻防于南疆。2015年9月24日，国务院新闻办发表的《新疆各民族平等团结发展的历史见证》白皮书指出："兵团对维稳戍边发挥特殊作用。兵团始终坚持亦兵亦

---

① 中央第六次西藏工作座谈会，http://www.zytzb.gov.cn/tzb2010/yaowentoutiao/201508/4ce629fdf17641cbbb104c309ad29a2f.shtml，最后访问时间：2018年10月25日。

② 《新疆通志·生产建设兵团志》，新疆人民出版社，1998，第1168页。

民、劳武结合、兵民合一，一手抓劳动生产，一手抓军事训练，58 个边境团场的数十万职工守卫着祖国 2000 多公里的边境线，保卫中国西北边防的安全。"① 这是对新疆生产建设兵团多年来维稳戍边的肯定。截至 2018 年，兵团拥有 310.56 万人口，146.35 万从业人员，14 个师，179 个农牧团场，拥有包括 14 家上市公司在内的大批工交建商企业和一批教科文卫体等社会事业单位，地区生产总值为 2515.16 亿元。②

随着中国与周边国家陆地边界的划定，新疆靠近边界的地区进入稳定期，但是疆内一些分裂势力蠢蠢欲动，分裂活动时有发生，尤其是改革开放后，分裂活动越发猖獗。1981 年，邓小平在视察新疆时指出："新疆稳定是大局，不稳定一切事情都办不成。不允许搞分裂，谁搞分裂处理谁。"③"新疆的根本性问题是共和国还是自治区的问题。我们和苏联不同，我们不能搞共和国，我们是自治区。"④ 2009 年，新疆发生了震惊国内外的"七·五"事件，这成为一个标志性事件，表明"三股势力"已到猖狂的地步。在此形势下，中央于 2010 年和 2014 年分别召开了第一次和第二次新疆工作座谈会。贯穿两次中央新疆工作座谈会的思考主线，就是发展与稳定的关系。2010 年中央第一次新疆工作座谈会上，所定的基调是"推进新疆跨越式发展和长治久安"，时任中共中央总书记胡锦涛强调："贯彻落实好新形势下新疆工作的指导思想和目标任务，一是必须始终按照科学发展观的要求推进新疆跨越式发展，把走科学发展道路、加快发展作为解决新疆问题的根本途径，坚定不移推动经济社会又好又快发展。二是必须始终把提高各族人民生活水平作为一切工作的根本出发点和落脚点，着力办好老百姓所思所盼的

---

① 中华人民共和国国务院新闻办公室网站，http：//www. scio. gov. cn/zfbps/32832/Document/1450414/1450414. htm，最后访问时间：2019 年 6 月 25 日。

② 《新疆生产建设兵团 2018 年国民经济和社会发展统计公报》，新疆生产建设兵团网站，http：//www. xjbt. gov. cn/c/2019 - 03 - 25/7229281. shtml，最后访问时间：2019 年 6 月 25 日。

③ 邓小平：《视察新疆时的谈话》（1981 年 8 月 16 日），中共中央文献研究室编《邓小平思想年谱（1975~1997）》，中央文献出版社，2011，第 380 页。

④ 邓小平：《在听取新疆维吾尔自治区党委负责同志汇报时的指示》（1981 年 8 月 16 日），转引自《新疆各族人民永远怀念邓小平》，《人民日报》1998 年 2 月 19 日。

事，加快改善各族群众特别是广大农牧民生产生活条件。三是必须始终把握各民族共同团结奋斗、共同繁荣发展的主题，始终高举各民族大团结旗帜，形成推进新疆跨越式发展和长治久安的强大合力。四是必须始终把促进改革发展同维护社会稳定有机结合起来，坚持发展和稳定两手抓、两手都要硬，坚定不移维护社会稳定、维护社会主义法制、维护人民群众根本利益、维护祖国统一、维护民族团结，确保新疆社会大局稳定。"① 当时中央政府"把走科学发展道路、加快发展作为解决新疆问题的根本途径"，实际上是想以经济发展来促进稳定。但随后几年愈演愈烈的暴恐事件表明，发展未必能够带来稳定，"有人甚至一边吃着手抓肉，一边还骂共产党"。人心靠钱是买不来的，靠恩惠施舍也是换不来的。2014 年 4 月 27~30 日，习近平总书记在新疆考察时指出，新形势下，新疆生产建设兵团工作只能加强，不能削弱。要使兵团真正成为"安边固疆的稳定器、凝聚各族群众的大熔炉、先进生产力和先进文化的示范区"，这是新时期对兵团的新定位。紧接着在 5 月 28~29 日召开的第二次中央新疆工作座谈会中，中央把会议的基调定为"围绕社会稳定和长治久安这个总目标"。习近平指出："必须把严厉打击暴力恐怖活动作为当前斗争的重点，高举社会主义法治旗帜，大力提高群防群治预警能力，筑起铜墙铁壁、构建天罗地网。要并行推进国内国际两条战线，强化国际反恐合作。"②

如今，距离第二次中央新疆工作座谈会召开已有 5 年，5 年来，新疆的一切工作都围绕"社会稳定和长治久安是新疆工作的总目标"来谋划推进。目前，"新疆大局持续稳定，形势持续向好，城乡社会安宁，连续 30 个月无暴恐案件，实现总目标的基础更加巩固"。"2014 至 2018 年，新疆累计实现 231.47 万人脱贫，贫困发生率由 2013 年底的 19.4% 降至 2018 年底的 6.1%。""2018 年，新疆全年旅游人数突破 1.5 亿人次，同比增长 40.09%，

---

① 中国共产党新闻网，http://cpc.people.com.cn/GB/64093/67507/11654261.html，最后访问时间：2019 年 6 月 25 日。

② 《习近平在第二次中央新疆工作座谈会上发表重要讲话》，人民网，http://pic.people.com.cn/n/2014/0530/c1016-25084060.html，最后访问时间：2019 年 6 月 25 日。

今年 1 至 5 月全区接待国内外游客近 5000 万人次，同比增长 51.4%，呈'井喷'之势，接待游客数量创历史新高。今年以来，潮涌新疆的势头更加强劲，这是新疆稳定红利持续释放的有力证明，也彰显了新疆 2500 万各族儿女创造美好生活的信心。"①

五　海疆理论与海洋战略：从海洋大国到"海洋强国"

中国是陆海兼备的国家，但在中国古代，由于航海技术不发达，历朝历代一般把大海看作天堑，背海向陆，把主要精力放在对北方游牧民族的经略上。明清两代，还有很长时间的"海禁"政策。近代以后，西方列强从海上纷至沓来，中国才开始重视海洋、建设海洋。

新中国成立后，摆在中国政府面前的问题，就是如何解决台湾问题。早在 1949 年 2 月，毛泽东就指出："台湾是中国的领土，这是无可争辩的，现在估计国民党残余力量大概全要撤到那里去，以后同我们隔海相望，不相往来。那里还有一个美国问题，台湾实际就在美帝国主义的保护下。台湾问题比西藏问题更复杂，解决它需要时间。"② 毛泽东显然对台海问题有清醒的认识，直到今天，美国势力都是台海问题中比较重要的因素。当时，中国政府下定决心要解放台湾，但美国派遣第七舰队封锁了台湾海峡，1954 年又得寸进尺，和台湾当局签订了"共同防御条约"，利用台湾为"不沉的航空母舰"来封锁大陆。1955 年，基于当时国内的建设形势以及国际形势，中国共产党提出"和平解放台湾"的主张，至此，台湾问题进入和平解决的时期。

新中国特别重视海权问题。"当时，美英等海洋强国坚持 3 海里领海宽

---

① 曹志恒、于涛：《阔步走向长治久安——第二次中央新疆工作座谈会召开 5 周年综述》（2019 年 6 月 27 日），新华网，http://m.xinhuanet.com/xj/2019–06/27/c_1124678429.htm，最后访问时间：2019 年 6 月 28 日。

② 中共中央文献研究室编《毛泽东传（1893~1949）》，中央文献出版社，1996，第 911 页。

度的主张，并妄图使其他国家共同遵守，这种不公平的做法遭到了我国的强烈反对。"① 党和国家领导人毛泽东、周恩来等人多次向相关专家咨询领海问题和领海宽度问题，经过综合研究后，认为 12 海里领海宽度比较符合中国实际情况。1958 年 9 月 4 日，第一届全国人民代表大会常务委员会第 100 次会议批准通过了《中华人民共和国政府关于领海的声明》，宣布："中华人民共和国的领海宽度为 12 海里（浬）。这项规定适用于中华人民共和国的一切领土，包括中国大陆及其沿海岛屿，和同大陆及其沿海岛屿隔有公海的台湾及其周围各岛、澎湖列岛、东沙群岛、西沙群岛、中沙群岛、南沙群岛以及其他属于中国的岛屿。"② 这是中国第一次公布领海制度，对于维护国家利益和海权具有重大意义。

新中国还收回了沿海与内河航运权和引航权以及海关管理权，收回了旅大地区。③ 与此同时，党和国家领导人一直在考虑建设海军的问题。海军是海权的核心，没有强大的海军，就谈不上海权。1949 年，毛泽东就强调："我们一定要建设一支海军，这支海军要能保卫我们的海防，有效地防御帝国主义的可能的侵略。"④ 尤其是 1950 年美国第七舰队公然进驻台湾海峡后，建设强大海军更具有紧迫性。周恩来就曾指出，美国第七舰队"赖在那里不走，我们没有强大的海空军力量，拿它没办法"。⑤ 1950 年 8 月 10 日至 30 日，海军第一次建军会议在北京召开。这次会议确定了人民海军的建军路线和建设方针。建军路线是："在共产党的绝对领导之下，以工农为骨

---

① 兰波：《新中国成立初期维护海洋主权的探索》，《郑州大学学报》（哲学社会科学版）2017年第 2 期，第 145 页。
② 《中华人民共和国政府关于领海的声明》（一九五八年九月四日），中共中央文献研究室编《建国以来重要文献选编》第 11 册，中央文献出版社，1995，第 479 页。
③ 详情请参见兰波《新中国成立初期维护海洋主权的探索》，《郑州大学学报》（哲学社会科学版）2017 年第 2 期。
④ 1949 年 8 月 28 日，毛泽东为华东军区海军题词，参见《海军大辞典》编辑委员会编《海军大辞典》之附录《中国人民解放军海军大事年表（1949～1990）》，上海辞书出版社，1993，第 1385 页。1953 年毛泽东又为人民海军题词："为了反对帝国主义的侵略，我们一定要建立强大的海军。"参见《为人民海军题词》（1953 年 2 月 21 日），《毛泽东军事文集》第 6 卷，军事科学出版社，1993，第 343 页。
⑤ 徐向前：《历史的回顾》下卷，解放军出版社，1987，第 853 页。

干,以解放军为基础,吸收大量的革命青年知识分子,争取、团结和改造原海军人员,建设人民的海军。"建设方针是:"从长期建设着眼,由当前情况出发,建设一支现代化的、富有攻防能力的、近海的、轻型的海上战斗力量。首先组织利用和发挥现有力量,在现有力量的基础上,发展鱼雷快艇、潜水艇和海空军等新的力量,以逐步建设一支坚强的国家海军。"① 人民海军就这样建立起来,第一任海军司令员为萧劲光。据国务院新闻办 2013 年发布的《中国武装力量的多样化运用》:"海军是海上作战行动的主体力量,担负着保卫国家海上方向安全、领海主权和维护海洋权益的任务,主要由潜艇部队、水面舰艇部队、航空兵、陆战队、岸防部队等兵种组成。按照近海防御的战略要求,海军注重提高近海综合作战力量现代化水平,发展先进潜艇、驱逐舰、护卫舰等装备,完善综合电子信息系统装备体系,提高远海机动作战、远海合作与应对非传统安全威胁能力,增强战略威慑与反击能力。海军现有 23.5 万人,下辖北海、东海和南海 3 个舰队,舰队下辖舰队航空兵、基地、支队、水警区、航空兵师和陆战旅等部队。2012 年 9 月,第一艘航空母舰'辽宁舰'交接入列。中国发展航空母舰,对于建设强大海军和维护海上安全具有深远意义。"②

党的十八大报告指出:"提高海洋资源开发能力,发展海洋经济,保护海洋生态环境,坚决维护国家海洋权益,建设海洋强国。"党的十九大报告秉承这一思路,强调:"加快边疆发展,确保边疆巩固、边境安全。坚持陆海统筹,加快建设海洋强国。"可以说,"建设海洋强国"是党的十八大以来中国共产党的一个重要战略,是中国特色社会主义事业的重要组成部分。习近平总书记在多个场合提到要进一步关心海洋、认识海洋、经略海洋,推动我国海洋强国建设不断取得新成就。推进"建设海洋强国"的重大战略,对维护我国国家主权、安全、发展利益,对实现全面建成小康社会目标进而实现中华民族伟大复兴都具有重大而深远的意义。

---

① 《海军大辞典》编辑委员会编《海军大辞典》之"海军建军会议"条,第 981 页。

② 中华人民共和国国务院新闻办公室网站,http://www.scio.gov.cn/zfbps/ndhf/2013/Document/1312844/1312844_1.htm,最后访问时间:2019 年 6 月 25 日。

结　语

　　总之，70年弹指一挥间，中国共产党领导中国人民取得了辉煌的成绩，这些成绩得益于与时俱进确立的边疆战略，得益于以和平的方式来解决边界问题，得益于坚持和完善民族区域自治制度，得益于治藏方略和治疆方略的不断发展，得益于从海洋大国到海洋强国的迈进。70年来，历代领导集体与时俱进，在革命实践和社会主义建设实践中，不断调整边疆战略，以与当下实践相适应。2019年底，习近平总书记撰文指出，要增强边疆安全等方面的功能，形成优势互补、高质量发展的区域经济布局。尤其指出："下一步，特别是'十四五'时期，要有新的战略举措，推动东北地区实现全面振兴。"①

　　当今世界正经历百年未有之大变局，党的十八大以来，以习近平同志为核心的党中央，以马克思主义为指导，立足于社会主义建设实践，创造性地提出一系列边疆战略思想，努力推进中国国家治理体系和治理能力现代化。"用力多者收功远"，中国广袤的边疆地区，在习近平新时代中国特色社会主义思想的指导下，必将在保持稳定的基础上，实现全面发展。

---

　　①　习近平：《推动形成优势互补高质量发展的区域经济布局》，《求是》2019年第24期。

B.3
"一带一路"倡议与边疆地区发展

——2018~2019年中国边疆经济社会发展分析

吕文利　时雨晴　袁　沙*

摘　要： 中国边疆地区发展状况关乎中国发展的全局。因此，有必要对中国边疆地区经济社会发展进行深度调查研究。数据显示，2018~2019年中国边疆地区经济稳中有进，社会发展大局基本稳定，尤其是新疆维吾尔自治区经济社会发展取得了重大成就。这不仅说明中国治边战略思想的正确性，而且说明边疆地区融入"一带一路"建设取得了显著成效。

关键词： "一带一路"　中国边疆　经济社会　六大廊道

一　中国边疆概况及发展定位

尽管"中国边疆"作为一个研究对象已经被研究很多年，但什么是"中国边疆"一直是学术界讨论的问题。目前的学术界共识，即认为中国边疆包括陆疆和海疆。"陆疆是指沿国界内侧有一定宽度的地区，必须具备下述条件的地区才可称之为陆疆地区，即一要有与邻国相接的国界线，二要有自然、历史、文化诸多方面的自身特点。""海疆可以包括两大部分：一是

---

* 吕文利，中国社会科学院中国历史研究院中国边疆研究所研究员、西南边疆研究室副主任；时雨晴，中国社会科学院中国历史研究院中国边疆研究所副研究员；袁沙，中国社会科学院中国历史研究院中国边疆研究所助理研究员。

大陆海岸线至领海基线之间的海域，这是国家的内海，其法律地位与领土完全相同；二是领海基线以外的国家管辖海域与岛屿。"① 根据这个定义，陆疆的概念比较明确，即有国境线的省份即是边疆地区，包括黑龙江、吉林、辽宁、内蒙古、甘肃、新疆、西藏、云南、广西9省区。这也与国务院颁布的《兴边富民行动"十三五"规划》中的"边境地区"相符。《兴边富民行动"十三五"规划》指出，"本规划实施范围为我国陆地边境地区，包括内蒙古、辽宁、吉林、黑龙江、广西、云南、西藏、甘肃、新疆等9个省区的140个陆地边境县（市、区、旗）和新疆生产建设兵团的58个边境团场（以下统称边境县）"。② 除了上述9省区和新疆生产建设兵团外，"参照'十二五'期间做法，海南省6个民族自治县继续比照享受兴边富民行动相关政策"。③

"我国陆地与14个国家接壤，陆地边境线长2.2万公里，其中1.9万公里在民族地区。边境地区国土面积197万平方公里，人口2300多万，其中少数民族人口近一半，有30多个民族与周边国家同一民族毗邻而居。"④ 同时中国还拥有1.8万多公里的大陆海岸线，是世界上邻国最多、陆地边界最长的国家之一。⑤

考虑到"海疆"概念复杂，研究难度大，本报告参考学术界共识，并

---

① 马大正：《"中国边疆通史"丛书总序》，《中国边疆经略史》，中州古籍出版社，2000，第1~2页。
② 《国务院办公厅关于印发兴边富民行动"十三五"规划的通知》（2017年5月28日），中国政府官网，http://www.gov.cn/zhengce/content/2017-06/06/content_5200277.htm，最后访问时间：2019年9月25日。
③ 《国务院办公厅关于印发兴边富民行动"十三五"规划的通知》，中国政府官网，http://www.gov.cn/zhengce/content/2017-06/06/content_5200277.htm，最后访问时间：2019年9月25日。
④ 《国务院办公厅关于印发兴边富民行动"十三五"规划的通知》，中国政府官网，http://www.gov.cn/zhengce/content/2017-06/06/content_5200277.htm，最后访问时间：2019年9月25日。
⑤ 国务院新闻办公室：《新时代的中国国防》白皮书（2019年7月），国务院新闻办官网，http://www.scio.gov.cn/zfbps/ndhf/39911/Document/1660529/1660529.htm，最后访问时间：2019年10月8日。

参照国务院颁布的《兴边富民行动"十三五"规划》中的"边境地区"划分以及把海南纳入的做法，确定本报告涵盖的范围包括黑龙江、吉林、辽宁、内蒙古、甘肃、新疆、西藏、云南、广西等9省区，并把新疆生产建设兵团和海南省纳入，一共11个部分。

新中国成立后，由于各个地区发展不平衡，中央根据各地特点和资源禀赋对各地区分别实施计划。从我国关于区域经济划分的表述来看，改革开放前，主要采用沿海和内地的划分；[①] 改革开放后的第一个五年计划，即1981～1985年的"六五"计划，仍然使用"沿海地区"与"内陆地区"的提法，增加了一个"少数民族地区"。[②]"沿海－内地"的两分法实际上是中国古代经济重心南移以及近代以来沿海地区经济发展快于内地的结果。邓小平生前一直在思考"沿海"与"内地"的关系问题，他指出："沿海地区要加快对外开放，使这个拥有两亿人口的广大地带较快地先发展起来，从而带动内地更好地发展，这是一个事关大局的问题。内地要顾全这个大局。反过来，发展到一定的时候，又要求沿海拿出更多力量来帮助内地发展，这也是个大局。那时沿海也要服从这个大局。"[③]

"胡焕庸线"很好地揭示了"沿海"与"内地"的关系。1935年，人口地理学家胡焕庸先生基于长期的研究，提出了从黑龙江瑷珲（现黑河）到云南腾冲的人口地理分界线，这就是著名的"胡焕庸线"，它揭示了中国人口分布的巨大空间差异。在胡焕庸线以东，也就是中国国土的东南部分，

---

① 比如"一五计划"中"工业的分布和新工业基地的建设"部分，表述为沿海和内地的划分，参见全国人大财政经济委员会办公室、国家发展和改革委员会发展规划司编《建国以来国民经济和社会发展五年计划重要文件汇编》，中国民主法制出版社，2008，第672页。"二五计划"表述为近海与内地（第595页）；"三五计划"表述为"三线建设"，分为"一、二、三线地区"（第528页）；"五五计划"仍然表述为内地与沿海地区，但增加了一条"要加快发展新疆、内蒙、西藏、云南、宁夏、青海、甘肃、广西、黑龙江等少数民族和边远地区的经济"（第449页）。

② 《中华人民共和国国民经济和社会发展第六个五年计划》，《建国以来国民经济和社会发展五年计划重要文件汇编》，第421页。

③ 《中央要有权威》（1988年9月12日），《邓小平文选》第3卷，人民出版社，1993，第277～278页。

面积约占全国的 36%，而当时人口却占全国的 96%；胡焕庸线以西，也就是中国国土的西北部分，面积占全国的 64%，但当时人口仅占全国的 4%。这条规律的发现，揭示了中国人口分布呈现东南地狭人稠、西北地广人稀这一显著空间差异，这一规律至今没有被突破。2014 年，李克强总理提出"胡焕庸线"能否被突破的重大议题，引起了学术界更广泛的关注。

随着时间的推移，人们发现，"胡焕庸线"还隐藏着诸多"秘密"，它不仅体现了"西北"与"东南"人口和经济上的巨大差异，也与气象上的降雨线、地貌区域分割线、文化转换的分割线甚至民族界线均存在某种程度的重合。在笔者看来，"西北"与"东南"的关系问题是中国历史上长期形成的结果，因为气候、经济发展的巨大差异，短时间内很难得到改善。党中央、国务院一直在统筹规划布局，"七五"计划中，对各区域表述变化较大，称为"东部沿海地带"、"中部地带"、"西部地带"和"老、少、边、穷地区"；① "八五"计划又恢复为沿海地区、内陆地区、少数民族地区和贫困地区的提法；② "九五"计划表述为东部地区和中西部地区，其下又以中心城市和交通要道为依托，细分为 7 个跨省区市的经济区域：长江三角洲及沿江地区、环渤海地区、东南沿海地区、西南和华南部分省区、东北地区、中部五省地区、西北地区；③ "十五"计划又恢复到东部、中部、西部三大地区经济地带的划分；④ "十一五"规划和"十二五"规划以西部、东北、中部、东部四大区域划分。⑤ "十三五"规划在"深入实施区域发展总

① 《中华人民共和国国民经济和社会发展第七个五年计划（摘要）》（1986 ~ 1990），《建国以来国民经济和社会发展五年计划重要文件汇编》，第 352 ~ 354 页。
② 《中华人民共和国国民经济和社会发展十年规划和第八个五年计划纲要》，《建国以来国民经济和社会发展五年计划重要文件汇编》，第 276 ~ 277 页。
③ 《中华人民共和国国民经济和社会发展"九五"计划和 2010 年远景目标纲要》，《建国以来国民经济和社会发展五年计划重要文件汇编》，第 195 ~ 196 页。
④ 《中华人民共和国国民经济和社会发展第十个五年计划纲要》，《建国以来国民经济和社会发展五年计划重要文件汇编》，第 129 ~ 130 页。
⑤ 《中华人民共和国国民经济和社会发展第十一个五年规划纲要》，《建国以来国民经济和社会发展五年计划重要文件汇编》，第 41 ~ 42 页。《中华人民共和国国民经济和社会发展第十二个五年规划纲要》，中华人民共和国中央人民政府门户网站，http：//www. gov. cn/2011lh/content_ 1825838_ 6. htm，最后访问时间：2014 年 12 月 20 日。

体战略"中，提出"深入实施西部开发、东北振兴、中部崛起和东部率先的区域发展总体战略，创新区域发展政策，完善区域发展机制，促进区域协调、协同、共同发展，努力缩小区域发展差距"，① "实际上，每一次提法的调整，无不是让被调整的地区分享了改革的红利"。②

二 "一带一路"六大廊道与边疆地区发展

"一带一路"倡议提出 6 年来，中国逐渐形成了"六廊六路多国多港"主骨架建设思路，其中"六廊"是指中蒙俄、新亚欧大陆桥、中国－中亚－西亚、中国－中南半岛、中巴、孟中印缅国际经济合作走廊；"六路"是指铁路、公路、水路、空路、管路、信息高速路互联互通路网；"多国"是指选取若干重要国家作为合作重点；"多港"是指构建若干海上支点港口。6 年来，作为"一带一路"的重要支点，六大经济走廊建设成果显著，这些优先发展的经济走廊将沿线 60 多个发展中国家和地区列为中国对外交往的优先和重点对象，立足于新的历史高度，务实创新，开创了中国与"一带一路"沿线国家和地区互利共赢新格局。

1. 中蒙俄经济走廊

2014 年 9 月 11 日，国家主席习近平在出席中蒙俄三国元首会晤时说，中方提出共建"丝绸之路经济带"倡议，获得俄方和蒙方积极响应，可以把"丝绸之路经济带"同俄罗斯跨欧亚大铁路、蒙古国当时所称的"草原之路"倡议进行对接，打造中蒙俄经济走廊。中蒙俄经济走廊有很强的现实基础，三国互为邻国，有漫长的边境线。在经济上，1998 年中国成为蒙古国第一大投资国。自 1999 年起，中国成为蒙古国第一大贸易伙伴。中国也是俄罗斯的第一大贸易伙伴和第一大进口来源地。2013 年，首列"苏满

---

① 《国民经济和社会发展第十三个五年规划纲要（2016～2020 年）》，共产党员网，http://www.12371.cn/special/sswgh/wen/，最后访问时间：2018 年 10 月 25 日。

② 吕文利：《论云南在"一带一路"建设中的战略定位——从交通基础设施建设的视角》，《云南社会科学》2015 年第 4 期，第 86 页。

欧"铁路集装箱专列开通，途经俄罗斯欧亚铁路，历经 14 天到达波兰华沙，较传统海运节省 2/3 的时间，成为中国当前运行速度最快、运输价格最低的欧亚货运大通道。随着"广满欧""郑满欧"等铁路联运班列的开通以及莫斯科 - 满洲里 - 北京国际客运列车的开通，满洲里口岸作为中国向西向北开放桥头堡的作用更加凸显。

在国家发展改革委员会、外交部、商务部联合发布的《推动共建丝绸之路经济带和 21 世纪海上丝绸之路的愿景与行动》中，内蒙古和东北三省的定位是："发挥内蒙古联通俄蒙的区位优势，完善黑龙江对俄铁路通道和区域铁路网，以及黑龙江、吉林、辽宁与俄远东地区陆海联运合作，推进构建北京 - 莫斯科欧亚高速运输走廊，建设向北开放的重要窗口。"2016 年 6月 23 日，中蒙俄三国签署《建设中蒙俄经济走廊规划纲要》，明确了经济走廊建设的根本宗旨、具体内容、合作原则、资金来源和实施机制。中蒙俄经济走廊是"一带一路"倡议下首条正式开建的多边经济走廊，也是多边开放合作的成功典范。中蒙俄经济走廊分为两个通道：一是从华北京津冀到呼和浩特，再到蒙古和俄罗斯；二是从东北地区大连、沈阳、长春、哈尔滨到满洲里和俄罗斯的赤塔。中蒙俄经济走廊多个项目在稳步推进，相关各省市已经制订针对性的建设方案。以黑龙江省黑河市为例，由于毗邻俄罗斯远东第三大城市阿穆尔州的布拉戈维申斯克市，其紧紧围绕"一带一路"北向支点的战略定位，重点推进"一桥一道一港一管"建设，将使黑河市成为中蒙俄经济走廊上对俄新的国际公路大通道、空中大通道和中国东北油气战略通道。在中蒙方面，中蒙二连浩特 - 扎门乌德跨境经济合作区、满洲里综合保税区等也有序推进。

2018 年 6 月 9 日，习近平主席同俄罗斯总统普京、蒙古国总统巴特图勒嘎在青岛举行中蒙俄三国元首第四次会晤。习主席指出，中蒙俄三国元首举行首次会晤 3 年多来，三国围绕中方"一带一路"建设、俄方发展战略（特别是跨欧亚大通道建设）、蒙方"发展之路"倡议相互对接这条主线，依托互为邻国的地缘优势，推动合作逐步深入，取得阶段性成果。中蒙俄三国毗邻而居，互为传统战略伙伴，开展合作有天然优势和良好基础。在经济全球化和区域经济一体化深入推进的今天,三方要合力走出互利共赢、融合发展的普惠之路,塑造邻国之间的合作典范。这是中蒙俄经济走廊取得的积极成果。

2. 新亚欧大陆桥经济合作走廊

新亚欧大陆桥是一条从中国东海以连云港为主的港口群到欧洲西海岸以荷兰鹿特丹为主的港口群的国际化铁路交通干线,全长 10900 公里。新亚欧大陆桥在中国境内全长 4131 公里,贯穿中国东、中、西部的江苏、山东、安徽、河南、山西、陕西、甘肃、宁夏、青海、新疆 10 个省区,还影响湖北、四川、内蒙古等地区;在国际上,涉及德国、奥地利、荷兰、芬兰、俄罗斯、哈萨克斯坦、吉尔吉斯斯坦、塔吉克斯坦、乌兹别克斯坦、土库曼斯坦、日本、韩国等 40 多个国家和地区。新亚欧大陆桥是"丝绸之路经济带"的重要载体,特别是中国的中西部地区以及中亚各国,地域辽阔,资源富集,开发潜力巨大,新亚欧大陆桥建设将极大促进欧亚大陆腹地的经济发展。

新亚欧大陆桥于 1992 年 12 月 1 日开通运营,2000 年,国务院成立新大陆桥协调机制。20 多年来,新亚欧大陆桥极大地促进了欧亚大陆物资交流以及经济发展。尤其是中欧班列的开行为中国与欧洲、中亚的贸易往来打开了便捷通道,为实现中欧间的道路联通、物流畅通提供了运力保障。

3. 中国 – 中亚 – 西亚经济合作走廊

中国 – 中亚 – 西亚经济合作走廊东起中国西北,经中亚向西到阿拉伯半岛,是"一带一路"的重要组成部分。2014 年 6 月,习近平主席在中阿合作论坛北京部长级会议上提出,中阿共建"一带一路",构建以能源合作为主轴,以基础设施建设、贸易和投资便利化为两翼,以核能、航天卫星、新能源三大高新领域为突破口的"1 + 2 + 3"合作格局,全面加强中国与阿拉伯国家的合作,阿拉伯国家热烈响应。2018 年 7 月 10 日,中阿合作论坛第八届部长级会议在北京召开,习近平主席在开幕式上宣布:"经过中阿双方友好协商,我们一致同意建立全面合作、共同发展、面向未来的中阿战略伙

伴关系。"在本届部长级会议上，签署了《中阿合作共建"一带一路"行动宣言》等文件。目前，中国－中亚－西亚经济走廊不仅立足油气合作、低碳能源等传统项目，也涉及金融、高新技术等合作领域，各项合作稳步推进。

4. 中巴经济合作走廊

2013 年 5 月，李克强总理访问巴基斯坦时提出了"中巴经济走廊"的倡议。2015 年，中巴两国确定了以中巴经济走廊为中心，以瓜达尔港、能源、交通基础设施、产业园区合作为重点的"1 + 4"合作布局，开启走廊建设新局面。瓜达尔港迎来更大发展机遇，紧邻港口的瓜达尔自由区发展也十分迅速。据报道，目前瓜达尔自由区已吸引银行、保险公司、金融租赁、物流等 20 多家中巴企业入驻，直接投资额超过 30 亿元人民币，全部投产后预计年产值将超过 50 亿元人民币。

5. 中国－中南半岛经济合作走廊

中国－中南半岛经济合作走廊以中国广西南宁和云南昆明为起点，以新加坡为终点，纵贯中南半岛的越南、老挝、柬埔寨、泰国、马来西亚等国家，该经济走廊是中国与东盟合作的跨国经济走廊，旨在推动互联互通、扩大投资贸易往来，形成优势互补、联动开发、共同发展的区域经济体。在 2015 年发布的《推动共建丝绸之路经济带和 21 世纪海上丝绸之路的愿景与行动》中，广西与云南的定位是："发挥广西与东盟国家陆海相邻的独特优势，加快北部湾经济区和珠江—西江经济带开放发展，构建面向东盟区域的国际通道，打造西南、中南地区开放发展新的战略支点，形成"21 世纪海上丝绸之路"与"丝绸之路经济带"有机衔接的重要门户。发挥云南区位优势，推进与周边国家的国际运输通道建设，打造大湄公河次区域经济合作新高地，建设成为面向南亚、东南亚的辐射中心。"2018年 5 月 24 日，以"打造国际陆海贸易新通道，共建中国－东盟命运共同体"为主题的第十届泛北部湾经济合作论坛暨第二届中国－中南半岛经济走廊发展论坛在广西南宁举行。海关数据统计，2018 年，中国与东盟贸易额高达 5878.7 亿美元，实现历史新高，同比增长 14.1%，增速超过中国对外贸易平均增速。其中，出口 3192.4 亿美元，同比增长 14.2%；进口 2686.3 亿美元，同比增长 13.8%。自 2009 年以来，中国已连续 10 年成为东盟第一大贸易伙伴，东盟连续 8 年成为继欧盟、美国之后中国的第三大贸易伙伴。[①] 目前，中老铁路、雅万铁路等一批项目正在实施，这些都是"一带一路"的重点项目。中老铁路北端与中国境内的玉溪至磨憨铁路对接，南端与泰国的廊开至曼谷铁路相连，开通后，将会加强中国与老挝、泰国的经贸合作，促进中国与东盟自由贸易区建设，带动沿线地区的经济社会发展。

6. 孟中印缅经济合作走廊

2013 年，孟中印缅经济合作走廊地位上升并被纳入国家倡议。在 2015 年发布的《推动共建丝绸之路经济带和 21 世纪海上丝绸之路的愿景与行动》中，该走廊为六大经济走廊之一。孟中印缅经济走廊东起中国云南昆明，西至印度加尔各答，其关键节点包括缅甸曼德勒、孟加拉国的达卡和吉大港以及其他主要城市和港口。从区域指向来看，孟中印缅经济走廊是我国主要通过云南省连接陆上"丝绸之路经济带"和印度洋沿岸地区的开发开放廊道。近年来，云南省加快路网、航空网、能源保障网、水网、互联网"五网"建设，连接东南亚地区东、中、西的公路和铁路等大通道基本形成；昆明长水国际机场通航 40 多个国外城市。电网、中缅油气管道等能源网建设成效明显，云南建成中国第四大国际通信出入口局。互联互通的现代基础设施网络格局正在形成。

总之，"一带一路"倡议提出 6 年来，六大经济走廊作为"一带一路"倡议的重要组成部分，稳步推进，东西纵横，南北交织，实现了"立交桥式"发展，人便其行、物畅其流。立交桥式发展有以下三个特性。一是中心性，立交桥一般选择在交通枢纽位置建设，故有其中心性，这与我国边疆省区力图成为连接国内外的"区域中心"目标相吻合。二是分层性，在这个特性上，又包含两个层面：一为在以行政区划为单位的合作上，边疆省区要与内陆省区协同发展，

---

① 《2018 年中国－东盟经贸合作再创佳绩》，中华人民共和国驻东盟使团经济商务参赞处官网，http://asean.mofcom.gov.cn/article/zthdt/dmjmtj/201905/20190502867536.shtml，最后访问时间：2019 年 9 月 25 日。

另外作为中国与周边国家的经贸窗口，要与周边国家建立合作关系，这分为国家与国家间、省区与省区间的上下两层；二为在民间的交流上，要注意各个民间团体、企业和个人之间的合作，在这个意义上，又分为政府与民间上下两层。三是便捷性，"五通"是便捷性的主要方面，同时还强调非竞争性，即省区与省区、国家与国家间的关系应主要是合作共赢的关系，交互发展。

三 边疆省区口岸建设

改革开放以来，尤其是"一带一路"倡议提出 6 年来，边疆省区不断加大开放力度，取得了丰硕成果。口岸是一个国家对外交流交往的窗口，也是对外开放程度的体现。

由表 1 可以看出，截至 2017 年底，我国口岸建设已经取得显著成绩，全国 31 个省区市都有口岸分布。口岸主要集中于东南沿海地区和陆地边疆地区，在总计 306 个口岸中，9 个陆地边疆省区有 136 个口岸，占 44%，这反映了改革开放 40 余年来，陆地边疆省区对外开放力度不断加大。在内蒙古，口岸进出境客货运量逐年提高。"'十一五'时期口岸进出境货运量累计 18725 万吨，进出境客运量累计 1860 万人次。2012 年，内蒙古口岸进出境货运量达到 6729.2 万吨，增长 9%；进出境客运量 479.4 万人次，增长 7.2%；形成了年进出境货运量在 1000 万吨以上的满洲里、二连浩特、策克和甘其毛都四大口岸，其中满洲里口岸货运量 2013 年突破 3000 万吨。二连浩特年进出境客运量保持在 200 万人次以上。在全国边境陆路口岸中，进出境货运量满洲里在历史上一直位列第一。"[1]"'十五'以来，内蒙古自治区国内生产总值一直保持两位数增长，其中口岸经济对整体经济的拉动作用功不可没。"[2]

---

[1] 中共内蒙古自治区委党史研究室：《改革开放以来内蒙古口岸建设与经济发展》，中共中央党史研究室科研管理部组织编写《改革开放实录》第一辑第 1 册，中共党史出版社，2016，第 416 页。

[2] 中共内蒙古自治区委党史研究室：《改革开放以来内蒙古口岸建设与经济发展》，中共中央党史研究室科研管理部组织编写《改革开放实录》第一辑第 1 册，第 417 页。

表1 全国对外开放口岸分地区一览

序号	省份	数量(个)	水运口岸	空运口岸 对中外飞机全开放	空运口岸 限制性	铁路口岸	公路口岸 国际	公路口岸 双边
1	北京	2		北京		北京		北京
2	天津	3	天津,渤中	天津				
3	河北	4	秦皇岛,唐山,黄骅	石家庄				
4	山西	1		太原				
5	内蒙古	18		呼和浩特,海拉尔,满洲里,鄂尔多斯		二连浩特,满洲里	珠恩嘎达布其,满洲里,二连浩特,阿尔山	阿日哈沙特,额布都格,甘其毛都,满都拉,策克,黑山头,室韦,乌力吉
6	辽宁	13	大连,营口,丹东,庄河,葫芦岛,旅顺新港,锦州,长兴岛,盘锦	沈阳,大连	丹东	丹东		
7	吉林	16	(大安)	长春,延吉		集安,图们,珲春	珲春,集安,圈河	临江,开山屯,三合,南坪,长白,古城里,沙坨子
8	黑龙江	25	(哈尔滨,富锦,佳木斯,桦川,绥滨,同江,黑河,漠河,呼玛,嘉荫,逊克,拓远,孙吴,萝北,饶河)	哈尔滨,佳木斯,齐齐哈尔,牡丹江		绥芬河,哈尔滨	绥芬河	东宁,密山,虎林

续表

序号	省份	数量（个）	水运口岸	空运口岸 对中外飞机全开放	空运口岸 限制性	铁路口岸	公路口岸 国际	公路口岸 双边
9	上海	3	上海	上海		上海		
10	江苏	26	连云港、（张家港、南通、南京、镇江、江阴、扬州、常州、常熟、太仓、常州、如皋、靖江）、大丰、如东、启东、盐城	南京、盐城、徐州、常州、淮安、无锡、扬泰、南通	连云港#			
11	浙江	9	温州、宁波、舟山、台州、嘉兴	杭州、宁波、温州、义乌				
12	安徽	7	（芜湖、铜陵、安庆、池州、马鞍山）	合肥、黄山				
13	福建	11	福州、厦门、泉州、漳州、宁德、莆田、平潭	厦门、福州、泉州	武夷山#			
14	江西	2	（九江）	南昌				
15	山东	18	青岛、烟台、威海、龙口、石白、岚山、东营、蓬莱、莱州、龙眼、潍坊、董家口、滨州	青岛、济南、烟台、威海				
16	河南	3		郑州	洛阳#	郑州		

续表

序号	省份	数量（个）	水运口岸	空运口岸		铁路口岸	公路口岸	
				对中外飞机全开放	限制性		国际	双边
17	湖北	4	（武汉、黄石）	武汉	宜昌#			
18	湖南	3	（城陵矶）	长沙、张家界				
19	广东	60	广州、湛江、汕头、汕尾、九州、广海、蛇口、莲花山、赤湾、惠州、妈湾、东角头、盐田、水东阳江、大亚湾、南澳、珠海、潮州、万山、南沙、潮阳、（虎门、梅沙#、深圳、潮仔#、揭阳、新会）、西冲#、（三埠、斗门#、江门#、肇庆#、南海、鹤山#、中山、容奇#、高明#、新塘#）	广州、深圳、揭阳	湛江#、梅州#	深圳、广州、佛山、肇庆、东莞	文锦渡、拱北、沙头角、皇岗、罗湖、横琴、深圳湾、珠澳、福田、港珠澳	青茂
20	海南	7	海口、三亚、八所、洋浦、清澜	三亚、海口				
21	广西	20	防城、北海、钦州、江山、企沙、（梧州#、柳州#、贵港#）	南宁、桂林	北海#	凭祥	友谊关、东兴、水口	龙邦、平孟、爱店、峒中、硕龙
22	四川	1	成都					
23	重庆	2	（重庆#）	重庆				
24	贵州	1		贵阳				

续表

序号	省份	数量（个）	水运口岸	空运口岸 对中外飞机全开放	空运口岸 限制性	铁路口岸	公路口岸 国际	公路口岸 双边
25	云南	18	（思茅、景洪）	昆明、西双版纳、丽江、芒市		河口	瑞丽、磨憨、打洛、河口、天保、都龙	金水河、畹町、腾冲、孟定、勐康
26	西藏	4		拉萨			吉隆	普兰、樟木
27	陕西	1		西安				
28	甘肃	3		兰州、敦煌				马鬃山
29	新疆	19		乌鲁木齐、喀什、伊宁		阿拉山口、霍尔果斯	红其拉甫、霍尔果斯、巴克图、伊尔克什坦、吉木乃、卡拉苏、都拉塔、吐尔尕特、塔克什肯、老爷庙	红山嘴、乌拉斯台、木扎尔特、阿黑土别克
30	宁夏	1		银川				
31	青海	1		西宁				
合计（个）		306	138（其中内河55）	66	7	20	39	36

注：1. 口岸名称后带"#"的为限中国籍（飞机、船舶）出入境口岸。

2. 水运口岸中加括号的为内河口岸。

3. 数据截至2017年12月31日。

资料来源：中国口岸协会主编《中国口岸年鉴（2018年版）》，中国海关出版社，2019，第855～857页。

四 陆地边境地区经济社会发展

截至 2017 年末，中国的陆地边境县（旗）、市（市辖区）有 140 个。

表 2 中国陆地边境县（旗）、市（市辖区）分布（2017 年末）

地区	县(旗)、市(市辖区)数	县(旗)、市(市辖区)
内蒙古自治区	1 个市辖区 4 个县级市 15 个旗	包头市：达尔罕茂明安联合旗 呼伦贝尔市：扎赉诺尔区、满洲里市、额尔古纳市、陈巴尔虎旗、新巴尔虎左旗、新巴尔虎右旗 巴彦淖尔市：乌拉特中旗、乌拉特后旗 乌兰察布市：四子王旗 兴安盟：阿尔山市、科尔沁右翼前旗 锡林郭勒盟：二连浩特市、阿巴嘎旗、苏尼特左旗、苏尼特右旗、东乌珠穆沁旗 阿拉善旗：阿拉善左旗、阿拉善右旗、额济纳旗
辽宁省	3 个市辖区 1 个县级市 1 个自治县	丹东市：振兴区、元宝区、振安区、东港市、宽甸满族自治县
吉林省	1 个市辖区 6 个县级市 2 个县 1 个自治县	通化市：集安市 白山市：浑江区、临江市、抚松县、长白朝鲜族自治县 延边朝鲜族自治州：图们市、珲春市、龙井市、和龙市、安图县
黑龙江省	1 个市辖区 7 个县级市 10 个县	鸡西市：虎林市、密山市、鸡东县 鹤岗市：萝北县、绥滨县 双鸭山市：饶河县 伊春市：嘉荫县 佳木斯市：同江市、抚远市 牡丹江市：绥芬河市、穆棱市、东宁市 黑河市：爱辉区、逊克县、孙吴县 大兴安岭地区：呼玛县、塔河县、漠河县
广西壮族自治区	1 个市辖区 3 个县级市 4 个县	防城港市：防城区、东兴市 百色市：靖西市、那坡县 崇左市：凭祥市、宁明县、龙州县、大新县

续表

地区	县(旗)、市(市辖区)数	县(旗)、市(市辖区)
云南省	5个县级市 11个县 9个自治县	保山市:腾冲市、龙陵县 普洱市:江城哈尼族彝族自治县、孟连傣族拉祜族佤族自治县、澜沧拉祜族自治县、西盟佤族自治县 临沧市:镇康县、耿马傣族佤族自治县、沧源佤族自治县 红河哈尼族彝族自治州:绿春县、金平苗族瑶族傣族自治县、河口瑶族自治县 文山壮族苗族自治州:麻栗坡县、马关县、富宁县 西双版纳傣族自治州:景洪市、勐海县、勐腊县 德宏傣族景颇族自治州:芒市、瑞丽市、盈江县、陇川县 怒江傈僳族自治州:泸水市、福贡县、贡山独龙族怒族自治县
西藏自治区	18个县	日喀则地区:定日县、康马县、定结县、仲巴县、亚东县、吉隆县、聂拉木县、萨嘎县、岗巴县 林芝地区:墨脱县、察隅县 山南市:洛扎县、错那县、浪卡子县 阿里地区:噶尔县、普兰县、札达县、日土县
甘肃省	1个自治县	酒泉市:肃北蒙古族自治县
新疆维吾尔自治区	1个市辖区 6个县级市 22个县 5个自治县 1个直辖县级单位	哈密市:伊州区、巴里坤哈萨克自治县、伊吾县 阿克苏地区:温宿县、乌什县 喀什地区:叶城县、塔什库尔干塔吉克自治县 和田地区:和田县、皮山县 昌吉回族自治州:奇台县、木垒哈萨克自治县 博尔塔拉蒙古自治州:博乐市、阿拉山口市、温泉县 克孜勒苏柯尔克孜自治州:阿图什市、阿克陶县、阿合奇县、乌恰县 伊犁哈萨克自治州:霍尔果斯市、霍城县、昭苏县、察布查尔锡伯自治县 塔城地区:塔城市、额敏县、托里县、裕民县、和布克赛尔蒙古自治县 阿勒泰地区:阿勒泰市、布尔津县、富蕴县、福海县、哈巴河县、青河县、吉木乃县 自治区直辖县级行政单位:可克达拉市

资料来源:国家民族事务委员会经济发展司、国家统计局国民经济综合统计司:《中国民族统计年鉴2018》,中国统计出版社,2019,第416~417页。

140个陆地边境县(旗)、市(市辖区)中,截至2017年底,共有人口2372.72万人,占全国比重为1.7%,其中少数民族人口为1208.22

万人，约占陆地边境县（旗）、市（市辖区）总人口的 50.9%（见表 3）。

表3 陆地边境县分地区年末总人口数和少数民族人口（2017年）

单位：万人

地　区	年底总人口	少数民族人口	乡村人口	城镇人口
合　计	2372.72	1208.22	1404.54	968.41
内蒙古	184.71	60.66	91.37	93.34
辽　宁	173.45	39.15	88.66	84.79
吉　林	193.00	47.43	58.86	134.14
黑龙江	293.18	16.40	119.19	174.21
广　西	267.67	127.53	199.53	68.14
云　南	683.14	410.73	444.37	238.77
西　藏	39.79	34.63	31.04	8.75
甘　肃	1.21	0.51	0.42	0.79
新　疆	536.58	381.17	371.09	165.49

资料来源：国家民族事务委员会经济发展司、国家统计局国民经济综合统计司：《中国民族统计年鉴2018》，第418页。

据《中国民族统计年鉴2018》，2017年140个陆地边境县（旗）、市（市辖区）人均地区生产总值为38514元，占全国比重为64.6%。[1] 综合2015年、2016年的统计数据，2015年139个陆地边境县（旗）、市（市辖区）人均地区生产总值为36860.57元，占全国比重为73.73%，2016年为37394.10元，占全国比重为69.27%。据国家统计局数据，2015年我国人均国内生产总值为50251元，2016年为53935元，2017年为59660元，140个陆地边境县（旗）、市（市辖区）人均地区生产总值占比逐年降低，表明其增速赶不上全国平均水平的增速，也反映了其与发达地区的贫富差距进一步拉大。

近年来，边境旅游兴起，边疆旅游的发展水平也可反映一个地区的发展

---

① 国家民族事务委员会经济发展司、国家统计局国民经济综合统计司：《中国民族统计年鉴2018》，第418页。

状况。根据我国与邻国的接壤情况，可把我国陆地边境分为六大边境旅游区：中朝、中俄、中蒙、中国与中亚、中国与南亚、中国与东南亚边境旅游区。

1. 中朝边境旅游区

中朝边境线长 1334 公里，以长白山、鸭绿江、图们江为边界，旅游资源具有互补性。边境旅游是在双方边境地区居民互通有无、友好访问的基础上发展起来的。丹东是中国与朝鲜半岛开展边境合作的前沿地带，为边境旅游发展提供了条件。1987 年，丹东市开通了我国第一条边境跨境旅游线路，丹东 - 新义州一日游；随后在中朝双方的共同商议下，又开通了三日游，旅游地延伸至妙香山、平壤等地。近年来，中朝两国积极探索，构建跨境合作机制，双方在丹东推进边境旅游和跨境旅游方面达成多项合作共识。2012 年，丹东正式挂牌成为辽宁赴朝旅游聚集区；2014 年，丹东开通赴新义州、东林景区二日游；2016 年，开通朝鲜全境游，并将赴新义州、东林景区的二日游和赴平壤等地的三日游线路串联起来，成为全国唯一一个游客办理一次手续就可实现赴朝边境游和深度游的赴朝旅游边境口岸。由于朝鲜旅游业处于发展初期，国内社会经济发展水平和居民收入较低，开放程度较低，出境旅游限制条件较多，尚未形成一定的出境旅游市场，少量的出境人员多为政府公派交流人员。其旅游发展形式具有"入境旅游开始起步，国内旅游稍有萌芽，出境旅游基本空缺"的特征。因此，中朝边境旅游以出境游为主，入境人数较少，且主动权多由朝方控制。

2. 中俄边境旅游区

中俄边境线长 4334 公里，1998 年，黑河 - 布拉戈维申斯克边境一日游开通，随后相继开通同江 - 下列宁斯科耶 - 比罗比詹、绥芬河 - 波格拉尼奇 - 符拉迪沃斯托克、东宁 - 乌苏里斯克、逊克 - 波亚尔科夫镇、抚远 - 哈巴罗夫斯克、密山 - 卡缅雷博洛夫 - 斯帕斯克达尔尼、嘉荫 - 奥布卢奇耶、萝北 - 阿穆尔杰特 - 共青城、虎林 - 列索扎沃斯科、饶河 - 比金 - 哈巴罗夫斯克、珲春 - 符拉迪沃斯托克等旅游线路，中俄边境旅游业逐步发展。中俄边境旅游发展初期，主要采取对等交换团队、以物换物的办法；随着旅游人数的增加，边境购物快速发展，边境旅游团体由简单的边境一日游转变为边境主体多日游。2005 年，俄罗斯成为全境对中国游客团免签证的国家，中俄边境旅游的发展进入新的阶段。中俄边境旅游具有适合俄罗斯游客需求的旅游购物、旅游观光等多种旅游产品，加之俄罗斯经济日渐复苏，国人具有旅游传统，边境入境旅游越来越多，其夏季宜人的气候条件和冬季独特的冰雪旅游资源使得边境旅游具有明显的季节性，主要集中在夏季（7~8 月）和冬季（12~1 月）。中俄两国边境旅游合作的逐步深入，带动了边境地区国际旅行社、宾馆、酒店等相关旅游基础设施的建设。

3. 中蒙边境旅游区

中蒙边境线长 4673 公里，受中苏关系影响，中蒙关系发展之路较为曲折，边境旅游发展较晚。1992 年，中蒙开通二连浩特－扎门乌德边境对等交换一日游、二连浩特－乌兰巴托五日游等旅游线路；2009 年，新疆塔克什肯口岸正式开通边境旅游，该旅游线路成为新疆首条中蒙边境旅游线路，并举办了"中蒙塔克什肯口岸－雅人特口岸国际边境旅游节"及"边境旅游节研讨会"。2013 年，中国内蒙古自治区与蒙古国在乌兰巴托举办了旅游协调会议，希望在边境旅游、旅游宣传促销、旅游项目开发、"茶叶之路"跨国旅游线路等方面展开合作，促进两国边境旅游稳定持续发展。中蒙边境贸易带动了边境旅游业的发展。中蒙两国热推中蒙旅游线路，大大激活了两国边境口岸及辐射地区的经济发展。

4. 中国与中亚边境旅游区

与中国接壤的中亚国家包括哈萨克斯坦、吉尔吉斯斯坦、塔吉克斯坦和阿富汗，总边境线长 3394 公里。新疆与中亚各国的边境旅游开始于 20 世纪80 年代中期，由边境购物旅游开始。虽然中亚边境各国对旅游业的重视程度不断提高，但经济发展水平不高，旅游基础设施整体水平还比较低，成为中亚各国边境旅游发展的瓶颈。新疆中亚段边境入境旅游人数一直占新疆入境旅游市场较大的份额。中亚国家对中国经济的依赖性较强，其边境旅游以边境购物旅游为主。近年来，借助亚洲地理中心的区位优势，以及"一带一路"倡议，新疆与中亚国家联手开发丝绸之路旅游资源，整合中亚旅游

资源链条，促使边境旅游线路向各国腹地延伸。随着新疆与中亚边境游的发展，边境旅游在活动范围、游客来源和数量上不断突破，旅游形式也由以前的纯购物旅游向多元化旅游方向转变。

5. 中国与南亚边境旅游区

与中国接壤的南亚国家包括巴基斯坦、印度、尼泊尔和不丹，总边境线长 4464 公里。此边境地区是地缘政治的破碎地带，地缘政治结构不稳定，国与国之间以及国内民族和宗教冲突较为显著。中国与南亚边境各国旅游合作中，以中国与尼泊尔为主。中尼两国最早是以经济、文化、宗教等交流为主，2001 年，中尼签订中国公民赴尼旅游的谅解备忘录，尼泊尔成为中国公民旅游目的地之一。2002 年，中国公民赴尼旅游正式启动。从 2004 年起，西藏与尼泊尔每年举行一次"旅游联合协调委员会议"，签署了一系列"中国西藏与尼泊尔双边旅游合作备忘录"。2009 年成立藏尼经贸协调会，这是沟通和解决藏尼经贸问题的重要磋商机制，为藏尼经贸合作及人文旅游交流发挥了积极作用。2011 年，尼泊尔旅游年在拉萨举行推介会，在上海举行推广会。2019 年，习近平主席访问尼泊尔，进一步推进中尼之间的边境旅游。

6. 中国与东南亚边境旅游区

与中国接壤的东南亚国家包括缅甸、老挝和越南，总边境线长 4037 公里。中国与东南亚边境三国在地缘、亲缘、文缘上有着紧密的联系和长期的友好交往，其长期稳固的友好关系是两国边境旅游发展的基础。东南亚边境旅游是由边境互市贸易带动发展起来的。中缅边境地区的旅游合作开发力度逐渐加大，整合中缅边境旅游资源，建立无障碍旅游发展新机制，为中缅边境旅游的发展提供了条件。中老边境旅游发展较晚，2004 年国务院批准磨憨口岸开展口岸签证工作。2012 年，西双版纳至老挝琅勃拉邦边境旅游环线经国家旅游局批准开通。广西中越边境旅游业务于 1992 年开通，2004 年中越边境地区成功开展了凭祥－凉山－河内－下龙湾越南自驾游活动，2016 年，广西制定《崇左市边境旅游实验区实施方案》，打造中越边境旅游经济共同体。

中国边境旅游具有自身的发展特征。

1. 旅游资源丰富，发展潜力较大

边境地区多是少数民族的聚居地，加之原始性的旅游景观以及不同国籍、不同信仰和使用不同语言的人们共市的边境场所氛围，包括边境贸易、异国文化体验等，使边境地区成为开展生态、文化、探险、民俗、商务等旅游的理想目的地。其中，中俄边境拥有湿地、森林、河流、湖泊、冰雪等自然旅游资源，以及独特的少数民族民俗、历史文化古迹等人文旅游资源；中蒙边境的旅游资源总体呈现"整体分散、局部集聚"的空间分布特征，有利于边境旅游资源的整合开发；新疆边境跨境分布着气势磅礴的自然景观和古丝绸之路文化历史遗迹，建筑物风格差异明显；西藏边境以喜马拉雅山为界，境内多为冰川、湖泊等冷峻景观，边境另一侧则草木葱茏、风景秀丽，旅游资源差异明显；云南中缅边境旅游资源差异大；中越边境旅游资源具有较强的连续性，发展潜力较大。

2. 总体发展水平较低，旅游管理方式有待提升

中国边境地区虽然旅游资源丰富，但它只是一种存量资源，只有在条件成熟时才能转化为经济优势，其条件包括市场需求、政府的引导和支持、边境贸易、区域相关产业推动等，这些是边境旅游发展的外在驱动力。目前，我国边境旅游资源开发强度不大，发展水平较低。首先，边境地区旅游基础设施建设较弱，口岸通关环境普遍较差，出入境手续繁杂，很难形成和谐有序的边境旅游市场。其次，旅游产品较为单一，游客在边境地区逗留时间短、消费低。游客往往把边境地区作为边境过境旅游的中转站，而非边境旅游目的地。最后，边境旅游管理协调机制相对缺乏，旅游合作水平较低。同时，边境两侧的旅游市场环境、旅游基础设施等方面存在较大差距，难以形成双方对等的投资、开发水平，在旅游资源整合、旅游线路和旅游产品开发等方面缺乏深层次的旅游合作。

3. 不同地区发展差异较大，主导影响因素各异

中国陆地与 14 个国家直接接壤，各个国家的现实发展进程不同，边境旅游的发展阶段和发展形式各不相同。总体来看，我国与东南亚边境旅游区

发展状况最好，边境互市贸易活跃，中方旅游线路向邻国延伸较远。其次为中俄、中蒙、中亚边境地区，边境旅游的目的主要为贸易和购物，游客双向流动数量较大，并逐渐向边境两国内地延伸。中朝边境旅游区主要为观光驱动型，供需矛盾较大，旅游者出多进少，基本是单向流动，并逐渐演化为内地游。我国与南亚边境旅游区地缘政治不稳定，旅游发展的阻碍因素较多，中尼两国具有深厚的历史底蕴，边境旅游发展潜力较大。①

五 2018～2019年边疆地区经济社会发展

边疆地区经济社会发展程度直接反映了我国改革开放的水平，也能够反映中国与周边邻国关系发展状况和"一带一路"建设情况。因此，对边疆地区经济社会发展的调查研究至关重要。总体上看，2018年陆地边疆9省区以及新疆生产建设兵团、海南省经济发展稳中有进，社会大局稳定。

中国边疆地区经济发展稳中有进，但存在内部区域性差异。中国经济社会发展水平不仅受国内政策影响较大，而且受国际及周边环境的影响。2008年全球金融危机对全球经济社会发展产生了诸多消极影响，中国也不例外。虽然中国应对危机较为及时有效，受冲击相对较小，但全球经济增速放缓仍然对中国经济发展造成了不利影响，经济增速放缓，进入"新常态"。在此背景下，中国政府对内进行供给侧改革，加快实施特区经济战略、湾区经济战略、自贸试验区战略，继续推进东北振兴战略和西部大开发战略，激发了强大的经济社会发展活力。此外，2013年习近平主席提出共建"一带一路"倡议，为进一步深化中国改革开放，推动沿线国家经济社会发展提供了新的机遇。这一系列措施使中国经济社会发展正经历新一轮大变革、大调整。很显然，无论是对内的经济社会发展战略，还是对外的"一带一路"倡议，中国边疆地区都是重要的战略承载和倡议对接场域。

① 时雨晴、虞虎：《我国边境旅游发展的影响因素、机理及现状特征研究》，《宁波大学学报》2018年第2期，第114～120页。

中国边疆地区经济在国家整体战略布局中稳步发展。

中国陆地边疆9省区以及新疆生产建设兵团、海南省构成了中国边疆区域经济带，其中每一个省份的经济发展情况关系整个区域经济带的发展质量。边疆地区经济带是中国对外开放的前沿。2018年，中国边疆地区经济发展呈现稳中有增的整体态势，但区域内省（区）的经济总量存在明显差距。

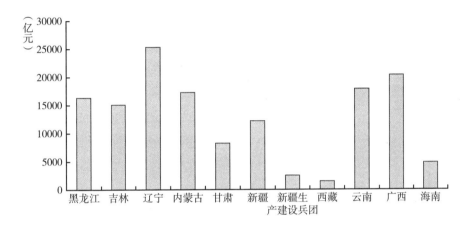

图1　2018年边疆省份地区生产总值

资料来源：2018年各地区国民经济和社会发展统计公报。

如图1所示，2018年在中国边疆11省（区）中，经济实力最强的省份是辽宁省，地区生产总值达到了25315.4亿元，经济实力最弱的省（区）是西藏自治区，地区生产总值仅为1477.63亿元。辽宁省经济总量是西藏自治区的17倍。经济总量超过10000亿元的省（区）有7个，其他4个省（区）经济实力较弱。这客观上造成了中国边疆区域经济发展的不均衡。导致这一现象的原因主要是新疆生产建设兵团、西藏、甘肃三地区产业结构单一、生态环境脆弱、资源禀赋较差、人口数量偏少等。人口数量对经济发展至关重要，人口规模大既能输出一定的劳动力，又能形成一定的市场需求。一般而言，一个地区地广人稀，它的经济就很难发展。很显然，除海南省外，边疆地区经济相对落后的几个省（区）无一例外分布在"胡焕

庸线"以西的地区。中国边疆地区经济不均衡发展直接导致边疆地区对外开放的不均衡。

　　虽然中国边疆地区的经济发展稳中有进，但整个边疆地区的经济发展速度普遍不高。边疆地区的经济发展速度关乎中国东、中、西部地区协调均衡发展。中国边疆地区大多数省（区）经济发展速度较低，制约着中国经济的整体发展。

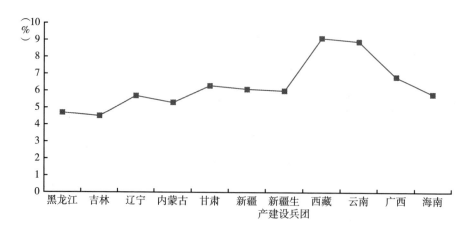

图2　2017~2018年边疆省份经济发展速度

资料来源：2018年各地区国民经济和社会发展统计公报。

　　2018年中国国内生产总值的增长率为6.6%，与这一数据相比，边疆地区只有西藏、云南、广西三个省（区）的经济增速高于国家经济发展速度。经济发展最快的省（区）是西藏自治区，增速达到9.1%，发展最慢的省（区）是吉林省，增速仅为4.7%，低于国家经济发展增速近2个百分点。云南和广西经济增速较快的主要原因之一是两省（区）利用区位优势积极深度融入"一带一路"建设，不断扩大与东盟、欧盟的出口贸易，经济发展步入快车道。总之，从边疆整体上看，东部、北部和西部地区的增速普遍较低，西南部地区经济发展较快。

　　通过将图1和图2相比较，笔者发现了一种倒挂现象。经济实力最弱的西藏自治区，经济发展速度最快。这充分说明在以习近平同志为核心的党中央领导下，西藏自治区和各援藏地区落实"治国必治边、治边先稳藏"重要战略部署，取得了显著成效。东北三省经济相对较强，但增速较慢，这充分说明振兴东北老工业基地任重而道远。

中国边疆地区社会发展大局总体稳定。经济发展是社会稳定之锚。居民可支配收入增加将有助于大幅度稳定社会发展大局。另外，失业率也关乎社会稳定。一地区失业率较高必将增加社会的动荡和不稳定性。2018年中国边疆11省（区）居民平均可支配收入稳步增加，社会基本面较为稳定。以下选取2017年和2018年边疆省（区）的居民平均可支配收入进行对比分析（见图3）。

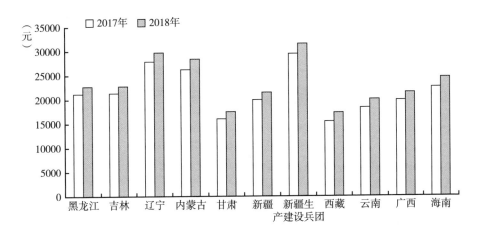

图3 边疆省份居民人均可支配收入年度对比

资料来源：国家统计局。

如图3所示，从2017年至2018年，边疆11个省（区）的居民平均可支配收入呈现增长态势。这说明边疆省（区）在发展经济过程中都注重提高居民生活水平，改善民生，稳定社会大局。2018年数据显示，居民人均可支配收入排在前三位的分别是新疆生产建设兵团、辽宁省以及内蒙古自治区，排在后三位的分别是甘肃省、西藏自治区和云南省。甘肃、西藏和云南三省（区）在未来的发展中要采取更加积极的宏观和微观政策，促进居民增收，缩小与边疆其他省（区）之间的差距。

2018 年边疆地区失业率明显低于全国水平，有利于边疆地区社会发展稳定。一个地区失业人口增多将给社会带来巨大压力，大量失业人群集聚有可能造成群体性事件，引发社会动荡。一般而言，一个地区的失业率低意味着其就业率相对较高，社会不稳定因素就会大大降低。2018 年边疆地区总体失业率偏低，社会发展基本处于良性状态。

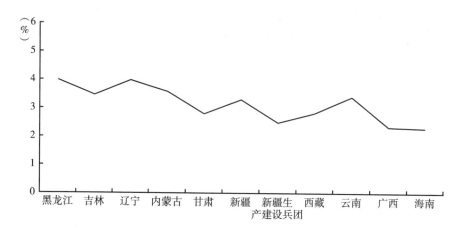

图 4　2018 年边疆省份失业率

资料来源：国家统计局。

2018 年全国的失业率为 4.9%，而边疆 11 个省（区）的失业率均在全国水平以下。其中边疆地区失业率最高的省（区）是黑龙江省，也仅为3.99%，低于全国近乎 1 个百分点。失业率最低的省（区）是海南省，其失业率只有 2.3%，远远低于全国水平。这得益于中国政府对边疆地区实施的一系列开发、振兴战略。另外，近年来中国积极推动"一带一路"建设，实施睦邻友好的周边外交政策，使边疆地区立足于自身发展，进一步扩大开放，地区经济得以快速发展，增加了较多的就业机会。总之，边疆地区的失业率基本维持在 2%～4%，社会大局基本稳定。在边疆地区中，东北三省的失业率整体较其他地区偏高。失业问题将成为东北社会稳定发展的重要影响因素。

值得一提的是，新疆已连续 3 年多未发生暴力恐怖案件，社会发展大局基本稳定。包括危安案件、公共安全事件在内的刑事案件、治安案件大幅下降，极端主义渗透得到有效遏制，社会治安状况明显好转，人民生活安宁祥和。2018 年，新疆旅游业呈现"井喷式"增长，共接待境内外游客超过1.5 亿人次，同比增长 40%，其中外国游客 240.32 万人次，同比增长10.78%，旅游总消费 2522 亿元，同比增长 41.6%。① 这是新疆经济社会发展的良性指标和新疆教育培训工作的积极成果，是旅游者对新疆安全的信任，是新疆稳定发展的红利。

"一带一路"建设不断推动全球治理进程，有助于构建中国与周边国家命运共同体。"一带一路"的六大经济走廊建设直接将中国边疆地区与周边邻国联系在一起，不断实现中国边疆省（区）与邻国的互联互通。中国边疆省（区）与周边邻国的融合发展进一步推动了区域乃至全球治理的发展，为中国与周边邻国构建命运共同体创造了良好的条件。同时，"一带一路"的建设也对中国边疆省（区）经济社会发展起着重大推动作用。中国边疆地区边境贸易日益繁荣，进一步缩小了中国东西部差距，有助于推动中国国内东中西部协调均衡发展。②

---

① 《国新办发表〈新疆的反恐、去极端化斗争与人权保障〉白皮书　新疆恐怖活动多发频发势头得到有效遏制》，《北京日报》2019 年 3 月 19 日，第 9 版。
② 《"一带一路"建设评估报告：从中国倡议变成全球共识》，https://baijiahao.baidu.com/s?id=1632783352428658789&wfr=spider&for=pc，最后访问时间：2019 年 12 月 1 日。

区域篇

Regional Reports

B.4
2018~2019年黑龙江省经济社会
发展形势分析与对策建议

孙浩进　张　帆*

摘　要： 2018年，黑龙江省深入贯彻习近平新时代中国特色社会主义思想，以习近平总书记来黑龙江省考察的重要讲话为引领，积极应对经济下行压力和挑战，把握稳中求进工作总基调，坚定信心、攻坚克难、锐意进取、奋发有为，贯彻新发展理念，落实高质量发展要求，以供给侧结构性改革为主线，推动黑龙江经济总体平稳运行，经济社会发展取得新进步。当前，黑龙江省经济社会发展正处于筑底企稳过程中。但在稳中有进、进中向好的同时，黑龙江省长期存在的结构性、体

* 孙浩进，黑龙江省社会科学院马克思主义研究所负责人、研究员；张帆，黑龙江省社会科学院马克思主义研究所研究实习员。

制性矛盾仍比较突出，市场化程度不高等深层次问题仍未得到解决。工业中传统行业所占比重大，大项目储备少、带动作用不够，资源精深加工不够，若干产业领域的增长潜力还没有充分释放出来，产业结构升级需要更大力气；民营经济发展环境和营商环境有待进一步优化，民营经济发展存在阻力；民生还有历史欠账和突出短板，人力资本流失现象严重；转方式调结构任务艰巨，新旧动能转换亟待加快，自主创新内生动力不足；不适应市场经济要求的思想观念和体制机制等深层次矛盾和问题还没有得到根本解决，经济社会发展中仍然面临许多迫切需要研究和解决的重大课题。习近平总书记强调，黑龙江要聚焦发力，奋力走出全面振兴新路子。这是中央赋予黑龙江省的重大战略任务。因此，黑龙江省必须适应和引领经济发展"新常态"，坚持以经济建设为中心不动摇，贯彻落实创新、协调、绿色、开放、共享发展理念，走出一条质量更高、效益更好、结构更优、优势得以充分释放的新路，实现全面振兴全方位振兴。

关键词： 黑龙江省　产业结构　内生动力　高质量发展

一　黑龙江省的总体情况

黑龙江省是中国地理位置最北、最东的边疆省区，是纬度最高、经度最东的省份。属寒温带与温带大陆性季风气候。黑龙江省位于东北亚区域腹地，北部和东部与俄罗斯相邻，面积47.3万平方公里，排名全国第6位。黑龙江省的边境线长3045公里，是亚洲与太平洋地区陆路通往俄罗斯远东和欧洲大陆的重要通道，西部与南部分别与内蒙古自治区和吉林省相邻，东

部临近日本海,是中国沿边开放的重要窗口。黑龙江省土地总面积占全国土地总面积的4.9%。农用地面积3950.2万公顷,占黑龙江土地总面积的83.5%。黑龙江是中国最大的林业省份之一,其中林业经营总面积3175万公顷,占黑龙江全省土地面积的2/3。天然林资源主要分布在大小兴安岭和长白山脉及完达山。这些地域中分布着2100余种植物,其中具有经济价值的有1000余种。黑龙江省是国家重要的能源工业基地,是煤炭主要调出省之一。

截至2018年末,黑龙江省常住总人口为3773.1万人,排名全国第16位,其中城镇人口2267.6万人,乡村人口1505.5万人。① 黑龙江省是一个多民族散杂居边疆省份,共有53个少数民族,其中世居本省的有满、朝鲜、蒙古、回、达斡尔、锡伯、赫哲、鄂伦春、鄂温克和柯尔克孜等10个少数民族。② 截至2018年末,黑龙江省公路里程达16.7万公里,其中高速公路4511.8公里。铁路以哈尔滨为中心,向四周辐射,并以齐齐哈尔、牡丹江和佳木斯为主要枢纽。哈尔滨太平国际机场地处东北亚中心位置,是东南亚至北美航线的经停点。截至2018年末,黑龙江省共有国有艺术表演团体36个,文化馆149个,公共图书馆109个,博物馆190个,档案馆171个。黑龙江省广播综合人口覆盖率99.0%,电视综合人口覆盖率99.1%。黑龙江省出版报纸49910万份,出版杂志3484万册,出版图书8204万册(张)。

黑龙江省地处我国东北边陲,有着悠久的历史文化,曾经是资源丰富、生态良好的"北大荒"。这里从"北大荒"变成"北大仓",保障国人端牢了"中国饭碗"。从盐碱地到"绿色油田",作为共和国长子的黑龙江挺起了石油工业的脊梁。回顾历史,尤为可贵的是,黑龙江省诞生了"四大精神":抗联精神、北大荒精神、大庆精神、铁人精神,这是中华民族的精神支柱。展望未来,黑龙江人在新时代必将沿着习近平总书记的指引方向,传

① 《2018年黑龙江省国民经济和社会发展统计公报发布》(2019年4月13日),东北网,https://heilongjiang.dbw.cn/system/2019/04/13/058183344.shtml,最后访问时间:2019年8月29日。

② 黑龙江省人民政府网站,http://www.hlj.gov.cn/sq/qhrk/,最后访问时间:2019年8月26日。

承好"四大精神",锐意进取,砥砺前行,努力推进黑龙江全面振兴全方位振兴,奋力闯出东北老工业基地振兴发展的新路子。

黑龙江省与俄罗斯有2981公里的共同边境,现有25个国家一类口岸。黑龙江作为"一带一路"倡议与行动中"打造一个窗口、建设四个区"中向北开放的重要窗口,是中国对东北亚地区和俄罗斯开放合作的桥头堡与枢纽站,具有重要的作用。黑龙江对俄贸易额高居全国首位,在中国对外开放格局中占有重要地位。2019年,随着中国(黑龙江)自由贸易试验区的获批,黑龙江省正在实现开放发展的"边陲变中心,末梢变前沿"。如今,作为东北开放重要门户的黑龙江省积极打破"末梢思维"惯性,借助地缘和区位优势,积极参与中蒙俄经济走廊建设,深度融入共建"一带一路",以更加开放的姿态构建全新对外格局。

综合来看,黑龙江省具有独特的资源禀赋优势。一是空间区位优势。黑龙江省地域广阔,属于地广人稀的省份,具有产业发展所必需的广袤空间优势。二是生产要素优势。黑龙江省地处世界公认的"黑土带""黄金农业带",耕地面积居全国首位,拥有发展现代化大农业无可比拟的条件;矿产资源丰富,除石油和煤炭外,石墨、钼、铜的储量和品位均居全国前列,具有工业发展所必需的要素优势。三是生态环境优势。黑龙江省生态环境优良,森林覆盖率达43.6%,拥有大森林、大草原、大湿地、大湖泊、大界江、大冰雪等优良的生态资源,发展绿色生态经济具有得天独厚的优势。

新中国成立70年来,作为国家重要的老工业基地,黑龙江省为国家经济建设贡献了石油、煤炭、木材、粮食等重要战略资源,为国家财力贡献了巨额的利税,为全国的经济社会发展做出了巨大贡献。

二 黑龙江省经济社会发展的现状

(一)黑龙江省经济发展现状

2013年以来,黑龙江省的经济发展已到了滚石上山、爬坡过坎的关键

阶段。2014年国务院出台《关于近期支持东北振兴若干重大政策举措的意见》，2016年中共中央、国务院出台《关于全面振兴东北地区等老工业基地的若干意见》，借助国家红利政策吹响了新一轮东北振兴的号角。国家实施新一轮东北全面振兴战略以来，黑龙江省振兴发展的有利因素不断积累，发展的内生动力不断增强，取得了预期的阶段性成果。

1.经济发展总体上企稳向好

当前，黑龙江传统产业中，石油、煤炭、粮食、木材等产业持续集中负向拉动，面对这样的挑战，黑龙江奋力爬坡过坎、攻坚克难，经济运行总体企稳向好。2018年，黑龙江省地区生产总值（GDP）为16361.6亿元，与2013年的14454.91亿元相比，增长近2000亿元，同比增长13.7%。黑龙江省人均地区生产总值由2013年的37697元上升为2018年的43364元，增长了15%。2018年，黑龙江第一产业和第三产业增速均高于全国，能源工业在经济总量中的占比由20%下降到8%，城镇居民人均可支配收入与农村居民人均可支配收入分别同比增长7.1%和7.8%。在能源工业增加值净减少1462亿元的情况下，地区生产总值增速由最低时的5.6%逐步回升到6.4%。公共财政收入扭转连续两年负增长局面，2017年增长11%。2018年，黑龙江一般公共预算收入增长3.2%，其中税收收入增长8.7%。

表1 2013～2018年黑龙江省和全国地区生产总值对比

单位：亿元

指标	2013年		2014年		2015年	
	黑龙江	全国	黑龙江	全国	黑龙江	全国
地区生产总值	14454.91	595244.4	15039.40	643974.0	15083.7	689052.1

指标	2016年		2017年		2018年	
	黑龙江	全国	黑龙江	全国	黑龙江	全国
地区生产总值	15386.09	740060.8	15902.68	820754.3	16361.6	900309.0

资料来源：国家统计局、黑龙江省统计局。

2.产业结构调整取得新进展

2018年，黑龙江省三次产业中，第一产业增加值为3001.0亿元，第二

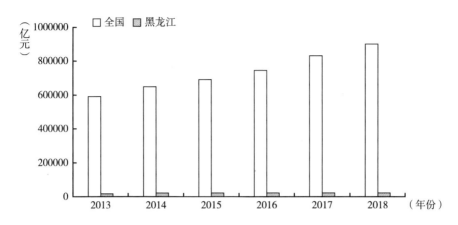

图1 2013～2018年黑龙江省和全国地区生产总值情况

资料来源：国家统计局、黑龙江省统计局。

产业增加值为4030.9亿元，第三产业增加值为9329.7亿元，三次产业结构比为18.3∶24.6∶57.1。[①] 2018年，黑龙江省按照国家部署，积极做好"三篇大文章"，加快落实"五头五尾"重点产业项目。启动建设大庆石化炼油结构调整转型升级项目、新增落地9个玉米燃料乙醇项目、建成中国移动哈尔滨数据中心一期工程。规模以上工业增加值增长2.8%，其中，医药制造业增长10.4%，农副食品加工业增长8.9%。积极培育新动能，高技术制造业增加值预计增长11.2%，其中工业机器人、数控机床、新材料等产业产值高速增长。高新技术企业总数达1120家，增长20.5%。哈尔滨工业大学刘永坦院士荣获国家最高科学技术奖，全省共获19项国家科学技术奖。非公经济前三季度增长6.1%。民间固定资产投资预计增长10%左右。截至2018年底，市场主体达226.9万户，增长7.6%，新登记市场主体增长7.3%。[②]

（1）稳住粮食这块"压舱石"。近年来，黑龙江省三次产业内部结构特征与全国总体增长趋势保持基本一致，进一步巩固经济增长。其中，农林牧

---

① 《2018年黑龙江省国民经济和社会发展统计公报发布》（2019年4月13日），东北网，https：//heilongjiang. dbw. cn/system/2019/04/13/058183344. shtml，最后访问时间：2019年8月29日。

② 《黑龙江省政府工作报告》，中国经济网，http：//district. ce. cn/newarea/roll/201901/22/t20190122_ 31324184. shtml，最后访问时间：2019年8月29日。

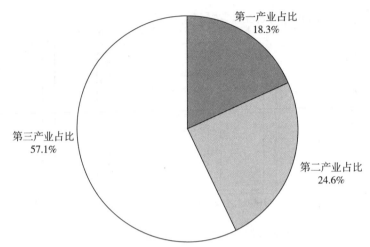

图2　2018年黑龙江省三次产业构成

渔业实现增加值3079.9亿元，比上年增长3.8%。黑龙江全省粮食生产实现连续15年大丰收，2018年粮食生产总量达到1501.4亿斤，比上年增产19亿斤，增长1.3%，产量稳居全国首位。

（2）工业生产增质提效。2018年，黑龙江省规模以上工业增加值比上年增长3%，增幅同比扩大0.3个百分点。规模以上工业企业综合能源消费量5202.2万吨标准煤，增长1.3%。① 规模以上工业40个行业大类中，有22个行业增加值实现同比增长，其中食品、医药、汽车等行业表现较好。

（3）现代服务业持续发展。2018年，黑龙江省的现代服务业发展较快，主要表现在服务业领域不断深化改革，第三产业的内部结构有所改善，新兴服务业发展较快，所有制结构发生较大变化。黑龙江借助本省得天独厚的原生态优势，大力发展休闲康养式旅游服务产业，2018年接待国内外游客近1.9亿人次，实现旅游收入2244亿元，较2017年增长了近18%。

3. 新产业新业态发展形势良好

当前，黑龙江省经济正处在转变发展方式、优化经济结构、转换增长动

---

① 《2018年全省经济运行保持总体平稳》（2019年2月3日），人民网，http://hlj. people. com. cn/n2/2019/0203/c220027－32610895. html，最后访问时间：2019年8月29日。

能的攻关期，在当前经济下行压力和挑战不断增加的情况下，黑龙江省经济蓄力增长。地区生产总值连续三年稳步增长。2018 年，黑龙江深入推进黑土地保护，绿色食品、有机食品认证面积分别占全国 1/5 强、1/10 强。黑龙江省 141 户"老字号"规模以上企业的主营业务收入增长 7.6%，1807 户"原字号"规模以上企业的主营业务收入增长 11.8%。2018 年国内外游客人数、旅游收入分别增长 11% 和 17.6%。2019 年上半年，黑龙江省高新技术制造业增加值增长 16%，新成立科技型企业超过 8000 家。新产业新业态快速成长，电商零售额增长 41.8%。着力构建现代产业新体系，加快转方式调结构，黑龙江省拥有哈尔滨工业大学、哈尔滨工程大学、东北林业大学等众多高等院校，其中，独立的科研院所有 226 所，"两院"院士有 40 人，拥有国家级专家 4000 多位，每年平均专利申请数量已突破 3.2 万件。

4. 地区市场消费水平稳中有升

2018 年，黑龙江省居民消费价格总指数（CPI）比 2017 年上涨 2.0%，比全国平均水平低了 0.1 个百分点。其中，城市居民消费价格总指数上涨了 2.0%，农村居民消费价格总指数上涨了 1.9%。消费市场方面，社会消费品零售总额比 2017 年增长 6.3%。从行业看，批发业零售额增长 6.5%；零售业零售额增长 6.1%；住宿业零售额增长 2.7%；餐饮业零售额增长 7.3%。民用车辆方面，民用汽车拥有量 478.6 万辆，比上年增长 9.6%，其中私人汽车 426.8 万辆，增长 10.2%。民用轿车拥有量 264.7 万辆，增长 10.0%，其中私人轿车 248.9 万辆，增长 10.5%。旅游收入方面，黑龙江共接待国内外旅游者 18209 万人次，比上年增长 11.0%；实现旅游业总收入 2244.0 亿元，增长 17.6%。其中，接待国内旅游人数 18100 万人次，增长 11.0%，实现国内旅游收入 2207.8 亿元，增长 17.7%；接待国际旅游人数 109 万人次，增长 5.1%，实现国际旅游外汇收入 5.4 亿美元，增长 12.0%。[①]

---

① 《2018 年黑龙江省国民经济和社会发展统计公报发布》（2019 年 4 月 13 日），东北网，https：//heilongjiang. dbw. cn/system/2019/04/13/058183344. shtml，最后访问时间：2019 年 8 月 29 日。

5. 对外开放合作取得新进展

自"一带一路"倡议提出以来，黑龙江省始终坚持共商共建共享的理念，更加注重发挥地缘优势，积极参与中蒙俄经济走廊建设，深度融入共建"一带一路"，构建全方位对外开放的新格局，取得了一批新的重要的标志性成果。在和平、发展、合作、共赢的思路下，中俄双方逐步形成正确的义利观共识，通过"一带一路"和欧亚经济联盟、中蒙俄经济走廊与俄远东超前发展区对接，为两国地区加快发展和区域经济一体化提供了新动力，开启了中俄合作新时代。近年来，黑龙江省不断推进中蒙俄经济走廊建设，下大力气发展沿边重点开发开放试验区、跨境经济合作示范区、面向欧亚物流枢纽区，加快完善黑龙江省对俄铁路通道和区域铁路网建设，加强黑龙江、吉林、辽宁与俄远东地区陆海联运合作，推进构建北京—莫斯科欧亚高速运输走廊，努力走出全方位对外开放的新路。

（二）黑龙江省社会发展现状

2018 年，黑龙江省委、省政府从全省人民最关心、最直接、最现实的问题入手，在提高社会保障和改善民生水平上精准施策，实施就业优先战略，发展公平而有质量的教育，强化社会保障体系建设，提高基本医疗保障水平，深入实施文化惠民工程，切实改善人居环境，树立安全发展理念，给黑龙江人民带来了更多的获得感、幸福感、安全感。强力推进民生实事落到实处。

1. 收入水平和生活质量不断提高

2018 年，黑龙江城镇常住居民人均可支配收入为 29191 元，与 2017 年相比，增长了 6.4%；黑龙江农村常住居民人均可支配收入为 13804 元，与 2017 年相比，增长了 9%，实现 4 年来最大增幅，比 2017 年足足高出 2 个百分点，较全省城镇居民收入增幅大 2.6 个百分点。2018 年，黑龙江城镇居民人均生活消费支出 21035 元，增长 9.2%；农村居民人均生活消费支出 11417 元，增长 8.5%。[①]

[①] 《2018 年黑龙江省国民经济和社会发展统计公报发布》（2019 年 4 月 13 日），东北网，https：//heilongjiang. dbw. cn/system/2019/04/13/058183344. shtml，最后访问时间：2019 年 8 月 29 日。

与此同时，食品烟酒、衣着等"生存型"消费支出比重明显下降，医疗保健、交通通信等"发展型"消费支出及教育、文化、娱乐等"享受型"消费支出快速增长。2018年，企业退休人员基本养老金增长了5.5%、机关事业单位退休人员基本养老金增长了4%，城乡居民基础养老金标准增长35%，城乡低保标准12年连续增长。实施统一的城乡居民医保制度，财政补助标准由每人每年450元提高到490元。①

图3　2016～2018年黑龙江省城乡居民人均可支配收入情况

2. 就业和社会保障水平不断提升

2018年，黑龙江省城镇新增就业超60万人，失业人员再就业超44万人，就业困难人员再就业超17万人。社会保障方面，参加企业职工基本养老保险（含离退休人员）1308.5万人，较2017年增长了8.5%，其中城镇职工（缴费人员）参保超731万人，增长7.3%；离退休人员参保超576万人，增长10.1%。参加基本医疗保险超2908万人，增长0.6%，其中，职工参保超498万人，城乡居民参保超2052万人。参加失业保险超318万人，增长0.9%；参加生育保险超350万人，较2017年下降了1.4%；参加工伤

① 《黑龙江省政府工作报告》，中国经济网，http://district.ce.cn/newarea/roll/201901/22/t20190122_31324184.shtml，最后访问时间：2019年8月29日。

保险超 520 万人，增长 0.2%。城镇居民得到最低生活保障人数超 74 万人，较 2017 年下降了 22.3%；农村居民得到最低生活保障人数超 89 万人，下降了 15.1%。

3. 教育和医疗事业不断发展

2018 年，黑龙江省新建、改扩建公办幼儿园 118 所；新时代教师队伍建设改革工作启动实施，全面完成义务教育发展建设任务；增加乡村教师 2300 余名；全省高校 A 类学科达到 23 个，高校毕业生初次就业率超过 80%，连续 17 年高于全国平均水平。2018 年，黑龙江公立医院改革工作稳步推进，全部取消药品加成；集中采购价格联动后，药品价格降幅 12.3%、高值医用耗材价格降幅 9.2%。医保目录纳入 17 种抗癌药品，平均降幅超过 56%。为城市社区卫生服务中心招聘 1000 名执业医师，建立乡镇卫生院大学生动态补充机制，新招聘医学毕业生 200 余人，确保乡镇卫生院在岗大学生不少于 3000 人。基本公共卫生服务人均经费补助标准增长 10%。①

4. 政府公共财政全力保障民生

2017 年，黑龙江省的公共财政支出为 4640.7 亿元，同比增加 412.7 亿元，比上年增长 9.8%，增幅同比扩大 4.6 个百分点。民生领域重点支出保障有力，全年用于民生的财政支出 3996.1 亿元，增长 10.7%，占黑龙江公共财政支出的 86.1%，比重比 2016 年提高 0.7 个百分点。其中，社会保障和就业、农林水事务、教育以及城乡社区事务支出比重较大，四者之和占比接近 60%。

当前，黑龙江省经济社会发展正转向高质量发展阶段，转变发展方式、优化经济结构、转换增长动力正处在攻关期，全面建成小康社会进入决胜阶段，稳增长、调结构、促改革、惠民生、防风险等经济工作不断深入推进，正处于不断强化发展基础、提升发展质量、优化发展环境、共享发展成果、保障发展持续的重要崛起阶段。综合判断，黑龙江省的振兴发展，经过长期

---

① 《黑龙江省政府工作报告》，中国经济网，http：//district.ce.cn/newarea/roll/201901/22/t20190122_31324184.shtml，最后访问时间：2019 年 8 月 29 日。

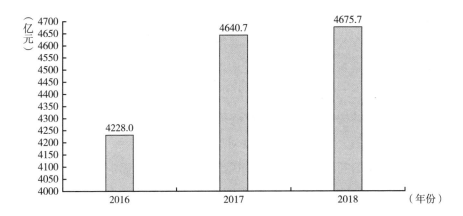

图4 2016～2018年黑龙江省公共财政支出情况

努力，取得了预期的阶段性成就，已经进入新的历史方位，需要新的目标引领。[1]

三 黑龙江省经济社会发展存在的问题

在"新常态"下，黑龙江省经济社会发展在取得稳中有进、进中向好的发展成效的同时，受长期存在的体制性、结构性、资源性矛盾制约，仍然面临许多迫切需要研究和解决的重大课题。在看到发展成绩和积极变化的同时，我们还要清醒地看到存在的困难和挑战，[2] 黑龙江省的振兴发展仍然任重道远。

1.产业结构性矛盾仍然突出

长期以来，在粗放型增长方式下，黑龙江省形成了老工业基地发展的结构锁定和路径依赖。黑龙江省拥有得天独厚的自然资源，产业结构偏向于资源型以及重化工业，支柱产业包括：装备制造、汽车制造、钢铁、有色金属

---

① 孙浩进、董宇霆：《立足改革开放新起点　推进现代化新龙江新征程》，《奋斗》2018年第15期。

② 孙浩进、董宇霆：《立足改革开放新起点　推进现代化新龙江新征程》，《奋斗》2018年第15期。

冶炼、石油化工等行业。当前,"三去一降一补"任务还没有完成,要做到去得坚决、降得有效、补得精准仍需要进一步聚焦。法治化营商环境还没有真正形成,增强微观主体活力需要下实功夫。"老字号"和"原字号"产业产品多、占比高,"新字号"产业产品少、总量少,提升产业链水平需要用更大力气。产业结构偏"重",产业链条靠"前"。黑龙江企业多处于产业链的上游,购进的大宗商品价格下跌对产业链中下游有利,但使得采掘业、初级产品制造业的利润大幅下降。全国经济增速放缓和固定资产投资锐减对黑龙江省的装备制造、冶金、钢铁等支柱产业产生巨大冲击,致使工业生产陷入困境。在发电装备、能源、原材料、汽车等支柱型产业中,黑龙江省国有经济依然占据主导地位,国有、民营和外资协调与均衡发展的局面尚未形成。受产业结构性矛盾的影响,黑龙江省经济在保持平稳增长的同时,也呈现增长趋缓、下行压力增大的态势。

2. 民营经济发展存在较大阻力

近年来,黑龙江省的民营经济尽管在比重上有了大幅提升,但民企与国企之间大多是生产经营上的依附关系和体制上的"寄生"关系,二者在市场营销、与资本市场合作、以市场化方式配置资源等方面存在很大差距。从资源配置方面看,民营经济没有实现市场对于资源配置的主导作用,与多数生产资料集中的国有企业竞争仍有难度。从金融资源方面看,民营企业融资能力远低于国有企业,融资成本高、期限短、长期性差。截至 2018 年底,黑龙江小微企业贷款余额 3185.9 亿元,占各项贷款的 15.7%,比重略显不足。民营经济在拉动经济增长方面的贡献超过全省的 50%,与其所占有的市场资源并不相称,黑龙江民营企业扮演的大多是"搞配套"和"跑龙套"的角色,真正意义上的混合所有制关系尚未形成,壮大一批民营企业集团仍然任重道远。从优化营商环境方面看,黑龙江针对"放管服"改革方面出台了相关政策,但仍需要进一步落实到位。

3. 人力资本流失问题加剧

黑龙江省经济发展水平与发达地区的差距导致地区人力资本外流,人力资源和人力资本的流失已经成为制约黑龙江经济快速发展的重要因素。作为

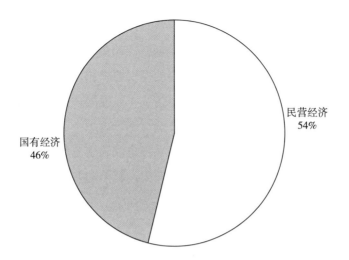

图5　黑龙江省国有经济和民营经济比重

老工业基地，黑龙江省积累了一大批素质高、技术硬的工人，但由于专业结构不合理，缺乏管理型人才，高级人才外流现象严重，黑龙江人才市场出现真空现象。长三角、珠三角和环渤海等发达地区，已经成为许多黑龙江新毕业的大学生及本地年轻人的主要去向。黑龙江高层次人力资本中，约40%的博士、硕士学位拥有者流往外地。这不仅是人口流失，更是人才流失。外流的高层次人力资本大多集中在20～45岁这个年龄段，他们已深入职场，拥有丰富的经验、扎实的专业知识、高超的技术水平、充沛的精力，并且敢于大胆创业和自主创新，是人才队伍中最具活力、最有魄力、最有价值的。黑龙江地区经济发展水平滞后，在教育、就业、工作环境等方面与发达地区相比有较大差距。黑龙江省的社会保障制度也不完善，这些因素导致年轻人向外流动。超低的出生率和越来越多年轻人的离开，使黑龙江省的人口结构出现了快速老龄化趋势。

4. 自主创新的内生动力不足

2018年，黑龙江省的科技产出指标进入全国前十名，居第8位，科技综合实力在全国排名第14位，然而科研成果转化率却排在全国第22位。科技创新资源还没有转化为经济发展动能。黑龙江省在新材料技术、软件技

术、装备制造等方面具有一定实力，但从总体上看，还缺少创新点，创新面狭窄，还未形成一定规模的创新集群或创新活动集聚地。信息化建设已取得阶段性成果，但与数字中国、智慧社会的发展要求相比，在信息化引领经济社会高质量发展方面仍存在不少差距。传统工业发展惯性思维和路径依赖较重，数字化转型内生动力不足。新兴产业培育、高端产业集群发展不快，规模以上信息产业企业较少，主要集中在系统集成和服务等环节，自主研发能力较弱，技术密集型和知识密集型企业较少，新旧动能转换动力不足。只有解决好自主创新的内生动力不足这一发展所面临的重要课题，才能推动黑龙江省经济高质量发展。

5. 体制性矛盾仍待解决

黑龙江省进入市场经济较晚，目前仍处于重要的调整期，还存在一些深层次的体制性机制性矛盾。经济总量不大、发展速度不快、发展质量不优、内生动力不足。从体量规模看，2018 年，规模以上工业总产值在全国排名相对靠后，不仅与发达地区存在较大差距，也落后于部分中西部省份。从发展速度看，虽然近年来规模以上工业增加值增速有所回升，但仍落后于全国平均水平。传统产业增长乏力，新兴产业规模过小、整体贡献不多。近年来，尽管黑龙江各级政府继续强化社会治理职能，不断加强公共服务职能，从全能型、管制型政府向服务型、法治型政府转变，政府职能发生了一定程度的变化。但从总体上看，体制改革的速度较经济转轨的速度慢，还有待提高，应加大政府职能转变力度，确保其快速适应市场经济发展要求。在政府与企业、政府与市场、政府与社会的关系上，一系列深层次的矛盾仍待破解，需要通过政府简政放权、优化营商环境来尽快形成一个与市场有效对接、充满内在活力的行政管理体制机制。

6. 居民收入水平居全国后列

黑龙江省在民生领域还存在亟待补齐的短板，群众在就业、教育、医疗、社保、居住、养老等方面仍面临不少难题，发展不均衡不充分的问题依然突出。当前黑龙江社会发展短板凸显，人均收入居全国中下游水平。2016 年，黑龙江地区生产总值（GDP）居全国第 21 位，人均 GDP 为 40362 元，居全国第 22 位；2017 年，黑龙江地区生产总值（GDP）居全国第 23 位，人均 GDP 为 42699 元，居全国第 23 位；2018 年，黑龙江地区生产总值（GDP）居全国第 24 位，人均 GDP 为 43362 元，居全国第 24 位。

四　黑龙江省经济社会发展趋势预测

1. 由粗放型增长向高质量发展转变

党的十九大以来，我国经济发展已从增速阶段转变为提质阶段。黑龙江省落实中央"八字方针"推动经济高质量发展，深化供给侧结构性改革，加快动能转换，切实提高经济发展质量和效益。持续巩固"三去一降一补"成果，继续淘汰落后产能。① 今后，黑龙江省要摒弃传统粗放型增长模式，逐步构建现代产业新体系，破解结构性矛盾，最终实现产业振兴。黑龙江省将通过自我产业创新升级扩量，走出一条"产品向中高端延伸、结构合理布局、质量效益更好"的现代化产业体系，更好地支撑经济高质量发展。

2. 由注重利用自然资源向绿色发展转变

习近平总书记指出，黑龙江的绿水青山就是金山银山，冰天雪地也是金山银山。作为老工业基地，黑龙江省经过长期开发开采，自然资源的"家底"几乎被掏空。当前最急切的任务就是保护生态环境，生态环境就是生产力，改善生态环境就是发展生产力。在今后的发展中，黑龙江将通过大力加强生态文明建设，充分发挥生态优势，以绿色生态产业强省富省更惠民，努力实现人与自然和谐共生共赢。依托本省生态优势，加快发展旅游产业。围绕休闲生态、健康养老、消暑度假等主题开发旅游产品，借助绿色生态这一独特优势招商引资，借助冰天雪地这一资源优势做大做强冰雪旅游，更深入地挖掘江河、湖泊、湿地等资源潜力，创新发展水生态旅游。黑龙江省还将依托独特的生态优势发展特色绿色产业，依托大森林发展林菌、林果、中草药等

---

① 《黑龙江省政府工作报告》，中国经济网，http://district.ce.cn/newarea/roll/201901/22/t20190122_31324184.shtml，最后访问时间：2019 年 8 月 29 日。

特色林中林下经济；依托大草原发展特色畜牧业养殖；依托大江发展特色渔业养殖。今后，黑龙江将持续构建特色绿色产业体系和优化空间格局，更好地将经济效益、社会效益、生态效益三者同步提升。

3. 由单一边贸向全方位开放发展转变

依托中国（黑龙江）自由贸易试验区获批的政策契机，黑龙江省将发挥已有的优势和潜力，利用好"一带一路"与欧亚经济联盟合作的历史机遇，夯实对俄合作基础，开展全面合作，促进经济全面发展，实现共赢开放。2019 年，根据中俄总理定期会晤的结果，黑龙江省的外贸重点目标是，到 2024 年将双边货物贸易和服务贸易额提高到 2000 亿美元。今后，黑龙江省将继续以"一带一路"为开放引领，深度融入中蒙俄经济走廊建设，发挥区域合作的协同作用，推动"一窗四区"建设，打造国家对俄开放新高地，构建全方位开放新格局。

4. 由改善民生向共享发展转变

今后，黑龙江省必须使发展成果更多更公平地惠及人民群众，走出一条"改善民生、实现小康"的新路子，不断增强人民群众的幸福感和满足感。为此，黑龙江省将加快解决就业问题，更好地解决煤城、林区等资源枯竭型城市或地区转型过程中面临的职工就业问题。引导高学历毕业生的就业方向，立足做到人才"自己培育，自己利用"，努力做好农业富余劳动力、失业人员就业工作。黑龙江省各级党委政府坚持"一号工程"，持续精准扶贫、脱贫，落实兜底保障措施，减少和防止贫困人口返贫及产生新的贫困，做到"不让一个地区、一个少数民族、一个人掉队"。要实现农村 9 万贫困人口脱贫。黑龙江省还将加快解决好人民群众关心的收入、教育、社保、医疗等问题，通过编织好社会保障网，保障全省民生链正常运转。

五　黑龙江省经济社会发展的对策建议

1. 着力破解产业发展的结构性矛盾

长期以来，得天独厚的自然资源使得黑龙江产业结构偏向资源型企业，重化工业居多，"原字号""初字号"产品居多，产业结构偏"重"，产业链条靠"前"，其中传统工业占比很大，以煤炭、石油工业为代表。面临传统工业集中负向拉动的严峻挑战，黑龙江要深化供给侧结构性改革，加快推动动能转换，做到经济发展质量和效益双提高，巩固"三去一降一补"成果。加快淘汰落后产能步伐，将产业结构调整和转型升级作为工作重中之重，努力做到三次产业协同发展，转变长久以来依靠第二产业发展经济的局面，做到一二三产业协同发展。加大新兴产业如信息产业、新材料、新能源、生物医药、现代化农产品深加工等所占比例。推动互联网、大数据、人工智能和实体经济精深融合，建设数字化（智能）车间，着力发展"互联网＋先进制造业"。启动实施重大科技专项工作，推进人工智能、石墨烯、轻量化制造、生物疫苗等高精领域关键共性技术研发，促进转化高新技术成果并将其产业化。将振兴发展老工业基地的政策充分利用，改造升级传统产业，支持企业技术改造，推进"工业化"和"信息化"深度融合，启动"互联网＋"工程，推动产业向中高端迈进。

2. 着力破解民营经济发展偏弱的问题

黑龙江省的非公经济在市场营销、与资本市场合作、以市场化方式配置资源等方面，与公有经济相比，存在一定的差距，非公经济占比小。今后，要严格落实"减税降费"各项税收优惠政策，促进非公经济发展。应坚持民营企业和各类市场主体一视同仁，公平竞争。取消和减少民间资本进入基础设施和公共事业等领域的附加条件。加强中小企业专业化提升，开展中小企业入库培育工作，集中培育"专精特新"中小企业，帮助企业解决生产经营过程中遇到的实际困难。积极鼓励民营企业与其他类型企业按同等标准、同等待遇参与政府和社会资本合作（PPP）项目，继续PPP的投融资模式，创新金融产品和服务方式，建设民营企业融资发展云平台，不断提升民营经济与政府项目融合发展的质量。

3. 着力补齐振兴发展中的人才短板

黑龙江省应将企业作为引才主体，发挥企业自身引才作用，政府应以适当的财政补贴方式鼓励企业引进高端人才、紧缺技术人才；政府给予一定的

经费补助鼓励企业创建高技术人才培育基地、省级或国家级技能大师工作室等。引导企业为缺乏培训的技术工人搭建企业技术工人职业培训公共服务平台。通过企业"固巢留凤",为黑龙江留住科技领军人才,保住科教领域的四梁八柱,再通过"筑巢引凤",给予平台、资金、政策支持,以头雁带雁阵,吸引更多科技人才,让"孔雀"不再"东南飞"。

4. 着力破除创新创业不足的瓶颈

黑龙江在材料技术、装备制造等方面具有一定的实力,但是缺少行业创新点,创新面狭窄,没有很好地形成集群创新效应。针对此类问题,黑龙江应积极开发新产品、培育科技企业、开发研发平台、建立创新型领军企业培育库,聚集科技优势资源,建设具有较强辐射能力的重大创新基地,逐步形成布局合理、运转高效、功能明确、共享开放的重大创新基地体系。促进科技成果转化,重点发挥新兴产业科技园区的辐射和带动作用,针对各类行业短板加大科研投入力度,以关键核心技术突破为目标,带动先进制造业发展壮大。

5. 着力破解体制性矛盾

黑龙江的经济发展一直受到之前计划经济的制约,体制改革滞后是长期计划经济遗留下的"后遗症",体制问题突出的表现就是"大政府、小市场"。习近平总书记在东北调研考察时提出"要破除体制机制障碍"。黑龙江省各级政府需要简政放权,推进放管结合向纵深发展。政府通过简政放权,力争为企业"松绑",按照"简政放权要彻底、市场活力要增强"的要求,将制约黑龙江老工业基地振兴发展的体制机制障碍破除,形成充满活力的体制机制,确保同市场完全对接,做好全面深化改革各项工作。构建良好的人文环境,发挥市场在资源配置中的决定性作用,运用互联网、云计算、大数据、区块链等现代化技术手段,营造稳定公平透明、可预期的营商环境。

6. 着力深化面向东北亚的全方位开放

中国(黑龙江)自由贸易试验区将全面落实中央关于推动东北全面振兴全方位振兴、建成向北开放重要窗口的要求,着力深化产业结构调整,打造对俄及东北亚区域合作的中心枢纽。要实现地方合作的政策沟通、设施联通、贸易畅通。黑龙江应优化营商环境,构建开放共享的经济新体制,努力借助黑龙江自贸试验区平台，打造经济互联互通，建设营商环境优良、贸易投资便利、高端产业集聚、服务体系完善、监管安全高效的高标准高质量自由贸易园区，为实现新时代东北全面振兴全方位振兴做出更大贡献。

7. 坚决打赢地区脱贫攻坚战

中共黑龙江省委十二届二次全会提出要坚决打好精准脱贫攻坚战，确保到2020年现行标准下黑龙江农村贫困人口全部脱贫、贫困县全部摘帽。①黑龙江省要攻克区域性整体贫困难题，坚决打赢脱贫攻坚战。确保把好精准识别关、精准施策关、精准退出关；聚焦产业扶贫这个软肋、聚焦"三保障"这个短板、聚焦金融扶贫这个弱项、聚焦驻村扶贫这个关键。建立常态长效脱贫机制，真正落实好实施产业增收、转移就业、教育扶智、金融扶持、社保政策兜底脱贫攻坚行动的"五个一工程"，特别要加快推进脱贫线和低保线"两线合一"；坚持扶贫开发与经济社会发展相互促进、片区开发与精准扶贫同步实施、开发扶贫与绿色发展统筹兼顾、扶贫开发与发展现代农业有机结合、政府市场社会协同发力、专项行业社会扶贫互为补充、扶贫开发与社会保障有效衔接，举全省之力坚决打赢脱贫攻坚战，坚决防止"数字脱贫""被脱贫"现象，确保全省44.5万贫困人口如期脱贫，28个贫困县全部摘帽，让贫困人口和贫困地区与全省一道进入小康社会，决不落下任何一个贫困地区、一个贫困群众。

8. 着力聚焦重点切实改善民生

当前，黑龙江省要持续提高城乡居民收入，实现劳动报酬和劳动生产率同步提高。一是要将就业问题解决好，建立覆盖全乡镇的积极就业政策、公共就业服务体系，重点关注四类人群：转岗分流职工、退役军人、高校毕业生和农业转移劳动力。通过完善相关政策与平台互融互通建设，切实持续推动科技人员、大学生、农民、城镇转移就业职工四支队伍创业创新，振兴实体经济，带动就业增长。二是要加快发展社会事业，关爱农村"三留守"

---

① 《中国共产党黑龙江省第十二届委员会第二次全体会议决议》，人民网，http：//hlj. people. com. cn/n2/2017/1125/c220027 - 30962043. html，最后访问时间：2019 年 8 月 29 日。

人员，发展社会福利、慈善和残疾人事业。三是要在教育、医疗等主要领域探索构建民生发展新模式，切实提高公共服务体系的管理效能，切实提高人民群众对民生发展的获得感、满意度。为了更好地满足人民对养老服务的多样化、个性化需求，应加快黑龙江养老服务业的改革发展，在进一步加大对养老产业投融资、税费、价格、用地等方面扶持力度的基础上，要完善养老服务业与医疗健康业、旅游业、生态食品业的精准对接、融合发展的顶层设计和规划，加强各种养老服务形态之间的衔接与融合，促进养老服务项目化、集约化发展。切实保证各项改革都能满足公众的愿望与期待，切实保证改革能够让公众的利益得到保障，让人民有更多的获得感。

新中国成立70年来，中国经济发展理念已经实现从"单一"到"包容"的传承与超越，包容性发展凝聚我国经济高质量发展的共识。实现共同富裕，是建设公平正义社会的必然要求。当前，中国特色社会主义已经进入新时代，党的十九大开启了决胜全面建成小康社会、全面建设社会主义现代化国家的新征程。黑龙江省已经明确未来五年建设工业强省、农业强省、科教强省、文化强省、生态强省、旅游强省的重要发展目标。立足于新时代，黑龙江只有遵循新发展理念，实现发展质量更高、产业结构更优、优势充分释放，促进中等收入群体成长，提高中等收入群体比重，筑牢社会和谐稳定的基石，走出一条创新、协调、绿色、开放、共享的包容性发展之路，才能实现黑龙江省全面振兴全方位振兴的宏伟目标。

参考文献

"黑龙江"，中华人民共和国政府门户网站，www. gov. cn。

"地形地貌""区划人口"，黑龙江人民政府门户网站，www. hlj. gov. cn。

《2018年黑龙江省国民经济和社会发展统计公报》，黑龙江省统计局网站，http：//www. hlj. stats. gov. cn/。

《黑龙江省政府工作报告》，中国经济网，http：//district. ce. cn/newarea/roll/201901/22/t20190122_ 31324184. shtml。

B.5

2018~2019年吉林省经济社会发展形势分析与对策建议*

张丽娜　徐卓顺**

摘　要： 吉林省位于东北亚几何中心，毗邻俄罗斯、日本和朝鲜三国，是"一带一路"倡议中向北开放的窗口。2018年，吉林省经济发展增速虽然出现下滑，但基本保持了稳中有进的态势。经济发展面临的困难仍然较多，产业结构调整步伐缓慢，经济增长动力不足，人才匮乏等问题严重。2019年，面对错综复杂的国际国内环境，吉林省经济下行压力持续加大，投资、消费、进出口增速将放缓。为减轻压力，吉林省要加大改革力度，加快经济增长的动能转换，稳定实体经济，坚持绿色发展，促进区域均衡发展，着力保障和改善民生，提高经济发展质量。

关键词： 吉林省　发展质量　动能转换

一　吉林省区域定位

（一）吉林省地域范围及其资源、环境禀赋

吉林省地处东北亚地理中心位置，中国东北中部。吉林省南、西、北分

---

* 本报告为吉林省"十三五"智库项目"吉林省实现稳增长路径与对策研究"（2019ZLSKZB007）的阶段性成果。

** 张丽娜，吉林省社会科学院软科学研究所所长、研究员；徐卓顺，吉林省社会科学院软科学研究所副所长、研究员。

别与辽宁、内蒙古、黑龙江相连接，东部与俄罗斯接壤，东南部以图们江、鸭绿江为界，与朝鲜隔江相望。吉林省东部的珲春距离日本海15公里，距离俄罗斯的波西耶特湾4公里，地处东北亚几何中心。吉林省作为边境省份，在"一带一路"向北开放中发挥着重要作用。吉林省边境线总长1438.7公里。其中，中俄边境线232.7公里，中朝边境线1206公里；全省共有各类口岸21个，其中，对俄边境口岸2个，对朝边境口岸14个，航空口岸2个，内河航运口岸1个，内陆港口岸2个。

吉林省面积为18.74万平方公里，占全国总面积的2%，居全国第14位。截至2017年底，吉林省下辖8个地级市、1个自治州，共有20个县级市，16个县，3个自治县，21个市辖区，乡镇共有610个，村委会共计9270个（见表1）。人口2751.28万人。吉林省是一个多民族聚居的省份，全国56个民族中有49个民族聚居于此。其中，48个少数民族人口占吉林省总人口的10%左右，多聚居于吉林省的延边朝鲜族自治州和长白朝鲜族自治县、前郭尔罗斯蒙古族自治县、伊通满族自治县，以及33个民族乡（镇）。

表1　2017年吉林省行政区划

单位：个

地　区	县级合计	县级市	县	自治县	市辖区	乡镇级合计	镇	乡	村民委员会
全　省	39	20	16	3	21	610	428	182	9270
长　春	3	2	1		7	90	60	30	1668
吉　林	5	4	1		4	76	56	20	1378
四　平	4	2	1	1	2	72	55	17	1152
辽　源	2		2		2	30	23	7	510
通　化	5	2	3		2	78	61	17	988
白　山	4	1	2	1	2	47	41	6	506
松　原	4	1	2	1	1	78	43	35	1106
白　城	4	2	2		1	73	38	35	912
延边州	8	6	2			66	51	15	1050

资料来源：《吉林省统计年鉴（2018）》。

吉林省生态环境总体优良，山水林田湖草等自然生态要素齐备。生态环境呈特殊的多样性和相对的整体性，而且可恢复性和保护程度较高。全省森林面积828万公顷，森林覆盖率为43.9%，森林植被、林相结构和生物多样性明显改善。全省草地面积为584万公顷，湿地面积为173万公顷，黑土地面积为110万公顷，土质肥沃，具有发展优质农产品生产的优越条件。吉林省共有各级、各类自然保护区49个，总面积2494528.5公顷，占全省土地总面积的13.31%，其中，国家级自然保护区20个，省级自然保护区21个，市县级自然保护区8个，基本形成了梯次结构合理、类型较为齐全的自然保护区体系。

吉林省由东部长白山地、中部台地和西部草原共同组成一个综合的生态系统。东部森林生态区包括通化市、白山市、延边州全境，长白山管委会和吉林市的东部地区。土地面积约8.6万平方公里，占吉林省土地总面积的45%左右。区内以长白山山地为主，森林面积占全省森林总面积的79.5%。西流松花江、鸭绿江、图们江、牡丹江以及绥芬河水系均发源于长白山区，河流径流量大，水能资源丰富。东部地区在全省、全国乃至东北亚都具有极重要的生态地位。中部平原生态区的东部和南部为大黑山脉的丘陵漫岗；西部为松嫩平原的边缘，有世界著名的黑土带，是全国重要的商品粮生产基地。西部草原湿地生态区是科尔沁草原湿地、松辽平原黑土地和大兴安岭森林生态系统的过渡带，是吉林省重要的商品粮生产基地、油料生产基地和畜牧业生产基地。

（二）吉林省在国家发展中的区域定位

吉林省是国家重要的边境省份，边境线总长1438.7公里。其中，中俄边境线232.7公里，中朝边境线1206公里。全省共有各类口岸21个，其中，对俄边境口岸2个，对朝边境口岸14个，航空口岸2个，内河航运口岸1个，内陆港口岸2个。在2015年3月28日发布的《推动共建丝绸之路经济带和21世纪海上丝绸之路的愿景与行动》中，东北三省被定位为我国向北开放的重要窗口。近年来，吉林省主动融入国家"一带一路"倡议，全面实施长吉图开发开放，加快推动"互联互通"，打破了吉林省沿边近海

却出不了海的尴尬局面。"借港出海"形成东、南双向发力之势,全力打造吉林开放窗口,对接辽宁经济带和京津冀经济圈,加快推进面向环渤海开放,与东南沿海发达地区合作,构筑形成吉林省全方位对外开放新格局。

二 2018年吉林省经济社会发展状况

(一)2018年吉林省经济运行分析

伴随我国经济发展进入"新常态"以及"三期叠加"时期,吉林省经济经过振兴十年的高速增长,目前遭遇了前所未有的发展困境。经济增长速度下滑,甚至跌破合理区间,经济下行的压力巨大。与此同时,吉林省经济结构调整优化的态势还在持续进行,新的经济增长点正在培育和成长,具备一定的发展潜力和空间,经济发展前景仍可期待。

1. 经济增长具有企稳的态势

自2003年国家实施东北老工业基地振兴战略以来,吉林省经济发展取得了明显的成效,2003~2012年,吉林省地区生产总值翻了两番多,年均增长13.8%,高出同期全国平均增速3.1个百分点,之后经济发展开始进入深度调整期,经济增长的态势逐步趋缓,表现出下降的趋势。分阶段来看,2003~2007年,吉林经济表现为稳定的增长态势;2008~2011年,经济增速出现了波动调整的迹象;2012~2014年,则表现为明显的阶梯式下行,到2014年吉林省GDP增速跌破合理区间,为6.5%,远低于全国平均增速(8.3%),在全国位列倒数第二。2015年,吉林省的经济下行态势仍在继续,依然没有能够走出GDP增速全国倒数的阴影,吉林GDP增速为6.3%,位列全国倒数第四。2016~2018年吉林省经济增速一直在低位徘徊,下降的趋势较为明显。2018年,吉林省面临的外部环境更加错综复杂,经济转型升级也进入深度调整期和阵痛期,增速进一步回落,2018年GDP增速为4.5%(见图1),位列全国倒数第二。但吉林省经济坚持稳中有进的总基调,以高质量发展为目标,保持战略定力,夯实经济基础,攻坚克难，逐步走出低谷，出现了企稳回升的发展势头。2019年经济增速表现出逐季提高态势，第四季度比前三季度依次提高了2.3个、2.0个、0.5个百分点。第一、第二和第三产业的增加值分别达到了1160.75亿元、6410.85亿元和7503.02亿元，同比增速依次为2.0%、4%和5.5%。三次产业比重调整为7.7∶42.5∶49.8。

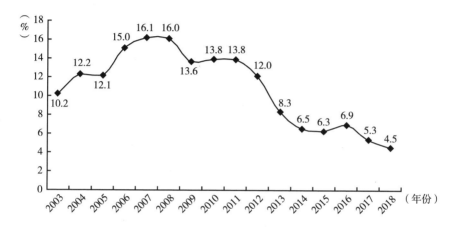

图1　2003～2018年吉林省经济增速变化趋势

资料来源：吉林统计局。

2. 三大产业保持总体稳定

（1）农业现代化进程加速推进

一是农业发展趋势总体平稳。吉林省是我国著名的农业大省，农业是国民经济的基础性产业和重要支撑。吉林省农业一直保持稳定小幅增长，发展态势缓慢回落，2018年农业增加值占GDP的比重降为7.7%。二是粮食综合产能保持稳定。吉林省全面落实国家各项惠农强农政策，巩固"黄金玉米带""黄金水稻带"优势，粮食总产量已经连续6年超过3600万吨（见图2）。2017年粮食总产量达到4151.0万吨，居全国第4位，单产居全国第2位；2018年受干旱等自然因素影响，粮食总产量有所下降，达到3633.0万吨，居全国第7位，粮食单产6487公斤/公顷，居全国第4位。三是农业结构调整稳步推进。2018年，吉林省进一步优化种植业结构，继续保持产

能稳定。全省粮食作物播种面积总体稳定在 7000 万亩以上，籽粒玉米调减面积保持在 550 万亩左右。四是现代农业发展步伐加快。2018 年，继续实行敞开普惠农机具购置补贴，加强农业科学技术的应用，全面提高全省粮食生产全程机械化水平和农业科技创新能力，全程机械化新型主体达到 70 个，14 个率先示范县建设 42 个全程机械化示范区，全省主要农作物耕种收综合机械化水平达到 87.5%，农业科技进步贡献率达到 59.4%。农业一二三产业融合发展进程加快，2018 年吉林省公主岭市、长春市双阳区、东辽县、通化县、汪清县、永吉县被农业部评为一二三产业融合发展先导区。

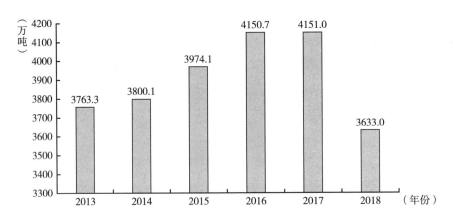

图 2　2013~2018 年吉林省粮食产量

资料来源：《吉林省统计年鉴（2018）》。

（2）工业效益明显好转

一是工业生产稳中有升。自 2017 年以来，吉林省工业增速一直低于全国平均增速。2018 年，全省工业增加值达到 5437.11 亿元，按可比价格计算，同比增长 5%，与全国平均增速的差距缩小，增速分别比一季度和上半年提高 3.8 个和 3.0 个百分点，与前三季度持平，在全国排名第 22 位。工业用电量增速达到 8.9%，是 2012 年以来最好水平。新兴产业发展速度加快，高技术产业增加值同比增长 14.5%，战略性新兴产业同比增长 8.2%。二是主导产业发挥带动作用。2018 年，全省八大重点产业中，汽车制造业、医药产业、能源工业和纺织工业的增速都显著提升。受国际能源市场回暖的影响，能源工业增加值同比增长 20.7%，在规模以上工业中排名第一；其次是汽车制造业，增加值增速达到了 14.5%，医药产业和纺织工业增加值同比增长 13.2% 和 12.2%。三是企业效益快速增长。从工业企业效益情况看，2018 年，全省规模以上工业企业主营业务收入比上年同期增长 3.9%，全省规模以上工业企业利润总额增速达到 10.7%，较全国 10.3% 的增速高出了 0.4 个百分点。重点产业的综合利润总额增速达到 12.7%，高技术制造业利润总额增长 9.0%。

（3）服务业总量小幅扩张

2018 年服务业增速出现滑落，总量扩张的幅度收窄，这与当前经济下行压力加大以及前期发展的高基数有一定关系。全省服务业增加值为 7503.02 亿元，按可比价格计算，同比增长 5.5%，较上年同期下降 2 个百分点，比地区生产总值增速高 1 个百分点，服务业增加值占地区生产总值的比重有所提高，达到 49.8%，高出上年 4 个百分点。服务业对经济的贡献较为突出，贡献率呈波动上升的趋势，尤其是 2015~2017 年，对经济增长的贡献率超过了第二产业，2017 年达到 57.9%，远超第二产业 12.8 个百分点。

3. 三大需求分化明显

（1）固定资产投资增速止跌回升

2018 年，吉林省大力抓好项目建设，千方百计扩大有效投资，扭转了全省固定资产投资（不含农户）下降的态势，第四季度继续维持第三季度以来的正增长态势，同比增长 1.6%，增幅分别比一季度、上半年和前三季度提高 10 个、2.9 个、0.5 个百分点。分产业看，只有第三产业投资呈现增长态势，同比增长 5.4%；第一产业、第二产业投资下滑，分别下降 12.5% 和 4.6%。横向来看，在全国 31 个省区市中，2017 年投资负增长的仅有两个省份，其经济增长也处在一个较低的水平。2018 年，8 个投资负增长的省份，其经济增速也都比较低，超过全国平均增长水平的仅有宁夏一个地方（见表 2）。2018 年，吉林省投资增速虽然是正值，但经济增速较低，排全

国倒数第二,这与吉林省高度依赖投资有很大关系。所以,逐步降低投资率也是吉林省结构调整的一个长期任务。

表2 2017年、2018年各省份投资增速与经济增速比较

单位:%

地区	2018 年		2017 年	
	投资增速	经济增速	投资增速	经济增速
北京市	-5.5	6.6	5.3	6.7
天津市	-5.6	3.6	0.5	3.6
河北省	6	6.6	5.3	6.7
山西省	5.7	6.7	6.3	7.0
内蒙古自治区	-28.3	5.3	-7.2	4.0
辽宁省	3.7	5.7	0.1	4.2
吉林省	1.6	4.5	1.4	5.3
黑龙江省	-4.7	4.7	6.2	6.4
上海市	5.2	6.6	7.2	6.9
江苏省	5.5	6.7	7.5	7.2
浙江省	7.1	7.1	8.6	7.8
安徽省	11.8	8.0	11.0	8.5
福建省	11.5	8.3	13.9	8.1
江西省	11.1	8.7	12.3	8.9
山东省	4.1	6.4	7.3	7.4
河南省	8.1	7.6	10.4	7.8
湖北省	11	7.8	11.0	7.8
湖南省	10	7.8	13.1	8.0
广东省	10.7	6.8	13.5	7.5
广西壮族自治区	10.82	6.8	12.8	7.3
海南省	-12.5	5.8	10.1	7.0
重庆市	7	6.0	9.5	9.3
四川省	10.2	8.0	10.6	8.1
贵州省	15.8	9.1	20.1	10.2
云南省	11.6	8.91	18.0	9.5
西藏自治区	9.8	9.1	23.8	10.0
陕西省	10.4	8.3	14.6	8.0
甘肃省	-3.9	6.3	-40.3	3.6

续表

地区	2018 年		2017 年	
	投资增速	经济增速	投资增速	经济增速
青海省	7.3	7.2	10.5	7.3
宁夏回族自治区	−18.2	7.0	3.0	7.8
新疆维吾尔自治区	−25.2	6.1	20.0	7.6

资料来源：国家统计局网站。

（2）消费增速放缓

受收入增长缓慢以及房价增长过快对居民消费挤出效应的影响，以及网络购物、微信购物等新型消费模式对实体消费的冲击，自 2016 年末，吉林省消费增速放缓，且持续下滑，2018 年一季度社会消费品零售总额增速为 5%，比 2017 年下降了 2.5 个百分点，比 2016 年下降了 4.9 个百分点。截至 2018 年第四季度，全省累计实现社会消费品零售总额 7520.37 亿元，同比增长 4.8%，增速比一季度、上半年、前三季度均有所下滑。按销售地区分，乡村消费品零售额增速（4.9%）略高于城镇消费品零售额增速（4.8%）。按消费形态分，餐饮收入达到 1012.66 亿元，同比增长 6.5%，商品零售收入 6507.71 亿元，同比增长 4.6%。按销售规模分，限额以上消费品零售总额 1979.71 亿元，同比下降 4.8%，降幅逐渐扩大，限额以下消费品零售总额 4007.98 亿元，同比增长 6.5%。

（3）对外贸易增速提升

2018 年，全省实现进出口总值 1362.8 亿元，同比增长 8.6%，较全国低了 1.1 个百分点，较上半年显著提升，提高 5.5 个百分点。出口实现快速增长，出口总值达到 325.8 亿元，同比增长 8.8%，快于上半年增速与全国平均增速 2.3 个和 1.7 个百分点。这主要得益于汽车及零部件、石化产品、医药产品、轨道客车及零部件出口实现增长且增幅均超过全省平均水平。进口总值 1037.0 亿元，同比增长 8.5%，低于全国平均水平 4.4 个百分点，快于上半年 7.4 个百分点。进口的飞速增长主要在于农产品尤其是大豆进口增

加的拉动，2018年吉林省大豆进口增长6.8倍；此外，汽车及零部件、轻纺产品、石化产品进口也实现较好增长。从贸易方式看，一般贸易仍占主导地位，一般贸易进出口总额占全省对外贸易总额的87.5%，一般贸易的出口额同比增长9.0%，占出口总值的比重达到68.5%，一般贸易的进口额同比增长13.4%，占进口总值的93.5%。吉林省全面加快开放合作，与主要贸易伙伴进出口保持增长，德国、日本、斯洛伐克、美国和俄罗斯分列前五名。吉林省深度融入"一带一路"倡议，对"一带一路"沿线国家进出口贸易总值达到380亿元，同比增长1.3%。

（二）2018年吉林省社会发展状况

吉林省社会发展取得明显进步，着力解决广大群众的民生大事，各项社会事业顺利推进，社会保障能力继续增强，扶贫攻坚提前完成预期目标。

1. 民生福祉稳步提高

（1）居民收入平稳增长

尽管经济下行压力加大，但居民收入保持了平稳增长的趋势，尤其是农村居民收入增长较快。2018年，全省城镇常住居民和农村常住居民人均可支配收入分别达到了30172元和10826元，分别较上年同期增长6.5%和6.2%。其中，工资性收入增速较快，城镇居民的工资性收入同比增长12.2%，而由于劳动力成本的提高，农村居民的工资性收入同比增长16.7%。全省城乡居民的收入倍差为2.2，与上年基本持平。

（2）CPI涨幅温和

全省居民消费价格指数（CPI）同比上涨2.1%，与全国物价指数持平，涨幅与前三季度持平，较上年同期提高0.5个百分点。八大类商品和服务价格均呈上涨趋势，其中，医疗保健类价格上涨幅度最大，同比增长5.3%，高于全国平均水平1.0个百分点；其次是衣着类价格同比上涨2.5%，高于全国1.3个百分点。虽然深受"非洲猪瘟"疫情影响，但肉类价格一直小幅上涨，食品烟酒类价格上涨1.4%，低于全国平均水平0.5个百分点。居住类、生活用品及服务类、交通和通信类、教育文化和娱乐类、其他用品和服务类价格分别上涨 2.1%、2.3%、0.8%、2.3%、0.7%。

（3）就业形势保持稳定

全省城镇新增就业人数 47.94 万人，完成年度目标的 106.53%。期末城镇登记失业率为 3.46%，低于年计划 1.04 个百分点。据吉林省人力资源和社会保障厅统计，全省实现农村劳动力转移就业 408.27 万人，完成年计划的 102.07%。全省农民工等人员返乡下乡创业达到 8.6 万人，比上年末增加 1.4 万人，返乡创业规模进一步扩大。

2. 教育资源持续优化

2018 年，吉林省的普通本科院校和普通专科院校分别达到 37 所和 25 所，普通高校总计 62 所，与上年数额一致。高校招生人数和在校生人数均有所增长，与上年同期相比，分别增加了 1.63 万人和 1.45 万人（见表3）。各级各类民办学校 3043 所，在校生 62.42 万人。研究生的培养单位数量达到了 21 个，研究生的招生数量和在校生人数分别达到了 2.41 万人和 6.88 万人。成人本、专科招生 5.70 万人，在校生 11.90 万人。中等职业教育学校 260 所，招生 3.51 万人，在校生 12.09 万人，毕业生 4.17 万人。

表3　2013～2018 年吉林省教育资源

年份＼指标	普通高等学校数（所）	普通高等学校招生数（万人）	普通高等学校在校学生数（万人）
2013	58	16.62	59.95
2014	58	16.89	61.83
2015	58	17	63.27
2016	60	17.32	64.23
2017	62	17.12	64.38
2018	62	18.75	65.83

资料来源：国家统计局，《吉林省 2018 年国民经济和社会发展统计公报》。

3. 社会保障稳步推进

2018 年，吉林省的基本医疗保险参保人数达到 2607. 35 万人，其中，城镇职工和居民参保人数达到 1380. 91 万人，与 2017 年基本持平（见表 4）。截至 2018 年底，吉林省的新农合、工伤保险的参保人数分别达到 1226. 44 万人和 441. 40 万人。医疗救助 235. 44 万人次。2018 年，吉林省省级城乡低保、特困供养和临时救助补助资金筹集数额高达 52. 46 亿元。城市低保月保障标准和月人均补助水平均有所提升，增幅依次为 4. 96% 和 21. 8%；农村低保月保障标准和月人均补助水平也均有所提升，增幅依次为 3. 7% 和 33. 3%。吉林省 111. 2 万城乡低保对象的基本生活水平得到了有效保障。

表 4 2013～2018 年吉林省社会保障情况

单位：万人

指标 年份	城镇基本医疗保险年末参保人数	城镇职工基本医疗保险年末参保人数	工伤保险年末参保人数
2013	1378. 6	574. 9	392. 09
2014	1380	575. 6	415. 55
2015	1380. 6	575. 9	435. 63
2016	1380. 9	576	440. 73
2017	1380. 9	576	441. 4
2018	1380. 91	576	441. 4

资料来源：国家统计局。

4. 医疗卫生条件不断改善

2018 年，吉林省的卫生技术人员总数共计 18. 34 万人，按照全省当年全部人口核算，每万人拥有卫生技术人员数 68 人，较上年同期增长了 9. 7%。其中，执业医师和执业助理医师、注册护士人数均超过了 7 万人，分别达到 7. 69 万人和 7. 62 万人，每万人拥有量均达到了 28 人。医院和卫生院拥有医疗床位 15. 79 万张，比上年增长了 2. 7%，每万人拥有医疗机构床位数达到 58. 39 张，比上年增加了 1. 84 张（见表 5）。

表5 2013～2018年吉林省医疗卫生资源

年份\指标	每万人拥有卫生技术人员数（人）	每万人拥有执业（助理）医师数（人）	每万人拥有注册护士数（人）	医疗卫生机构床位数（万张）	每万人医疗机构床位数（张）
2013	54	23	20	13.32	48.43
2014	55	23	21	14.1	51.23
2015	58	24	22	14.45	52.48
2016	61	25	24	15.12	55.32
2017	62	26	25	15.37	56.55
2018	68	28	28	15.79	58.39

资料来源：国家统计局。

5. 脱贫攻坚成效显著

2018年，吉林省农村贫困人口减少11.6万人左右，其中，劳动力转移就业1.9万人。贫困村退出603个，国家级贫困县摘帽3个，省级贫困县摘帽3个。特色种养、庭院经济、乡村旅游、农村电商、光伏等扶贫产业加快发展。新农合、大病保险、医疗救助、大病兜底、"一事一议"五道防线全面建立，低保"四个一批"专项行动扎实推进，综合保障网进一步织密扎牢。巩固提升5.5万农村贫困人口饮水安全保障能力，解决5.9万户新识别建档立卡贫困户和边缘户危房问题，改造贫困县薄弱义务教育学校校舍11万平方米。贫困人口医疗住院费用个人负担比例由2015年的43.7%降至10%。提前完成"十三五"规划内脱贫攻坚任务。

三　吉林省对外开放合作情况

（一）吉林省融入"一带一路"倡议进展情况

吉林省位于我国的东北部，边境线较长，与朝鲜、韩国、日本、蒙古和俄罗斯东西伯利亚共同构成东北亚地区几何中心腹地，近年来，吉林省主动融入"一带一路"倡议，是我国向北开放的重要窗口。

1. 吉林省融入"一带一路"的主要脉络

吉林省在联合国开发计划署倡导和支持的图们江地区国际合作开发中居于重要地位。图们江流域开发由来已久，但是其当代的发展经历了规划提出、规划实施、扩大合作三个阶段。早在 1992 年，中国即开始部署实施沿边开放战略，陆续批准珲春等 14 个城市为沿边开放城市。但受制于多种因素，沿边开放之路并不平坦。在 2009 年 8 月，国务院正式批复《中国图们江区域合作开发规划纲要——以长吉图为开发开放先导区》，长吉图开发开放先导区启动建设。长吉图先导区，有着明确定位：打造中国沿边开发开放的重要区域、我国面向东北亚开放的重要门户和与东北亚经济技术合作的重要平台、东北地区新的重要增长极、中国沿边开发开放的先行区和示范区。吉林省研究制定了《长吉图开发开放先导区战略实施重点工作推进方案（2013～2015 年)》，明确了"两区、三带、四平台"的重点发展思路和十大重点任务，接连颁布了《长吉图空间发展战略规划》、《长吉图特色旅游发展总体规划》、《长吉图科技创新规划》、《长吉图流通产业发展规划》和《珲春国际合作示范区规划》等一批具体专项规划，为长吉图战略深入实施设定了具体推进路径。国家发改委于 2013 年 9 月 4 日组织召开了中国图们江地区开发项目协调小组会议，对涉及长吉图先导区未来发展的 25 项重大事项进行了研究。2013 年 9 月和 10 月，习近平主席在出访中亚和东南亚国家期间，先后提出共建"丝绸之路经济带"和"21 世纪海上丝绸之路"（简称"一带一路"）的重大倡议，受到国际社会高度关注，吉林省也成为"一带一路"向北开放的重要窗口，长春是重要节点城市。

2. "丝路吉林"通道建设取得显著进展

"丝路吉林"大通道是吉林省深度融入"一带一路"的重要切入点和支撑，通过内外联通的交通网络和通道衔接，形成东向日本海连接东北亚，西进内蒙古挺进蒙古和欧洲，南连辽宁深入环渤海经济带，北接黑龙江面向俄罗斯的内联外通、便捷高效、功能配套的立体综合交通网络和东北亚区域物流大通道枢纽。长吉图开发开放先导区成立以来，通道建设进展迅速，铁路、航空、公路国内段建设不断取得新的进展。铁路方面，2015 年吉图珲铁路客运专线正式通车运营，2017年"两山"（中国内蒙古阿尔山市至蒙古国东方省乔巴山市）铁路过境点得到中蒙双方确认。"长满欧"［长春－满洲里（出境）－俄罗斯西伯利亚－波兰华沙－德国施瓦茨海德］国际班列2015年开通，"长珲欧"［长春－珲春（出境）－俄罗斯新西伯利亚克里西哈］国际班列2019年1月试运行，两趟国际班列打通了国际铁路联运大通道，开辟了"丝路经济带"的北线。航空方面，开通了10条面向东北亚的国际航线，珲春经俄罗斯扎鲁比诺港至韩国束草航线、珲春经扎鲁比诺港至日本新潟线、珲春经扎鲁比诺港至韩国釜山线已经开通，珲春经朝鲜罗津港至中国东南沿海内贸货物跨境运输航线2010年起航，拓展长春、延吉机场国际航线方面推进效果明显。公路桥梁方面，长珲高速公路、长春至白山高速公路全线贯通。中朝圈河跨境大桥已完成维修加固。此外，2018年与俄罗斯共建"滨海2号"国际运输走廊［长春－吉林－珲春/俄克拉斯基诺、珲春/俄马哈林诺（卡梅绍娃亚）－扎鲁比诺港－亚太地区港口及我国南方沿海港口的国际物流通道］，珲春－扎鲁比诺港－宁波舟山港跨境内贸外运航线9月14日实现首航。吉林省与宁波舟山港集团共同在珲春打造的国际港项目建设已经启动。

3. 对外开放平台搭建顺利

吉林省对外开放进程不断加快，对外开放的大门全面打开，各类平台搭建顺利，发挥了显著作用。在长吉图先导区内，以长春和吉林为直接腹地，以延龙图为开放前沿，以珲春为开放窗口，已经构成四大组团，形成点状、线状、面状分层级的发展布局。加上"长吉一体化"（长春、吉林）和"延龙图一体化"，各发展板块正形成产业互补、经济融合、协同发展的良好态势。包括珲春国际合作示范区、兴隆综合保税区、吉林（中国－新加坡）食品区、长春空港经济开发区在内的"四大平台"，以及长德新区、中俄经济示范区、中朝经济示范区、边境经济合作示范区等一大批开放合作的载体平台，都是在近几年的时间里，实现了从无到有，逐渐成形，并在2013年集中取得了开发建设的重要突破。2016年长春新区经国家批复设立。长吉图先导区内已经分布有8个国家级开发区和24个省级经济开发区，以及60

余个市县级工业集中区和工业开发区。中国－东北亚博览会始于 2006 年，是世界上唯一由东北亚六国共同参与、面向全球的国际性盛会。世界各国通过该展会平台，进行商贸流通、文化交流、项目合作等一系列活动，有力地推动了吉林省制造业、医疗、食品等领域的优质产品、优秀企业走出国门，提升品质和层次。

（二）吉林省边境城市的发展特点

吉林省与俄罗斯远东地区接壤，与朝鲜仅一江之隔，吉林省边境城市地级市主要有三个，分别是延边朝鲜族自治州、白山市和通化市，三个市州同属长白山脉，资源禀赋相近，人文历史多样，呈现了各自不同的发展特征。

1. 延边朝鲜族自治州

延边朝鲜族自治州是吉林省管辖的一个少数民族自治州，也是我国唯一的朝鲜族自治州，简称延边。延边是全国最大的朝鲜族聚集地，其朝鲜族人口占全国朝鲜族总人口的 43%，与朝鲜、韩国以及海外各地的朝鲜族有着特殊的亲缘关系，2018 年末，朝鲜族人口占全州人口 35.9%。延边位于吉林省东部，属于长白山脉的北麓，与中俄朝三国交界，是东北亚经济圈的腹地，边境线总长 787.7 公里。东边与俄罗斯滨海边疆区接壤，中俄边境线 246 公里，直线最短距离 60 公里；南部与朝鲜的咸镜北道、两江道隔图们江相望，直线最短距离仅 10 公里，中朝边境线长 541.7 公里。延边州有延吉（延边州首府）、珲春、图们、龙井、和龙 5 个边境县市，11 个对外开放口岸和 1 个国际港，年过货能力 610 万吨，过客能力 290 万人次，是中国东北沟通内外的重要"窗口"。其中，珲春是 1992 年国家批准的 12 个沿边开放城市之一，是我国唯一地处中、俄、朝三国交界的边境口岸城市，珲春"一眼望三国"，图们江、防川、土字牌各观景点及各口岸独特的景点成为边境游的优势。

近年来，延边州内外通道建设取得长足进步，形成了海陆空有效连接、内外联通的立体交通网络。延边州生态资源丰富，森林覆盖率达到 80.8%，拥有国家级自然保护区 5 个。延边州境内有 4 处渤海国遗址，并成功申报世界文化遗产。延边州收集到非物质文化遗产项目 293 项，有 16 项入选国家非物质文化遗产名录。"中国朝鲜族农乐舞"已入选联合国《人类非物质文化遗产代表作名录》，图们建成了全国唯一的朝鲜族非物质文化遗产馆。汪清象帽舞、珲春洞箫、安图牙拍舞、图们长鼓舞等非物质文化遗产形成了产业基地。延边农业发达，大米、苹果梨、烟叶、蜂蜜等优质农产品扬名海内外。旅游资源具有特色，民族游、生态游、边境游、红色文化游等旅游产品具有广阔的市场。2018年，延边实现旅游收入473.03亿元，同比增长16.8%。互联网经济发展速度较快，软件与服务外包业和电子商务发展势头强劲，形成了产业集聚区。2018年，延边州国民生产总值同比增长2.7%，实现公共预算全口径财政收入149.83亿元，同比增长6.0%。

2. 白山市

白山市位于吉林省东南部，属于长白山脉的西麓，地处长白山核心区域，东、西分别与延边朝鲜族自治州和通化市毗邻，北侧与吉林市接壤，南隔鸭绿江与朝鲜相望，边境线长454公里。白山市辖浑江区和江源区2个市辖区，靖宇县和抚松县2个县，长白朝鲜族自治县1个自治县，代管1个县级市临江市。其中长白县和临江市是边境城市，有长白口岸、临江口岸，长白县、临江市获准开通赴朝边境游异地办证业务。

白山市处于长白山的腹地，生态资源优良，历史文化底蕴厚重，矿产资源丰富。白山市山水林田湖等自然要素齐全，森林覆盖率高达84.1%，居全国地级城市之首，素有"长白林海"的美称，是联合国确立的国际生态功能区和东北的生态屏障。物种种类众多，保存完好，白山市被公认为地球同一纬度带原始状况保持最好、生物物种最多的自然生物圈和物种基因库，也是东北亚最大的天然药材库，尤其是人参资源丰富，被称为中国人参之城。白山市是东北地区的三江源头，水源富集，是著名的"矿泉水之乡"。2018年，白山市被列入"首批10个边境特色城市打造试点单位"。近年来，白山市以生态环保为基础，加快产业转型升级，努力构建绿色产业体系。产业结构由煤林铁"老三样"向矿产新材料、矿泉水、旅游、医药健康、现代服务业"新五样"转变，全面发展大生态、大健康、大旅游、大服务、大文化深度融合发展的绿色产业体系。2018年实现地区生产总值同比增长

4.0%，三产之比是 8.0∶45.1∶46.9。全年共接待国内游客 1191.74 万人次，实现国内旅游收入 189.31 亿元，分别比上年增长 12% 和 20.6%。

3. 通化集安市

通化市只有集安一个城市是边境城市。集安市位于吉林省东南部，下辖 1 个省级经济技术开发区，11 个乡镇，4 个街道，127 个行政村，人口大约 22 万，有满族、汉族、回族等 25 个民族。集安市地处鸭绿江国际经济合作带核心区，与朝鲜的满浦市、慈城郡、楚山郡、渭城郡隔鸭绿江相望，边境线长 203.5 公里，拥有对朝口岸，中朝班列正常开通，是我国十大边疆重镇之一。

集安市因特殊的气候条件，素有"东北小江南"之称。岭北具有温带大陆季风气候特征，岭南又具有半大陆性半海洋性气候特征，降水充沛，积温时间长，风速低，2018 年获评气候生态类国家气候标志。集安市历史悠久，是世界文化遗产地和中国历史文化名城，境内高句丽王城、王陵及贵族墓葬被列入世界文化遗产名录。集安市特色资源丰富，人参、蜂产品、山葡萄、五味子等特色产品享誉全球，是我国人参主产区之一，也是全国最大的山葡萄产区。旅游产业、人参产业、葡萄酒产业成为集安市主导产业，2018 年 12 月，集安市入选第二批国家生态文明建设示范市县名单。2018 年，全市地区生产总值达到 70 亿元，同比增长 0.5%；地方财政收入达到 3.7 亿元，按可比口径计算增长 2%。全年旅游综合收入达到 58.6 亿元，同比增长 23.9%。

四　吉林省经济发展需要密切关注的问题

（一）产业结构调整升级的速度过慢

吉林省作为国家的老工业基地之一，产业结构偏重于重化工型。2018 年，吉林省三次产业之比为 7.7∶42.53∶49.77，第三产业比重首次超过了第二产业，但仍与全国 7.2∶40.7∶52.2 的三次产业比存在较大差距，而近邻的黑龙江省、辽宁省服务业增加值占 GDP 的比重则分别为 57.0%、52.4%，均高于吉林省。无论是从全国层面还是省级层面看，服务业占比偏低仍然是吉林省产业结构调整亟待破解的难题，间接地反映出吉林产业层次提升仍然具有较大的空间，产业调整转型还不到位（见表6）。

表6　2013～2018年吉林省产业结构变动情况

单位：%

年份	第一产业占 GDP 比重	第二产业占 GDP 比重	第三产业占 GDP 比重
2013	11.24	52.67	36.08
2014	11.04	52.79	36.17
2015	11.35	49.82	38.83
2016	10.14	47.41	42.45
2017	9.35	45.87	44.59
2018	7.7	42.53	49.77

资料来源：《吉林省统计年鉴（2018）》。

（二）消费需求提供的动力趋弱

一是消费需求总量明显不足，但具有较大的增长空间。消费需求需以个人收入为杠杆，生活消费品消费会促进企业的后续生产，因而消费需求在拉动经济增长的过程中具有间接的作用。由于多年来吉林省的经济增长以投资拉动为主，过度的投资挤占了消费的空间，使得吉林省的居民消费率持续走低，消费需求明显不足（见表7），但这同时也表明全省的消费需求增长空间较大。二是收入差距大，影响消费需求进一步增长。收入是影响消费需求的关键变量，但是收入的提高也是一柄"双刃剑"。员工收入作为企业成本，不恰当的高收入会导致"工资侵蚀利润"，导致企业的再投资能力弱化，也会制约实体经济发展，最终使其失去增长的根本。若是一味强调提高收入，甚至会使本已步履维艰的民营企业雪上加霜，加大失业率。而且，从吉林省的情况看，居民收入水平虽呈现逐年上升的态势，但差距有加大的趋势，表明增长成果越来越不为普通城乡居民所分享（见图3）。虽然通过收入分配改革，居民收入水平能够提高，但收入的增长并

不能从根本上削减普通居民生活负担并提高其消费意愿，所增收入很有可能会被储蓄，仍是难以发挥消费拉动经济增长的作用。而增强消费倾向将涉及更为广泛的改革，如食品安全、社会保障、教育、医疗等诸多方面，因此，只有通过缩小收入差距、控制高涨的资产价格、挤压资产泡沫、消除垄断高价、实施转移支付、改善居民福利等一系列卓有成效的改革才能实现消费拉动经济增长的目的。①

表7 2013~2017年吉林省最终消费率和资本形成率

单位：%

指标 年份	最终消费率	资本形成率
2013	39.4	69.6
2014	37	70.6
2015	36.1	70.7
2016	37.7	68.7
2017	38.8	66.8

资料来源：吉林省统计年鉴。

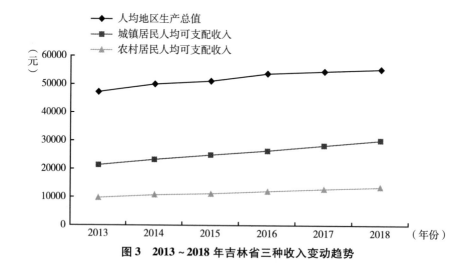

图3 2013~2018年吉林省三种收入变动趋势

① 徐广顺、徐卓顺：《如何实现"稳增长"？——以吉林省为例》，《决策咨询》2019年第4期，第54~57页。

（三）资本效率不高

一是吉林省基础设施投资比重偏大，导致资本形成效率低。2018 年，在吉林省的固定资产投资中基础设施投资约占 20%，而且这一趋势是吉林省固定资产投资的长期表现形式。然而，由于基础设施投资具有规模大、建设周期长、价值转移慢、资本回收困难等非价格投资特征，对于居民福利水平和产能形成效率较低。2018 年，由于去杠杆的影响，国家严控地方债务增长，清理地方政府不规范的 PPP 项目，吉林省基础建设投资下降了 9.2%，但所占比重仍达到 19.5%。二是民营经济发展薄弱，导致资本配置效率低。吉林省民营经济发展规模有所扩大，但民营经济活跃性减弱是吉林省民企发展的一个主要难题。吉林省民营工业增加值累计同比增速低于工业平均水平。2018 年，吉林省规模以上工业增加值累计同比增长 5%，其中，国有控股工业增加值同比增长 14.3%，民营工业增加值同比下降 1.9%，明显低于工业平均水平，与国有控股工业相比差距较大，对工业增长形成了拖累，而且民企退出速度较快。工商部门企业登记信息显示，截至 2018 年 10 月，吉林省注册成立的私营企业 71505 户，占全部类型企业的 20.4%，民企注册资本占比约为 75.9%。但从近三年民企注销的数据看，2016 年私营企业注销了 13182 户，2017 年注销了 19210 户，同比增长了 45.7%。从流动性和盈利能力看，民营企业整体弱于国有企业，综合竞争力不强。2018 年我国民营企业 500 强中，吉林省有 2 家企业入围，修正药业，列第 89 位，较上年下降了 32 个位次；新星宇建设集团公司，排名第 423 位。吉林省没有企业进入制造业民营企业 500 强。吉林省作为老工业基地，国企强、民企弱问题长期存在，民营经济发展困难重重，民企交易成本高、投资损耗大，最终导致吉林省整体的资本形成率较低。

（四）老龄化和人才匮乏问题严重

2018 年底，吉林省老年人口 529.18 万，占人口总数的 19.57%，超出国家老龄化水平 1.67 个百分点。以吉林省 2011～2017 年的人口数据进行抚

养比测算，人口抚养比逐年上升，抚养比升高最主要的原因是吉林省人口老龄化问题日益突出，超过 60 岁的老龄人口是增长的，人口结构出现了快速老龄化趋势。而劳动年龄人口却以每年大约 30 万的数量减少，吉林省人口红利正在逐步消失。人口老龄化将会从多个方面影响经济的持续增长。劳动力是社会生产的基本要素，而人才更是经济发展的关键要素，发挥着基础性、战略性、先导性作用。尽管吉林省高校众多，但由于发展环境、经济条件等多方面原因，毕业生的本地就业率并不高。与此同时，在全国的各类人才大战中，吉林省处于劣势地位，高素质人才流失比较严重，人才短缺问题一直是影响吉林振兴的主要因素。

五 吉林省经济发展趋势与展望

（一）国际环境变得更加复杂严峻

当前世界经济呈现相对复杂的增长态势，美国经济表现良好，欧洲经济受贸易摩擦等影响复苏步伐放缓，东北亚经济形势呈现起伏，吉林省面临的外部环境更加复杂多变。

1. 美国经济表现良好

2018 年美国实施特朗普税改法案，对个人减税刺激了消费，增强了投资者信心，加之政府增加支出、资本回流、制造业回升、失业率走低等利好因素，美国经济表现良好，实现了稳步增长。2018 年美国经济总量（GDP）首次达到了 20.49 万亿美元，创下了新高，按年率计增长 2.9%。但据美国国会研究机构分析，随着美国财政刺激效应的消退，贸易摩擦的不确定性，消费者支出和农产品出口对经济的提振作用减退，预计 2019 年美国经济将难以维持 2018 年的增长水平，甚至会远低于特朗普政府制定的 3% 的增长目标。

2. 欧洲经济复苏步伐放缓

欧盟和欧元区 2018 年实际 GDP 同比分别增长了 1.9% 和 1.8%，同比增速分别较上年下降了 0.5 个和 0.6 个百分点，经济复苏无力。其成员中的德国受贸易摩擦影响较大，加之国内汽车产业下降明显等因素的影响，国内 GDP 增速下降幅度较大，同比增长 1.5%，低于上年 2.2% 的增速。法国经济降速也较为明显，增速仅有 1.5%，比年初的 2.8% 的经济增速下降了 1.3 个百分点。意大利经济持续疲软，2018 年第四季度实际 GDP 增速仅有 0.1%，比第三季度 0.7% 的实际增速下降了 0.6 个百分点。2018 年英国 GDP 增长 1.4%，是 2012 年以来的最小增幅，第四季度英国 GDP 同比增长 1.3%，环比增长 0.2%，分别低于一季度的 1.5% 和 0.6% 的增速。随着美国经济政策影响的加剧，意大利高负债支出计划的实行，以及英国退欧后续影响的显现，欧洲经济将会在 2019 年继续下行。欧盟委员会预计 2018 年全年欧元区经济增长 2.1%，2019 年经济增长会继续放缓，预计达到 1.9%，2020 年将继续降至 1.7%。

3. 东北亚经济形势呈现起伏

日本受暴雨、酷暑、蔬菜价格高涨影响，消费需求显著下降，加之西部的强力台风和北海道地震，使企业生产和旅游业都受到较大冲击，物流网断裂对出口产生沉重打击，致使日本经济环比增速持续下降，第二季度达到 0.7%，三季度降至 0.6%，四季度降至 0.3%，全年实际增长 0.7%。随着日本宽松的货币政策的边际效应加速减弱，结构性改革的不确定性以及消费税上调对经济的冲击，加之国际局势对日本企业设备投资和生产方面所带来的负面影响等，穆迪预计 2019 年日本经济增速仍可能低于 1% 的潜在增长率。俄罗斯经济形势也较为严峻，受内部投资、民生和外部政治环境等多重因素影响，其 2019 年经济将增长 2.3%。

（二）国内发展总体保持稳定

2018 年，吉林省在坚持稳中求进工作总基调下，贯彻新发展理念，落实高质量发展要求，以供给侧结构性改革为主线，着力打好三大攻坚战，加快改革开放步伐，经济保持了稳中向好态势。然而，国内经济结构转型升级尚未完成，经济运行的深层次结构性矛盾依然存在，外部环境发生明显变

化。内部的固有矛盾与外部的不确定性叠加，极易形成共振效应，对中国经济持续稳定发展带来一些挑战和压力。2019年的中国经济将注定在颠簸中前行，经济还面临比较大的下行压力，但仍会保持稳定的态势。在世界经济复苏乏力、经贸摩擦持续、不确定性因素增加的国际背景下，加之我国经济中产能过剩、内需动力不足、金融风险加剧、企业利润下滑、关键领域改革步伐的加快等多方面的影响，经合组织预计2019年中国经济增速将下滑至6.3%，中国社会科学院预计2019年中国经济增长率在6.4%左右，增速较2018年回落0.2个百分点。

（三）2019年吉林省经济展望

2019年中国经济增长将在"新常态"下继续运行在合理区间，消费、投资、物价保持基本稳定。但吉林省经济正处在增长速度换档期、结构调整期、产业转型期，随着基础设施建设投资的加大、生态环境的改善、产业结构的调整、消费需求结构的升级、科技创新能力的提升，吉林省经济发展质量将有望提升。

1. 地区生产总值

从总体看，2019年，投资结构将会进一步调整，投资将会维持小幅增长，消费升级会对经济发展有所提振，外需形势会受到中美贸易摩擦影响，但随着"一带一路"建设的推进，吉林省的出口仍会维持上涨态势，但上涨幅度并不会太大。受三大需求影响，预计2019年吉林省经济增速比2018年的增速仍会有所回调。

2. 投资

2019年，吉林省投资结构会继续调整，投资将趋于合理和稳定。2019年，中央对吉林省基础设施建设投资继续增加，吉林省稳定投资的意愿继续加强，高新技术产业、现代服务业、战略性新兴产业等行业有效投资进一步提高。但受国有企业投资降低、中美贸易摩擦的不确定性进一步影响投资者信心等因素的影响，2019年吉林省的投资增速会有所回落。

3. 消费

2019 年，教育、娱乐等高端消费增速将会继续提升，加之个税改革方案的落实、消费体制机制的进一步完善，消费者信心将得到提振，多样化的消费需求得到满足，消费升级趋势继续强化，但过高的房地产价格对消费存在不利影响，导致消费增速有所回落，预计 2019 年，吉林省的消费增速将会继续小幅下降。

4. 出口

2019 年，出口贸易将会小幅增长。2018 年，中美贸易战影响了家具、钢铁、化工、纸制品、服装、汽车等行业，吉林省与之相关的企业也受到影响，吉林省的全年出口增速仅在 8.8% 左右。2019 年，国际经贸摩擦持续，但随着"一带一路"倡议的落地深耕，沿线国家经贸合作的进一步加深，吉林省作为"一带一路"倡议中向北开放的重要窗口，通过不断打通向欧洲和太平洋延伸的陆海新通道，正在形成全方位对外开放新格局。受这些因素的影响，2019 年吉林省的对外出口将会有所提升。

六　对策建议

（一）坚持稳中求进

目前，经济运行稳中有变，外部环境明显变化，经济社会发展面临诸多新问题新挑战，需要坚持稳中求进，让已经出台的各项政策措施尽快发挥作用，落实高质量发展要求，不断深化改革，稳妥应对、有效解决新形势下的各类问题。

1. 稳定实体经济

要高度关注企业生产经营，在当前的经济增速下实现微观均衡。为此，一要加快企业降本减负。实施增值税留抵退税、小微企业税收优惠等税收优惠政策，加大减税力度。降低多项产品行政事业性收费标准，取消部分产品行政事业性收费。稳妥有序做好社保征管工作，优化社保收缴方式。降低公

共资源交易平台信息服务等各类公共服务价格。二要改善营商环境。结合机构改革和职能调整转变，清理省级行政审批事项，统一审批标准，调整权力清单，抓好落实市县的"放管服"和"只跑一次"改革，在全省推广长春新区"证照分离"改革试点经验，加快推进优化营商环境条例的出台，破除潜规则，为民间资本的进入打开方便之门。三要加快实施产业保护政策。对于企业自主创新的产品以及技术和服务等，要设置产业保护期，防止出现"谁创新，谁吃亏"的现象。

2. 推进改革开放不断深化

抓好落实国家出台的一系列扩大改革开放的政策举措，深入推进各领域、各行业、各层次的改革事项，全面深化改革开放。一要抓好国资国企改革。深入推行"一企一策"，规范政府管理，增强企业活力，加快制定并出台省直属国有企业改革发展三年行动计划，打造市场化运作平台，实现集团化市场化专业化运营。二要推动民营经济发展。要坚持"两个毫不动摇"，加快推进中小企业发展条例细则出台，系统梳理扶持民营经济发展的政策法规，并向企业公开，打造"亲""清"政商关系。制定中小微企业融资政策，创新金融服务方式，降低民营企业的融资成本。

3. 推进产业协同融合发展

以市场需求为导向，在打造粮草兼顾、农牧结合、循环发展的新型种养结构的前提下，调整优化三次产业所占比例，着力提高第三产业比重，形成"一产接二连三"的互动型、融合型发展模式。发挥产业融合对农业现代化的拉动作用，加快发展畜牧业，推进农产品加工业转型升级。发展农业和农村服务业，依托市、县、区农业、生态、冰雪等资源优势，建设集循环农业、创意农业、农事体验于一体的田园综合体，大力发展休闲度假、旅游观光、养生养老、农村电商等新产业新业态，鼓励广大农民参与创业创新。健全农业服务体系，健全农产品物流体系，加强农产品产地批发市场建设，提高鲜活农产品冷藏运输比例，推进农产品流通转型升级。

4. 坚定实施创新驱动发展战略

一要集聚创新资源。支持开发区与科研机构、高等院校等合作建立产业园区，通过优化园区功能、强化产业链条、扶持重大项目等措施，提升开发区主导产业集中度。建立园区间产业互通机制，提高服务质量，推动领军企业跨园区进行创新整合，带动园区整体创新水平提升。支持具备条件的省级开发区按照程序申请设立省级高新区。二要推进创新平台载体建设。加快推进湿地生态国家级重点实验室、中俄特色农业国际联合实验室、临床医学研究中心等关系吉林科技创新布局的建设，加快中关村北湖科技园建设，发挥长吉图国家级科技成果转移转化示范区的带动作用。三要多方引智聚力振兴。推动吉林省与中国科学院、中国工程院全面深化科技创新合作，成立院士工作站，扩大科技交流合作。四要增强区域创新能力。吉林省要利用各地"双一流"大学、高等院校的优势，发挥科技创新对区域协调发展的关键作用。另外，为提高区域经济增长质量，要加快区域产业转型升级，实现区域经济增长由要素驱动向创新驱动的转变。

（二）坚持绿色发展

吉林省要充分认清形势、把握新的发展目标，落实中央对于环境保护的新要求，坚持生态利民、生态惠民、生态为民，推进高质量的发展，加快解决突出的环境问题，推进生态环境保护实现跨越式发展。

1. 践行绿色发展理念

一方面，要提高公众环保意识。需要发展与环境间的和谐，合理利用资源，减少人类活动对大自然的破坏。积极开展多形式、多层次的环保宣传教育活动，大力宣传生态环境保护的重要性和紧迫性，组织各级领导干部进行环保教育和培训，带动人民群众参与环境事业，并普及生态环境的法律法规，环境保护成为全民事业，使生态环境保护融入人民群众的意识。另一方面，要提高企业对环保的重视程度。企业作为利益最大化的追求者，经常忽视环境保护问题，企业在生产过程中为实现成本的最小化，减少环境保护方面的投入，为此，需采取宣传教育与处罚相结合的方式，提升企业对环保的重视程度，降低企业生产对生态环境的污染。并针对污染物排放不达标的企业，实施相应的处罚措施，以此提升企业对环境保护的重视程度，加强环境

保护。

2. 加强生态环境制度建设

针对吉林省的实际问题，结合吉林省经济发展和生态环境保护的具体问题，进一步建立健全吉林省的环境保护法律法规，制定农业化肥农药使用、农膜污染、企业排污处理、废弃物处置，以及生活垃圾、污水清运处理等方面法规，并加大宣传力度进行有针对性的整治行动，依法处理各类破坏生态环境的违法犯罪行为，提升各类污染的处理能力；要建立符合各地区发展需求的环境保护规划。在充分调查研究各地区发展需求、发展理念的基础上，坚持"规划先行、规划长行"的原则，根据城市精明发展理念，根据区域的生态环境效应和土地的综合利用状况，采取紧凑式、集约式的精明增长方式，综合考虑经济增长的各方面需求，引导大众共同参与城市规划设计。统一协调多部门间的规划执行管理体系，效仿部分城市实施的"两规合一""多规合一"的方式，加强不同类别、不同级别规划间的衔接和配合，提升规划的整体功能。

3. 加快绿色产业发展步伐

一是加快工业生态园区建设。以可持续发展理论、工业生态学理论、循环经济理论等为指导，设计生态工业园区。采用循环经济技术，实现生态园区的废物"零排放"。借鉴生态工业园区经验，将种植业、养殖业、农产品加工业、生物质能源业等纳入循环农业产业体系，实现园区农业间的相互依存，减少农业废弃物产生。二是大力发展农业循环经济。将生物质产业和有机肥产业引入农业生产系统的循环路径中，对秸秆、畜禽粪便和食用菌种植丢弃的废菌棒等，进行多级循环利用。三是加快服务业发展。服务业具有劳动密集度高、资源消耗低、环境污染少等特点，选择加快服务业发展是推行生态产业的重要措施。

（三）促进区域均衡发展

为缩小吉林省经济发展的区域差距，实现吉林省地区间经济发展由非均衡发展向协调发展转变，需要政府发挥其权威性，实行可持续的宏观调控政策，实现地区间收入的合理分配、资源的优化配置，提高资源空间配置效率，解决区域发展不均衡不充分的问题，促进地区协调发展，实现共同富裕。

1. 推动区域产业协调发展

根据区域产业结构的失衡情况以及区域资源供给条件，针对重点发展地区的短缺产业以及区域发展的主导产业，给予重点扶持和倾斜发展的一系列优惠政策。一方面，为了克服区域产业发展过程中的瓶颈，应当采取适当的投资倾斜政策，筹集必要的资金，加强欠发达地区基础设施等直接影响产业发展的建设，改善发展设施滞后造成区域产业短缺的现象。另一方面，对于区域发展中居于主导地位并有带动作用的产业部门，通过给予直接投资、税收优惠等一系列优惠政策，积极鼓励其利用技术手段改造传统支柱产业，促进新兴产业成长，满足区域生产发展和人民生活水平提高的需求。

2. 积极开展区域产业合作

应通过地区间财政合作、共同投资等方式，积极开展区域产业合作。利用各地要素禀赋和比较优势，建设区位重要节点，利用好市场和资源，完善多式联运体系，深化产业融合发展，拓展区域开放深度、广度和维度，打造全方位、宽领域、多层次的开放新格局。围绕装备制造、现代农业、新能源、新材料、医药化工等产业，加强地区优势产业的合作，扶持欠发达地区承接发达地区的产业转移，积极谋划建设国家级产业转移示范区。

3. 改善区域发展宏观环境

各级政府要通过鼓励、引导等方式促使资源实现区域内的有效利用，提高资源利用率，提升区域单位产出水平，抓好存量调整和增量优化结合。推动企业与外部联系，鼓励企业进行技术和品牌的互动发展，提升产品的竞争力和附加值。区域内选商方面应充分考虑项目对区域内的技术水平、生态环境影响以及带动作用等，应选择污染小、技术高、带动力强的项目作为区域投资发展的重点，提高区域内新兴产业和优势产业发展水平。此外，要强化特色品牌建设。引导区域内的生产者和加工者树立品牌意识，充分认识品牌

在市场竞争和企业发展中的巨大作用。充分依托并整合区域优势资源，重点扶持区域内的重点行业和重点企业创造区域品牌，培育主导产业，使其形成规模，提高档次，打响品牌。

（四）着力保障和改善民生

民生是社会发展之本，民生问题既涉及个人及家庭的生计问题，又能直接影响国家长治久安和发展进步，更能影响整个国家改革发展的大局，为保障和改善民生，吉林省要按照党的十九大报告中所提出的"抓住人民最关心最直接最现实的利益问题"，推进各项社会事业协调发展。

1. 要大力提升教育质量

大力推进教育公平，重点推动城乡义务教育一体化发展，合理配置师资力量，彻底解决城乡义务教育大班额问题。支持普通高中多样化和职业高中特色化发展，普及高中教育。加快一流大学和一流学科建设，推动吉林省更多高校和学科达到国际和国内一流水平。完善职业教育和培训体系，打造职业教育的"吉林模式"，深化产教融合、校企合作。提高公立幼儿园比重，推进学前教育普惠式发展。构建利用信息化手段扩大优质教育资源覆盖面的有效机制，加大贫穷地区教育投入，健全家庭经济困难学生的资助体系，缩小教育在地区间、城乡间和校际的差距。

2. 提高就业质量

要充分保障就业机会，稳步扩大就业，提高就业质量，发挥就业在民生保障中的核心作用。要实施积极就业政策，破除妨碍劳动力、人才社会性流动的体制机制弊端，完善企业、政府间的协调协商机制，促使劳动力、人才自由流动，解决就业的结构性矛盾，做好困难群体、高校毕业生的就业工作。开展各类职业技能培训，提高劳动力素质，为行业发展培养优质人才。大力推动大众创业，提供全方位就业服务，以创业带动就业，促进大学生、农民工多渠道就业。

3. 提高人民收入水平

要坚持按劳分配原则，完善并调整收入分配制度，拓宽居民收入渠道，切实提高居民收入水平。首先，要完善初次收入分配制度，建立健全再分配调节机制，促进收入合理有序分配，缩小城乡间、区域间、行业间收入差距，扩大中等收入群体，增加低收入者收入，调节过高收入，取缔非法收入。其次，要拓宽居民增收渠道，深化产业结构调整，按照调优农业、加强工业，搞活第三产业的思路优化产业布局。一方面，要改善农业耕作条件，提高农业现代化水平，降低农业生产成本，提升农作物抵御自然风险的能力，增加农民收入；另一方面，要以工业园区为载体，引进带动就业增收的科技含量高的企业，形成优势互补的产业新格局。同时，要大力发展文化、旅游、商贸、餐饮、物流等第三产业，不断拓宽居民就业增收渠道。

4. 加强社会保障体系建设

完善城镇职工基本养老保险和城乡居民基本养老保险制度，实现基础养老金在省内乃至全国的顺畅转移接续。完善统一的城乡居民基本医疗保险制度和大病保险制度，推进城乡保险的平等和共享。完善失业、工伤保险及最低生活保障制度，加强经办机构建设，协调管理各类保障项目。完善各类保险的筹资机制，建立合理的激励机制，改进保险基金投资管理模式，实现保险基金的保值增值。

参考文献

张丽娜、徐卓顺：《吉林蓝皮书：2018～2019年吉林省经济发展形势分析与预测》，社会科学文献出版社，2018。

《吉林省2018年政府工作报告》，吉林省人民政府网。

《吉林省2017年政府工作报告》，吉林省人民政府网。

《吉林省2018年国民经济和社会发展统计公报》，吉林省统计局。

《吉林省2017年国民经济和社会发展统计公报》，吉林省统计局。

《吉林省国民经济和社会发展第十三个五年规划纲要》，吉林省人民政府网。

王春宝、董建伟：《深度融入"一带一路"寻找发展新坐标　吉林大手笔绘制"丝路吉林"大通道》，《消费日报》2018年4月16日。

杨晓燕：《白山市跻身首批 10 个边境特色城市打造试点单位》，《吉林日报》2018
年 7 月 16 日。

《延边州 2018 年国民经济和社会发展统计公报》，延边朝鲜族自治州政府网。

《白山市 2018 年国民经济和社会发展统计公报》，白山市政府网。

《2018 年集安市政府工作报告》，集安市政府网。

B.6

2018～2019年辽宁省经济社会
发展形势分析与对策建议

姜瑞春*

摘　要： 辽宁拥有国内面向东北亚国家唯一的陆海双重门户、沿海沿边
区位优势，是中国、俄罗斯、日本、韩国、朝鲜、蒙古最便捷
的中转枢纽。2018年，在错综复杂的国际国内形势下，辽宁经
济社会发展态势依然良好。但辽宁经济发展也面临一系列不利
因素：主要经济指标增速低于全国平均水平，城乡区域经济发
展差距较大，投资、消费增速放缓，工业经济主要指标增长趋
缓，工业结构有待优化，社会发展中还存在着就业结构性矛盾
突出、深度贫困人口脱贫任务艰巨等问题。2019年，受内外需
求同时减弱影响，辽宁经济要减轻下行压力，就应加大改革力
度，加快培育壮大发展新动能，全面扩大高水平对外开放，积
极应对人口老龄化，巩固脱贫成果等，确保全省经济社会保持
平稳健康发展。

关键词： 辽宁省　市场化改革　民生改善　"一带一路"

2018年，面对严峻复杂的经济社会发展环境和艰巨繁重的改革发展任务，
辽宁积极引领共建东北亚经济走廊，加快创建"大连自由贸易港"，探索构建

---

* 姜瑞春，辽宁社会科学院产业经济研究所副所长、副研究员。

联动互济的全方位、全领域、全时空开放格局。同时，坚持稳中求进工作总基调，以新发展理念为引领，以高质量发展为根本方向，以供给侧结构性改革为主线，加快推进"一带五基地"建设，深入实施"五大区域发展战略"，国民经济社会保持总体平稳，为2019年经济高质量发展打下坚实的基础。

一 辽宁的开放格局、空间布局和建设目标

（一）区域定位

辽宁拥有国内面向东北亚国家唯一的陆海双重门户、沿海沿边区位优势，是中国、俄罗斯、日本、韩国、朝鲜、蒙古最便捷的中转枢纽。大连港是我国北方地区较大的深水不冻港，辽宁沿黄海、渤海沿岸形成了包括营口、丹东、锦州、葫芦岛港在内的港口群。全省面积14.8万平方公里，大陆海岸线长2292公里，近海水域面积6.8万平方公里。全省有14个省辖市、100个县（市、区），总人口4359.3万人，占东北地区总人口的36.0%（见图1）。

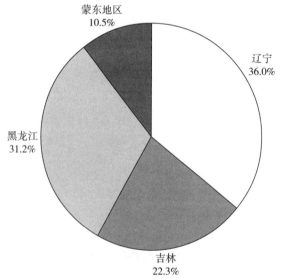

图1　2018年东北地区总人口分区构成

资料来源：东北三省统计公报。

（二）开放格局、空间布局和建设目标

依托辽宁沿海经济带开发开放、大连东北亚国际航运中心和沈阳东北亚科技创新中心，辽宁"一带一路"综合试验区加快建设东北亚开放大门户，全力构建内外联动、陆海互济的全面开放新格局；高水平构建"三核三区、两廊两沿、七港七路、双园双融、一网一桥"①的空间布局；到2030年，在高端装备制造国际产能合作、跨境互联互通、新型自由贸易、国际金融、国际人文交流等领域的区域带动力、全球影响力进一步增强，作为"一带一路"东北亚门户的地位更加凸显，成为东北地区高水平开放、高质量发展先行区。

---

① "三核三区"："三核"是沈阳、大连、锦州－营口－盘锦等全面开放核心；"三区"是辽宁沿海经济带、沈阳经济区、辽西北地区。到2021年，基本形成沈阳承南启北、拉动沈阳经济区和辽宁北部，大连统筹陆海、带动辽宁沿海经济带和沿边地区，锦州－营口－盘锦开放集群聚合优势，协同辽宁西部，形成三核牵引、全省联动的开放局面。

"两廊两沿"："两廊"是向北融入中蒙俄经济走廊，向东构建东北亚经济走廊；"两沿"是辽宁沿海经济带和东部沿边开发开放带。到2021年，基本形成以辽宁为枢纽，两条国际经济走廊衔接融合的开放态势。充分放大沿海沿边双重优势，培育重要的"边海联动开放带"。

"七港七路"：深入推进大连、营口、丹东、锦州、盘锦、葫芦岛等沿海港口整合，打造大连东北亚国际航运中心和世界级港口集群，高质量建设沈阳国际陆港；构建"辽满欧""辽蒙欧""辽新欧""辽珲俄"铁路通道、"辽海欧"北极东北航道、"辽海欧"印度洋航道、辽宁"空中丝路"通道。到2021年，港口整合基本完成，"硬软联通"扎实推进，港口航运、中欧班列、空中航线、信息互联等总体能力在全国位次明显提升。

"双园双融"："双园"是"引进来"建设产业合作园和"走出去"建设境外辽宁产业园；"双融"是加强融资和融智合作。到2021年，辽宁域内和境外一批高技术产业园基本建成，产业双向合作领先东北、高于全国平均水平。进出口结构不断优化，贸易新业态快速发展。金融保障和智力支持能力显著提升，引进外资银行数超过全国平均水平。

"一网一桥"："一网"是建设辽宁"数字丝路"全球信息服务网；"一桥"是架设辽宁与沿线国家民心相通的桥梁。到2021年，覆盖全省、沟通全球的"一带一路"大数据服务中心基本建成，助推"一带一路"智慧化发展。文化、旅游、教育、体育、医疗等领域交流合作持续深化，国际影响力逐步彰显。

二　2018年辽宁经济社会发展情况

（一）经济运行稳中有进，总体向好

2018年辽宁实现地区生产总值25315.4亿元，按可比价格计算，同比增长5.7%，增幅比上年扩大1.5个百分点。其中，第一产业、第二产业、第三产业实现增加值2033.3亿元、10025.1亿元、13257.0亿元，分别增长3.1%、7.4%和4.8%，第二产业增幅同比扩大4.2个百分点，第一产业、第三产业增幅同比回落0.5个和0.2个百分点（见表1）。辽宁省地区生产总值居全国第14位，人均地区生产总值58008元，同比增长5.9%，是全国平均水平的0.9倍。

表1　2018年辽宁主要经济指标对比情况

单位：%，个百分点

指标	2018年累计增速	上年同期累计增速	与上年同期累计增速相比（增幅变化）
地区生产总值	5.7	4.2	1.5
第一产业增加值	3.1	3.6	-0.5
第二产业增加值	7.4	3.2	4.2
第三产业增加值	4.8	5.0	-0.2
规模以上工业增加值	9.8	4.4	5.4
固定资产投资	3.7	0.1	3.6
社会消费品零售总额	6.7	2.9	3.8
进出口总额	11.8	17.9	-6.1
地方一般公共预算收入	9.3	8.6	0.7
地方一般公共预算支出	9.1	5.8	3.3
全社会用电量	7.8	4.8	3.0
其中：工业用电量	7.9	4.5	3.4
城镇常住居民人均可支配收入	6.7	6.4	0.3
农村常住居民人均可支配收入	6.6	6.7	-0.1

资料来源：辽宁统计月报。

经济运行筑底企稳，稳中有进，进中向好。近两年辽宁地区生产总值季度增幅波动趋窄（见图2），经济步入平稳健康发展轨道。先行指标趋好，2018年辽宁全社会用电量、工业用电量、铁路货运量、邮政业务总量、快递业务量同比分别增长7.8%、7.9%、11%、26.3%和27.1%。支撑性指标保持增长，第二产业实现税收增长9.2%，工业生产者出厂价格上涨4.8%，限额以上网上零售额增长35%，新登记企业16.8万户，增长5.7%。

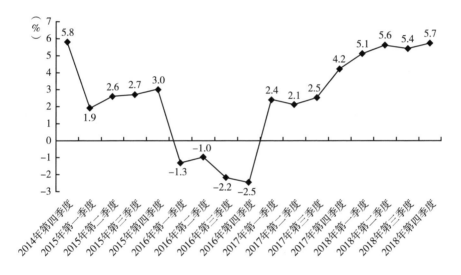

图2　2014～2018年分季度辽宁地区生产总值累计增速

（二）三次产业运行平稳，夯实高质量发展的基础

2018年以来，辽宁全面推进农业供给侧结构性改革和深入实施乡村振兴战略；大力促进实体经济提质增效，出台贯彻新发展理念推动工业经济高质量发展的意见；着力提升现代服务业的规模和质量。第一、第二、第三产业对地区生产总值的贡献率分别为8.0%、39.6%和52.4%，拉动经济增长0.3个、2.9个和2.5个百分点，其中工业对经济增长的贡献率为38.7%，比上年提高3.7个百分点。

农业生产形势较好，粮食总产保持增长。2018年全省气象条件总体正常，未对农业生产造成较大影响。全年粮食总产量2192.4万吨，比上年增加55.7万吨。大力抓好各项强农惠农措施的落实，全省落实中央财政资金49.2亿元，对玉米、水稻、大豆三大作物发放生产者补贴，补贴范围占粮食种植总面积的90%以上，有效调动了农民种粮积极性。农村经济发展态势良好，农业结构不断优化，全省新增国家农业科技园2个，国家级畜牧业绿色发展示范县达到6个，国家级现代农业示范区达到14个，高标准农田建设达到189万亩。

工业运行总体稳定，中高端行业增速较快。2018年，辽宁规模以上工业主营业务收入26489.9亿元，同比增长15.8%，增幅比上年扩大6.9个百分点。工业生产明显回暖，2018年每个月的规模以上工业增加值累计增速均高于上年同期（见图3）；全年工业用电量增幅同比扩大3.4个百分点。四大支柱产业起到龙头带动作用，装备制造业增加值同比增长9.4%，石化工业增长15.1%，冶金工业增长7.0%，农产品加工业增长4.6%，分别拉动规模以上工业增加值增长2.6个、4.6个、1.1个和0.4个百分点，四大支柱产业对全省规模以上工业增长的贡献率合计达81.8%。着力推进工业经济高质量发展，2018年辽宁主要工业产品中产量增长的多为精深加工及高新技术产品，高新技术产品出口476亿元，增长26.7%，其中电子技术产品出口272.2亿元，增长76.4%。全年集成电路装备产值增速接近70%，其发展规模与北京、上海呈三足鼎立之势。

服务业保持平稳增长，现代服务业发展良好。2018年，辽宁服务业增加值占地区生产总值比重达52.4%，比上年提高0.8个百分点。全年批发业销售额、零售业销售额、住宿业营业额、餐饮业营业额、邮政业务总量同比分别增长9.3%、7.7%、7.1%、9.9%和26.3%；1~11月，全省规模以上重点服务业企业实现营业收入增长10.8%，比前三季度提高1.5个百分点。全域旅游示范区创建单位达到35个，全年旅游业总收入增长13%。金融机构新增贷款3667亿元，增长9%。全省全年房地产开发投资额增长13.5%。

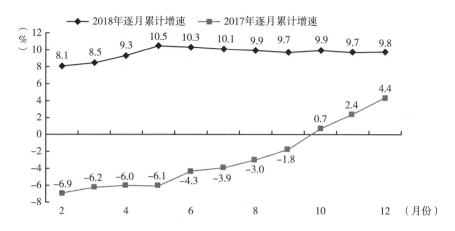

图3 2017年、2018年辽宁规模以上工业增加值逐月累计增速

（三）加强和改善宏观调控，需求潜力持续释放

2018年，辽宁在促进消费稳定增长的同时，注重发挥有效投资的关键作用，巩固外贸回稳向好的态势，形成了内外需求联动发展的良好格局。

投资增长保持稳定，内部结构继续优化。2018年12月，辽宁完成固定资产投资增长3.7%，增幅比上年扩大3.6个百分点（见图4）。制造业投资、房地产开发投资增长较快。全省制造业投资同比增长20.3%，增幅比上年扩大3.8个百分点，占投资比重为27.6%，房地产开发投资同比增长13.5%。民间投资有所增长，投资比重小幅提高，民间投资同比增长7.7%，增幅比上年扩大2.4个百分点，占投资比重为63.3%。高新技术制造业投资保持增长，全年高新技术制造业投资增长8.2%，占投资比重为4.5%，增幅比上年扩大0.2个百分点。

消费品市场增势较平稳，网络消费快速增长。2018年第四季度，辽宁社会消费品零售总额同比增长6.7%，增幅比上年扩大3.8个百分点（见图5）。社会消费品零售总额增速从第一季度的7.8%，加快至上半年的7.9%。但受部分重点零售企业经营异常和汽车类商品零售额增速明显回落的影响，社会消费品零售总额增速从上半年的7.9%，逐渐放缓至第三季度的7.4%，

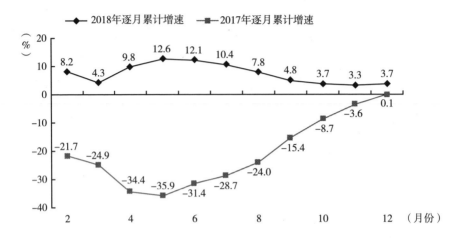

图4 2017年、2018年辽宁固定资产投资逐月累计增速

直至第四季度的6.7%。消费方式持续创新、网上零售快速增长，2018年全省实物商品网上零售额同比增长28.7%，比社会消费品零售总额增速高22.0个百分点。

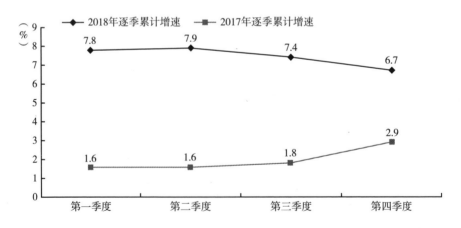

图5 2017年、2018年辽宁社会消费品零售总额逐季累计增速

进出口规模继续扩大，贸易结构不断优化。2018年辽宁出台了《关于推动形成全面开放新格局 以全面开放引领全面振兴的意见》和《关于深度融入共建"一带一路"建设开放合作新高地的实施意见》，继续深化落实

稳外贸政策。外贸进出口规模持续扩大，2018 年，全省进出口总额增长 11.8%，其中，出口额增长 5.7%，进口额增长 16.8%。对主要贸易伙伴进出口额增长较快，全省对欧盟进出口增长 23.1%，对日本进出口增长 9.3%，对美国进出口增长 19.7%。此外，与"一带一路"沿线国家的经贸交往密切，其中，对西亚北非 16 国进出口增长 41.6%；对南亚 8 国进出口增长 9.9%。进出口商品结构有所优化，一般贸易进出口增长较快。全省一般贸易进出口增长 17.3%，高于全部贸易 5.5 个百分点。高新技术商品出口快速增长，增速高于全部商品出口 21 个百分点。

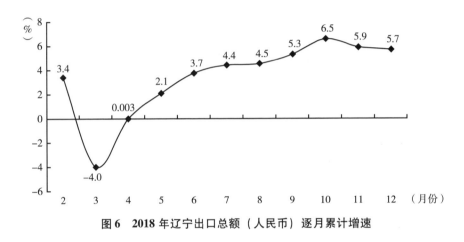

图6 2018 年辽宁出口总额（人民币）逐月累计增速

（四）改革力度不断加大，营商环境明显改善

供给侧结构性改革深入推进。一是加快淘汰落后产能，制造业发展提质增效。2018 年，辽宁依法依规淘汰年产 30 万吨以下煤矿 25 个；淘汰落后水泥产能 54 万吨；对全省非煤矿山实施矿权减量、矿业转型、矿企安全、矿山生态、矿区稳定"五矿共治"。二是因城因地施策，房地产市场总体平稳。全年全省商品房销售面积同比下降 5.2%，其中住宅销售面积下降 6.4%；县城房地产去库存取得较好成效。三是去杠杆积极稳妥，企业经营更趋稳健。2018 年全省规模以上工业国有控股企业资产负债率为 65.5%，比上年回落 3.6 个百分点。四是减税降费政策落地见效，降成本成果显著。落实

减税降费政策，全年减免税费 1390 亿元；工商企业用电成本降低 41 亿元。

辽宁持之以恒打造发展环境最优省。通过扎实推进"一网一门一次"改革、"放管服"改革、"证照分离"、"多证合一"改革，全省逐步打破信息孤岛，完善标准体系，实现审批服务"马上办、网上办、就近办、一次办"。2018 年省直部门行政职权精减 17.7%。工业产品生产许可证种类压减 1/3。一般性经营企业开办时间压缩到 3.5 个工作日以内。建成省市县三级网上政务服务平台，省级行政审批和公共服务事项网上可办率达到 90%。加强社会信用体系建设，构建"一处失信、处处受限"的失信惩戒长效机制。为重大项目配备"项目管家"，营商环境明显改善。

（五）国企改革取得积极进展，经济结构不断优化

国资国企改革不断向纵深发展。一是混合所有制改革向纵深推进。2018 年以来，辽宁将混合所有制改革作为国资国企改革的重要突破口，出台了国有企业混改实施意见、省属企业混改实施方案和操作指引，并通过深化对口合作、战略重组、招商引资等方式全面推进混改，截至 2018 年末，省属企业混改比例达到 51%，沈阳、大连混改比例分别达到 54.8%、57%。二是央地融合发展不断深入。2018 年以来，央企与辽宁融合发展步伐加快。辽宁港口整合取得重大进展，引入招商局后成立辽宁港口集团。三是稳步推进解决企业历史遗留问题。在推进厂办大集体改革方面，辽宁省政府出台了《辽宁省厂办大集体改革工作实施方案》，制定出台了辽宁省厂办大集体企业性质界定办法、财政补助资金管理办法、基本养老保险欠费核销办法、社会稳定风险防范和处置工作预案等 8 个配套文件。在处置僵尸企业方面，省政府印发了《处置国有"僵尸企业"的实施意见》，2018 年辽宁省完成国有"僵尸企业"处置 180 户。

深入实施创新驱动战略，着力优化经济结构。2018 年，辽宁出台了《关于加快推进沈大国家自主创新示范区发展的意见》、《辽宁省企业 R&D 经费投入后补助实施细则》和《辽宁省实施科技成果转移转化三年行动计划》等文件，大力深化科技体制机制改革，全省 R&D（研究与试验发展）

经费支出占地区生产总值比重达到 1.84%，创历史新高，科技进步对经济增长的贡献率达到 55.5%。全省技术合同成交额同比增长 20%，高校、科研院所转化科技成果省内转化率为 53.8%。同时，不断激发大众创新创业活力。高新技术企业超过 3700 家，科技型中小企业备案数量超过 4600 家。全省众创空间总数超过 200 家，在孵企业和团队近 9000 个。

（六）五大区域发展战略①稳步推进，对外开放全面扩大

2018 年，辽宁五大区域建设统筹推进，协调发展，呈现全新的发展格局。辽宁沿海经济带着力建设东北亚航运中心和重点发展临港产业、海洋经济。通过设立辽宁港口集团，辽宁沿海港口经营主体实现一体化发展，继续深化"辽满欧""辽蒙欧""辽海欧"三条综合交通运输大通道建设。沈阳经济区着力构建科技创新中心、专业物流体系和智慧城市群；加快沈阳港建设，推进东北亚物流中心建设。辽西北地区突出高效特色农业、生态屏障区建设。辽西南主动承接京津冀产业转移，积极开展与江苏对口合作，共建一批不同类型的合作园区。沈抚新区着力建设创新发展示范区。通过不断打破行政区划限制，沈抚新区逐步实现统一规划、统一布局、统一政策、统一管理；沈抚新区同城化综合交通体系基本形成，园区基础设施进一步完善，特色产业集群粗具规模。县域经济着力形成"一县一业"的发展格局。继续深化园区管理体制改革，向县（市）、园区下放审批权，全省 41 个县（市）逐步建立精简高效的园区管理模式；依托自然资源禀赋优势，大力发展农产品深加工和旅游等特色产业，逐步形成"一园一区一镇一品"的发展格局，发展新业态，培养新动能，实现县（市）、乡（镇）、村经济可持续发展。全省乡镇一般公共预算收入增长 27.3%。

对外开放迈出新的步伐。2018 年，辽宁省出台了《关于深度融入共建"一带一路"建设开放合作新高地的实施意见》，制定了 7 个方面 24 条措

---

① 辽宁沿海经济带：葫芦岛、锦州、盘锦、营口、大连、丹东。沈阳经济区：以沈阳为中心辐射抚顺、本溪、辽阳、鞍山。突破辽西北：铁岭、阜新、朝阳。沈抚新区：沈阳、抚顺。县域经济：41 个主要县（市）。

施。2018年8月，辽宁省委、省政府发布了《辽宁"一带一路"综合试验区建设总体方案》（辽委发〔2018〕42号），该方案成为全国首个在省域范围内探索创建"一带一路"综合试验区的建设方案。该方案是辽宁省主动融入和参与"一带一路"建设的切实体现。同时，辽宁正在积极推进中国－中东欧"16＋1"经贸合作示范区建设，探索中国与中东欧国家在产业园区、工业园区、文化与旅游、农业等方面合作开放平台和机制的建设。自2017年4月辽宁自贸试验区成立以来，截至2018年11月末，辽宁自贸试验区新增注册企业超过3.4万户，注册资本逾5000亿元。国家赋予辽宁自贸试验区123项改革试点任务，截至2019年1月末，落地率已超过90%。涉及政府职能转变、贸易投资便利化等领域的45项改革创新经验已向全省推广。

（七）经济质量效益逐步提升，绿色低碳发展扎实推进

财政收入、企业收入和居民收入稳步增长。一是地方财政运行平稳。2018年全省一般公共预算收入2616.0亿元，增长9.3%，增速比上年提高0.7个百分点。其中各项税收1976.0亿元，增长9.0%，占地方一般公共预算收入比重达75.5%。一般公共预算支出4842.9亿元，增长9.1%，增幅比上年扩大3.3个百分点。二是工业企业收入有所提高。2018年，全省规模以上工业企业每百元资产实现的主营业务收入为75.5元，增长6.8%，增速较上年提高1.8个百分点。工业企业亏损面收窄。2018年，全省规模以上工业企业中，亏损企业1926户，亏损面为29.1%，亏损面比上年回落1.3个百分点。三是居民收入稳定增长。全年常住居民人均可支配收入29701元，比上年增长6.7%，其中，城镇常住居民人均可支配收入37342元，增长6.7%；农村常住居民人均可支配收入14656元，增长6.6%。

污染防治力度持续加大。一是水污染治理全面展开。在2017年治理17条支流河基础上，辽宁省2018年继续对27条支流河开展重污染河流治理攻坚战，全省河流水质总体稳定；集中式水源地环境问题整改取得重要进展，地市级集中式水源地共179个问题列入国家整改清单，截至2018年11月

底，已完成整治 177 个，整治的比例已经超过 98%。① 二是土壤污染治理再见成效。2018 年，辽宁省正式发布关于调查土壤污染情况的摸底方案，加紧推进《污染地块土壤环境管理办法（试行）》，继续实行《农用地土壤环境管理办法（试行）》，全省土壤污染治理取得明显成效。

（八）农村扶贫精准施策，贫困人口持续减少

近年来，辽宁省脱贫攻坚取得丰硕成果。截至 2017 年末全省贫困人口已减少到 24 万人，贫困发生率下降到 1%。2018 年全省又实现 15.43 万人脱贫、519 个贫困村销号、6 个省级贫困县摘帽。在精准扶贫过程中，辽宁省针对贫困群体的特征，采取"保基本兜底线"与促进发展并举的措施，努力提高反贫困效果。辽宁省扶贫办公布的数据显示，因病致贫人口占农村贫困人口的 46%，个别地区高达 60%～70%。为切实减轻农村贫困人口医疗费用支出负担，提高贫困人口生活质量，辽宁省不断完善农村贫困人口大病救助制度，持续提高农村贫困人口医疗费保险标准。2018 年辽宁省农村贫困人口住院医疗费用个人实际报销比例提高到 90% 左右，大病、特殊慢性病、长期慢性病门诊医疗费用个人实际报销比例提高到 80% 左右。2019 年辽宁省继续扩大救治病种覆盖面，农村贫困人口大病专项救治范围扩大到 21 种，进一步筑牢社会最后安全网。

（九）城乡基层治理体系不断完善，社会大局保持稳定

推动社会治理重心下移到城乡基层社区，以建设社区微空间为切入点，提升城乡基层社区治理水平，形成政府与社会、居民有效衔接和良性互动的社会治理格局，使城乡基层治理更加精准全面、组织体系更加健全完善、民主管理制度更加健康有序、生活生态环境更加舒适宜居、公共服务更加优质优化、经费保障机制更加有力有效。创新信访工作方式，实施信访矛盾减少存量控制增量攻坚计划。加强疫苗流通与存储以及预防接种管理。强化食品

---

① 数据来自辽宁省人民政府环保厅官网。

药品监督管理，开展食品药品生产企业质量安全专项检查。强化自然灾害的防治与应急管理。继续加大扫黑除恶斗争力度，推进社会治安综合治理，保持社会大局稳定。

（十）继续深化公立医院综合改革，健康辽宁建设成效显著

2018 年辽宁医改以抓深化、保落实、见实效为抓手，加强组织领导和制度设计，不断深化体制机制创新，医改成果更加公平惠民。2018 年组建了 285 个医联体，覆盖所有三级医院和基层医疗卫生机构，远程医疗服务覆盖所有县区，公立医院药占比下降到 30.4%，医疗费用增长率下降到 6.7%。通过印发《关于加强全省公立医院党的建设工作的实施意见》，发挥党委在公立医院的领导作用，提升公立医院党建水平。城乡居民医保人均财政补助标准提高到 490 元/人，全面推进按病种付费、按人头付费等多种付费方式改革，县级公立医院全部实行按疾病分组付费。简化社会办医审批程序，推行"不见面审批"，推进医师、护士和医疗机构电子证照改革。

三 辽宁开发开放格局不断拓展

辽宁"一带一路"综合试验区设立一年来，辽宁 6 个项目被纳入第二届"一带一路"国际合作高峰论坛成果清单，数量和质量居全国各省前列，在政策沟通、设施联通、贸易畅通、资金融通、民心相通五大领域开局良好。

（一）政策沟通不断深化

美国、日本、韩国、朝鲜、俄罗斯、法国、德国等 7 个国家在辽宁设有领事馆，辽宁与 27 个国家结成 17 对友好省州和 69 对友好城市。① 国际交流日益密切。2018 年举办的第 13 届大连夏季达沃斯论坛，总投资 236 亿元的 16 个大项目集中签约，重大外事经贸活动的溢出效应明显，对外合作层次逐步提升。

---

① 数据来自《辽宁"一带一路"综合试验区建设总体方案》。

（二）设施联通加快拓展

2018年，辽宁省开行中欧班列394列，运量3.2万标准箱。[①] 欧洲、俄罗斯的回程运量有所提高。沈阳港规划建设中欧班列新节点。"辽满欧""辽蒙欧""辽海欧"三条跨境运输大通道运能居全国前列。港口整合取得阶段性成果，大连港、营口港运行体制机制进一步理顺，跨境通道建设稳步推进，互联互通基础设施加快完善。

（三）贸易畅通成果丰硕

华晨宝马新工厂、华锦阿美石化工程等一批标志性工程高效引进。沈阳雷诺商用车、大连英特尔等项目顺利推进。东软医疗非洲影像诊断、沈变集团几内亚水电站、朝阳浪马轮胎巴基斯坦建厂等60余个境外投资项目相继启动。乌干达辽沈工业园、沈变集团印度产业园等境外园区持续壮大。辽宁自贸试验区123项改革任务落地113项，完成率居同批七家自贸试验区前列，[②]与欧洲、亚洲、非洲等地区产能合作加快推进，多边贸易投资体系逐步拓展。

（四）资金融通稳步推进

辽宁信保支持辽宁省境外项目和外贸出口58.58亿美元，新增服务企业287家。成功举办多场银企对接融资活动，促成融资签约736亿元。国开行辽宁省分行对白俄罗斯银行授信1亿欧元、对白俄罗斯财政部授信35亿元人民币。[③]"一带一路"融资条件得到改善，金融领域开放活力得到提升，金融服务实体经济的水平不断提高。

---

① 数据来自辽宁举行"一带一路"综合试验区设立一周年建设工作新闻发布会，2019年8月26日。

② 数据来自辽宁举行"一带一路"综合试验区设立一周年建设工作新闻发布会，2019年8月26日。

③ 数据来自辽宁举行"一带一路"综合试验区设立一周年建设工作新闻发布会，2019年8月26日。

（五）民心相通影响广泛

建立 11 所境外孔子学院。在辽留学生人数达到 2.76 万人。[①] 牛河梁遗址被列入世界文化遗产预备名录。中国国际装备制造业博览会（沈阳制博会）、中国国际软件和信息服务交易会（大连软交会）等品牌展会国际影响力逐步提升，依托辽宁元素，深化文化、教育、医疗等领域国际交流，增强文化认同，讲好辽宁故事。

（六）"一体两翼"开放新格局加快构建

依托"一带一路"综合试验区，辽宁向东打造东北亚经贸合作先行区，向西建设中东欧"17＋1"经贸合作示范区的陆海内外联动、东西双向互济的"一体两翼"对外开放新格局。以东北亚和中东欧国家为重点，并沿"六廊六路多国多港"拓展全方位、多领域、深层次国际合作，谋划推进 300 个合作项目。与日本、韩国地方政府多次举办产业投资交流会议，积极谋划高科技领域合作。与俄罗斯稳步推进跨境物流、农产品贸易、能源电力等领域合作。2018 年和 2019 年上半年，辽宁省与东北亚国家进出口贸易总额达到 446.11亿美元。与中东欧 17 国多次开展富有成效的高层互访活动。2018 年和 2019 年上半年，辽宁省与中东欧国家外贸进出口总额达到 37.24 亿美元。[②]

四 辽宁经济社会发展亟待解决的问题

（一）增速低于全国平均水平，总量排名呈下滑态势

2018 年以来，辽宁大部分主要经济指标增速低于全国平均水平（见

---

① 数据来自辽宁举行"一带一路"综合试验区设立一周年建设工作新闻发布会，2019 年 8 月 26 日。

② 数据来自辽宁举行"一带一路"综合试验区设立一周年建设工作新闻发布会，2019 年 8 月 26 日。

表2）。与全国平均增速相比，辽宁地区生产总值、固定资产投资、社会消费品零售总额增速分别比全国低0.9个、2.2个、2.3个百分点。从部分主要指标在全国排名情况看，辽宁地区生产总值、规模以上工业增加值、固定资产投资、社会消费品零售总额、进出口总额、地方一般公共预算收入等增速在全国排名分别为第27、第3、第22、第23、第12、第10位。

表2　2017~2018年辽宁与全国及闽皖陕主要经济指标增速对比

单位：%

	年份	地区生产总值增速	规模以上工业增加值增速	固定资产投资增速	社会消费品零售总额增速	进出口总额增速	地方一般公共预算收入增速
全国	2017	6.9	6.6	7.2	10.2	14.2	7.4
	2018	6.6	6.2	5.9	9.0	9.7	6.2
辽宁	2017	4.2	4.4	0.1	2.9	17.9	8.6
	2018	5.7	9.8	3.7	6.7	11.8	9.3
福建	2017	8.1	8.0	13.9	11.5	12.0	8.7
	2018	8.3	9.1	11.5	10.8	6.6	7.1
安徽	2017	8.5	9.0	11.0	11.9	23.7	7.9
	2018	8.0	9.3	11.8	11.6	13.5	10.4
陕西	2017	8.0	8.2	14.6	11.8	37.4	9.4
	2018	8.3	9.2	10.4	10.2	29.2	11.8

注：为便于比较，选择福建、安徽和陕西经济总量与辽宁相近的三个省份。
资料来源：辽宁统计月报。

辽宁与福建和安徽的经济总量相比，劣势扩大，与陕西的经济总量相比，优势缩小（见图7）。2018年辽宁的地区生产总值比福建、安徽分别少10489亿元、4692亿元，经济总量劣势比上年扩大2132亿元和1115亿元；从地区生产总值增速看，2018年辽宁低于福建、安徽2.6个和2.3个百分点，辽宁与这两省的经济总量差距呈扩大态势。此外，2018年辽宁经济总量比陕西多877亿元，经济总量优势比上年缩小1166亿元，辽宁地区生产总值增速比陕西低2.6个百分点，且固定资产投资、社会消费品零售总额、进出口总额、地方一般公共预算收入增幅分别低于陕西6.7个、3.5个、17.44个和2.5个百分点，预计2019年辽宁经济总量排名将被陕西超越，下滑至全国第15位。

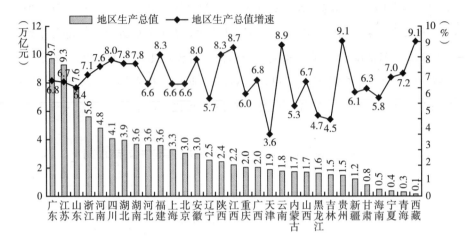

图 7　2018 年中国 31 个省（区、市）地区生产总值及增速

（二）城乡区域经济发展差距较大，产业结构调整任务艰巨

2018 年，辽西北地区的地区生产总值增速为 3.9%，低于沈阳经济区和沿海经济带 1.1 个和 2.1 个百分点，该地区 GDP 占全省比重为 7.5%，与上年相比没有变化；规模以上工业增加值增速为 5.9%，低于沈阳经济区和沿海经济带 2.3 个和 8.1 个百分点。全省农村居民人均可支配收入不高，仅为城镇居民人均可支配收入的 39.2%，与上年相比没有提升。从全省 14 个地级市的地区生产总值增速看，各市的地区生产总值增速在 0.4% ~6.9%，增速极差为 6.5 个百分点。全省 2018 年各季度地区生产总值增速均低于 2% 的地市有铁岭、丹东和本溪三个市（见图 8）。

（三）投资、消费增速放缓，经济下行压力有所加大

固定资产建设项目投资下降，新开工项目不足。2018 年，全省建设项目投资同比下降 1.7%。其中，亿元以上新开工建设项目完成投资下降 36.2%；10 亿元以上新开工建设项目完成投资下降 50.5%。基础设施投资下降。全省基础设施投资同比下降 11.6%。其中，装卸搬运业投资下降

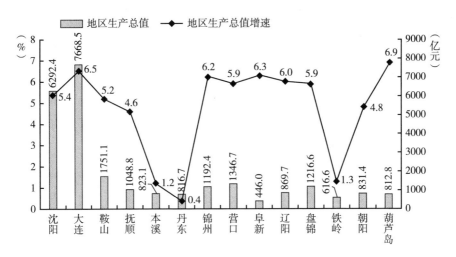

图8 2018年辽宁省地级市地区生产总值及增速比较

70.7%，管道运输业投资下降68%，多式联运和运输代理业投资下降54%。服务业投资下降。服务业投资同比下降0.7%。其中，金融业投资下降45.9%，住宿和餐饮业投资下降44.1%，批发和零售业投资下降41.8%，租赁和商务服务业投资下降33.1%。固定资产投资增速放缓，重大项目储备不多，经济下行压力有所加大。

全省居民收入增长对消费品市场增长的带动作用还不显著。2018年，全省全体居民人均可支配收入为29701元，增长6.7%，增速比前三季度回落0.2个百分点，在全国31个省（区、市）中排在第29位，增速比全国平均水平低2.0个百分点，增速与全国平均水平增速的差距比前三季度扩大0.1个百分点。居民收入增长较慢，直接影响居民的消费信心和预期，不利于消费品市场的稳定增长。

（四）主要工业经济指标增长趋缓，工业结构有待优化

主要工业经济指标增长趋缓。一是产值增长趋缓。2018年，全省规模以上工业实现总产值同比增长16.5%，增速较前三季度、上半年和一季度分别下降1.9个、2.6个和1.2个百分点，下半年呈回落态势。产值增速的回落，表明市场需求下降，企业生产动力有所减弱。二是销售产值增幅收

窄。2018年，全省规模以上工业实现销售产值同比增长15.5%，增速较前三季度、上半年和一季度分别下降3.2个、3.8个和3.1个百分点，处于全年最低。工业品市场需求逐渐减弱，企业销售面临压力。

规模以上工业发展不均衡，工业结构有待进一步优化。一是辽宁规模以上工业企业以大型、国有为主，小型、私营企业发展较慢。2018年，规模以上工业大型企业数占全省的2.9%，低于小型企业占比71.4个百分点，实现增加值占全省的60.4%，高于小型企业占比41.0个百分点；国有控股企业数占比为9.3%，低于私营企业占比38.1个百分点，增加值占比为51.2%，高于私营企业占比33.9个百分点。二是工业行业偏重于石化、钢铁等传统高耗能行业，高技术含量、高附加值的新兴行业比重较低。2018年，全省规模以上工业高耗能行业企业数占比为29.0%，增加值占比为53.6%；高新技术产业企业数占比为6.5%，增加值占比为7.5%。

（五）就业结构性矛盾仍然较为突出

近年来，辽宁省深入推进供给侧结构性改革，不断推动产业结构优化调整升级。在化解煤炭钢铁产能过剩、大力发展新经济的过程中，辽宁省就业的结构性矛盾较为突出，并主要表现在两个方面。一方面是传统制造业用工需求呈缩减趋势。辽宁省统计年鉴及辽宁就业网提供的数据显示，2016年制造业用工需求人数为474147人，占总需求的比重为26.06%，同比需求人数减少15917人，占比下降0.06个百分点。制造业是辽宁省重要的支柱产业，其用工需求虽然仍居行业首位，但用工需求下滑趋势明显。另一方面受供给侧结构性调整与"三去一降一补"措施的实施以及产业结构持续优化调整影响，辽宁省钢铁、能源、煤炭等产能过剩、高污染部门，特别是面临淘汰部分产能、技术落后、缺乏竞争力的企业，用工需求持续下降，并呈缩减趋势，其就业形势相对严峻。

（六）市场体系发育不健全

中国经济改革研究基金会国民经济研究所发布的《中国分省份市场化

指数报告（2018）》显示，按地区计算市场化指数得分，东北（6.53 分）比西部（5.05 分）高了 1.48 分，而比东部的 8.67 分和中部的 6.91 分分别低了 2.14 分和 0.38 分。东北地区与其他地区之间的市场化程度差距在不断拉大。全国平均得分为 6.72 分，东北地区市场化进展情况明显落后于全国平均水平。东北地区市场化相对较好的辽宁，其市场化总指数也出现明显下降。报告显示，辽宁省市场化总指数全国排名由 2008 年的第 9 位下降到 2016 年的第 16 位。报告从五个方面的分指数反映出的问题更细致和明显，如辽宁政府与市场的关系指数排名由 2008 年的第 13 位下降到 2016 年的第 19 位；非国有经济发展指数由 2008 年的第 8 位下降到 2016 年的第 20 位；产品市场的发育程度指数由 2008 年的第 6 位下降到 2016 年的第 12 位；要素市场的发育程度指数由 2008 年的第 4 位下降到 2016 年的第 11 位；市场中介组织的发育和法治环境指数由 2008 年的第 12 位下降到 2016 年的第 18 位。由此可见，辽宁市场化水平不高，且在全国排名继续呈现下降趋势。

五　2019年辽宁经济社会运行的内外部环境和走势判断

（一）全球经济增长放缓，不确定因素进一步增加

受增长动力减弱、贸易保护主义、大宗商品价格走低、发达经济体货币政策正常化等影响，2019 年全球经济增长同步放缓，美国 2018 年四季度环比增速较三季度放缓 0.8 个百分点；欧元区经济微增长，三季度、四季度环比增长只有 0.2%；日本三季度环比下降 0.7%，四季度增长只有 0.3%。基于不断加剧的贸易紧张局势、英国脱欧带来的不确定性以及包括美联储 2018 年四次加息在内的不断收紧的金融环境，国际货币基金组织降低了对全球经济增长的预期，预计 2019 年和 2020 年全球经济的增长率为 3.5%。世界银行也将预测值从 2018 年的 3% 下调至 2.9%，其中，发达经济体增长率将降至 2%，新兴市场和发展中经济体增长率将停滞在 4.2%。此外，贸易保护主义加剧。2018 年世界贸易增长率比 2017 年放缓了 1.3 个百分点，

由于经济发展减速和中美贸易摩擦，世界贸易组织将 2019 年的全球贸易增长预期从 2018 年 9 月的 3.7% 下调至 2.6%，降幅超过 1 个百分点。全球经济增长回落，将导致国际市场需求走弱，给未来辽宁外贸出口带来不利影响。

（二）内外需求同时减弱，中国经济面临明显的下行压力

2019 年，中国经济仍然继续承受世界经济同步放缓和国内调结构、去杠杆的阵痛，经济下行压力进一步加大。一是消费增长稳中略缓。一方面 2019 年随着个税改革稳步推进，下调和取消部分消费品进口关税，消费促进政策将逐步释放效力；另一方面，受房地产和汽车等消费需求扩张放慢的影响，消费增长仍将小幅回调。二是投资增长将有所回调。2019 年随着工业企业盈利状况的转弱，企业的投资行为更加谨慎，制造业投资增速将有所回落；而随着棚改货币化安置力度的削弱，房地产投资增速也将趋缓；在政策支持和重点项目资金保障力度加大的情况下，虽然基建投资有望延续 2018 年末的回暖，但预期反弹有限，难以抵消制造业和房地产开发投资走弱的影响，全社会固定资产投资整体增速或将持续放缓。三是出口增长下行压力加大。受到全球经济减缓和中美贸易摩擦加剧的影响，2019 年中国出口增速将明显回调。鉴于消费、投资和出口端面临的下行压力，2019 年中国财政政策将进一步通过减税降费（增值税和企业所得税领域）和增加支出等手段加大对总需求的提振；而货币政策将在保持流动性合理充裕的前提下，重点增加对民营经济的信贷倾斜，力争与财政政策形成合力，助力整体经济的平稳运行。

（三）2019 年辽宁经济增长面临"四大机遇"

一是大力支持民营经济发展的措施将有利于推动辽宁增强经济发展新动力。2019 年继续深化落实《关于加快民营经济发展的若干意见》、《全省金融机构支持民营企业发展奖励办法》和《辽宁省"个转企、小升规、规升巨"培育行动实施方案》等 3 个文件，着力解决民营经济发展面临的实际

困难，引导小微企业走"专精特新"发展之路，民营经济发展的外部环境将进一步优化。

二是全力打造发展环境最优省将有利于激发振兴发展新活力。通过制度建设，进一步简政放权，全省上下共取消和规范各类行政审批事项521项，截至2018年底，辽宁的行政审批事项和行政许可事项是全国最少的省份之一；企业开办时间由原来的20多天压缩到3.5天，这个时间也是全国企业开办时间最短的。

三是打破行政区划界限支持发展"飞地经济"，将为县域经济发展带来新契机。2019年1月，辽宁出台《关于支持"飞地经济"发展的实施意见》，支持市县和区域之间联合共建"飞地经济"园区，同时以"飞地经济"模式鼓励外省产业向辽宁梯度转移，进而调动各乡镇的招商引资积极性，形成大招商格局，从而为吸引投资和搞活县域经济找到有力抓手。

四是工业经济平稳运行的基本面没有变化，将为全省经济平稳运行提供新保障。随着国家振兴东北的政策措施逐步落实，工业经济稳定增长的利好因素将不断释放。2018年，全省工业经济走势较为平稳。2019年，应着力提升工业企业核心竞争力，增强工业经济内生动力，提高质量和效益，切实解决工业企业面临的困难和问题，同时推动在建项目投产、达效，引进有利于增强工业经济增长动力的重大项目，可以确保全省工业经济实现平稳发展。

（四）2019年辽宁经济运行走势判断

2019年辽宁经济下行压力进一步加大。从出口看，受全球经济增势减缓和不确定、不稳定因素较多的影响，加上中美贸易摩擦，未来辽宁外贸进出口可能会面临一定的压力，预计出口将低速增长。从投资看，随着全省房地产开发投资的缓慢回落，以及受工业经济产值增长趋缓，企业生产动力有所减弱的影响，全省制造业投资将有所回落，2019年投资保持稳定增长的难度将加大。从消费看，社会消费品零售总额仍将保持平稳，但难以出现大幅提升。因此，需求不足仍将是制约2019年辽宁经济增长的重要因素。基

于以上分析，2019年辽宁经济运行将面临"四个挑战"：一是全省经济下行压力有所加大，企业投资意愿将有所降低，一般公共预算收入保持较快增长态势难以持续；二是工业增长动力不足，全省工业增加值难以继续保持全国领先的增长水平；三是房地产投资和制造业投资难以持续增长；四是小型、私营企业经营困难状况难以根本改观。

六　2019年辽宁促进经济平稳发展的政策建议

（一）努力保持经济平稳健康发展

持续加大投资力度。投资是拉动经济增长的三驾马车之一，保持经济平稳发展，则需要大力推进重大项目建设。通过"抓大补短"（抓好推进一批重要民生项目、重大产业项目以及重大基础设施项目，补齐交通、能源、农业农村、水利、市政、防灾减灾等重点领域的薄弱项目），推进一批具有较强带动能力的主导产业项目，实施一批具有广阔发展空间的高端产业项目，从而形成辽宁经济发展中的新的增长点。2019年继续推动"双百攻坚"行动，即签约落地100个重点招商项目，加快建设100个重大项目。在2018年重大项目建设取得突破性进展的基础上，继续深入推进2018年延续的恒大红项目、辽西北供水工程二期以及沿河核电二期等项目的建设。同时，推进新项目的沈阳机场二跑道和大连新机场等项目的前期工作，积极推动新项目恒力石化三期、沈白客专、沙特阿美炼化一体化等项目的建设。

积极培育新的消费热点。推进限上商贸企业高质量发展。限额以上企业（单位）是拉动全省消费品市场增长的核心力量，应针对全省限额以上企业（单位）数量较少，限额以上单位消费品零售额增速低于全国平均增速的实际，加大对现有限上企业和有潜力"达限"的中小商贸企业扶持、服务力度，针对个别由于非市场原因经营异常的骨干商贸企业，因企施策、合法依规帮助企业渡过难关。结合全省各地区传统商贸聚集区改造升级的契机，促进线上与线下相融合、商旅与文体相融合、购物与体验相融合，发挥消费集聚示范区作用，积极推动传统大型龙头商贸企业的转型升级，向综合化、体验化、智能化的现代商业方向发展。挖掘重构新的消费品市场增长极。针对目前辽宁省消费品市场增长动力较单一，主要靠汽车、成品油、中西药品等商品拉动增长的实际，应多措并举、多点施策，鼓励全省居民消费升级，逐步引导居民从"温饱型"消费向"精致型"消费转型，借鉴其他省份成熟经验，适时出台5G通信产品、智能家电、新能源汽车、绿色装饰材料、整体家居消费优惠政策，逐步培育辽宁省消费品市场新的增长极，以弥补传统热点消费品增长动力不足的缺口，巩固全省消费品市场增长的基础。提高全省居民收入水平。消费品市场增长直接取决于居民收入增长。加快推进全省消费品市场增长，最重要最根本的是要尽快提高全省居民实际收入水平，加快补齐民生领域短板，让全省居民尽快享受东北振兴的辉煌成果，不断夯实全省居民消费的基础，筑牢居民消费信心。

（二）坚定不移推动产业转型升级

大力提升工业经济运行质量。狠抓工业经济运行，提升企业核心竞争力。围绕重点产业、重大项目和骨干企业，做好服务工作，帮助企业解决生产经营的困难，形成有效的工作推进机制，提升工业经济运行质量。加大工业投入，合理规划引导企业增强研发力度，优化投资结构，提升产品科技含量。帮助企业开拓国内外市场，组织企业参加工业品展会，扩大企业市场份额，增强企业盈利能力。深化结构调整，发展绿色产业。推动产业集聚发展，强化创新驱动，以国有重点企业为主，采用并购和技术引进等方式，增强企业技术能力，鼓励企业研发创新，提升全省工业经济科技水平。围绕节能减排指标，淘汰落后产能，整顿环保不达标企业。推进节能和可循环经济项目建设，重点支持企业环保技术改造，帮助企业实现清洁生产，发展对环境友好的新型绿色产业。

大力增强制造业创新能力。创新是推动经济发展的重要力量，实施创新驱动发展战略是提高产业核心竞争力的必然选择，是调整产业结构破解经济发展迟缓难题的必然选择。因此，必须抓住科技创新的关键点，全面提高制

造业创新能力。一是要制定制造强省规划纲要，并严格按照纲要规划产业布局，在沈大国家自主创新示范区的基础上，立足辽宁产业发展需求，建设一批国内顶尖的研发中心和制造业中心，全方位开展科技攻关项目和技术改造升级工程。扶持小微企业，培育新增长点。二是加强小微企业扶持力度，能够进一步推动工业经济增长。应积极探索安全高效的融资管理模式，着力化解小微企业融资难题，同时给予一定税收优惠政策，并降低准入标准，切实减轻小微企业金融负担。引导小微企业与大型企业对接，提升小微企业管理水平，增强企业实力，助力小微企业成长。

着力培育发展先进制造业集群。党的十九大报告提出的重要目标和任务之一，就是全力培育世界级先进制造业集群。辽宁具有培育发展先进制造业集群的基础和优势，因此，辽宁省应以培育先进制造业集群为经济高质量发展的总抓手，对全产业链，即政策链、产业链、创新链、资金链以及人才链进行梳理，围绕全产业链培育发展重点产业集群。通过深化科技体制改革，加大科技创新研发经费投入，出台科技成果转化激励政策，着力突破关键核心技术难题，同时加强知识产权创造、保护和运用，培育一批具有国际竞争优势的先进制造业集群。力争在2019年实现2000项省内转移转化科技成果，突破500亿元的技术合同成交额，新增500家高新技术企业，实现高新技术产业增加值增长20%。真正实现产业转型升级，实现"辽宁制造"向"辽宁智造"转变。

（三）加快培育壮大发展新动能

深入实施创新驱动发展战略。以科技创新为核心的全面创新推动经济健康持续发展，实施创新驱动发展战略，能够有效转变经济发展方式，实现经济高质量发展。2019年，全面落实省里出台的《关于以培育壮大新动能为重点激发创新驱动内生动力的实施意见》等政策文件，全面落实全省科技创新工作会议精神，继续推进全省科技创新工作。要将全省科技创新工作会议上确定的重大事项落实到位，以激发全社会创新能力和活力为重点，推动创新型省份建设。突出企业在创新发展中的主体地位，同时将科研院所、高校纳入创新体系建设之中，与企业联合开展高水平技术中心和平台建设。进一步解放思想，打破观念和机制束缚，鼓励和支持企业引进高层次人才，尽快培育一批带有鲜明地域特色和高附加值的本地区名牌产品和优秀品牌。推动沈阳建设创新改革试验区，规划建设东北科技大市场。落实相关政策规定，允许事业单位科研人员及科研院所工作人员持股参股，参与科技成果转化，提高科技成果转化激励机制的效果。进一步优化科研经费使用管理制度，以突出智力价值为导向，为科研人员减轻负担，同时最大限度地发挥好科研经费的作用。以国家科技成果转化示范区建设为契机，进一步提高科研人员成果转化的收益比例。切实加强知识产权保护和利用，不断提高知识产权的附加值。落实好首台首套政策，促进全省重大装备制造业和关键产品的健康快速发展。

推动新产业新业态加速发展。紧密围绕国际产业发展的新趋势，合理规划新产业新业态布局，重点围绕物联网、生物医药、人工智能、数字经济、共享经济等新型产业形态推动一批重大项目建设。继续做好推动战略性新兴产业发展的相关工作。利用大数据技术推动产业发展、试点示范和创新应用，将5G技术商用化纳入工作日程。进一步利用物联网培育一批独角兽企业，将这批企业打造成为领跑和推动全省经济加速发展的先锋队和排头兵。

推动一批具有明显带动作用的军民融合项目。继续加强军民融合建设，完善体制机制，做好规划引领，推动军用、民用项目共享共建，进一步打通"军转民""民参军"途径。大力支持中央直属军工企业在辽宁投资建设，重点支持一批重大军工配套项目在本省落地实施。支持沈阳市、大连市和葫芦岛市申报军民融合创新示范区，积极学习和吸收其他地区的先进经验，建设一批以高新技术产业为重点的军民融合产业技术基地。

（四）进一步深化市场化改革

不断深化供给侧结构性改革。巩固"三去一降一补"成果。继续巩固2018年辽宁省依规淘汰54万吨落后产能水泥、25个产能在30万吨以下的煤矿以及清理"地条钢"的成果。继续加大"破、立、降"的力度、坚持

稳中求进,将"降成本"和"补短板"放到工作的首位。既要降低融资成本、税收成本,又要降低实体经济成本和制度性交易成本;既要提升辽宁企业的创造能力,由辽宁制造向辽宁创造转变,又要提升辽宁创造的质量,由制造强省向创造强省转变。

深入推进重点领域改革。转变政府部门的工作观念,加强服务意识,让"服务"理念在各级政府部门生根发芽。辽宁省各级政府、各相关部门应推广"互联网+政务",实行"一网一门一次""放管服"改革,实现5天办结不动产登记,90个工作日内完成工程建设项目审批工作,100个高频事项"最多跑一次"等目标。全面贯彻落实《国务院关于推进国有资本投资、运营公司改革试点的实施意见》(国发〔2018〕23号)精神、《辽宁省推进国有资本投资、运营公司改革试点的实施意见》精神及《加快推进全省国资国企改革专项工作方案》,加快推进国资国企改革,推进混合所有制改革,以期实现到2020年70%以上省属企业完成混合所有制改革,全省国有企业资产总额突破3.5万亿元,所有者权益突破1.5万亿元的主要目标。

(五)全面扩大高水平对外开放

深度融入共建"一带一路"。以流通通道作为辽宁融入"一带一路"倡议的切入点,凭借完备的基础设施,依托大连、营口、丹东、锦州等沿海港口优势,以大连、沈阳作为中蒙俄经济走廊的起点,连接京津冀地区,构建东北亚经济圈与中东欧、欧盟的经贸往来桥梁;以优化产业战略布局作为辽宁融入"一带一路"倡议的出发点,全面落实辽宁主体功能区战略,推进五大区域经济发展,采用"错位竞争、重点周边、由近及远、多边合作"的原则,合作优化和促进辽宁现有的产业布局,升级已有的合作协议,拓展更广阔的双边或多边合作,实现更多的互利共赢。

加快跨境电商综合试验区建设。充分发挥沈阳、大连在东北亚开放合作、区域经济发展中的引领作用,拓宽企业进入国际市场的路径,探索与"一带一路"沿线国家和地区的跨境电子商务合作新模式。大连要立足辐射东北、毗邻日韩、连接欧亚的区位优势,口岸发达、港航便捷、海铁联运的物流优势，软件信息、装备制造、大宗商品、农水产品等产业优势，通过集聚本地资源要素，形成良好的发展态势。沈阳要突出本地特色和优势，依托其作为东北区域中心和物流中心的地位，加快跨境电商国际物流产业基地建设，加快跨境电商特色园区建设，建设更加高效便捷的国际化物流及仓储体系，推动外向型经济发展。

加快促进服务贸易发展。加快发展服务贸易，是辽宁构建开放型经济新体制的内在要求，也是形成产业升级新支撑、外贸增长新亮点、现代服务业发展新引擎的必然要求。通过巩固软件和信息技术外包的规模优势，大力发展基于云计算和大数据的高端业务流程外包，推动服务外包转型升级；通过培育本土文化品牌，重点发展文化信息、创意设计、游戏和动漫版权等文化贸易，加快发展演出演艺、影视制作、数字出版、艺术品交易、休闲娱乐等文化贸易，推进文化贸易多元发展；通过发展现代航运服务体系，拓展航运服务产业链，加大对航运金融服务发展的促进和支持力度，积极发展多种航运融资方式，促进运输服务稳步提高；通过完善入境服务体系，探索"互联网＋"下的智慧旅游的发展，促进会展、商业、旅游、文化联动发展，引导旅游服务拓宽渠道。

（六）深入推进五大区域发展战略

落实沈阳经济区一体化发展战略。围绕"四个中心"的功能定位加快推进沈阳市经济社会发展建设，落实好沈阳经济区一体化建设战略规划。以沈阳经济区建设带动中部产业转型升级示范区建设，重点围绕集中供热、公共轨道交通等城市基础设施建设项目，全面提升各市的城市规划建设、管理水平，丰富城市内涵，全面提升城市居民日常生活质量和精神追求，将省内各市打造成为现代化宜居城市，推动都市圈建设。

推动沿海经济带的深度开放。以大连市作为沿海经济带深度开放的龙头和示范基地，将其打造成为北方地区深度开放的大门。与相关机构和企业实施全面战略合作，加快港口资源的整合步伐，完善港口功能，实现陆港、海港及空港融合发展。学习和借鉴"蛇口模式"建设东北亚地区的"港产城

创"新地标。加强协调联系，推动省内六市协同发展。重点推动临海产业和临港经济产业结构调整和优化升级，将其建设成为带动全省经济结构优化升级的先导区、示范区。注重海陆经济协同建设，实现陆域经济和沿海经济互融互通。

继续支持辽西北地区发展建设。切实落实好现有政策体系，重点加强辽西北地区的基础设施建设和民生项目建设，同时大力发展现代生态农业和特色产业。以高铁建设为契机，探索创建国家级承接产业转移示范区，确保各项主要经济指标增速高于全省平均水平。继续推动资源枯竭型城市创新建设模式，加快推动阜新市、抚顺市等矿区综合治理项目。

落实沈抚改革创新示范区建设总体要求。以培育现代产业体系和低碳绿色发展作为指导原则，全面解放思想、开拓创新，破除体制机制障碍，落实沈抚改革创新示范区建设的总体构想，将示范区打造成为营商环境优越、创新驱动能力强、改革开放程度高的全省示范和标杆，为推动全省经济复苏提供强大助力。

推动县域经济加速发展。进一步密切城乡经济发展的联系，充分发挥城乡产业互补和促进作用，实现城乡经济融合发展。继续加大公共财政资金投入力度，重点向现代农业、农村建设和农村民生保障领域倾斜。合理优化公共服务资源的布局，实现城乡公共服务资源的高度共享。大力依托"飞地经济"，以项目建设为抓手，支持和鼓励县域之间、城乡之间联合建设"飞地经济"产业园区，集中力量培育一大批工业强县、农业强县和旅游强县等。

（七）大力实施乡村振兴战略

加快建设现代农业。落实农业供给侧结构性改革的总体要求，加强粮食安全管理，打造全国重要的粮油和特色农产品生产基地。继续实施牲畜健康养殖、林下经济、精品渔业等系列工程，在供给侧不断提高优质绿色农产品的供给总量，进一步构建和完善现代农业生产体系、销售体系、经营体系、管理体系及科技创新研发体系等，实现农村三次产业融合发展，实现现代农业提质增效。探索构建"互联网+高质量农业"的发展新路，利用现代信息技术，鼓励知名电商企业和平台进入农村。培育一批农业产业龙头企业和知名品牌，鼓励支持新型农业经营主体加快发展，将东港草莓、铁岭榛子、盘锦大米等打造成为全国知名的绿色农产品品牌，进一步扩大农业经济的总量。

全面提升农村人居建设水平。以"千村美丽、万村整洁"行动为契机，大力推动宜居乡村和美丽乡村建设，全面提升农村人居建设水平，改善农村面貌。以农村垃圾分类回收处理、污水排放治理和厕所革命为重点，进一步加强农村公共基础设施建设，提升公共卫生厕所的覆盖率，85%的行政村建有生活垃圾分类处理设施，36万人的安全饮水问题得到妥善解决。重点加强非洲猪瘟等疫情的防控。提升农村大中型灌区建设水平，全面推动高标准农田建设。

参考文献

迟福林：《转型闯关——"十三五"结构性改革历史挑战》，中国工人出版社，2016。

李扬、李平：《经济蓝皮书：2019年中国经济形势分析与预测》，社会科学文献出版社，2018。

张宇燕：《世界经济黄皮书：2019年世界经济形势分析与预测》，社会科学文献出版社，2018。

中国科技发展战略研究小组、中国科学院大学中国创新创业管理研究中心：《中国区域创新能力评价报告（2018）》，科学技术文献出版社，2018。

B.7
2018～2019年内蒙古自治区经济社会发展形势分析与对策建议

范丽君　史　卉*

摘　要： 作为中国最早成立的少数民族自治区，经过70年发展，内蒙古取得举世瞩目的成绩。特别是党的十八大以来，内蒙古主动适应经济发展"新常态"，主动转方式、调结构、促改革、惠民生，在提质增效上下功夫，克服宏观经济下行压力，立足区情、民情，主动适应市场新变化，在经济社会领域保持"稳中有进"的运行态势。在自治区人社部门共同努力下，内蒙古的社会保障工作扎实稳步推进，各项重点工作取得新进展。在对外合作中内蒙古积极融入"一带一路"建设，寻找新的发展机遇，搭建新的平台。

关键词： 内蒙古　高质量发展　转型成果显现

内蒙古自治区（以下简称"内蒙古"）位于中国的北部边疆，是中国最早成立的少数民族自治区。在党中央、国务院的高度关怀和重视下，经过70年的发展，内蒙古的经济、社会、文化、教育等均发生了翻天覆地的变化，取得令人瞩目、令人骄傲的成就。习近平总书记在2014年视察内蒙古时为其指明了发展方向。内蒙古依据国家定位，主动适应经济发展"新常

---

* 范丽君，内蒙古自治区社会科学院俄罗斯与蒙古国研究所（内蒙古自治区"一带一路"研究所）研究员；史卉，内蒙古自治区社会科学院对外宣传办公室助理研究员。

态"，主动转方式、调结构、促改革、惠民生，在提质增效上下功夫，努力建设经济发展、民族团结、文化繁荣、边疆安定、生态文明、各族人民幸福生活的亮丽风景线。

一 内蒙古的地缘环境及其在国家发展战略中的定位

1947 年 5 月，在"红色之城"乌兰浩特成立了中国第一个少数民族自治地方政府，实现了中国共产党把马克思主义民族理论与我国多民族这一基本国情相结合的创造性实践，乌兰浩特也成为"我国民族区域自治制度的发源地"。新中国成立后，内蒙古自治政府改名为内蒙古自治区人民政府。以后根据国家建设需要以及蒙古族分布的实际情况，国家对内蒙古的行政区划进行调整，形成目前地域分布格局。

（一）内蒙古自治区的地域范围及其资源、环境禀赋

内蒙古的地域特点是东西长，南北短，呈现由东北向西南斜伸的狭长分布。内蒙古的经度为东经 97°12′～126°04′，横跨东北、华北、西北三大区，毗邻黑龙江、吉林、辽宁、河北、山西、陕西、宁夏和甘肃八省区，直线距离长 2400 多公里。内蒙古的纬度为北纬 37°24′～53°23′，直线距离 1700 公里，外接俄罗斯与蒙古国，总面积 118.3 万平方公里，占中国土地面积的 12.3%，列新疆和西藏之后，是中国第三大省区，也是第三大边疆省区。

新中国成立以来，随着国民经济和社会发展以及医疗事业的蓬勃发展，内蒙古的人口特别是少数民族人口数量和寿命指数较新中国成立初期明显提升，但是，与东部发达省市以及沿边九省区相比，内蒙古人口增长相对缓慢。截至 2018 年底，内蒙古自治区常住人口为 2534.0 万，在沿边九省区中位列第七，平均每平方公里 21.4 人，人口密度列沿边九省区第七位，是仅次于西藏和新疆的地广人稀之地。

经过 70 年发展，内蒙古自治区已经成为国家"模范自治区"，截至 2018 年底，除珞巴族外，全国 55 个民族在这里守望相助、共同生活，这里

成为名副其实的少数民族自治区。内蒙古是典型的边疆少数民族自治区，其辖属 12 个盟市（地级行政单位）中有 7 个盟市的 19 个旗县市位于边境地区。

内蒙古是地貌类型多样、气候差异显著、资源极其富集的边疆省区。其地貌以高原为主体（占总面积 50% 左右），除高原外，还有山地、丘陵、平原、沙漠、湿地等多种地貌形态。大兴安岭和阴山山脉把大陆性季风气候一分为二。其以东和以北地区的气温和降雨量明显低于其以西和以南地区。不同的气候和多样的地貌使内蒙古成为中国自然资源最为丰富的省份之一。地上有广袤的森林、草原，丰沛的河、湖（海）水资源，湿地资源和野生动植物资源，地下有品相好、价值高、储量大的煤炭、有色金属等矿产资源，这些资源是国民经济发展的"血脉精髓"，内蒙古被列为中国"三北防护林区"之一和国家"五大基地"。

（二）内蒙古在中国发展战略中的地位和定位

作为中国北部边疆省区，内蒙古在国家建设中的地位和定位与国际政治经济的大环境、国家宏观发展战略及其自身的发展要素密不可分。冷战结束后，随着世界经济全球化、区域化、一体化发展，中国积极参与其中，沿边省区则借助国家对外区域合作寻找自己的定位。以加入 WTO 为标志，"逐步形成以自贸区为核心，以周边国家为重点，面向全球，具有中国特色的国际区域经济合作的总体布局"。[①] 党中央不断加大改革开放力度，统筹国际国内两个市场，在国内先后提出"兴边富民行动"（1999 年）、"西部大开发"（2000 年）、"振兴东北老工业基地"（2003 年）、"京津冀协同发展"等区域协同发展战略，并将"对口援助"模式提升到"内地－边疆"合作机制，以缩小东西部经济发展差距。

对外，首先是处理好与周边国家关系，并在经济上推进与周边国家经济

---

① 梁双陆：《边疆经济学：国际区域经济一体化与中国边疆经济发展》，人民出版社，2009，"前言"第 3 页。

一体化进程。中国与东盟建立了"10＋1"合作机制，在东北亚地区推动建设中日韩自贸区。在中亚地区，借助上合组织推动与中亚五国和俄罗斯之间的区域合作。2013年，新一届国家领导人提出"一带一路"倡议，彰显了中国参与世界经济活动的主动积极性。

在统筹国际国内两个市场，开展区域合作的大背景下，党中央、国务院针对内蒙古比邻俄罗斯和蒙古国以及横跨东北、华北、西北，毗邻八省区的地缘特点，逐步明确内蒙古在国家建设和对外发展中的地位，并明确其定位，"内蒙古位于我国北部边疆，是我国民族区域自治制度的发源地，煤炭、有色金属、稀土、风能等资源富集，发展潜力巨大，生态区位独特，在全国经济社会发展和边疆繁荣稳定大局中具有重要的战略地位"。① 换言之，内蒙古社会经济发展好坏直接或间接影响周边地区的发展。稳定、兴旺、安全、富庶的内蒙古是中国稳边、兴边、安边、富边的根基，也是推进与俄罗斯和蒙古国跨境经济合作的经济基础。

内蒙古是最早与俄罗斯和蒙古国开展边境贸易以及经贸合作的省份之一。满洲里和二连浩特一直是中国对俄罗斯和蒙古国的最大贸易口岸。21世纪以来，党中央、国务院对内蒙古在对外开发开放中的总体要求是，"打造开放合作平台。加强与俄蒙毗邻地区的交往和联系，积极参与东北亚、中亚等国际区域合作。支持开展政府间互访、商贸往来、人文交流等双边多边活动，形成多层次宽领域的合作交流机制。加大支持力度，推进满洲里、二连浩特、甘其毛都、策克等重点口岸基础设施建设。支持阿尔山口岸正式开放。加快满洲里、二连浩特等重点口岸公路和阿尔山－乔巴山等跨境铁路建设。研究出台便捷通关和简化边民互市监管的措施，推进跨境运输和口岸通关便利化。加强口岸安全、卫生检疫等工作"。② 2014年习近平总书记视察内蒙古时，对内蒙古的对外开发开放提出的要求是，"要通过扩大开放促

---

① 《关于进一步促进内蒙古经济社会又好又快发展的若干意见》，中国政府网，http：//www.gov.cn/zwgk/2011 -06/29/content_ 1895729. htm，最后访问时间：2011年6月29日。
② 《关于进一步促进内蒙古经济社会又好又快发展的若干意见》，中国政府网，http：//www.gov. cn/zwgk/2011 -06/29/content_ 1895729. htm，最后访问时间：2011年6月29日。

进改革发展，发展口岸经济，加强基础设施建设，完善同俄罗斯、蒙古国合作机制，深化各领域合作，把内蒙古建成我国向北开放的重要桥头堡"。其定位一目了然，口岸是依托，基础设施是抓手，俄罗斯与蒙古国是关键合作国家，"桥头堡"是战略定位。2015 年 3 月发布的《推动共建丝绸之路经济带和 21 世纪海上丝绸之路的愿景与行动》再次明确，"发挥内蒙古联通俄蒙的区位优势，完善黑龙江对俄铁路通道和区域铁路网……建设向北开放的重要窗口"。内蒙古在中蒙俄三国国际经济合作中的地位和定位越来越清晰。

2016 年 6 月 23 日，习近平总书记在乌兹别克斯坦首都塔什干举行的第三次中蒙俄首脑会晤中，对中蒙俄合作提出新的构想，"要积极探讨开展跨境经济合作区建设，加强三国毗邻地区次区域合作，带动毗邻地区共同发展"。① 符合中蒙俄三国"毗邻地区"条件的地区有两个，一个是俄罗斯远东、东西伯利亚，蒙古国东部与中国东北部、北部地区；另一个是蒙古国西部，俄罗斯西伯利亚地区和中国西北地区。内蒙古的中东部地区囊括在该次区域合作范围内，是中国东北三省参与蒙古国以及俄罗斯西伯利亚地区经贸合作的重要承载区域，发挥着内引外联的"枢纽"作用。

内蒙古在中国"周边是首要、大国是关键、发展中国家是基础"的外交布局中，是内陆地区走进俄罗斯与蒙古国的必经地区，也是蒙古国和俄罗斯与中国开展区域经济合作的"腹地"，是中国向北开放的重要门户。这对内蒙古自身经济发展提出更高要求。

二　2018 年内蒙古经济社会运行基本情况及特点

党的十九大报告明确提出，中国经济由高速增长阶段向高质量发展阶段

---

① 《习近平主持中俄蒙三国元首第三次会晤》，外交部网站，http://www.fmprc.gov.cn/web/wjdt_ 674879/gjldrhd_ 674881/t1374783.shtml，最后访问时间：2016 年 8 月 22 日。

转变。面对我国社会主要矛盾、经济发展方式变化的新情况，以及中美贸易摩擦等诸多国际环境恶化的不利影响，内蒙古克服宏观经济下行压力，立足区情、民情，转变发展方式，主动适应市场新变化，在经济社会领域保持"稳中有进""稳中向好"的运行态势。

（一）经济总体发展稳中有进，保持在合理区间

2018年，内蒙古在高质量发展引领下，"克服了周期性下行压力、中美贸易摩擦等诸多不利因素，出现稳中有变、稳中有缓的变化，总体向好的态势越来越明显。新动能加速成长，高质量发展势头强劲"。[①] 全区地区生产总值17289.2亿元，按可比价格计算，比上年增长5.3%。其中，第一产业增加值1753.8亿元，同比增长3.2%；第二产业增加值6807.3亿元，同比增长5.1%；第三产业增加值8728.1亿元，同比增长6.0%；三次产业比例为10.1：39.4：50.5。第一、二、三产业对生产总值增长的贡献率分别为6.7%、37.2%和56.1%。人均生产总值达到68302元，比上年增长5.0%。[②] 从经济指标上看，内蒙古经济增速缓慢。但从转变经济发展方式、推动经济高质量发展角度衡量，2018年内蒙古的经济"转型效益"开始显现，"首先，内蒙古农牧业形成稳固发展基础。其次，在原材料市场回暖带动电力消耗和煤炭价格回升作用下，工业生产明显好转，工业企业效益提高。第三，服务业发展平稳，文化旅游、物流等行业快速发展，新动能逐步兴起，对今后经济发展的动力培育提供较大空间"。[③] 从其三次产业的比例变化及对地区经济发展的贡献率可以看出，内蒙古经济结构比例日益向合理方向发展。2013年，内蒙古三次产业，第二产业所占比重较大，对地区经济的贡献率最大，为67.6%。2017年内蒙古第三产业所占比重首次达到50%。2018年比2017年增加0.5个

---

① 包思勤主编《内蒙古发展报告：2018》，远方出版社，2019，第4页。

② 《2018年内蒙古自治区国民经济和社会发展统计公报》。

③ 包思勤主编《内蒙古发展报告：2018》，第7页。

百分点，为50.5%，第三产业成为拉动经济增长的"新生力量"。① 在各项强农惠牧政策鼓励、支持下，内蒙古农牧业"总体发展形势趋好"，基本保持粮食基地的战略地位。

1. 农牧业发展喜获丰收，畜牧业稳定增长

内蒙古地域广阔，人均耕地面积全国第一，是中国13个粮食主产区和6个粮食净调出省区之一；拥有草原总面积3.2亿亩，占全国草原面积的22%。呼伦贝尔草原、锡林郭勒草原、科尔沁草原、乌兰察布草原和鄂尔多斯草原享誉国内外，是中国"绿色畜产品生产加工输出基地"和重要粮食基地。2013年内蒙古的粮食总播种面积是721.12亿亩，2018年增加到882.4亿亩，增加了161.28亿亩，增加22%。2013年内蒙古粮食总产量为2773万吨，2018年增加到3553.3万吨，增加780.3万吨，再创历史新高，居全国第8位。② 种植面积结构的调整，带动产量变化，"全区种植面积粮、经、饲结构由2017年的75：21：4调整为2018年的77：19：4"。③ 扩大粮食种植面积，减少经济作物的种植面积，保证粮食产量总基数"稳中有升"。

党的十八大以来，内蒙古自治区持续推进"稳羊增牛"战略，畜牧业发展总体保持了稳产、稳增局面。2018年，受供给侧结构性改革和市场需求影响，内蒙古肉类总产量比2017年增加0.8%，达到267.2万吨，其中牛羊肉产量比2017年分别增长3.3%和2.1%。④ 农牧业丰收带动农牧产业发展。2018年内蒙古农牧业新型主体不断壮大，"初步构建起以家庭经营为基础、合作与联合为纽带、社会化服务为支撑的现代农牧业经营体系"。⑤ 截

---

① 数据来自2013年、2017年和2018年《内蒙古自治区国民经济和社会发展统计公报》。

② 数据来自2013年、2017年和2018年《内蒙古自治区国民经济和社会发展统计公报》。

③ 《2018年内蒙古经济运行情况分析》，内蒙古自治区统计局网站，最后访问时间：2019年8月30日。

④ 《2018年内蒙古自治区国民经济和社会发展统计公报》，内蒙古自治区统计局网站，最后访问时间：2019年8月30日。

⑤ 内蒙古自治区发展研究中心、内蒙古自治区经济信息中心：《2019年内蒙古经济形势与展望》，中国发展出版社，2019，第48页。

至 2018 年底，1728 家龙头企业与农牧民建立利益联结关系，完成确权耕地面积 9216 万亩，确权承包农牧户 339 家。巴彦淖尔、包头市、巴林左旗、和林县成为国家新增的整建制产权制度改革试点，同时安排 43 个旗县和 71 个嘎查村为自治区试点单位，确保乡村振兴战略有序推进。

2. 工业生产提质增效，回升势头显现

2018 年，自治区立足区情，坚持以稳增长、调结构、促创新为重点，工业发展"高质量"特征显现。规模以上工业企业实现利润总额达到 1409.4 亿元，增加值增长 7.1%，比上一年增长 4 个百分点，产销率达到 99.2%。三大产业全面增长，采矿业增长 1.0%，制造业增长 8.9%，电力、热力、燃气及水的生产和供应业增长 15.0%（见表 1）。其中，小微企业增长速度加快是 2018 年的突出特点，规模以上的小微企业的工业增加值比 2017 年增长 13.9%，增速比大中型企业高出 9.4 个百分点。

表 1　2018 年内蒙古规模以上工业增加值增速

单位：%

产业	增加值增速	产业	增加值增速
规模以上工业	7.1	化学原料及化学制品制造业	20.9
煤炭开采和洗选业	1.6	医药制造业	12.5
黑色金属矿采选业	−22.0	黑色金属冶炼及压延加工业	18.2
农副食品加工业	−7.6	汽车制造业	14.8
食品制造业	1.9	电力、热力、燃气及水的生产和供应业	15.0

资料来源：《2018 年内蒙古自治区国民经济和社会发展统计公报》。

六大支柱性产业"五升一降"。五大产业产值占工业总产值的比重为 91.1%，仍然是拉动经济增长的"主力军"（见表 2）。尤其是高新技术产业，依然保持较高水平的增长，达到 17.1%，高于规模以上工业增速 10 个百分点，拉动规模以上工业增长 0.3 个百分点。其中，单晶硅产量增长 1.2

倍，多晶硅增长47.1%，稀土化合物增长45.9%，石墨及碳素制品增长42.8%，汽车增长26.6%。①

表2　2018年内蒙古六大支柱性产业增加值增速情况

单位：%

六大支柱性产业	增加值增速	六大支柱性产业	增加值增速
能源工业	6.7	农畜产品加工业	-4.8
冶金建材工业	8.8	装备制造业	1.0
化工工业	14.7	高新技术业	17.1

资料来源：《2018年内蒙古自治区国民经济和社会发展统计公报》。

3. 服务业成为拉动经济增长的"新生力量"

2018年，服务业"营改增"降税减负成效明显，内蒙古自治区的服务业税收同比增长5.2%，占全部税收总额的40.7%，② 基本保持2017年的水平。不同的是，其增加值比重和贡献率首次超过50%，拉动经济增长3.0个百分点，对整体经济发展的拉动作用有所增强。现代物流、文化旅游、电子商务、金融服务、健康养老服务等新型服务业蓬勃发展，服务性消费成为新的消费热点。内蒙古自治区2018年国民经济和社会发展统计公报公布的数据显示，2018年全年内蒙古"快递业务量15182.3万件，增长37.6%；快递业务收入29.9亿元，增长24.8%。接待旅游者13044.2万人次，比上年增长12.0%；实现旅游总收入4011.4亿元，比上年增长16.6%。其中，国内游客12856.1万人次，增长12.2%；国内旅游收入3924.0亿元，增长16.8%。接待入境旅游者188.1万人次，增长1.8%；入境旅游创汇12.7亿美元，增长2.1%"。③ 内蒙古现已形成线上线下高度融合发展的局面，其中

---

① 《2018年内蒙古自治区国民经济和社会发展统计公报》，内蒙古自治区统计局官网，最后访问时间：2019年3月6日。

② 狄建伟、李文杰：《内蒙古服务业形势分析及2019年展望》，《2019年内蒙古经济形势与展望》，第40~46页。

③ 《2018年内蒙古自治区国民经济和社会发展统计公报》，内蒙古自治区统计局网站，最后访问时间：2019年8月25日。

网上销售继续保持较快的发展速度，"规模以上服务业企业实现营业收入1650.2亿元，比2017年增长17.2%"，① 正在成为拉动经济增长的"新生力量"。

4. 国内国际经贸活动活跃，开放步伐加快

2018年在国家出台的一系列进出口利好政策引导下，内蒙古跨境电商快速发展。内蒙古积极贯彻"东进西出、北上南下、内外联动、八面来风"的对外开放政策，国内贸易、对外经贸合作均取得不错成绩，亮点纷呈。（1）市场消费稳中趋升，居民消费水平提升；（2）与"一带一路"沿线国家合作增加，贸易量增加；（3）贸易结构日趋多元化，一般贸易仍占主导地位；（4）民营企业仍是外贸主力。

内蒙古统计局公布的数据显示，2018年内蒙古自治区居民消费水平不断升级，人均生活消费支出为19665元，比2017年增长3.8%。全年社会消费品零售总额为7311.1亿元，比2017年增长6.3%。其中，城镇居民的生活消费支出24437元，比上年增长3.4%；消费品零售总额6398.6亿元，比上年增长6.1%。乡村（农区牧区）居民人均生活消费支出12661元，比上年增长3.9%，消费品零售总额912.5亿元，比上年增长8.1%，快于城镇2.0个百分点，其中，教育、文化、娱乐、养老、健康等支出占比提高。2018年内蒙古的消费品零售总额是6207.2亿元，比上年增长6.0%；餐饮收入1103.9亿元，比上年增长8.0%。限额以上商品零售中，"石油及制品类增长10.4%，中西药品类增长12.9%，五金、电器类增长24.0%。2018年内蒙古自治区恩格尔系数为27.1%，比2017年下降0.4个百分点，低于全国平均水平1.3个百分点"。②

2018年内蒙古的对外贸易和投资有所增加，但增加幅度不大。内蒙古商务厅和呼和浩特海关公布的数据显示，2018年，内蒙古的进出口贸易总

---

① 《2018年内蒙古自治区国民经济和社会发展统计公报》，内蒙古自治区统计局网站，最后访问时间：2019年8月25日。

② 《2018年内蒙古自治区国民经济和社会发展统计公报》，内蒙古自治区统计局网站，最后访问时间：2019年8月25日。

额是 1034.4 亿元，比 2017 年增长 9.9%。其中，出口额是 378.6 亿元，比上年增长 14.4%；进口额 655.7 亿元，比上年增长 7.5%。一般贸易进出口额达 582.1 亿元，比上年增长 8.3%，占进出口总额的 56.3%；边境小额贸易进出口额达 317.3 亿元，比上年增长 6.1%；加工贸易进出口额达 41.3 亿元，比上年增长 82.1%。2018 年，内蒙古实际利用外商直接投资额 31.6 亿美元，比上年增长 0.3%，其中，制造业实际利用外资 9.2 亿美元，增长1.2 倍。年内全区在工商部门注册的外商投资企业 3511 家，其中新设立外商投资企业 61 家，比 2017 年增加 6 家。

内蒙古统计局和呼和浩特海关公布的数据显示，2018 年内蒙古与"一带一路"沿线国家贸易额达到 699.4 亿元，比 2017 年增长 14.5%，占当年进出口贸易总额的 67.6%。除俄罗斯和蒙古国外，内蒙古与澳大利亚、美国、越南、韩国、德国、日本、印度、荷兰等贸易伙伴进出口额有所增长，其中与越南、德国和荷兰进出口额增加较快，比 2017 年分别增长 140%、64.2% 和 40.3%。

（二）社会保障覆盖面扩大，脱贫攻坚取得阶段性成果

2018 年在全区人社部门的共同努力下，内蒙古的社会保障工作扎实稳步推进，收入分配制度改革稳步推进，公共服务能力提升，各项重点工作取得新进展，社会保障呈现良好发展态势。2018 年全区财政用于民生支出总数为 3369.9 亿元，占一般预算支出的 70.1%，高于 2017 年 0.2 个百分点，其中扶贫攻坚资金为 147.9 亿元，占民生总支出的 4.39%，比 2017 年增长21.6%，脱贫攻坚工作取得阶段性成果。

1. 提高养老金，实现养老保险社会化全覆盖

2018 年自治区政府调整增加全区机关事业单位、企业退休人员养老金，仅这一项就惠及全区 273.43 万退休人员。调整低保平均标准，使其达到城市月人均 647 元，年人均 5547 元。全年共有 163.9 万人得到国家最低生活保障救济。此外，2018 年内蒙古实现养老金社会化全覆盖。内蒙古统计局数据显示，2018 年全区参加城乡居民社会养老保险人数 749.9 万人，比上

年增长0.9%。参加城镇职工基本养老保险人数733.5万人，比上年增长5.6%，其中，参加基本养老保险的离退休人员284.6万人，比上年增长10.7%。参加基本医疗保险人数2164.4万人，比上年增长0.1%。参加城乡居民医疗保险人数1659.1万人，下降0.4%；参加基本医疗保险的职工人数505.3万人，比上年增长2.1%。参加失业保险人数255.5万人，比上年增长3.4%；领取失业保险金人数4.9万人，比上年下降7.9%。养老金社会化发放率100%。

2. 坚持民族教育优先发展传统，夯实教育保障基础

2018年，自治区党委、政府认真贯彻习近平总书记在全国教育大会的重要讲话精神，进一步落实教育优先发展战略，认真贯彻落实《内蒙古自治区民族教育条例》《内蒙古自治区人民政府关于加快发展民族教育的意见》，在资金、配置方面优先保障民族教育，从初中、高中、职业教育到高等教育民族学生比例均有所提高。2018年自治区下拨30亿元资金用于保障义务制教育，中小学和大中专职业教育均取得不俗成绩，其中亮点是信息化建设速度加快，全区中学全部实现宽带网络接入，83%的中小学建成校园网，95%的学校配备多媒体设备，"三通两平台"任务基本完成，实现优质教育共享。

此外，在脱贫攻坚工作中，坚持"扶智脱贫"，推动义务教育由基本均衡向优质均衡发展，进一步扩大高中教育资源。2018年自治区又有8个旗县通过国际评估认定，累计有101个旗县通过义务教育均衡发展认定。截至2018年底，全区幼儿园在园幼儿61.7万人，比上年下降3.6%。1655所小学拥有在校学生134.2万人，比上年增长1.2%，小学适龄儿童入学率100%。初中阶段毛入学率98.46%。义务教育发展基本均衡，覆盖率达到99%，处于全国中上游水平，在西部省区中领先。截至2018年末，有初中学校691所，在校学生63.7万人，比上年增长2.9%，有普通高中学校299所，在校学生42.1万人，比上年下降3.3%。在教育普及推广方面，内蒙古尤其重视少数民族学生的民族教育。截至2018年底，691所初中在校少数民族学生18.8万人，299所高中在校少数民族学生12.9万人，53所普通

高等学校共有在校少数民族学生 12.2 万人，少数民族在校研究生有 6095
人，毕业生就业率稳中有升。

3. 医疗卫生事业整合发展，再迈新台阶

根据党中央、国务院的统一部署，全区卫生事业以新时代卫生与健康工
作方针为指引，进行部门机构改革，2018 年 11 月，自治区卫生健康委员会
（简称卫建委）正式挂牌成立。

2018 年自治区印发《"健康内蒙古 2030"实施方案》，明确 20 项重点
工程和 13 项规划指标的责任部门。在《内蒙古健康乡村建设实施方案》中
再次扩大大病集中救治范围，全面落实贫困人口参保财政补贴政策，建立
"五重"保障机制，启动健康扶贫三年攻坚行动，深入实施健康扶贫工作，
深入推进医疗卫生事业健康、有序发展。

2018 年，全区三甲医院全部启动日间手术工作。143 家医疗机构开展
远程医疗服务，覆盖 97 个旗县。全区所有旗县级综合医院设立精神卫生
科，实现基层精神卫生服务全覆盖；启动 22 个国家级健康促进县创建工
作，居民健康水平显著提高；启动实施"互联网＋医疗健康"工程，组
织开展远程医疗试点，14 个临床专科成为国家重点建设学科；启动 39 个
蒙医中医临床重点专科建设，建立 39 个蒙医中医专科质量控制中心。新
建 160 个基层医疗卫生机构蒙医馆、中医馆，14 个蒙医药标准化项目获
得立项，大大推动了民族医药振兴发展。2018 年，全区共有卫生机构
24613 个，其中，医院 818 个，农村牧区卫生院 1301 个，疾病预防控制
中心 118 个，妇幼卫生机构 114 个，专科疾病防治院（所）50 个，各种
社区卫生设施 4525 个，比上年增长 1.3%。其中，社区服务中心（站）
2070 个。医疗卫生单位拥有病床 15.9 万张，比上年增长 5.8%，其中，
医院拥有病床 12.6 万张，乡镇卫生院拥有病床 2.2 万张，妇幼卫生机构
拥有病床 0.4 万张。全区拥有卫生技术人员 18.8 万人，同比增长 4.2%，
其中，执业医师、助理医师 7.3 万人，注册护士 7.6 万人。农村牧区拥有
村卫生室 1.4 万个，拥有乡村医生和卫生员 1.8 万人。卫生健康综合保障
不断强化、优化。

4.增强内生动力，加大扶贫力度，高质量完成年度扶贫任务

2018年区党委、政府把脱贫攻坚"作为重大政治任务和第一民生工程"予以高度重视。第一，调整充实扶贫领导小组各方力量，实施总负责制；第二，出台《内蒙古自治区打赢脱贫攻坚战三年行动实施意见》等7项精准扶贫、脱贫政策文件，专项指导扶贫、脱贫工作；第三，借助大数据平台，构建数据库，清退不符合条件的贫困户，提高精准脱贫的精准度；第四，与中央配套，投入专项扶贫资金开展扶贫项目；第五，深入推行"产业扶贫""就业扶贫""易地搬迁扶贫""生态扶贫""交通扶贫""教育技术扶贫""定点帮扶"等分类施策的办法，聚焦深度贫困，增强贫困人口的发展内生动力。通过上述一系列措施，2018年内蒙古自治区高质量完成"20万人减贫，实现10个国贫县、13个区贫县退出"的任务。[①] 由于内蒙古地处边疆，又是少数民族地区，调查数据显示，内蒙古自治区"贫困人口接近或者超过5万人的盟市有1个，深度贫困县有15个，贫困发生率高于10%的嘎查村有19个"。[②] 内蒙古自治区贫困人口总量不是很多，其中大部分是因病致贫，还有一部分是居住在气候条件恶劣、交通设施落后的偏远地区，信息闭塞、交通不便。另外，少数民族贫困人口还有语言障碍，给扶贫工作带来很大困难，也是未来需要精准施策着力解决的问题。

2018年是全面贯彻党的十九大精神的开局之年，也是全面建成小康社会、实施"十三五"规划承上启下的"关键年"，自治区上下齐心，共同努力，克服宏观经济下行带来的压力以及中美贸易摩擦等诸多不利因素的干扰，经济社会取得总体向好的发展态势，但同时也要看到其中暴露出来的问题，需要从政策上、机制上有所创新、有所突破。

三 内蒙古社会经济发展存在的问题及对策建议

深入剖析内蒙古经济发展实际运行状况，不难发现，内蒙古传统经济与

① 张国：《内蒙古脱贫攻坚形势报告》，《内蒙古发展报告：2018》，第141页。
② 张国：《内蒙古脱贫攻坚形势报告》，《内蒙古发展报告：2018》，第151页。

新经济增长贡献的转换尚未完成。以传统产业、投资拉动地区经济增长的模式没有根本改变，东西部区域发展不平衡现状没有得到有效改善，协调发展有待加强，与周边省区及区域协调创新能力弱、短板多。

2018 年，内蒙古能源、化工、冶金对规模以上工业增速的贡献率达到102.9%，高于农副产品加工、制造业和高新技术工业增速贡献率104.5 个百分点。装备制造业和高新技术产业占比为3.7%，远低于全国平均水平（10%），新兴产业的创新支撑不足。2019 年1~7 月，全区规模以上工业综合能源消费量同比增长11.8%，比上年同期下降2.5 个百分点。七大高耗能行业能耗同比增长12.0%，占到规模以上工业能耗的95.0%，较上年同期提高7.3 个百分点。

2018 年，内蒙古自治区社会固定资产投资比2017 年下降27.3%。其中，500 万元以上项目固定资产投资下降27.8%。民间投资比上年下降17.4%，占全社会固定资产投资的比重为50.6%。第一产业投资下降24.5%，第二产业投资下降19.6%，第三产业投资下降31.6%。地方项目投资下降28.8%，中央项目投资增长1.3%。地方投资减少，对经济的拉动作用减弱，成为制约内蒙古经济发展的一个短板。2018 年，房地产开发投资额882.9 亿元，比上年下降0.8%；商品房销售面积2007.7 万平方米，下降2.9%。2019 年1~7 月的数据显示，500 万元以上项目固定资产投资同比下降0.7%。尤其是民间投资"软弱乏力"，占比低于全国平均水平28.3个百分点。2019 年上半年，高新技术产业增加值同比下降1.8%，较上年同期回落21.2 个百分点，"缺大少新"问题仍是影响后续相关产业发展的原因。

呼（市）-包（头）-鄂（尔多斯）是内蒙古经济发展最为稳定、经济增长速度最快以及对自治区经济发展贡献率最高的区域，东部五盟市经济发展相对滞后，对全区经济增长的贡献率相对较低。2018 年，呼包鄂地区工业增长对全区经济增长的贡献率是50.6%，东部五盟市工业增长对经济增长的贡献率为16.2%。2019 年上半年，呼包鄂三市地区生产总值占全区的比重为60.3%，拉动全区 GDP 增长3.4 个百分点；东部五盟市地区生产总值占全区的比重为 27.1%，拉动全区 GDP 增长 1.2 个百分点；中西部四盟市生产总值占全区的比重为 12.6%，拉动全区 GDP 增长 0.9 个百分点。

经济发展水平决定社会保障、容纳就业的能力，呼包鄂地区的大中型企业多，对私营企业、服务业的拉动作用较强，距离京津冀经济圈较近，协同发展优势明显，就业、再就业能力强。但就整体而言，2018 年内蒙古经济增速放缓，下行压力没有得到根本性转变，新旧动能转换尚未完成，新产业、新业态尚处在初创阶段，对就业、创业、再就业的拉动效应弱，缩小了就业的渠道，加剧大学毕业生、农村牧区劳动力以及城镇困难群体的就业和再就业难度，就业总量压力和结构性矛盾依然突出。

老龄化社会背景下的社会保险、医疗保险压力和风险加大，对经济高质量发展形成制约。自治区统计局公布的数据显示，2012 年，自治区 65 岁及以上老人占到总人口的 8.1%，到 2018 年底，这一比例上升到 10.1%，内蒙古已经进入老龄化社会。2018 年自治区提升医保政府补助标准，达到人均 490 元，政策范围内报销比例达到 75%，贫困人口医疗费用实际报销比例达到 90%。但是，受制于自治区经济发展水平，社会保险待遇刚性支出与社会保险扩面空间窄、基金征收难度大的矛盾突出，社保基金收支平衡与持续发展面临的风险和压力增大。这对增强扶贫内生动力，有效落实扶贫基金，提高自治区整体教育水平、医疗水平等造成困难，同时也造成内蒙古人才外流，或者大学生一毕业就失业，难以达到"人尽其才""专有所用"的目的。尤其在高等教育、高等民族教育方面，存在人才培养类型结构、学科专业结构、知识能力结构与社会经济转型升级的发展需求不对称现象。尤其是蒙汉双语专业高素质人才严重匮乏，每届"中蒙博览会""中蒙俄智库国际论坛"难以找到专业对口的蒙汉双语翻译是一明显例证。

经济的高速发展必然带动社会各项事业的繁荣，才能很好满足人民日益增长的美好生活需要，才能激活资本、劳动等生产要素并加快流转，带动就

业，提高各项社会保障能力和水平。发展经济是基础。内蒙古应从以下几个方面着手促进经济向高质量发展。第一，转变发展理念，持续加大对基础设施建设、高新技术产业、战略性新兴产业等实体经济的投入，推动新旧动能转换，切实提高创新力和竞争力，以高质量发展推动经济发展。第二，着力优化营商环境，促进非公有经济快速发展，提高非公有经济在地区建设中的地位和作用。第三，加大统筹力度，推动区域经济协调发展。受地理、地域分布的限制，内蒙古中、东西部的盟市与周边省区的联动协调发展水平和能力较低。

目前，内蒙古东部与东北三省的联动水平上升，呼包鄂与京津冀地区系统发展能力提升，中西部四盟市与宁夏、甘肃和陕西等西部大开发省区之间互动不是很频繁。未来应支持跨省区合作机制制度创新，探索建立政府引导、企业参与、园区共建、利益共享的跨省区合作，构建以"节点"城市为主的产城融合发展新路径新模式。

此外，内蒙古应结合自身区情，围绕新产业、新业态制定符合自治区的各项就业政策，完善就业政策体系；结合"五大基地"和"两个屏障"、一个"桥头堡"的发展需求，对全区企业用工和培训需求进行摸底调查，围绕特色产业、民族文化产业和新业态发展，统筹内蒙古高校教育资源，制定"校企"、"产业人才"和"创业产业"对接的合理化教育、培训指导政策，引导和支持企业与各类职业学校、高校精准对接，联合培养专业性强的复合型人才，提升职业技能和水平，储备人力资源，拓展就业渠道。

内蒙古自治区作为中国少数民族地区，其民族教育不仅仅是民族语言文字、文化教育，更多是将民族教育与时代发展相结合，培养高精尖的复合型科技人才。作为中国向北开放重要门户，内蒙古自治区应该统筹西里尔蒙古语和俄语教育资源，完善对上述国家人才培养的联动机制，提升西里尔蒙古语、俄语教育水平，使内蒙古成为中国培养上述两国人才的基地。这是内蒙古向北开放、深度融入中蒙俄经济走廊建设的现实需要。

四 内蒙古融入"一带一路"建设取得的成绩及其不足

2015 年国务院授权三部委发布《推动共建丝绸之路经济带和 21 世纪海上丝绸之路的愿景与行动》（简称《"一带一路"愿景与行动》）确立了"一带一路"的顶层设计方案，明确了各省区在"一带一路"建设中的定位。5 年来，内蒙古在深度融入"一带一路"建设中既有可圈可点的成绩，也存在诸多不足和短板，如何借助"一带一路"国际合作平台，扩大内蒙古在中国乃至世界上的影响力，更多依靠的是自身的造血能力。

（一）内蒙古积极主动融入"一带一路"建设

1. 出台政策，制定规划，主动融入

自《"一带一路"愿景与行动》发布后，内蒙古将向北开放领导小组提升为"一带一路"建设领导小组，参与制定了《"一带一路"内蒙古建设国家向北开放桥头堡和沿边经济带发展规划》，确定了内蒙古在"一带一路"建设以及国家区域合作中的战略定位、建设目标以及总体布局：（1）我国向北开放的先导区；（2）我国企业"走出去""引进来"的服务基地；（3）国家重要的进出口资源加工基地、国际物流基地和跨境文化旅游基地；（4）我国北方重要的生态屏障和安全屏障的示范区域；（5）以满洲里和二连浩特为"双核"，以沿边重点口岸和重点城市、枢纽"园区"等"多点"为依托的辐射支撑区，构建联通蒙俄和内地的多条经济走廊。

5 年来，内蒙古自治区党委、政府依据发展规划，先后出台 10 项涉及蒙古国、俄罗斯以及参与"一带一路"建设的合作性文件，为内蒙古融入"一带一路"建设提供政策支持和引领。在与蒙古国和俄罗斯保持建立良好沟通机制的基础上，拓展与"一带一路"沿线国家的经贸合作往来。呼和浩特海关公布的数据显示，2019 年 1～7 月，内蒙古与"一带一路"沿线国

家的贸易总额达到 420.7 亿元，占全区贸易总额的 66.4%，同比增长
7.3%，与蒙古国的双边贸易额达到 207.59 亿元，同比增长 19.4%；与俄
罗斯双边贸易额达到 114.75 亿元，同比下降 0.8%。

借助口岸优势，发展口岸特色经济。内蒙古对蒙俄两国口岸共计 18
个，其中 12 个陆路口岸成为中欧班列的重要枢纽，铁路沿线部分城市
（镇）成为中欧班列的节点区域。以满洲里、二连浩特、策克开发开放试
验区为枢纽，建设东部、中部、西部三个综合性经济区，积极发展口岸特
色经济。二连浩特 – 扎门乌德经济合作区是中国与蒙古国第一个跨境经济
合作区。

内蒙古自治区依据外接蒙俄的地缘优势，以中蒙俄经济走廊建设为重
点，与蒙古国、俄罗斯建立了多领域、多层次的交流合作机制，在基础设施
互联互通、经贸合作、人文交流等方面不断取得新的成果。截至目前，内蒙
古与蒙古国建立了 20 对友好城市关系，与俄罗斯已经建立 10 对友好城市关
系。在内蒙古学习的蒙古国和俄罗斯留学生有 4600 多人。内蒙古在上述两
个国家的知名度和声誉越来越高。

2. 竭尽全力，高效服务"一带一路"建设

内蒙古是"一带一路"建设国际走廊之一——中蒙俄经济走廊建设的
重要承载区域。我国对蒙古国的主要口岸二连浩特、策克、甘其毛都、阿尔
山、珠恩嘎达布其等都位于内蒙古，对俄罗斯的第一大口岸满洲里位于内蒙
古。对蒙、对俄口岸的贸易量占到中蒙、中俄贸易量的 80% 以上。50% 以
上的"中欧班列"是通过满洲里和二连浩特这两个口岸到达欧洲国家的。
内蒙古商务厅公布的数据显示，2019 年 1~7 月，对蒙口岸进出境货运量
3289.47 万吨，同比增长 6.1%。其中，进境货运量 3047.68 万吨，同比增
长 6.0%；出境货运量 241.82 万吨，同比增长 6.7%。对俄口岸进出境货运
量 1832.80 万吨，同比增长 2.1%。其中，进境货运量 940.50 万吨，同比增
长 2.2%；出境货运量 261.20 万吨，同比增长 18.2%。"改善口岸基础设
施，提高口岸的通关能力"一直是内蒙古口岸工作的重点，其目的是竭尽
全力高效服务"一带一路"建设。

3. 抓住机遇，利用平台，扩大自治区的国际影响力

"一带一路"建设是内蒙古走向世界、参与国际合作的重要机遇。中蒙博览会、中蒙俄国际智库论坛"落户"呼和浩特是内蒙古自治区走向世界、认识世界，也是让世界了解内蒙古，扩大内蒙古影响力的主要平台。2015年在内蒙古呼和浩特举办的首届中蒙博览会，尽管与中俄、中国－中亚博览会级别一样，但影响力有限，2017年第二届中蒙博览会开始有一定影响力。2019年9月6日，第三届中蒙博览会在内蒙古的呼和浩特和乌兰察布两个城市举办，其规模、影响力、参与国家数量较第二届都有明显提升，"参与国家达到40多个，推出50多个重点合作签约项目，总投资达到410亿元，推出洽谈项目60多个，总投资599亿元"。[①]

（二）内蒙古融入"一带一路"建设的短板和弱项

"打铁还需自身硬"。内蒙古要想融入"一带一路"国际合作，成为中蒙俄经济走廊建设中的亮点，中国向北开放的"亮丽风景线"，就必须要面对现实，找到在创新理念、发展思路等方面与东部沿海省份、中部崛起省份的差距，以及内蒙古的比较优势。

国家信息中心颁布的《"一带一路"贸易合作大数据报告（2018）》显示，国内各地区进出口贸易中，内蒙古所在的西部地区进出口贸易总额占比10.0%。近年来，内蒙古进出口贸易额在全国占比徘徊在0.5%左右，本区进出口单位进出口额占国家全部进出口额比重约为0.3%。在全国的地位十分微弱，对国家的国际经贸合作的贡献十分微小。

2017年，我国向"一带一路"沿线国家出口的商品主要为锅炉、机器、机械器具及其零件、电机、电气设备及其零件；录音机及放声机、电视图像、声音的录制和重放设备及其零件；光学、照相、电影、计量、检验、医疗或外科用仪器及设备、精密仪器等。这些商品生产均不在内蒙古的主导产

---

① 《签约＋洽谈，总投资约超千亿》，《内蒙古日报》微信版，最后访问时间：2019年9月6日。

业行列之内。内蒙古的能源产业不是参与国际合作的绝对优势，只是比较优势。

在外贸运输结构上，水路运输出口额占总出口额的73.4%，航空运输占13.3%，公路运输占11.9%，铁路运输占2.0%。水路运输进口额占总进口额的57.7%，航空运输占19.9%，公路运输占15.1%，铁路运输占2.1%。内蒙古以公路、铁路为主要运输方式的口岸过货通道建设，未来发展空间较小。2018年12月29日，新（新民）通（通辽）高铁正式通车，这是通辽乃至内蒙古东部地区融入东北、融入环渤海经济圈、融入"一带一路"建设的标志性工程之一。[①] 实现内蒙古东部地区可在半日内"通京达海"。但西部地区尚未建成可在几小时之内"通京达海"的道路，区域内部更没有实现高铁"互联互通"，严重制约内蒙古经济的高效协同发展。补短板、强弱项，成为内蒙古打造向北开放的"亮丽风景线"的新任务、新目标。

在中国经济由高速增长转向高质量发展的历史性转折期，内蒙古经济发展面临着低速度、低质量的双重挑战。这就需要认清内蒙古发展面临的新环境，树立新的发展理念，因地制宜培育新产业、新业态，推动经济向高质量发展。

1. 加强对蒙古国与俄罗斯精准研究，夯实向北开放理论基础

内蒙古应更进一步利用其与蒙古国、俄罗斯远东地区布里亚特、图瓦、赤塔等地方政府以及蒙古国东方省政府建立起来的定期会晤、高层互访，以及智库、高校、科研机构等联络与合作机制，发挥自身在语言、历史、文化研究方面的优势，精准研究蒙古国和俄罗斯，尤其是毗邻省区的区域合作发展战略、规划、思路以及民族文化、心理特征，丰富对蒙古国和俄罗斯的细节认知，科学研判与其合作与发展的形势和条件，以便更有针对性地与其开展人文交流和公共外交，更好地服务于中国特色大国外交，避免双边、多边

---

① 邹俭朴、叶紫嫣：《新通高铁正式通车　内蒙古加速融入"一带一路"》，新华网，最后访问时间：2019年9月2日。

合作中出现被动局面。

2. 重视蒙俄双语、三语人才培养，构筑人才培养基地和输出地

中蒙俄区域合作需要精通蒙古语和俄语，适应时代发展需求，懂技术、懂经营、懂业务的高质量双语、三语综合专业人才。内蒙古具备培养中蒙、中俄双语甚至是汉、蒙、俄三语综合人才的基础。统筹自治区民族教育资源和俄语教育，实施"教育＋企业"模式，培养更多有助于地方高质量发展的精通西里尔蒙古语和俄语的综合人才，尤其是理工科综合人才，成为中蒙俄经济走廊建设中双语、三语综合人才的培养基地和输出地。

3. 提高核心区城市跨国次区域国际都市功能、品位和治理能力

基于区情，内蒙古集中有限力量，将呼和浩特市建成跨国次区域国际都市，以国际都市辐射带动边境城市发展，形成内蒙古"以核心带动周边节点"的布局体系，有利于提升内蒙古在国际、国内的影响力。集中建设呼和浩特国际都市，增强呼和浩特市汇集国际、国内要素的能力，提升呼和浩特在跨国次区域的地位，促进内蒙古整体发展。

4. 以民族文化产业合作推动文化交流与合作

在《"一带一路"文化发展行动计划》框架下，以蒙古学学术交流组织、蒙文书法艺术、现代蒙医药、民族演艺、非物质文化遗产资源数字化开发等为重点，率先将民族文化产业做起来，培育立足内蒙古的文化企业，占据民族文化产业的主导地位，树立互利共赢合作理念，为境外资本、劳动力在内蒙古区域内的经济活动搭建更多的平台，打造内蒙古在中蒙俄经济走廊建设中的新支点和新亮点。

5. 边境地区的发展重心向边境线靠拢，以吸引资金、人才为目标，加大沿边城市（镇）社会综合建设

加大对沿边城市、城镇、口岸、园区等人口、产业集聚区的建设力度，对满洲里、二连浩特、室韦等边境线上的城镇进行重点建设，以汇集产业、汇集资金、汇集人口为目标，完善基础设施建设，完善产业政策，完善社会治理体系和公共制度，完善面向境外地区人口的教育、医疗、文化服务等公

共设施建设，完善面向境外人口提供的社会服务制度体系。

与蒙古国合作发展绿色生态产业，以生态环境科学和现有生态环境保护、建设区为抓手、着力点，在边境地区建立传染病早期发现和媒介生物监测、控制传播、突发公共卫生事件联合处置和快速相互通报机制，在传染病预防和检疫方面共同采取措施，协调行动。通过对边境、边疆地区的动植物、水生态、大气环境的合作管控与治理，在保护的同时，开辟更多惠及民生的环保项目，发展生物科技领域合作，共建一道惠及中蒙俄边疆生态安全的跨国次区域国际合作区。

未来，全区上下以习近平新时代中国特色社会主义思想为指导，坚持生态优先、绿色发展为导向的高质量发展新路子，围绕"巩固、增强、提升、畅通"八字方针深化供给侧结构性改革，保持战略定力，统筹做好稳增长、促改革、调结构、惠民生、防风险、保稳定各项工作，实现2020年"十三五"收官之年"基础设施更加完善，基本适应经济社会发展需要；经济结构进一步优化，经济发展水平明显提升，城乡居民收入超过全国平均水平；实现基本公共服务均等化，区域内部发展的协调性明显增强；贫困地区经济社会发展水平全面提升，稳定实现扶贫对象脱贫致富；草原植被覆盖率和森林覆盖率进一步提高，生态状况明显改善，主要生态系统步入良性循环，可持续发展能力显著增强；形成生产发展、生活富裕、生态良好的现代化内蒙古新局面"的既定目标。继续做好中国少数民族区域自治制度实施的"领头羊"，为全国少数民族自治区、县、乡树立模范，借助外接蒙俄的区位优势，构建面向北方、服务内地"北上南下、东进西出、内外联动、八面来风的对外开放新格局"。

参考文献

内蒙古自治区商务厅网站。

内蒙古自治区统计局网站。

"一带一路"官方网站。

国家海关网站。

内蒙古自治区政府网。

包思勤主编《内蒙古发展报告：2018》，远方出版社，2019。

内蒙古自治区发展研究中心主编《2018年内蒙古经济形势与展望》，内蒙古大学出版社，2018。

内蒙古自治区发展研究中心主编《2019年内蒙古经济形势与展望》，内蒙古大学出版社，2019。

《内蒙古自治区经济社会发展公报》（2017年、2018年）。

内蒙古自治区发展研究中心主编《中蒙俄经济走廊研究报告：2017》，社会科学文献出版社，2018。

B.8
2018~2019年甘肃省经济社会
发展形势分析与对策建议

王福生　马大晋*

摘　要： 2018年，面对错综复杂的国际国内形势，甘肃经济运行走出低谷，稳中有进，总体向好。甘肃省坚持"三重""三一"工作机制，积极融入"一带一路"建设，着力推进高质量发展。产业结构持续优化，十大生态产业发展开局良好，脱贫攻坚扎实推进，努力营造优质高效的营商环境，加强区域经济交流协作，积极主动抢占文化、枢纽、技术、信息、生态五个制高点，全面扩大对外开放，经济运行质量和效益逐步提升。同时，甘肃也面临固定资产投资同比明显下降，规模以上工业增长后劲不足，创新动能不足、新旧产业动能接续不上，经济结构调整缓慢，与全国差距持续拉大等问题，因此，要进一步解放思想，提振信心，谋划长远，保持定力，凝聚合力，全力促进工业经济走出困境，着力推动绿色生态产业加快发展，努力扩大有效需求，激发市场活力，全面深化改革和扩大高水平对外开放，确保甘肃经济平稳健康发展。

关键词： 甘肃省　经济形势　绿色发展　结构调整

---

* 王福生，甘肃省社会科学院院长、研究员；马大晋，甘肃省社会科学院杂志社副研究员、《甘肃社会科学》副主编。

2018 年，面对复杂严峻的发展环境和艰巨繁重的工作任务，甘肃省坚持以新发展理念为引领，以供给侧结构性改革为主线，坚持稳中求进的工作总基调，按照省第十三次党代会和省委的各项决策部署，积极应对各种困难和挑战，坚持"三重""三一"① 工作机制，积极融入"一带一路"建设，着力推进高质量发展。产业结构持续优化，十大生态产业发展开局良好，脱贫攻坚扎实推进，努力营造优质高效的营商环境，不断加强区域经济交流协作，积极主动抢占文化、枢纽、技术、信息、生态五个制高点，全面扩大对外开放，经济运行质量和效益逐步提升，甘肃经济运行稳中有进、总体向好。

一 甘肃区域定位

甘肃位于我国西北地区的中心地带，东接陕西，南靠巴蜀青海，西倚新疆，北临内蒙古、宁夏，是古丝绸之路的锁钥之地和黄金路段。东西蜿蜒 1600 多公里，全省土地总面积 42.59 万平方公里，截至 2018 年末，全省常住人口 2637.26 万人。甘肃是黄河、长江的重要水源涵养区，是多民族交会融合地区，也是中原联系新疆、青海、宁夏、内蒙古的桥梁和纽带，对保障国家生态安全和促进西北地区民族团结、繁荣发展具有不可替代的重要作用。2010 年，《国务院办公厅关于进一步支持甘肃经济社会发展的若干意见》对甘肃发展的战略定位是，连接欧亚大陆桥的战略通道和沟通西南、西北的交通枢纽，西北乃至全国的重要生态安全屏障，全国重要的新能源基地、有色冶金新材料基地和特色农产品生产与加工基地，中华民族重要的文化资源宝库，促进各民族共同团结奋斗、

---

① "三重"：研究落实重大政策、研究解决重大问题、推动重大项目落地；"三一"：三张清单一张网，即"行政权力清单""部门责任清单""财政专项资金管理清单"，突出阳光政务、行政审批和便民服务三大主题，打造网上办事的并联审批平台、快捷务实的便民服务平台、信息公开的阳光政务平台，建成省市县一体化的"网上政务超市"，逐步实现全省行政审批和便民服务等政务事项"一张网"办理。

共同繁荣发展的示范区。①《推动共建丝绸之路经济带和21世纪海上丝绸之路的愿景与行动》定位甘肃省为全国重要的新能源、有色冶金新材料、特色农产品生产加工基地及向西开放的门户和次区域合作战略基地。发挥甘肃综合经济文化优势，加快兰州开发开放，形成面向中亚、南亚、西亚国家的通道、商贸物流枢纽、重要产业和人文交流基地。②《"丝绸之路经济带"甘肃段建设总体方案》提出，推进甘肃省与中亚、西亚等丝绸之路沿线国家的交流合作，努力把甘肃省建设成为"丝绸之路经济带"黄金段。③紧紧围绕建设"丝绸之路经济带"甘肃黄金段，着力构建兰州新区、敦煌国际文化旅游名城和"中国丝绸之路博览会"三大战略平台，重点推进道路互联互通、经贸技术交流、产业对接合作、经济新增长极、人文交流合作、战略平台建设等六大工程，进一步提升兰（州）白（银）、酒（泉）嘉（峪关）、金（昌）武（威）、平（凉）庆（阳）、天水、定西、张掖、敦煌等重要节点城市的支撑能力，努力把甘肃省建设成为丝绸之路的黄金通道、向西开放的战略平台、经贸物流的区域中心、产业合作的示范基地、人文交流的桥梁纽带，为实现中华民族的伟大复兴做出积极贡献。

二 2018年甘肃经济社会运行基本情况

（一）经济运行走出低谷，总体向好

2012年以来，甘肃经济增速呈逐年下降的趋势，2017年仅增长3.6%，为21世纪以来的最低值，经济发展遭遇前所未有的困境。为此，甘肃上下

---

① 《国务院办公厅关于进一步支持甘肃经济社会发展的若干意见》，http：//www.gov.cn/zwgk/2010－05/06/content_1600275.htm，最后访问时间：2019年8月13日。
② 《推动共建丝绸之路经济带和21世纪海上丝绸之路的愿景与行动》，http：//finance.sina.com.cn/roll/20150331/200721857078.shtml，最后访问时间：2019年8月13日。
③ 《"丝绸之路经济带"甘肃段建设总体方案》，http：//www.gov.cn/xinwen/2014－05/23/content_2685540.htm，最后访问时间：2019年8月13日。

凝心聚力、攻坚克难，一是狠抓脱贫攻坚工作，坚持把产业扶贫作为甘肃脱贫攻坚工作的重中之重，健全生产组织、投入保障、产销对接、风险防范"四大体系"，制定出台"牛羊菜果薯药"六大特色产业精准扶贫三年行动方案，统筹推进脱贫攻坚与乡村振兴，农业农村经济稳步发展。二是坚持"三重""三一"工作机制，编好项目建设"三个清单"，省委、省政府开展高质量发展季度约谈活动，着力促进传统产业转型升级，提升制造业水平，做大做强石油化工、有色冶金、文化旅游、特色农业等优势产业，加快培育壮大新兴产业，增加发展新动能，助推消费品产业提档升级。三是突出培育十大生态产业，制定出台推进绿色生态产业发展规划、多个专项行动计划和配套政策，建立重大工程项目库，设立绿色生态产业发展基金，十大生态产业发展开局良好。四是深化改革促开放，提出积极抢占文化、枢纽、技术、信息、生态五个制高点的发展思路，积极融入"一带一路"建设，加快融入国际陆海贸易新通道步伐，强化同丝绸之路沿线国家的交流合作和区域经济协作，国际产能合作项目加快推进，招商引资成效显著，甘肃对外开放的广度和深度进一步拓展，甘肃区位优势和经济优势更加凸显。五是努力营造优质高效的营商环境，通过开展"转变作风改善发展环境建设年"活动，深化"放管服"改革，加大政府职能转变，全面落实支持非公有制经济发展的政策措施，经济社会发展的基础和后劲不断夯实与增强。六是着力保障和改善民生，大力解决就业、教育、医疗、收入、住房等群众关心的热点问题，努力使人民群众共享改革发展成果。通过一系列举措，甘肃经济运行走出低谷，总体向好，质量和效益稳步提高。2018年完成地区生产总值8246.1亿元，同比增长6.3%（见图1），较2017年增速提高了2.7个百分点，扭转了2017年全国垫底的被动局面。

（二）产业结构持续优化，质量和效益进一步提升

分产业来看，2018年，甘肃第一产业完成增加值921.3亿元，同比增长5.0%；第二产业完成增加值2794.8亿元，同比增长3.8%；第三产业完

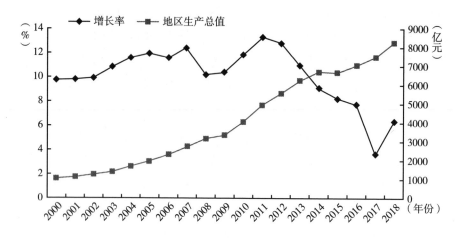

图1 2000年以来甘肃地区生产总值及增长率情况

资料来源：国家统计局官网，http：//www.stats.gov.cn/tjsj/。

成增加值4530.1亿元，同比增长8.4%，增速比2017年提高1.9个百分点（见表1）。三次产业结构比为11.17：33.89：54.94，第三产业增加值占地区生产总值的比重持续提高，擎起甘肃经济发展的半壁江山，高于第二产业增加值占比21.05个百分点。

表1 2015～2018年甘肃省三次产业增加值及增速

年份	第一产业			第二产业			第三产业		
	增加值（亿元）	增速（%）	比重（%）	增加值（亿元）	增速（%）	比重（%）	增加值（亿元）	增速（%）	比重（%）
2015	954.09	5.4	14.05	2494.77	7.4	36.74	3341.46	9.7	49.21
2016	983.39	5.5	13.66	2515.56	6.8	34.94	3701.42	8.9	51.41
2017	859.75	5.4	11.52	2561.79	-1	33.34	4038.36	6.5	54.13
2018	921.3	5.0	11.17	2794.8	3.8	33.89	4530.1	8.4	54.94

资料来源：2017年及以前数据来自国家统计局官网（http：//www.stats.gov.cn/tjsj/），2018年数据来自《2018年甘肃省国民经济和社会发展统计公报》，下同。

从三次产业对地区生产总值增长的贡献率来看，2010～2018年，甘肃第一产业对GDP的贡献率基本保持在6%～8%，2017年由于工业增加值大幅下滑，第一产业和第三产业对 GDP 的贡献率大幅上升，第二产业对 GDP 的贡献率持续下降，从 2010 年的 59.21% 下降到 2018 年的 29.62%，而随着互联网经济、数字经济、共享经济等领域快速发展，服务业规模不断扩大，第三产业对 GDP 的贡献率则持续上升，从 2010 年的 34.36% 快速提升到 2018 年的 62.55%（见表2）。这也进一步说明第三产业是甘肃 GDP 增长的主要推动力量，成为拉动甘肃经济发展的绝对主力。

表 2　2010～2018 年甘肃省三次产业对地区生产总值增长的贡献率

单位：%

年份	第一产业	第二产业	工业	第三产业
2010	6.19	59.21	50.64	34.36
2015	6.27	45.23	34.86	48.5
2016	7.92	33.53	22.7	58.66
2017	16.64	－11.17	－11.58	94.52
2018	7.83	29.62	—	62.55

1. 农业生产稳步发展，粮食生产再获丰收

2018 年，甘肃农林牧渔业完成增加值 956.4 亿元，比上年增长 4.6%。种植业结构进一步优化，全年粮食播种面积 264.5 万公顷，比上年下降 0.1%。新增有效灌溉面积 2.6 万公顷，比上年增加 0.5 万公顷，农田有效灌溉面积占比超过 50%。农作物耕种收综合机械化水平逐年提升。粮经饲结构进一步优化。经济作物播种面积稳步扩大，主要经济作物中，棉花种植面积增加 0.3 万公顷；蔬菜种植面积增加 1.6 万公顷；油料种植面积 32.6 万公顷，减少 2.1 万公顷；果园面积 31.4 万公顷，增加 1.1 万公顷；中药材种植面积 23.4 万公顷，增加 0.7 万公顷。完成"粮改饲" 203 万亩。粮食总产量达到 1151.4 万吨，比 2017 年增长 4.1%，连续 8 年稳定在 1000 万吨以上，稳定的粮食生产能力有力地保证了粮食安全。其中，夏粮产量 321.0 万吨，增产 7.3%；秋粮产量 830.5 万吨，增产 2.9%。棉花产量增长 10.1%；蔬菜产量 1292.6 万吨，增长 6.6%；

中药材产量 101.7 万吨,增长 9.7%;受霜冻和冰雹等极端天气影响,园林水果产量 370.0 万吨,减产 6.8%。全年全省肉类总产量 102.2 万吨,比上年增长 3.1%。受疫情影响,生猪存栏量 545.2 万头,下降 1.1%;年末大牲畜存栏 504.6 万头(只),比上年末增长 2.7%,出栏 212.6 万头(只),增长 2.7%。羊存栏 1885.9 万只,增长 2.5%,出栏 1462.8 万只,增长 3.4%。家禽存栏增长 1.5%,出栏下降 1.6%。牛奶产量 40.5万吨,增长 0.2%。

2. 工业生产增速止跌回升,企业效益良好

规模以上工业增加值增长速度止跌回升,2018 年增速为 4.6%,增速高于 2017 年 6.3 个百分点(见图 2)。从隶属关系看,中央企业增长2.5%,增速较 2017 年提高 2.1 个百分点;省属企业增长 8.6%,增速较2017 年提高 8 个百分点;省以下地方企业增长 6.1%,增速较 2017 年提高 17.7 个百分点。

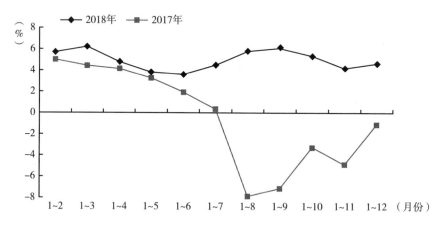

图 2   2017～2018 年甘肃规模以上工业增加值逐月累计增长速度

从所有制结构看,占绝对主力的国有及国有控股企业和股份制企业工业增加值稳步增长,2018 年国有及国有控股企业增加值同比增长 5.0%;股份制企业同比增长 2.9%;外商及港澳台投资企业同比增长 21.1%;集体企业出现大幅下降,同比下降 22.4%(见表 3)。

表3　2010~2018年分经济类型规模以上工业增加值及增速

单位：亿元，%

年份	国有及国有控股企业		集体企业		股份制企业		外商及港澳台投资企业	
	增加值	增速	增加值	增速	增加值	增速	增加值	增速
2010	1098.64	15.9	34.37	18.51	968.41	14.00	29.09	12.90
2015	1216.1	7.8	13.1	-13.9	1142.5	-3.1	28.4	-8.6
2016	1105.9	3.9	10.3	-20.5	1052.4	-0.9	27.6	24.3
2017	1251.8	-3.9	9.8	-12.5	1164.6	-3.1	41.0	80.3
2018	—	5.0	—	-22.4	—	2.9	—	21.1

从轻重工业看，2015年以来，甘肃省规模以上轻工业增加值和比重持续下降，重工业增加值及比重则持续上升，2018年规模以上轻工业增加值比2017年下降3.8%，规模以上重工业增加值增长6.2%（见表4）。轻重工业结构"重重轻轻"的趋势十分明显。

表4　2005~2018年甘肃省规模以上轻重工业增加值及增速

单位：亿元，%

年份	轻工业			重工业		
	增加值	增速	比重	增加值	增速	比重
2005	83.28	12.93	13.84	518.52	19.5	86.16
2010	193.99	19.9	14.10	1182.35	16	85.91
2015	319.8	6.2	19.24	1342.2	7	80.76
2016	297.4	-2.6	19.00	1268.1	8.3	81.01
2017	260	-5.2	16.21	1343.7	-1.2	83.79
2018	—	-3.8	—	—	6.2	—

从规模以上重点行业发展来看，冶金工业，电力、热力、燃气及水的生产和供应业，有色工业，建材工业增长速度较快，分别增长15%、13.2%、11.5%、9.4%。而纺织工业、医药工业、煤炭工业出现不同程度的下降（见表5）。冶金工业，电力、热力、燃气及水的生产和供应业增加值占规模以上工业增加值的比重明显提升，尤其是冶金工业的比重提升了4.1个百分点。

表5　规模以上工业重点行业增加值增速及占比

单位：%

行业	比上年增长		占规模以上工业增加值的比重	
	2018 年	2017 年	2018 年	2017 年
煤炭工业	-5.6	-18.5	4.3	4.5
电力、热力、燃气及水的生产和供应业	13.2	12.3	14.3	13.9
冶金工业	15	-18.7	8.4	4.3
有色工业	11.5	11.7	12.3	12.5
石化工业	0.4	-1.8	34.9	36.7
机械工业	1	0.8	3.3	5.7
电子工业	5.1		1.4	
食品工业	0.8	-5.1	10.3	11.6
建材工业	9.4		6.7	
纺织工业	-16.1		0.3	
医药工业	-15.5		2.3	
其他工业	0		1.6	

工业企业运行的质量和效益良好。随着减税降费等积极财政政策的实施和部分大宗商品价格的回升，工业生产者价格指数上涨，甘肃规模以上工业企业利润 270.4 亿元，同比增长 20.1%，国有及国有控股企业利润达到 168.4 亿元，同比增长 25.8%。主营业务收入利润率比上年提高 0.3 个百分点。规模以上工业企业每百元主营业务收入中的成本为 86.2 元，工业企业运行的质量和效益进一步提升。

3. 服务业保持快速增长，新业态和新商业模式快速发展

2018 年，甘肃服务业增加值占地区生产总值的比重达 54.94%，增速比 2017 年提高 1.9 个百分点。产业内部结构进一步优化，运行质量明显提升。全年批发和零售业，交通运输、仓储和邮政业，住宿和餐饮业，金融业，房地产业增加值分别比上年增长 7.2%、5.8%、5.2%、2.6% 和 4.0%。规模以上服务业企业营业收入增长 7.8%。新业态、新模式发展较快。深入实施"宽带甘肃"建设，促进了大数据、云计算等信息技术的广泛应用，网络提速降费有效释放了百姓消费需求，互联网宽带接入用户数增长 16.7%，电

信业务总量比上年增长1.6倍。新技术的融合有效带动了甘肃数字经济、平台经济、共享经济的发展，全年快递业务量增长23.7%，增速比2017年提高5个百分点。限额以上批发、零售、住宿、餐饮企业通过公共网络实现零售额比上年增长12.5%。多条高速铁路的开通极大地方便了旅客出行，也改变了人们的出行方式，铁路旅行人数激增，而公路出行人数逐步回落。2018年全省铁路客运量5473.5万人次，货运量6086.8万吨，分别比上年增长22.5%和0.6%；客运周转量和货运周转量分别达到401.3亿人公里和1490.9亿吨公里，分别增长8.0%和7.2%。全省公路客运量和客运周转量分别比上年下降3.8%和5.8%，而公路货运量和货运周转量分别比上年增长6.9%和6.7%。现代服务业扎实推进，2018年末，全省金融机构本外币各项存款余额18678.5亿元，同比增长5.1%。金融机构本外币各项贷款余额19371.7亿元，同比增长9.4%，金融业对经济发展的支撑作用日显突出。

（三）突出绿色发展，十大生态产业发展良好

2018年1月11日，甘肃省委通过了《关于构建生态产业体系　推动绿色发展崛起的决定》，提出以构建生态产业体系为突破口，加快建立健全绿色低碳循环发展的经济体系，支持发展国家大力倡导、优先发展的节能环保、清洁生产、清洁能源产业；重点培育循环农业、中医中药、文化旅游、通道物流、数据信息、军民融合和先进制造产业等十大绿色生态产业，走生产发展、生活富裕、生态良好的绿色发展崛起之路，使生态产业成为推动甘肃经济高质量发展的主导力量。省政府组织编制了《甘肃省推进绿色生态产业发展规划》，建立265个总投资8200多亿元的带动性工程项目库。设立2000亿元的绿色生态产业发展基金。省直相关部门根据职责分工，分别研究制订了各生态产业专项行动计划。由此，甘肃省构建生态产业体系"1＋1＋10＋X"框架体系基本搭建完成。

2018年，甘肃十大生态产业完成增加值1511.3亿元，增速比地区生产总值高出0.4个百分点，占甘肃地区生产总值的18.3%，实现良好开局。兰州和平凉获批创建国家资源循环利用基地，实施了金川公司、酒钢集团等

重点企业绿色化改造工程，工业固体废弃物综合利用水平逐步提升。国内首个百兆瓦级熔盐塔式光热电站在敦煌并网投运，750千伏河西电网第二通道开工建设，清洁能源发电量占全省总发电量的48.4%，风力、光伏、水力发电量分别增长22.6%、29.3%、18.6%。酒泉建成全国最大的日光温室蔬菜有机生态无土栽培示范区，戈壁生态农业前景广阔，新发展戈壁生态农业5.38万亩，累计达到13.8万亩；张掖建成海升现代农业智能玻璃温室。全省道地药材标准化示范基地种植面积达到15万亩，成功举办首届中国（甘肃）中医药产业博览会，甘肃中药材商品交易中心线上交易平台投入试运营，初步形成布局合理、功能互补、配套协作的中医药产业绿色发展新格局。通道物流产业加快发展，兰州国际陆港获批汽车整车进口指定口岸，兰州市、酒泉市被确定为国家级物流枢纽承载城市，中新南向通道作用正在显现，建成佛慈、康美、兰药等一批生产加工和仓储物流项目，合作共建国际陆海贸易新通道的步伐不断加快。信息技术和制造业融合发展，高端智能化石化装备、新能源汽车、新型有色金属材料等项目落地实施。数据信息产业方面，兰州新区国际互联网数据专用通道建成运营，腾讯、华为、中科曙光、浪潮等国内领先信息和大数据企业纷纷落户，丝绸之路国际信息港建设顺利推进。军民融合产业方面，甘肃省被确定为全国首批知识产权军民融合试点，国内首条年产1万吨羰基镍生产线在金川集团试生产，组织管理体系、工作运行机制逐步理顺。文化旅游产业蓬勃发展，出台甘肃省文化旅游产业发展专项行动计划，着力打造文化旅游强省，塑造"交响丝路·如意甘肃"品牌，敦煌、嘉峪关、张掖丹霞、黄河三峡、拉卜楞寺、崆峒山、官鹅沟、麦积山、松鸣岩、冶力关、黄河石林等知名大景区建成，新创建4A级景区9个，自驾游营地达到25个，文化与旅游全方位、深层次融合发展的格局初步形成，文化旅游产业市场主体不断壮大，旅游知名度和影响力全面提升，文化旅游产业逐渐成为甘肃绿色发展崛起的支柱性产业。2018年全年接待国内游客3.02亿人次，同比增长26.4%；国内旅游收入2058.3亿元，增长30.4%。接待入境游客10万人次，增长27%，国际旅游外汇收入2740万美元，增长31.4%。

（四）固定资产投资降幅收窄，需求潜力持续释放

2017年甘肃固定资产投资大幅下滑，比2016年减少40.3%，2018年固定资产投资降幅收窄，比上年下降3.9%。从三次产业投资来看，2018年第一产业增长18.8%；第二产业下降10.8%，其中工业下降10.9%；第三产业下降3.6%（见表6）。可见，工业投资增速和占比持续下滑是甘肃固定资产投资下滑的主要原因。从项目投资来看，2018年项目投资比2017年下降10.3%。主要表现在电力、热力、燃气及水的生产和供应业，交通运输、仓储和邮政业，制造业，水利、环境和公共设施管理业下降幅度较大，分别比上年下降19.1%、17.0%、13.4%和10.2%。民间投资增长4.0%，高技术产业投资下降2.8%，六大高耗能行业投资下降9.3%。

表6 2015～2018年甘肃省三次产业固定资产投资及增长速度

单位：亿元，%

年份	固定资产投资		第一产业		第二产业		第三产业	
	投资额	增长率	投资额	增长率	投资额	增长率	投资额	增长率
2015	8626.60	11.17	534.89	30.75	3434.90	-2.74	4656.81	21.94
2016	9534.10	10.52	678.30	26.81	3220.99	-6.23	5634.81	21.00
2017	5696.3	-40.3	382.0	-43.7	1188.3	-63.1	4126.1	-26.8
2018	—	-3.9	—	18.8	—	-10.8	—	-3.6

房地产开发方面，2018年，甘肃房地产投资继续保持稳定增长态势，在甘肃全社会固定资产投资同比下降3.9%的情况下，依然取得18.2%的增速，由此可见，房地产投资的持续稳定增长，有力地减缓了甘肃全社会固定资产投资下滑。甘肃房地产开发投资比上年增长18.2%，其中住宅投资增长11.8%。房屋施工面积9428.5万平方米，增长3.0%（见表7）。在房屋施工面积中，房屋新开工面积2443.0万平方米，增长2.9%。受房地产建设成本上升、企业融资困难和银行信贷收紧等因素影响，全省房屋竣工面积752.3万平方米，下降11.3%。商品房销售面积1595.7万平方米，增长2.3%。

表7　2015～2018年甘肃省房地产开发、销售面积及增长速度

单位：万平方米，%

类　别	2015 年		2017 年		2018 年	
	面积	增长率	面积	增长率	面积	增长率
房屋施工面积	8586.18	12.09	9153.5	2.5	9428.5	3.0
其中:住宅施工面积	6087.70	7.85	6087.9	-1.7	6167.6	1.3
房屋新开工面积	2312.66	12.79	2374.6	1.8	2443.0	2.9
其中:住宅新开工面积	1547.13	4.05	1443.0	-9.1	1611.5	11.7
房屋竣工面积	962.24	18.32	847.9	-14.5	752.3	-11.3
其中:住宅竣工面积	765.12	17.34	619.4	-15.2	498.7	-19.5
商品房销售面积	1434.96	8.26	1559.5	-7.1	1595.7	2.3
其中:住宅销售面积	1307.48	7.82	1386.0	-6.3	1438.0	3.7

市场销售平稳运行。2018 年，甘肃实现社会消费品零售总额 3428.4 亿元，比上年增长 7.4%，增速比 2017 年回落 0.2 个百分点。居民消费价格指数比上年上涨 2%。批发业销售额同比增长 18.5%，零售业销售额同比增长 10.5%，住宿业营业额同比增长 11.3%，餐饮业营业额同比增长 11.6%。从消费类型来看，商品零售额增长 7.4%，餐饮收入额增长 7.7%。从城乡消费来看，城镇消费品零售额增长 7.6%，农村消费品零售额增长 6.6%。在限额以上单位商品零售额中，中西药品类零售额、石油及制品类零售额、家用电器和音像器材类零售额增长迅速，分别比上年增长 23.0%、9.5% 和 7.1%，化妆品类、烟酒类零售额保持平稳增长，分别比上年增长 2.7% 和 2.4%，服装、针织纺织品类零售额比上年下降 0.8%，汽车类零售额同比下降 8.7%。

（五）财政收入稳步增长，质量明显提升

在地区经济增长下行压力加大，固定资产投资和工业等主要指标整体性回落的严峻形势下，甘肃财政收入保持了稳步增长，全省一般公共预算收入达到 870.8 亿元，同口径增长 8.3%（见表 8）。工业企业效益持续好转，市场主体不断壮大，对财政收入形成稳定支撑。特别是税收收入达到 610.4 亿

元，增长13.6%，增速比上年提高3.2个百分点，税收收入占财政收入比重达到70.1%，比上年提高3.02个百分点，财政收入质量明显提升。通过推进"三重""三一"工作方案，全面落实结构性减税和普遍性降费政策，甘肃非税收入大幅下降，收入达到260.4亿元，比2017年下降2.3%。从主体税种来看，国内增值税、企业所得税、个人所得税收入分别达到293.9亿元、74.6亿元和30.5亿元，分别比上年增长12.6%、10.9%和11.7%。财政收入的稳步增长，有力地保障了脱贫攻坚、生态保护、教育医疗等重点领域投入。2018年，甘肃一般公共预算支出达到3773.8亿元，比上年增长14.2%。尤其是通过大力压减"三公"经费等一般性支出，进一步调整优化甘肃财政支出结构，民生领域支出达到2983.6亿元，比上年增长14.4%，民生支出占财政总支出的比重接近80%，扶贫支出达到318.6亿元，比上年增长102.5%。

表8　2015～2018年甘肃省财政收支及增长速度

单位：亿元，%

	2015 年		2017 年		2018 年	
	绝对数	比上年增长	绝对数	比上年增长	绝对数	比上年增长
一般公共预算收入	743.91	10.59	815.6	7.8	870.8	8.3
税收收入	529.73	8.05	547.1	10.4	610.4	13.6
非税收入	214.18	17.41	268.5	2.9	260.4	-2.3
一般公共预算支出	2964.63	16.65	3307.3	5.0	3773.8	14.2

（六）居民收入持续提高，支出结构持续优化

2016年以来，甘肃行政机关、企事业单位津补贴标准提高，部分企业及事业单位实行绩效工资改革等有力地拉动了城镇居民工资性收入的增长。精准扶贫和强农惠农补贴力度进一步加大，农村富民产业发展有了新起色，各级政府继续加大对社会弱势群体的转移支付力度，扩大基本养老保险覆盖范围，提高基本养老金和低保标准，农民工资性收入和转移性收入快速增长。同时，土地流转拉动农村居民财产性收入大幅增长。

2018 年，甘肃城镇居民人均可支配收入达到 29957.0 元，比 2017 年增长了 2193.6 元，增长 7.9%（未扣除价格因素）。其中，经营净收入、工资性收入、转移净收入、财产净收入分别增长 9.5%、8.0%、7.8% 和 6.3%（见表 9）。2018 年，全国城镇居民人均可支配收入达到 39251 元，比 2017 年增长了 2855 元。从农村居民人均可支配收入来看，2018 年，甘肃农村居民人均可支配收入达到 8804.1 元，比 2017 年增长了 728 元，增长 9%（未扣除价格因素）。其中，财产净收入增长迅猛，同比增长 48.6%，工资性收入、经营净收入、转移净收入分别增长 11.4%、7.5% 和 6.3%。2018 年，全国农村居民人均可支配收入达到 14617 元，比 2017 年增长了 1185 元。

表 9　2018 年甘肃城乡居民家庭人均可支配收入

单位：元，%

指标	城镇		农村	
	绝对数	增长率	绝对数	增长率
可支配收入	29957.0	7.9	8804.1	9.0
工资性收入	19930.1	8.0	2534.7	11.4
经营净收入	2333.8	9.5	3823.7	7.5
财产净收入	2527.5	6.3	211.5	48.6
转移净收入	5165.5	7.8	2234.1	6.3

2018 年全省城镇居民人均生活消费支出 22606.0 元，比 2017 年增长 9.4%（未扣除价格因素）。从城镇居民家庭消费支出结构来看，食品烟酒、居住类消费仍然占据整体消费的主体，比重为 51.1%，居住和医疗保健类消费支出大幅上涨，同比分别增长 32.2% 和 26.8%（见表 10）。城镇居民恩格尔系数逐年下降，2018 年为 28.7%。农村居民人均消费支出 9064.6 元，比 2017 年增长 12.9%（未扣除价格因素）。从农村居民家庭消费支出结构来看，食品烟酒、居住、教育文化娱乐、医疗保健类消费支出是主要方面，医疗保健类和教育文化娱乐类消费支出增长较快，同比分别增长 27.2% 和 20.9%。农村居民恩格尔系数降到 29.7%。

表10 2018年甘肃城乡居民家庭支出情况

单位：元，%

	城镇		农村	
	绝对数	增长率	绝对数	增长率
生活消费支出	22606.0	9.4	9064.6	12.9
食品烟酒	6491.3	7.6	2694.5	10.5
衣着	1906.3	0	557.9	9.8
居住	5060.8	32.2	1725.8	10.5
生活用品及服务	1446.8	6.5	513.9	6
交通和通信	2448.9	-17.1	1077.9	6.1
教育文化娱乐	2440.3	4.2	1201.9	20.9
医疗保健	2207.4	26.8	1132.6	27.2
其他商品和服务	604.2	21.1	160.1	17

（七）着力保障和改善民生，社会保持和谐稳定

2018年，甘肃民生领域支出2983.8亿元，比上年增长14.4%，占财政总支出的79.1%。就业形势基本稳定，选拔6488名高校毕业生到基层服务，引导1万名毕业生到企业就业，高校毕业生就业率达到92.8%，城镇登记失业率为2.78%。义务教育阶段学校全面改薄"20条底线"要求达标率为99.88%，近17万名乡村教师享受到每月人均300元以上生活补助。医疗改革工作稳步推进，分级诊疗制度进一步完善，城乡居民基本医疗保险省级财政补助人均达到124元，全年资助898.6万人参加基本医疗保险，医疗救助986.88万人次，重特大疾病医疗救助覆盖城乡困难群众。城乡低保省级指导标准分别提高7.6%和6.3%，特困人员救助供养省级补助标准提高7.6%。年末全省共有49.67万人享受城镇居民最低生活保障，233.64万人享受农村居民最低生活保障。医养结合试点工作有序推进，嘉峪关市被列为全国居家和社区养老服务试点地区。退休人员养老金水平平均提高5%，城乡居民养老保险基础养老金从每人每月85元提高到103元。全省城镇棚户区住房改造开工23.22万套，完成年初下达任务。

（八）基础设施建设有序推进，制约有所缓解

在投资大幅下滑的大背景下，甘肃坚持"三重""三一"工作机制，多措并举，着力推进重点基础设施建设。陇南成县机场通航运营，全省运营机场达到 9 个。敦煌开通动车，兰渝铁路动车组开通运营，随着兰新、宝兰、兰渝高铁的开通运营，不仅甘肃被纳入全国高铁网，甘肃经济发展也由此奠定了坚实基础。兰州南绕城高速公路建成通车，全省公路通车总里程达到 14.23 万公里，其中，高速公路达到 4016 公里，二级及以上公路里程达到 1.33 万公里以上，农村公路达到 11 万公里，交通运输制约状况得到有效缓解。黄河甘肃段防洪工程、天水城区引洮供水主体工程基本完工，民勤红崖山水库加高扩建工程投入运行。能源方面，首航节能敦煌百兆瓦级光热发电示范项目建成并网，750 千伏河西电网第二通道工程启动建设，建成国电兰州热电异地扩建项目，通渭、清水等风电项目开工建设。

（九）供给侧结构性改革深入推进，市场活力进一步激发

围绕高质量发展和供给侧结构性改革，"三去一降一补"重点任务取得成效。关闭退出煤矿 28 处，退出产能 538 万吨，提前两年完成国家下达的煤炭去产能任务。持续组织开展地方政府债务审计，地区风险防范意识逐步增强，违规举债问题明显减少，债务风险正得到有效防控。去库存取得新成效，商品房销售面积增速高于房屋竣工面积增速 13.6 个百分点，规模以上工业企业产成品库存周转天数比上年减少 1.5 天，国有及国有控股企业资产负债率比上年末下降 0.3 个百分点。通过直购电交易等电价改革措施，全年企业降低用电成本近 50 亿元。落实减税降费政策，减轻企业税费负担 285 亿元。补短板取得新进展，财政扶贫支出增长 102.5%，全年农业投资增长 18.8%，生态保护和环境治理投资增长 65.7%，远远高于固定资产投资增速。国有企业改革取得积极进展，接续出台"1＋21"改革配套方案，2018 年初，甘肃提出推动国有企业战略性重组，组建工程咨询、药业投资、丝绸之路信息港等 10 个大型企业集团，推进省直部门管理脱钩企业整合重组，

着力优化资源配置。21 户省属一级企业完成股份制改革,25 户省直部门管理企业完成公司制改制。深化国有资源资产出让和资产证券化改革,推进交通建设投融资改革。优化营商环境成效显现。80% 以上政务服务事项实现在线办理,企业开办和一般不动产统一登记时间压缩至 5 个工作日。持续推进商事制度改革,出台支持中小微企业高质量发展的一系列政策措施,全年全省新增市场主体 25.66 万户,全年民间资本投资比上年增长 4.0%。非公有制经济占全省地区生产总值的比重达到 48.3%,市场活力潜力得到进一步激发。

(十)对外开放迈出新的步伐,进出口总额逆势上扬

深度融入"一带一路"建设,积极抢占文化、枢纽、技术、信息、生态五个制高点,甘肃区位优势更加凸显。兰州获批全国跨境电子商务综合试验区试点城市,兰州新区跨境电商监管平台建成运营,在俄罗斯、哈萨克斯坦、巴基斯坦、英国设立 4 个海外保税仓,综合保税区进出口贸易额累计突破 100 亿元。兰州和武威肉类、木材、水果、冰鲜水产品等指定口岸正式运营,航空货运、国际包机货运航线开通。招商引资成效显著,全省招商引资到位资金 4100 亿元。国际产能合作项目加快推进,对外直接投资 6.87 亿美元,增长 42%。加强国际交流合作和区域经济协作,新增国际友好城市 5对,总数达到 63 对,与四川等省区签署经济社会合作行动计划。进出口总额实现了快速增长,2018 年达到 394.7 亿元,同比增长 21.2%,其中,出口增长 26.4%;进口增长 18.1%。外商直接投资实际使用金额 5041 万美元,增长 15.7%。对外承包工程完成营业额 3.52 亿美元,增长 50.0%。

三 2018年甘肃经济社会发展存在的主要问题

2018 年甘肃经济呈现平稳向好的发展态势,但是固定资产投资仍然持续下降,规模以上工业增长后劲不足,重要工业产品产量下降,民间投资增长乏力,经济持续健康发展的基础仍不稳固,甘肃的经济增速下滑受结构性减速和外部不确定性等多重因素影响,既有经济周期性波动原因,又有体制

机制不活、创新动能不足的问题，更是内在结构性因素发展变化使然。首先，要素供给效率变化，资本投入增长率下降，科技与研发经费增长缓慢，自主创新能力弱，经济增长后劲不足。其次，资源配置效率低，服务业的劳动生产率显著低于制造业，特别是甘肃服务业多处于低端，与制造业生产率差距尤为明显。最后，以重化工业和"两高一资"为主的产业结构使经济发展有太多不确定性因素，并且随时都有可能出现突发情况。

（一）经济发展稳中有进，但与全国差距依然在拉大

从自身发展来看，甘肃省经济总量跨上新台阶，经济发展总体向好，但增长速度有所减缓，与全国差距依然在拉大。从人均地区生产总值来看，甘肃省人均地区生产总值持续增加，由 2010 年的 16172 元增加到 2018 年的 31336 元，8 年间翻了将近一番，但是，甘肃人均地区生产总值相当于全国平均水平持续下降，从 2010 年的 53.92% 下降到 2018 年的 48.47%，说明甘肃与全国的差距依然在拉大。与国内其他省份的横向对比来看，2010 ~ 2018 年，东南沿海地区人均 GDP 与全国平均水平的比率在逐渐下降，广东从 149.16% 下降到 133.67%，山东从 137.06% 下降到 117.98%，而西部其他地区都有不同程度的提升，陕西从 90.47% 提高到 98.19%，四川从 70.63% 提高到 75.62%，这也更进一步反映出甘肃近 8 年来经济发展速度不仅落后于全国平均水平，更慢于同属西部地区的四川和陕西等省份（见表 11）。

表 11　2005 ~ 2018 年甘肃省及有关省份人均 GDP 与全国平均水平的比较

单位：元，%

	2005 年		2010 年		2015 年		2017 年		2018 年	
	人均 GDP	相当于全国平均水平	人均 GDP	相当于全国平均水平	人均 GDP	相当于全国平均水平	人均 GDP	相当于全国平均水平	人均 GDP	相当于全国平均水平
全国	14040	100	29992	100	49992	100	59660	100	64644	100
山东	20096	143.13	41106	137.06	64168	128.36	72851	122.11	76267	117.98
广东	24435	174.04	44736	149.16	67503	135.03	81089	135.92	86412	133.67

续表

	2005 年		2010 年		2015 年		2017 年		2018 年	
	人均GDP	相当于全国平均水平	人均GDP	相当于全国平均水平	人均GDP	相当于全国平均水平	人均GDP	相当于全国平均水平	人均GDP	相当于全国平均水平
四川	9060	64.53	21182	70.63	36775	73.56	44651	74.84	48883	75.62
陕西	9899	70.51	27133	90.47	47626	95.27	57266	95.99	63477	98.19
甘肃	7477	53.25	16172	53.92	26165	52.34	29326	49.16	31336	48.47

（二）新旧产业动能接续不上，经济结构调整缓慢

当前，甘肃农业中初级加工产品产值只占15%左右，工业缺少带动经济增长的大型项目，服务业中传统行业所占比重仍然偏大，经济结构调整缓慢。工业经济仍然以传统重化工业为主的格局仍未改变，重工业占工业增加值的比重为85%左右，传统工业仍以原材料和初级加工产品为主，高新技术产业和战略性新兴产业发展规模较小，带动能力弱。加之市县级工业集中区招商引资难，产业发展水平低，园区产业带动能力弱。在传统产业面临发展困难时，新兴产业难以支撑起全省经济发展，新旧产业青黄不接，产业结构和动能转换缓慢，经济增长内生动力不足是当前甘肃经济增长乏力的原因之一。

（三）创新驱动能力不足，成果转换缓慢

科技创新不能变成现实生产力是制约甘肃经济发展的根本问题。2017年，甘肃省研究与试验发展经费投入强度仅为1.23%，连续两个五年规划均未完成2%的目标。从全省来看，研究与试验发展经费投入主要集中在兰州、嘉峪关和金昌三市，三市研究与试验发展经费投入占全省的比重超过60%，尤其是兰州市研究与试验发展经费投入接近全省的一半，其中，兰州市政府资金投入占62.28%，企业和其他机构投入仅占37.72%，充分说明甘肃企业创新能力不强，一些企业在产业转型升级的现实面前，缺乏眼光和勇气，创新意愿和能力不强。加之创新群体基础薄弱，创新资源匮乏，创新

平台总量少，创新群体不足，直接影响了 R&D 投入水平。"行政＋财政"的创新机构模式，使甘肃创新效果大打折扣。同时，甘肃创业创新环境缺乏活力，人才难以集聚，创新投入不足，也使创新成果转化缓慢。

（四）经济发展缺乏活力，开放步伐缓慢

就当前来看，甘肃经济增长长期依靠投资和传统产业拉动的基本态势没有改变，2016 年以来，甘肃企业投资热情下降，投资强度降低，重大投资项目谋划和落地不足，项目开工不足和投资大幅下滑的问题日渐突出，投资环境不佳、投资回报率低的状态亟待改善。加之，甘肃省长期政府主导发展，没有发挥市场的决定性作用，民营经济重量不重质、企业成活率低，民营经济发展动力不足，整体经济发展缺乏活力。必须在转变经济发展方式方面下足功夫，调整发展战略和重点，以质量增长代替数量增长，大力培育一批支持全省经济发展的大中型民营企业。甘肃作为构建我国向西开放的重要门户和次区域合作战略基地，其在打造门户城市方面表现不佳，特别是省会兰州市对发展定位、功能布局、发展空间缺乏长远规划。兰州新区作为西北地区第一个国家级新区，其产业发展后劲不足，土地利用较为粗放，外向发展能力不足，经济发展规模小，人口集聚能力弱，尚难作为全省新的经济增长极，也不足以带动全省经济发展。同时，甘肃进出口总额和利用外资总额在全国的占比小，开放步伐缓慢，在"一带一路"建设中的支撑作用极不明显。

（五）增收渠道单一，收入水平差距扩大

总体来看，尽管甘肃省城乡居民收入持续增长，但增收渠道单一，相关举措不多，收入水平仍然远低于全国平均水平。从甘肃与全国的差距来看，2017～2018 年，甘肃城镇居民人均可支配收入与全国平均水平的绝对差距由 8632.6 元扩大到 9294 元，2018 年甘肃城镇居民人均可支配收入相当于全国平均水平的 76.32%，比 2017 年提高 0.04 个百分点。2017～2018 年，甘肃农村居民人均可支配收入与全国平均水平的绝对差距由 5355.9 元扩大

到 5812.9 元，2018 年甘肃农村居民人均可支配收入相当于全国平均水平的 60.23%，比 2017 年提高 0.1 个百分点（见表 12）。这说明甘肃城乡居民人均可支配收入与全国平均水平的相对差距微幅缩小，而绝对差距依然在扩大。

表 12　2015～2018 年甘肃城乡居民人均可支配收入与全国比较

单位：元，%

指标	年份	2015	2016	2017	2018
城镇居民人均可支配收入	甘肃	23767	25693.49	27763.4	29957
	全国	31195	33616	36396	39251
	绝对差距	7428	7922.51	8632.6	9294
	占比	76.19	76.43	76.28	76.32
农村居民人均可支配收入	甘肃	6936	7457	8076.1	8804.1
	全国	11422	12363	13432	14617
	绝对差距	4486	4906	5355.9	5812.9
	占比	60.72	60.32	60.13	60.23

四　2019年甘肃经济社会运行的环境分析和趋势判断

一是宏观战略带来历史机遇。国家深入实施"一带一路"倡议和西部大开发战略，将进一步加大对中西部地区政策、资金、人才等方面的倾斜支持；中央毫不动摇地鼓励支持引导非公有制经济发展，支持民营企业发展壮大，走向更加广阔的舞台；国家加速推进新型城镇化建设，着力推进城乡一体化和公共服务均等化；国家支持甘肃华夏文明传承创新区建设、兰州新区建设、国家生态安全屏障综合试验区建设等一系列战略举措，契合了甘肃发展实际需要，为甘肃发挥历史文化优势、向西开放区位优势，全面融入"丝绸之路经济带"，广泛参与国际国内产业分工，补齐发展短板，优化产业结构，提升发展质量和水平带来了难得的历史机遇。

二是经济运行过程中出现了一些积极变化。近三年受多重不利因素影响，甘肃经济下降态势明显，特别是固定资产投资和工业增加值增速大幅

下滑给全省经济造成很大影响。但与此同时，经济发展的基本面向好，农业保持相对稳定增长，物价保持总体稳定，就业形势持续稳定向好。供给侧结构性改革取得明显成效，"三去一降一补"重点任务落实良好，关闭退出一批不合规煤矿、退出部分产能，大力推进祁连山等地区生态保护，有效挤出了过去多年经济增长的数据水分。经济运行先行指标趋好，全社会用电量尤其是工业用电量、铁路货运量、邮政快递业务量保持快速增长。支撑性指标保持增长，税收稳定增长，工业生产者价格指数涨幅趋窄，工业生产者出厂价格指数保持上涨，企业效益持续好转，社会消费品零售总额增长，市场主体大幅增加。加之，大力推进"三重""三一"工作方案、"放管服"改革，扎扎实实保增长、抓项目、促发展，经济企稳向好的迹象逐步显现。

结合考虑2018年甘肃经济运行情况，预计2019年甘肃地区生产总值增速为6%左右，预测区间为5.7%～6.4%。其中，第一产业增加值增长平稳，预计增长5.5%；第二产业增加值恢复性增长，预计增长4%；第三产业增加值增长7.8%。固定资产投资止跌回升，预计增速为2.8%，社会消费品零售总额增幅收窄，预计增长7.4%，受税收收入下降影响，一般公共预算收入预计下降3%。

五 甘肃经济社会平稳健康发展的对策建议

面对经济运行存在的主要问题，甘肃需要进一步抢抓机遇，深化供给侧结构性改革，着力推进创新驱动发展战略，加速动能接续转换，加快新型城镇化建设，加强生态环境保护建设，推动重点领域关键环节改革，推进深层次高水平对外开放，以更强决心、更大力度着力打好脱贫攻坚战，加快全面小康进程，提升人民群众的获得感和幸福感。

（一）解放思想，提振信心，凝聚合力促发展

甘肃本轮经济下行不是单一因素引起的，而是多种因素综合作用的结

果。既与国际因素和外部冲击有关，也是当前经济发展周期性因素和结构性因素交织影响的结果，更是甘肃经济发展中深层次问题暴露的现实反映。从一方面看，甘肃固定资产投资、工业增加值等一些关键性指标连续下滑，造成短期经济运行困难，必须引起高度重视。但从另一方面看，农业和服务业保持相对稳定增长，物价、就业形势持续基本稳定，居民收入持续增长，市场主体大幅增加。经济下滑并没有引发失业率的大幅上升和城乡居民收入的下降，社会大局稳定，经济发展的基本面仍然向好。更为值得注意的是，这种现象是甘肃经济发展实力的真实表现，是正常的，不必过分担忧：一方面挤出了历史原因造成的各种"水分"；另一方面，低速发展状态是历史积累的各种经济矛盾、经济问题和经济欠债的集中反映，把过去若干年内存在的深层次问题通过"低速环境"真实地反映出来，也有利于甘肃在解决短期问题的同时从根本上解决甘肃经济发展的一些深层次问题。越是遇到困难越要坚定发展的信心和决心！全省上下要解放思想，提振信心，谋划长远，保持定力，凝聚合力促发展，要密切关注经济形势变化和国家宏观经济政策调整，科学分析、准确把握经济运行中出现的新情况、新问题，及时调整应对措施。充分运用当前经济增速放缓形成的倒逼机制，进一步解放思想，转变经济发展方式，加快推进产业转型升级，着力提高经济发展的质量和水平。充分发挥综合目标责任考核的激励引导作用，充分调动各方面的积极性，凝聚合力促发展。

（二）多措并举，努力扩大有效需求

千方百计加大投资力度。甘肃经济增长长期依靠投资和传统产业拉动的基本态势没有改变，投资依然是拉动经济增长的重要力量，保持经济平稳发展，则需要紧紧牵住"重大项目建设"这个牛鼻子。通过抓好重大产业项目、重大民生工程和基础设施建设，补齐发展短板，做大、做强、做优重点企业和主导产业，以点串线，以线带面，突出打造带动甘肃经济发展的增长点、增长极和增长带。

着力优化消费环境。提升城市步行街和特色商业街区品位，大力发展农

村便利店、社区菜店等社区商业，建设集零售、餐饮、娱乐于一体的多功能乡镇商贸中心，配套解决居住小区休闲文化健身服务设施，加强城乡综合市场建设。建立全省统一的产品和服务消费评价体系，健全消费信用体系，推进消费者维权机制改革，严厉打击虚假广告、假冒伪劣商品、价格欺诈等行为，加强消费者权益保护，全面营造安全舒心的消费环境。切实提高甘肃城乡居民收入水平，居民收入水平的高低直接决定着消费品市场消长。加快补齐民生领域短板，发展富民惠民产业，切实提高城乡居民收入，才能夯实居民消费的基础，提振居民消费信心。

（三）激发活力，全力促进工业经济走出困境

当前，甘肃省工业总量小、结构单一、增长方式粗放，创新能力弱，发展后劲不足，经济发展不平衡不充分的问题比较突出，经济增长的动力仍然不足，产业发展基础仍然薄弱，新旧动能转换较慢。因此，要进一步推动实施工业强省战略，全力促进工业经济发展。要完善政策措施，鼓励支持企业自主创新和传统工业优化升级。围绕重点企业，加大技术改造、产品升级、市场拓展、循环发展支持力度。提升企业技术水平，实现企业清洁生产，扩大企业市场份额，增强企业盈利能力。通过调整企业住房公积金缴存比例、降低部分行业税率、降低用电用水成本等，进一步降低实体经济运营成本，提升工业经济运行质量。大力发展非公有制经济，创新金融服务，利用政银企对接及贴息、担保等方式鼓励加大对中小企业的信贷投放力度，着力解决中小企业融资难、融资贵的问题，激发经济发展活力。

（四）助力生态产业，推动绿色发展

牢固树立绿色法治理念，以生态理念发展产业，以产业模式发展生态，促进经济发展绿色化。近年来，甘肃省坚持绿色发展，推进生态安全屏障综合试验区建设，2017 年在国家首次发布的绿色发展指数排名中，甘肃列全国第 16 位、西北第 1 位。但一些环境问题仍然存在，祁连山国家级自然保护区生态环境问题督察处理情况向全社会公开通报，一批领导干部受到严厉

问责，为甘肃生态环境保护敲响警钟，也造成一定程度上的负面影响。因此，要牢固树立"绿水青山就是金山银山"的理念，统筹推进山水林田湖草系统治理，大力弘扬八步沙"六老汉"的治沙精神，加强防沙治沙和荒漠化治理力度，强化土壤污染防护修复，着力解决土壤、水、大气等方面的突出生态环境问题，让良好生态环境成为甘肃经济社会持续健康发展的支撑点。大力发展节能环保、清洁能源、循环农业、文化旅游、数据信息和先进制造产业等新兴绿色产业。

（五）推动全面深化改革，优化营商环境

全面深化改革的历史进程中，我们已经啃下许多难啃的"硬骨头"，夯基垒台、立柱架梁，主体框架基本确立，改革进入施工高峰期，但还有许多"拦路虎""绊脚石"需要去攻克。只有坚定不移深化各方面改革，解决好发展不平衡不充分的问题，才能更好满足人民日益增长的美好生活需要。对此，利用媒体等多种形式和途径，对全面深化改革的措施和效果进行深度宣传报道，宣传改革举措的含金量、各项社会政策的获益性，引导人民群众确立合情合理的获得感。对改革中出现的问题要做好正面引导，及时解疑释惑，让民众了解改革、理解改革、参与改革，最大限度凝聚改革共识，营造有利于全面深化改革的良好社会生态环境。不断加强制度建设，构建系统完备、科学规范、运行有效的制度体系，着力推进医疗卫生、社会保障、就业创业、供给侧、"放管服"、基层社会治理体制等方面的改革，激发甘肃经济发展新活力，全方位、深层次、多领域深化同各种所有制企业的交流合作，加快培育发展新动能，在深化改革中提升民众的幸福指数和获得感。重点要推进"放管服"改革，进一步简政放权，深化行政审批改革，公开和规范省市县三级政府部门权力和责任清单，加强政府效能建设，努力做到让市场主体"法无禁止即可为"。要强化"放管服"改革的法治保障，强化重大行政决策合法性审查，强化行政执法监督，加强"放管服"改革专项督察、监督和考核评价，促进和保障"放管服"改革向纵深推进，为规划实施营造良好政务环境。

（六）全面扩大高水平对外开放

"一带一路"倡议的实施为甘肃开放发展与区域经济快速发展带来了重大机遇，尤其是"丝绸之路经济带"建设将地处内陆腹地的甘肃由对外开放的边缘直接推到了向西开放的前沿。因此，要抢抓"一带一路"建设机遇，以打造"丝绸之路经济带"黄金段为牵引，着重发挥好千里走廊的通道、物流基地、外部市场、节会平台等优势，加强与"一带一路"沿线国家和地区的经贸交流合作，着力挖掘丝路经济发展潜力，从以"引进来"为主转向以"走出去"为主，从引进外资为主转向吸引外资和对外投资并举，巩固已有市场，开拓新兴市场，实现全方位主动开放。以扩大人文交流为切入点，依托现有双边和多边合作机制，不断拓展与丝绸之路沿线国家和地区在科技人才、教育医疗、文化旅游等领域的合作交流，全面提升甘肃开放开发水平，铸就对外开放强大引擎，不断释放黄金段的吸附效应和带动效应。

参考文献

李扬、李平：《经济蓝皮书：2019 年中国经济形势分析与预测》，社会科学文献出版社，2018。

安文华、罗哲：《甘肃蓝皮书：甘肃经济发展分析与预测（2018）》，社会科学文献出版社，2018。

朱智文：《科学研判　积极应对　努力实现经济企稳向好》，《甘肃日报》2017 年 11 月 27 日。

甘肃省统计局、国家统计局甘肃调查总队：《2018 年甘肃省国民经济和社会发展统计公报》，http：//www. gstj. gov. cn/HdApp/HdBas/HdClsContentDisp. asp？Id = 15177，2019 年 3 月 19 日。

唐仁健：《政府工作报告》，http：//www. gansu. gov. cn/art/2019/2/22/art_ 9073_ 419033. html，2019 年 3 月 19 日。

严存义：《铺就坦途奔富路——甘肃交通运输业 40 年发展综述》，《甘肃日报》2018 年 12 月 6 日。

沈丽莉：《构建生态产业体系　实现绿色发展崛起——甘肃培育发展十大生态产业综述》，《甘肃日报》2019年4月15日。

陈波、杜克成：《主要指标提速进位　质量效益进一步提升》，《甘肃日报》2019年3月28日。

"当前政策走势与甘肃经济形势分析"课题组：《2018年甘肃经济发展形势与政策取向研究》，《甘肃行政学院学报》2018年第2期。

B.9
2018~2019年新疆维吾尔自治区经济
社会发展形势分析与对策建议

李晓霞　周潇*

摘　要： 2018年，面对错综复杂的国际环境和艰巨繁重的改革发展稳定任务，新疆维吾尔自治区贯彻落实党中央治疆方略，特别是社会稳定和长治久安总目标，统筹推进稳增长、促改革、调结构、惠民生、防风险各项工作，实现了社会大局持续稳定、经济平稳发展、市场活力不断增强、人民生活持续改善、各民族交往交流交融不断加强、各项事业全面进步的良好发展态势。进入2019年，尽管面临诸多困难和挑战，存在各种不稳定、不确定、不可预见因素，新疆全面贯彻"巩固、增强、提升、畅通"八字方针，进一步完善反恐维稳措施，保持对"三股势力"的高压态势，为经济社会发展和各族群众生产生活创造良好环境，向着实现全面建成小康社会的目标稳步迈进。

关键词： 新疆　治疆方略　长治久安

2018年，是贯彻党的十九大精神的开局之年，是改革开放40周年，是决胜全面建成小康社会、实施"十三五"规划承上启下的关键一年。[1] 面对

---

* 李晓霞，新疆社会科学院民族研究所所长、研究员；周潇，新疆社会科学院经济研究所研究员。

[1] 《中央经济工作会议在北京举行 习近平李克强作重要讲话》，中国经济网，http://www.ce.cn/xwzx/gnsz/szyw/201712/20/t20171220_27355763.shtml，2017年12月20日。

错综复杂的国际环境和艰巨繁重的改革发展稳定任务，新疆维吾尔自治区贯彻落实党中央治疆方略，特别是社会稳定和长治久安总目标，坚持以人民为中心的发展思想，统筹推进稳增长、促改革、调结构、惠民生、防风险各项工作。新疆呈现社会大局和谐稳定、经济平稳发展、市场活力持续增强、人民生活不断改善、各民族交往交流交融不断加强、各项事业全面进步的良好局面。

一　新疆的区域定位

新疆维吾尔自治区位于亚欧大陆腹地，地处祖国西北边陲，总面积166.5万平方公里，约占全国陆地总面积的1/6；与俄罗斯、蒙古、哈萨克斯坦、吉尔吉斯斯坦、塔吉克斯坦、巴基斯坦、阿富汗、印度等八国接壤，国界线5742公里，约占全国陆地国界线的1/4，是中国面积最大、陆地国界线最长、交界邻国最多的省级行政区。

新疆自古就是多民族聚居、多文化交会、多宗教并存的地区，是东西方文明交流的重要通道，著名的"丝绸之路"在此将古代中国与世界联系起来。[①] 在悠久的历史进程中，各民族交往交流交融，共同开发、建设、保卫祖国的疆土，创造了灿烂的文化。目前，新疆有56个民族。截至2018年末，新疆常住人口2486.76万人，其中城镇人口占到50.91%。有14个地级行政单位，包括5个自治州、5个地区、4个地级市；有105个县（市、区），其中有34个边境县（市）。新疆生产建设兵团是自治区的重要组成部分。

新疆地貌可形象地概括为"三山夹两盆"：南面是昆仑山，北面是阿尔泰山，天山横贯中部，把新疆分为南部和北部，习惯称天山以南为南疆，天山以北为北疆。位于南疆的塔里木盆地和位于北疆的准噶尔盆地分别是中国

---

① 《新疆的反恐、去极端化斗争与人权保障》白皮书，中国新疆网站，http：//www.chinaxinjiang.cn/zixun/xjxw/201903/t20190318_575008.htm，2019年3月18日。

最大和次大盆地。绿洲分布于盆地边缘和干旱河谷平原区，现有绿洲面积14.3万平方公里，占新疆总面积的8.7%。新疆属于典型的温带大陆性干旱气候，降水稀少、蒸发量大。水资源总量832亿立方米，位居全国前列，但单位面积水资源量只为全国平均水平的1/6。现有耕地面积7824.7万亩。可利用草原面积7.2亿亩，为全国五大牧区之一。全年日照时间平均为2600～3400小时，居全国第二位，为农产品种植提供了良好的光照条件。矿产种类多，储藏量大，开发前景广阔。截至2018年底，新疆发现的矿产有142种，占全国已发现矿种的82.1%。储量居全国首位的有13种，居前五位的有56种。据全疆矿产资源潜力评价，石油、天然气、煤炭预测资源量分别占全国陆上这三种矿产资源量的30%、34%、40%。新疆生物资源种类繁多、物种独特。野生脊椎动物700余种，占全国的11%。有国家重点保护动物116种，约占全国的1/3。野生植物达4000余种。特色林果品种多样，其中优良品种190余个，新疆素有"瓜果之乡"的美誉。

新疆旅游资源丰富、开发潜力巨大。截至2018年底，全区有国家5A级景区12个，4A级景区79个，3A级景区132个。有5个城市（县城）被列为国家历史文化名城；6个村镇被列入中国历史文化名村名镇；17个村落被列入中国传统村落名录，中国少数民族特色村寨22个。自然景观神奇独特，历史文化底蕴深厚，民族风情浓郁，素有"歌舞之乡"美称。

新疆具有对外开放的独特优势。作为我国向西开放的前沿，新疆与世界各国特别是周边国家的经济交流与合作不断深化。全疆经国务院批准开放的边境陆路口岸15个、航空口岸3个，是全国拥有口岸数量最多的省区之一；有4个边境经济合作区、3个综合保税区。2012年正式封关运营的中哈霍尔果斯国际边境合作中心是我国与其他国家建立的首个国际边境合作中心，也是世界上首个跨境自由贸易区。①

新疆是我国对外开放的重要门户，是亚欧大陆通道的重要枢纽，也是守

---

① 以上介绍来自新疆维吾尔自治区人民政府网站，http：//egov. xinjiang. gov. cn/ljxj/xjgk/index. html，最后访问时间：2019年9月26日。

卫我国西北的战略屏障，在历朝历代都是维护祖国统一和安全稳定的边防重地。党中央历来高度重视新疆工作。2010 年 5 月召开的中央新疆工作座谈会明确指出："新疆工作在党和国家工作全局中具有特殊重要的战略地位。新疆发展和稳定，关系全国改革发展稳定，关系祖国统一、民族团结、国家安全，关系中华民族伟大复兴。"① 2014 年 5 月召开第二次中央新疆工作座谈会，习近平总书记强调，做好新疆工作是全党全国的大事，必须从战略全局高度，谋长远之策，行固本之举，建久安之势，成长治之业。要围绕社会稳定和长治久安这个总目标，以经济发展和民生改善为基础，以促进民族团结、遏制宗教极端思想蔓延为重点，坚持依法治疆、团结稳疆、长期建疆，努力建设团结和谐、繁荣富裕、文明进步、安居乐业的社会主义新疆。② 自治区党委贯彻落实党中央决策部署，努力推动新疆社会稳定、经济发展、民生改善、民族团结等各项事业持续进步。

二 2018年新疆经济社会发展状况

（一）经济运行基本态势

2018 年，新疆坚持稳中求进工作总基调，贯彻落实新发展理念，以供给侧结构性改革为主线，积极促进稳定红利不断释放，调整经济结构、优化产业布局，在努力保持新疆经济平稳健康发展的基础上，积极培育新动力，推动经济向高质量发展。整体经济运行积极向好，稳中有进，全年实现地区生产总值 12199.08 亿元，按可比价格计算，比上年增长 6.1%。③ 发展环境和基础持续优化，开放型经济层次和水平不断提升，多领域改革取得进展，

---

① 《中共中央国务院召开新疆工作座谈会》，http：//www. chinaxinjiang. cn/zt2010/zth/3/t20100521_593797. htm，2010 年 5 月 21 日。

② 《习近平在第二次中央新疆工作座谈会上发表重要讲话》，http：//www. xinhuanet. com//photo/2014－05/29/c_126564529. htm，2014 年 5 月 29 日。

③ 新疆维吾尔自治区统计局：《新疆维吾尔自治区 2018 年国民经济和社会发展统计公报》，中国统计信息网，http：//www. tjcn. org/tjgb/31xj/35841_3. html，2019 年 3 月 29 日。

新业态、新模式不断强化发展新动能。

1. 调结构、提质量，持续增强综合实力

不断调整优化经济结构，夯实高质量发展产业支撑。2018年，新疆三次产业结构比为13.9∶40.3∶45.8，"三二一"产业格局初步形成。其中，第一产业增加值1692.09亿元，同比增长4.7%；第二产业增加值4922.97亿元，同比增长4.2%；第三产业增加值5584.02亿元，同比增长8.0%。全年人均地区生产总值49475元，比上年增长4.1%。①

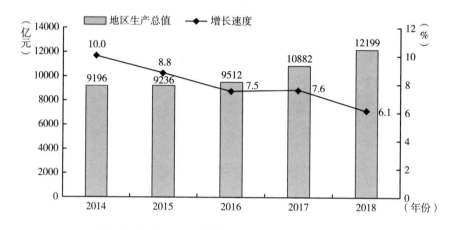

图1　2014～2018年新疆地区生产总值（GDP）及增速

资料来源：《新疆维吾尔自治区2018年国民经济和社会发展统计公报》。

从对经济增长的贡献来看，第一产业对经济增长的贡献率为11.3%，第二产业为26.4%，第三产业为62.3%。第三产业已经连续4年成为拉动新疆经济增长的第一动力。旅游业和"互联网＋"成为带动第三产业快速增长的"龙头"，2018年，到新疆旅游人数突破1.5亿人次，同比增长40.09%，呈"井喷"之势，不仅成为新疆稳定红利持续释放的有力证明，更让世界看到了团结、和谐、日新月异的真实大美新疆。2018年，新疆互联网和相关服务业投资比上年增长1.3倍，数字经济规模达到2800亿元，同比增长近10%。

---

① 新疆维吾尔自治区统计局：《新疆维吾尔自治区2018年国民经济和社会发展统计公报》，中国统计信息网，http://www.tjcn.org/tjgb/31xj/35841_3.html，2019年3月29日。

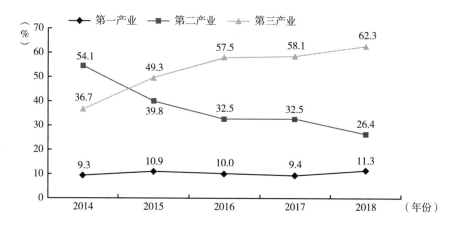

图 2　2014～2018 年新疆三次产业对经济增长的贡献率

资料来源：《新疆统计年鉴 2018》《新疆维吾尔自治区 2018 年国民经济和社会发展统计公报》。

工业内部结构加快向中高端调整，新兴产业增长势头良好，对经济增长带动作用不断增强。2018 年，新疆高新技术制造业、战略性新兴产业大幅增长。高新技术制造业完成增加值比上年增长 32.1%，增速比上年提高 6.7 个百分点，比规模以上工业提高 28 个百分点；工业战略性新兴产业完成增加值增长 15.1%，增速比上年提高 5.9 个百分点，比规模以上工业高 11 个百分点。[①] 形成了以新能源装备、输变电装备为特色优势，汽车、农牧机械、工程机械、石油石化装备等为主的"新疆制造"产业体系，科技创新能力日益增强、高端智能制造步伐加快，2016～2018 年，行业固定资产投资超过 400 亿元，规模以上企业有 200 多家。2018 年，新疆装备制造业增加值 62.33 亿元，比 2017 年增长 2.4%。[②]

紧贴民生促发展，不断增强人民获得感、幸福感、安全感。2018 年，新疆居民人均可支配收入首次突破 2 万元大关，达到 2.15 万元，同比增长

[①]　新疆维吾尔自治区统计局：《新疆维吾尔自治区 2018 年国民经济和社会发展统计公报》，中国统计信息网，http：//www.tjcn.org/tjgb/31xj/35841_3.html，2019 年 3 月 29 日。

[②]　《新疆装备制造业工业增加值增速逐月回升》，天山网，http：//news.ts.cn/system/2019/08/01/035812075.shtml，2019 年 8 月 1 日。

7.6%。其中，城镇居民人均可支配收入 32764 元，比上年增长 6.5%，扣除价格因素，实际增长 4.6%；农村居民人均可支配收入 11975 元，增长 8.4%，扣除价格因素，实际增长 5.9%。① 各族群众实实在在分享到了经济发展的成果。

2. 强基础、补短板，筑牢发展基础

新疆不仅深处内陆，而且地域辽阔，地处"东联西出"的交通要道，作为全国石油、天然气、煤炭等能源资源大省，166.5 万平方公里的疆域内分布着大面积的沙漠戈壁、冰山高原，气候极其干旱，水资源严重短缺，因而，交通、水利、通信和能源基础设施不仅是人们基本的生存需要，更是经济发展的制约。近年来，随着国家"一带一路"倡议的深入实施和新疆"丝绸之路经济带核心区"建设步伐的加快，一批大项目大工程不断补齐基础设施短板，发展基础持续强化，综合实力不断增强。2018 年，卡拉贝利水利枢纽工程等一批项目建成投入运行，南疆 750 千伏电网延伸补强工程全线贯通，大石峡水利枢纽工程等一批重点项目如期开工。②

在全疆固定资产投资和基础设施建设投资较上年双双下降的情况下，航空、铁路、管道运输业等补短板投资保持较快增长。2018 年，新疆基础设施建设投资比上年下降 36.6%，而其中，航空运输业增长 1.8 倍、铁路运输业增长 22.4%、管道运输业增长 20.7%。③ 大手笔的投资带来的是东进西出以及疆内各地通达性和便利性的不断增强。

"疆内环起来，进出疆快起来"的立体交通体系加快建设。新疆北中南三大公路运输通道功能不断提升。2018 年新疆公路通车总里程达到 18.9 万公里。G7 线（京新高速）明水至哈密段建成通车，贯通了第二条进出疆大通道，新疆至北京的距离缩短了 1300 多公里。随着和田－墨玉高速公路建

---

① 新疆维吾尔自治区统计局：《新疆维吾尔自治区 2018 年国民经济和社会发展统计公报》，中国统计信息网，http：//www.tjcn.org/tjgb/31xj/35841_3.html，2019 年 3 月 29 日。
② 《新疆维吾尔自治区政府工作报告》，《新疆日报》2019 年 2 月 14 日。
③ 新疆维吾尔自治区统计局：《新疆维吾尔自治区 2018 年国民经济和社会发展统计公报》，中国统计信息网，http：//www.tjcn.org/tjgb/31xj/35841_3.html，2019 年 3 月 29 日。

成通车，新疆实现所有地州市高速公路全覆盖，高速公路总里程已突破4800公里。① 2018年9月27日，"西欧－俄罗斯－哈萨克斯坦－中国西部"高速公路（"双西公路"）全线贯通，中国至欧洲实现全程高速，从连云港前往欧洲所需时间将从此前海运的45天缩短至10天。② 跨越"三山两盆"的兰新线、南疆线、乌准线、精伊霍线等铁路网连通天山南北，乌鲁木齐至内地的高速铁路实现与全国联网，克拉玛依－塔城铁路开通运营。新疆有民用机场21个，运营在飞航线264条，16个国家、20个国际城市、1个地区城市、81个国内城市与乌鲁木齐国际机场通航。③ 2018年，新疆民航旅客运输量3367.99万人次，增长11.7%，增速比上年提高3.5个百分点；民航旅客周转量231.25亿人公里，增长19.7%，增速比上年提高8.9个百分点。④

目前，新疆已经建成集通信光缆、卫星通信、数字微波等多种手段为一体的立体化国际信息大通道，中国电信新疆分公司、中国联通新疆分公司建成的喀什卫星地面站的信号可覆盖中亚、中东、欧洲及非洲等地区，形成了"丝绸之路经济带"西向、南向、北向国际信息通道的跨境布局，新疆正在成为中国互联网西向大通道的重要枢纽。

3. 突出供给侧结构性改革主线，拓展高质量发展空间

不断清理退出低端、过剩产能，大力推进去库存、去杠杆、降成本，为新供给、新动能培育配置优质要素资源、开辟更大发展空间。2018年，新疆化解钢铁产能215万吨，煤炭462万吨，关停133.1万千瓦单位能耗高的

---

① 《新疆维吾尔自治区政府工作报告》，《新疆日报》2019年2月14日。
② 陈蔷薇：《新疆构筑全方位对外开放新格局》，《新疆日报》2019年1月4日。尚升：《"双西公路"全线贯通，中国至欧洲实现全程高速》，天山网，http://news.ts.cn/system/2018/09/28/035395714.shtml，2018年9月28日。
③ 新疆维吾尔自治区人民政府新闻办公室：《新疆举行丝绸之路经济带核心区建设进展情况新闻发布会》，http://www.scio.gov.cn/xwfbh/gssxwfbh/xwfbh/xinjiang/Document/1658084/1658084.ht，2019年6月20日。
④ 新疆维吾尔自治区统计局：《新疆维吾尔自治区2018年国民经济和社会发展统计公报》，中国统计信息网，http://www.tjcn.org/tjgb/31xj/35841_3.html，2019年3月29日。

煤电机组。单位工业增加值能耗、用水量持续下降。① 自治区党委改革办的数据显示，近三年，新疆依法依规退出钢铁产能 1200 万吨，累计关停煤矿 157 处，退出煤炭产能 1899 万吨。水泥行业淘汰落后产能 787 万吨。完成 43 户低效无效和僵尸企业处置。② 2018 年末，全疆商品房待售面积 1305.28 万平方米，比上年下降 11.1%，比上年末减少 163.44 万平方米。③ 2018 年，规模以上工业企业资产负债率 60.1%，比上年减少 2.7 个百分点，各规模类型工业企业杠杆率均呈现下降趋势。

贯彻新发展理念，推动新疆传统产业实现高质量发展。不断提高石油石化、冶金建材、机械制造等传统产业产品技术、工艺装备、能效环保水平。2018 年底，作为引领行业高质量发展示范和标杆的我国工业领域的最高奖项，第五届中国工业大奖颁发，全国 69 个获奖企业和项目中，新疆占到 4 个，其中 3 个属于新疆传统的石油化工行业，因其在循环经济、节能减排、智能制造等方面成就突出而获奖。④ 2018 年，新疆规模以上工业单位增加值能耗稳步下降，按规模以上工业增加值增长 4.1% 测算，比上年下降 3.22%。水、风、光等清洁能源发电量 629.75 千瓦时，比上年增长 9.9%，清洁能源发电占总发电量的 20.0%。新业态、新模式、新动能不断涌现。大数据、"互联网+"、分享经济等新产业、新业态蓬勃发展。2018 年，疆内企业实现网上零售额 159.7 亿元，比上年增长 44.8%；新疆本地消费者通过网购实现网上零售额 720.6 亿元，增长 17.7%，占同期新疆社会消费品零售总额的 22.6%。高新技术制造业、工业战略性新兴产业实现大幅增长。2018 年 1~11 月，规模以上工业企业实现主营业务收入 9194.04 亿元，比上年增长 7.6%，实现利润 840.68 亿元，增长 12.3%。分行业看，39 个行业大类中 36 个行业实现盈利。工业品产销率 98.3%，产销衔接良好，工

① 《新疆维吾尔自治区政府工作报告》，《新疆日报》2019 年 2 月 14 日。
② 石鑫：《迎难而上　深化供给侧结构性改革》，《新疆日报》2019 年 1 月 1 日。
③ 新疆维吾尔自治区统计局：《新疆维吾尔自治区 2018 年国民经济和社会发展统计公报》，中国统计信息网，http://www.tjcn.org/tjgb/31xj/35841_3.html，2019 年 3 月 29 日。
④ 石鑫：《高质量发展成色更足》，《新疆日报》2019 年 5 月 30 日。

业企业经营效益提升明显。

4. 统筹推进脱贫攻坚和乡村振兴，促进第一产业上水平

聚焦全面建成小康社会补贫困短板，重点聚焦南疆四地州深度贫困地区，推动脱贫攻坚取得明显成效。2014～2018年，新疆累计实现58.87万户231.47万贫困人口脱贫、2131个贫困村退出、13个贫困县摘帽，农村贫困发生率由19.4%降到6.1%。出台《新疆维吾尔自治区乡村振兴战略规划（2018～2022年）》，扎实推进农村基础设施建设，农林牧渔业稳中有升，农副产品加工业发展态势良好，稳粮、优棉、促畜、强果、兴特色见成效。粮食生产安全稳定，畜牧业稳步发展。林果总产量稳定在500万吨。棉花产量511.1万吨，比上年增长11.9%，占全国的83.8%。新增高效节水灌溉面积200万亩。完成了1800万亩土地承包经营权确权登记颁证工作。① 新疆的农业机械化、高效节水灌溉水平位于全国前列。

积极推进农产品供给侧结构性改革，加快构建结构更加符合消费需求、更具市场竞争力的农产品生产供给体系。推广强筋小麦、有机小麦、富硒小麦标准化生产和制种玉米、籽粒玉米、青贮玉米等新品种的种植，已形成富硒、有机、强筋小麦3个种植技术规程。棉花生产向高质量、低成本、高效益转变，北疆棉花主产区开展机采棉降成本和智能化种植生产试点；南疆一些产棉区通过大规模土地流转，由大型龙头企业带动推进棉花适度规模化种植，为今后机采棉的推广奠定基础。

推动"互联网＋农业"发展，促进乡村产业振兴。第三方大数据统计显示，2018年，新疆电商交易实现1880.72亿元，同比增长16.07%。其中，农村网络零售额实现71.91亿元，增长44.5%。② 2018年，新疆有46个县市纳入国家级电子商务进农村综合示范项目，建设完成南疆四地州386个（镇）村级电商服务站（点）。③ 农村电商的快速发展，大大拓展了新疆

---

① 《新疆维吾尔自治区政府工作报告》，《新疆日报》2019年2月14日。
② 《从鲜杏旺销内地看特色农产品出疆》，《新疆日报》2019年7月29日。
③ 《电商激活乡村经济》，《新疆日报》2019年7月15日。

特色农产品外销渠道和市场空间，为精准脱贫提速增效。

5. 深化改革、创新机制，不断激发增长活力

实施优化提升营商环境十大行动，积极营造良好的营商环境，努力提升新疆的吸引力、竞争力，促进资源和要素集聚，培育内生增长动力。调整政府和市场关系，带动金融、财税、社会事业等多领域改革。通过深入推进"放管服"改革，推动新疆营商环境持续改善，激发市场活力和社会创造力。截至 2018 年，自治区本级取消调整行政审批事项 832 项，取消所有非行政许可审批事项，保留 328 项行政审批事项。按照简政放权要求，在企业开办、建设工程项目、不动产登记、纳税贷款等领域，持续减少审批事项、精简办事流程、降低办事成本。①

推进减负、减税、降费各项举措落地见效。进一步降低行政事业性收费，清理规范经营服务性收费，降低涉企收费标准。2018 年，全疆 185 家金融机构享受增值税免税利息收入 55.66 亿元，174 万户民营企业取得免息、低息贷款业务。增值税改革政策实施以来，税务机关对全疆 15 户小额贷款公司 1921.17 万元利息收入免征增值税，帮助全疆 162 万农户渡过资金难关。② 2018 年，新疆实体经济减负超过 620 亿元。

以改革创新不断增强实体经济活力。加快推进国资国企改革，根据国家层面国企改革"1 + N"政策体系，结合自治区实际，按照"成熟一个，推出一个"的原则，自治区先后出台了 32 个国资国企改革文件，搭建"四梁八柱"的新疆国企改革政策体系框架。目前，自治区本级监管企业公司制改制率达到 91.6%，国有企业布局和结构进一步优化，创新能力显著提高。出台一系列支持民营经济加快发展的政策措施，促进民营经济不断发展壮大。各级市场监管部门坚持减证照、压许可、宽准入、降成本，着力推进和深化商事制度改革、行政审批制度改革，为民营经济营造更加公开、透明、便利的准入环境。2018 年末，新疆私营企业总数 28.70 万户，2018 年当年

---

① 石鑫：《高质量发展成色更足》，《新疆日报》2019 年 5 月 30 日。

② 黑宏伟：《新疆持续加大减税降费力度》，《新疆日报》2019 年 1 月 6 日。

增加4.58万户；个体工商户125.60万户，新增26.29万户。完成民间投资占全疆固定资产投资的34.3%，比上年提高3.2个百分点。目前，新疆民营经济市场主体（包括私营企业和个体工商户）在全疆市场主体总量中的占比已达95%。①

大力支持中小企业发展。实施"专精特新"（专业化、精细化、特色化、新颖化）中小企业创新券服务项目，引导中小企业公共服务机构为"专精特新"中小企业开展低收费、定制化、公益化服务，"专精特新"中小企业达到398家。分别建成国家和自治区级中小企业公共服务示范平台12家和118家，服务企业近2万户。2018年，新疆新增中小企业1.9万家，新增就业17万人。②

大力实施创新驱动发展战略。加快建设创新型新疆，建设了一批具有引领作用的创新企业、创新机构、创新基地和创新项目。乌鲁木齐、昌吉、石河子高新技术产业开发区被国务院批准为国家自主创新示范区。启动实施"一带一路"科技创新行动计划，建设了一批成果转移转化平台。2018年，申请专利10725件，授权专利7512件。稳步推进"丝绸之路经济带"创新驱动发展试验区建设，聚集130多家产学研机构联合创新，高新技术企业收入增长36%，科技成果转化增长35%。③

（二）社会发展基本情况

2018年，新疆干部群众认真学习习近平新时代中国特色社会主义思想和党的十九大精神，树牢"四个意识"、坚定"四个自信"，围绕社会稳定和长治久安总目标积极开展各项工作。新疆社会大局保持稳定，人民生活水平进一步提高，为高质量发展营造和谐安定的社会环境。

1. 着力保障和改善民生，提升各族群众的获得感和幸福感

2018年，新疆坚持以人民为中心的发展思想，重视民生改善，持续推

---

① 《新疆市场主体中民营经济占比达95%》，《新疆日报》2019年7月24日。
② 王丽丽：《去年新疆新增中小企业1.9万家》，《乌鲁木齐晚报》2019年1月15日。
③ 《新疆维吾尔自治区政府工作报告》，《新疆日报》2019年2月14日。

进就业、教育、医疗、社保等民生领域发展，不断提升各族群众的获得感、幸福感、安全感。

多渠道推进就业惠民。2018年，新疆通过完善落实就业政策措施、扎实推进就业扶贫、统筹推进重点群体就业、鼓励以创业带动就业、加强以就业为导向的职业技能培训、推进公共就业服务信息化建设等举措，持续推进就业工作，全疆就业形势稳中有升、整体向好。2018年，新疆城镇新增就业47.58万人，农村富余劳动力转移就业280.5万人（次），城镇就业困难人员实现就业5.24万人，均超额完成年度目标任务；区属高校应届毕业生就业率达到89.83%，零就业家庭继续保持动态清零。① 年度城镇新增就业人数、农村富余劳动力转移就业人数、高校毕业生就业人数三项指标均创新高。城乡富余劳动力、高校毕业生、就业困难人员是就业工作重点关注的群体，新疆多渠道多形式开展就业工作，在农村因地制宜推行"村办工厂""民生坊"等吸纳富余劳动力就地就近转移就业，在城镇常态化实施就业困难人员"一对一"帮扶，将4379名未就业普通高校毕业生送到援疆省市进行培养。就业在扶贫攻坚工作中占有重要地位。通过向援疆省市转移、向兵团转移、跨地区转移以及向当地城乡企业转移等多种就业渠道，2018年南疆四地州22个深度贫困县转移建档立卡贫困家庭劳动力稳定就业7.5万人，稳定就业率92%。②

积极实施教育惠民。坚持教育优先发展，完善控辍保学机制，尤其是学前教育发展速度很快。截至2018年底，新疆学前三年幼儿毛入园率达96.9%，九年义务教育巩固率达94.2%，初中到高中阶段的升学率达97.3%。③ 加大职业

① 《2018年新疆城镇新增就业47.58万人》，人民网－新疆频道，http：//xj. people. com. cn/GB/n2/2019/0109/c186332－32511778. html，2019年1月9日。

② 《2018年新疆城镇新增就业47.58万人》，人民网－新疆频道，http：//xj. people. com. cn/GB/n2/2019/0109/c186332－32511778. html，2019年1月9日。

③ 曹志恒、于涛：《阔步走向长治久安——第二次中央新疆工作座谈会召开5周年综述》，人民网，http：//politics. people. com. cn/n1/2019/0627/c1001－31197497. html，2019年6月27日；《新疆统筹推进教育脱贫攻坚　全力推动教育惠民工程》，人民网，http：//edu. people. com. cn/n1/2019/0709/c1006－31222265. html，2019年7月9日。

院校建设和布局调整力度，实施现代职业教育质量提升计划、职业教育产教融合工程等。近几年累计投入 15.88 亿元，支持 22 所高等职业学校、93 所中等职业学校开展基础能力建设，职业学校办学条件得到改善，实现了初中、高中未就业毕业生职业技术培训全覆盖。[①] 对南疆四地州的教育支持力度更大。实现了南疆四地州城乡一体学前三年免费教育。学生资助应助尽助，2018 年累计拨付南疆四地州各类学生资助资金达 44 亿元，受益学生超过 306 万人次。[②] 相继协调 10 省市 124 所职业院校对口支援南疆四地州 50 所职业学校，组织 25 所疆内优质学校帮扶南疆四地州 47 所中等职业学校，实现"对口援助"与"对口帮扶"南疆职业教育全覆盖。[③]

推进医疗惠民。基层公共卫生服务能力和基本医疗服务质量进一步提高，落实全民免费健康体检，初步实现县级医院远程医疗全覆盖。实现人身意外伤害保险、大病保险全覆盖，农村贫困人口 15 种大病集中救治和慢性病签约服务全覆盖。实现农村户籍患者在地（州、市）区域内"先诊疗后付费"和"一站式"结算。[④] 针对群众关心的跨省就医问题，新疆 14 个统筹地区全部接入国家跨省异地就医平台。目前，新疆与除西藏外的全国各省份均开展了参保人员往来跨省异地就医直接结算业务。

完善社会保障体系，稳步提高社会保险待遇，继续降低社会保险费率。符合条件的困难群众实现了应保尽保。2018 年 10 月，新疆城乡低保对象 264 万人，其中农村低保 210 万人，比上年初增加 26%，约占农村人口的 16%，71% 的农村低保对象分布在南疆四地州 22 个深度贫困县。提高社会保障水平。2018 年，城乡困难群众低保补助水平分别提高了 15 元、24 元，

---

① 赵西娅：《自治区推进职业教育改革发展综述》，新华网，http://www.xj.xinhuanet.com/2019－05/22/c_1124527001.htm，2019 年 5 月 22 日。
② 《新疆多举措"托底"南疆深度贫困地区教育发展》，天山网，http://news.ts.cn/system/2019/05/13/035688942.shtml，2019 年 5 月 13 日。
③ 赵西娅：《自治区推进职业教育改革发展综述》，新华网，http://www.xj.xinhuanet.com/2019－05/22/c_1124527001.htm，2019 年 5 月 22 日。
④ 《新疆维吾尔自治区政府工作报告》，中国经济网，http://district.ce.cn/newarea/roll/201902/14/t20190214_31476190_1.shtml，2019 年 2 月 14 日。

达到 325 元/月·人和 200 元/月·人；① 城乡居民基本养老保险基础养老金最低标准由每人每月 115 元提高至 140 元，这是自 2015 年城乡居民养老保险制度合并实施以来的第二次提标；② 失业保险金标准再次调整，最高每月为 1225 元，最低每月 865 元，分别比之前提高了 174 元和 136 元。③ 实现孤儿集中收养和有意愿的"五保"老人集中供养，全面落实 80 周岁以上老年人高龄津贴、免费体检和残疾人"两项补贴"制度。④ 中央加大对新疆改善民生的支持力度，2018 年中央财政下达新疆困难群众救助资金 63.1 亿元，医疗救助资金 11.46 亿元，均比 2017 年明显增长，其增幅均为全国第一。⑤

加强公共文化建设。2013～2018 年，新疆利用中央和本级财政资金，在公共文化事业方面投入近 30 亿元，主要支持场馆及基础设施设备建设、"三馆一站"免费开放和公共数字文化建设 1.66 亿元。在公共文化基础设施建设上坚持重心下移，向深度贫困地区倾斜。通过实施"村级文化室专项设备"和"贫困地区公共文化数字服务提档升级"项目，新疆贫困地区配备了一大批文化设施设备，公共图书馆、农家书屋等场所遍布各地城乡，丰富了居民的精神文化生活。目前，新疆建有各级各类公共图书馆、文化馆、博物馆、美术馆、乡镇（街道）综合文化站等公共文化服务机构 9430 个，从业人员 3.7 万人，覆盖区、地、县、乡、村五级的公共文化服务体系已基本形成。⑥

2. 坚持精准施策，全力打好脱贫攻坚战

2018 年，新疆围绕"两不愁三保障"，落实"六个精准"，推进"七个

---

① 《新疆再次提高城乡最低生活保障水平》，中国新疆网，http：//www.chinaxinjiang.cn/zixun/xjxw/201810/t20181002_570458.htm，2018 年 10 月 2 日。

② 《新疆提高城乡居民基础养老金最低标准 每人每月 140 元》，中华网，https：//news.china.com/domesticgd/10000159/20180927/34022840.html？iwon，2018 年 9 月 27 日。

③ 《新疆上调失业保险金标准》，天山网，http：//news.ts.cn/system/2018/11/20/035470207.shtml，2018 年 11 月 20 日。

④ 《新疆维吾尔自治区政府工作报告》，中国经济网，http：//district.ce.cn/newarea/roll/201902/14/t20190214_31476190_1.shtml，2019 年 2 月 14 日。

⑤ 《新疆再次提高城乡最低生活保障水平》，中国新疆网，http：//www.chinaxinjiang.cn/zixun/xjxw/201810/t20181002_570458.htm，2018 年 10 月 2 日。

⑥ 《5 年来中央及新疆投入近 30 亿元发展公共文化事业》，新华网，http：//www.xinhuanet.com/culture/2018－11/16/c_1123720633.htm，2018 年 11 月 16 日。

一批""三个加大力度"① 等，深化定点扶贫、社会扶贫、援疆扶贫、区内协作扶贫，实施"千企帮千村"精准扶贫行动，将扶贫与扶志、扶智相结合，激发贫困群众自我发展的内生动力。转移就业、发展产业、土地清理再分配、生态补偿等措施带动大批贫困人口脱贫，同时加大教育扶贫、健康扶贫、基础设施建设力度，落实全面改善贫困地区义务教育薄弱学校基本办学条件等项目资金 24 亿元，支持 1592 所义务教育学校改善办学条件；城乡居民大病保险对贫困人口的起付线全部降低至 60%；全疆解决 56 万人饮水安全问题，贫困村通硬化路 407.9 公里，贫困村通水、通电、通广播电视、通宽带网络等年度任务全部完成，② 贫困群众生产生活条件得到明显改善。贫困地区农村居民人均可支配收入较快增长，增幅高于全疆平均水平。③ 坚持增加政府扶贫投入与提高资金使用效益并重，强化扶贫投入保障，加强扶贫资金管理，推进扶贫领域腐败和作风问题专项治理，确保资金项目精准落地。全疆投入扶贫资金 334.11 亿元，实现了 53.7 万贫困人口脱贫，513 个贫困村退出，3 个贫困县摘帽，④ 截至 2018 年底，新疆贫困发生率已由 2013 年底的 19.4% 下降到 6.1%，⑤ 北疆、东疆所有县实现了脱贫。南疆四地州深度贫困地区实现 48.6 万人脱贫，贫困发生率由 2017 年底的 22.28% 降至 12.71%。⑥ 各族群众的获得感、幸福感、安全感不断增强。

---

① "两不愁三保障"，即不愁吃、不愁穿，义务教育、基本医疗、住房安全有保障；"六个精准"，即扶贫对象精准、项目安排精准、资金使用精准、措施到户精准、因村派人精准、脱贫成效精准；"七个一批"，即通过转移就业、发展产业、土地清理再分配、转为护边员、实施生态补偿、易地扶贫搬迁、综合社会保障措施兜底七种方式各扶持一批；"三个加大力度"，即加大教育扶贫力度、加大健康扶贫力度、加大基础设施建设力度。

② 《新疆：53.7 万人是如何在一年内脱贫的》，人民网，http://xj. people. com. cn/n2/2019/0225/c186332 - 32678728. html，2019 年 2 月 25 日。

③ 《新疆深度贫困地区脱贫攻坚首战告捷》，中华人民共和国中央人民政府网，http://www. gov. cn/xinwen/2019 - 02/16/content_ 5366219. htm，2019 年 2 月 16 日。

④ 《自治区脱贫攻坚成效新闻发布会召开》，新浪新闻中心，https://news. sina. com. cn/c/2019 - 02 - 28/doc - ihrfqzka9939152. shtml，2019 年 2 月 28 日。

⑤ 《新疆贫困发生率已降至 6.1%　今年 12 个深度贫困县将脱贫》，中国新闻网，http://www. chinanews. com/gn/2019/07 - 30/8911688. shtml，2019 年 7 月 30 日。

⑥ 《新疆深度贫困地区脱贫攻坚首战告捷》，中华人民共和国中央人民政府网，http://www. gov. cn/xinwen/2019 - 02/16/content_ 5366219. htm，2019 年 2 月 16 日。

3. 加强社会综合治理，保持社会稳定大局

2018 年，在以习近平同志为核心的党中央治疆方略指引下，新疆始终把维护稳定作为压倒一切的政治任务，全面加强社会治安综合治理，保持对"三股势力"①的高压严打态势。加强社会面防控，构建立体化、信息化的社会治安防控体系。强化边境管控，健全完善守边护边机制，确保边境线安全。依法加强网络空间管理，规范网络信息传播秩序，积极发展健康向上的网络文化。开展扫黑除恶专项斗争，把反恐维稳和扫黑除恶结合起来，深挖彻查为黑恶势力特别是"三股势力"充当"保护伞"的"两面人"。新疆呈现大局稳定、形势可控、趋势向好的态势，全年未发生暴力恐怖案件，包括危安案件、公共安全事件在内的刑事案件、治安案件大幅下降，社会治安状况明显好转，宗教极端主义渗透得到有效遏制，各族群众安全感显著增强。②

深入开展"访惠聚"驻村工作，组织各级干部走入基层、走进群众。2014 年，自治区党委部署"访民情惠民生聚民心"（简称"访惠聚"）活动，所有的机关干部、企事业单位管理人员轮流驻村（社区），开展基层组织建设、维护稳定、促进团结、扶贫帮困等工作。2018 年，全疆共选派"访惠聚"驻村工作队 1.26 万支、干部 7.79 万人，其中区直机关和中央驻疆单位、兵团向南疆四地州 22 个深度贫困县的深度贫困村增派第一书记 1289 名。③"访惠聚"驻村干部、第一书记扎根基层，把维护稳定作为核心任务，把群众利益放在最高位置，帮助各族群众解决困难问题，成为各族群众的贴心人。

4. 持续开展"民族团结一家亲"活动，促进民族团结

习近平总书记多次强调，"新疆的问题最长远的还是民族团结问题"，

---

① "三股势力"，即暴力恐怖势力、民族分裂势力、宗教极端势力。

② 《新疆自治区主席就新疆反恐维稳情况等工作答记者问》，中国新闻网，https：//www. chinanews. com/gn/2018/10－16/8650787. shtml，2018 年 10 月 16 日。

③ 《扎根基层咬定目标使劲干——新疆"访惠聚"驻村工作队聚力脱贫攻坚记事》，天山网，http：//news. ts. cn/system/2019/01/10/035527069. shtml，2019 年 1 月 10 日。

民族团结是各族人民的生命线，是新疆发展进步的根本基石。2018 年，新疆广泛开展民族团结进步宣传教育，把民族团结贯穿到学校教育、家庭教育、社会教育各环节；持续推进民族团结进步创建活动，教育引导各族干部群众增强"五个认同"、牢固树立"三个离不开"思想，铸牢中华民族共同体意识。深入开展"民族团结一家亲"和民族团结联谊活动，促进民族交往交流交融。全疆 112 万名干部职工与 169 万户各族基层群众结对认亲，各级干部职工分批次来到农村社区，在与群众同吃同住同学习同劳动中加深了彼此了解，增进了感情。自 2016 年 10 月"民族团结一家亲"活动开展到 2018 年底，全疆结对认亲干部职工，累计走访 5700 多万户次，举办以"民族团结一家亲"为主题的各类活动 1300 多万场次，围绕就医、就学、就业、发展生产等方面做实事好事 1300 多万件，捐款 7.1 亿余元，捐物 4100 万余件。[①]

5. 对口援疆工作坚持民生优先，成效显著

2010 年开始中央启动新一轮对口援疆工作，19 个援疆省市把保障和改善民生置于优先位置，援疆资金项目向基层倾斜、向贫困地区倾斜、向保障和改善民生倾斜。2018 年，19 个对口援疆省市聚焦脱贫攻坚和民生领域，投入援疆资金 159.62 亿元。[②] 重视教育援疆投入，2010 年以来，各援疆省市累计投入资金 205.59 亿元，支持新建和改扩建幼儿园、中小学校、职业技术学校等 1700 余所。[③] 援疆省市对学校、班级进行托管的"组团式"教育援疆模式，极大地提升了受援地教育水平和质量。[④] 自 2016 年启动实施医疗人才"组团式"援疆工作以来，7 个援疆省市从 60 多家三甲医院累计

---

① 辛统轩：《结对认亲、守望相助！两年了，新疆民族团结史册翻开崭新一页！》，新疆统一战线网，http：//www.xjtzb.gov.cn/2019－01/03/c_1123942450.htm，2019 年 1 月 3 日。
② 《19 省市 2018 年援疆资金投入 159.62 亿元》，http：//www.gov.cn/shuju/2019－01/14/content_5357805.htm，2019 年 1 月 14 日。
③ 《教育帮扶润心·医疗援助惠民》，天山网，http：//news.ts.cn/system/2019/07/13/035780687.shtml，2019 年 7 月 13 日。
④ 《教育援疆助力新疆教育发展》，天山网，http：//news.ts.cn/system/2018/10/20/035423688.shtml，2018 年 10 月 20 日。

选派 500 多名援疆医疗专家"组团式"援疆，提升当地医院医疗服务和管理水平，并帮助当地医务人员提高医疗技能。产业援疆促就业、惠民生成效显著，为新疆民生改善增添了新的活力与动力。上海市援疆指挥部通过加大招商引资力度，推进园区转移就业、支持就近就地就业，在受援四县的产业园区吸纳就业 3.2 万人，累计设立 181 个卫星工厂，带动就业近 5000 人。[①]援疆省市在受援地培养专业人才，有组织地向内地发达省份转移新疆籍少数民族群众就业，促进了新疆与内地之间交往交流交融。[②]

三　新疆加快"丝绸之路经济带核心区"建设

突出明确定位，政策规划先行。2014 年 4 月，习近平总书记在视察新疆工作时提出，新疆在建设"丝绸之路经济带"中具有不可替代的地位和作用，要抓住这个历史机遇，把自身的区域性对外开放战略融入国家"丝绸之路经济带"建设、向西开放的总体布局。2014 年 5 月，第二次中央新疆工作座谈会提出，把新疆建设成为"丝绸之路经济带核心区"（以下简称"核心区"）。2015 年 3 月，国家三部委联合发布的《推动共建丝绸之路经济带和 21 世纪海上丝绸之路的愿景与行动》进一步明确指出，加快把新疆打造成为"丝绸之路经济带核心区"。新疆党委和政府先后研究出台了关于推进核心区建设的实施意见、行动计划、指导意见和《贯彻落实习近平总书记重要讲话精神加快推进丝绸之路经济带核心区建设的意见》等文件，不断加强核心区建设政策支撑。先后印发实施了核心区"五大中心"（交通枢纽中心、商贸物流中心、文化科教中心、医疗服务中心、区域金融中心），以及十大进出口产业集聚区等专项规划，核心区规划体系日趋完善。加强与周边国家合作规划对接。根据国家发布的中哈、中塔合作规划和中

---

① 《产业援疆为新疆民生改善添动力》，中国新疆网，http：//www. chinaxinjiang. cn/zixun/xjxw/201810/t20181008_ 570513. htm，2018 年 10 月 8 日。

② 《19 省市 2018 年援疆资金投入 159.62 亿元》，新华网，http：//www. xinhuanet. com/fortune/2019 - 01/14/c_ 1123988857. htm，2019 年 1 月 14 日。

巴、中蒙俄经济走廊建设规划，新疆研究制定了落实双边、多边合作规划的实施方案，强化了与周边国家发展战略的对接。[1]

目前，新疆正在加快融入全球交通网、产业链和价值链的互联互通，日渐凸显其连接中国内陆、中亚及欧洲市场的枢纽功能和地位，区域发展空间不断拓展。新疆国际运输线路位居全国之首，与周边 5 个国家开通国际运输线路 111 条。中巴经济走廊布伦口 – 红其拉甫公路已开工建设。2018 年 9 月 27 日，"西欧 – 俄罗斯 – 哈萨克斯坦 – 中国西部"高速公路（"双西公路"）全线贯通，中国至欧洲实现全程高速，从连云港前往欧洲所需时间将从此前海运的 45 天缩短至 10 天。[2] 新疆对外航空运输体系进一步完善。乌鲁木齐国际机场已实现与 17 个国家、24 个境外城市通航。与"一带一路"沿线国家和地区开展广泛的人文、科技、教育、医疗交流与合作，以自身服务功能的不断完善积极主动融入"一带一路"建设，逐步由地理区位上连接亚欧向西开放的大通道，向配置资源、链接产业的经济枢纽转变。

中欧班列的开行，使新疆从"海运时代"传统的内陆腹地走向以陆港形式跨越欧亚大陆，贯穿大西洋、太平洋、印度洋铁海联运线路，接入国际物流通道和国际市场供应链的开放前沿。从乌鲁木齐出发，中欧班列 2 天可抵达哈萨克斯坦，8 天抵达俄罗斯，16 天抵达荷兰，19 天抵达意大利。乌鲁木齐中欧班列集结中心由最初的每周 1 列到目前的每天 3.5 列，[3] 2018 年班列开行最多的一天曾达到 5 列，开行线路从 4 条增加到 21 条，通达中亚和欧洲 19 个国家 26 个城市，[4] 运出货物由最初的日用百货、服装产品拓展至机械设备、水暖建材、电子配件、石油化工等 200 多个品类，返程班列以棉纱、建材、汽车配件等货物运输为主。截至目前，乌鲁木齐集结中心已累

① 《新疆推动丝绸之路经济带核心区建设走深走实》，新疆网，http://www.xinjiangnet.com.cn/2019/0621/2183604.shtml，2019 年 6 月 21 日。

② 尚升：《"双西公路"全线贯通，中国至欧洲实现全程高速》，天山网，http://news.ts.cn/system/2018/09/28/035395714.shtml，2018 年 9 月 28 日。

③ 《中欧班列跑出"新疆速度"》，央广网，http://news.ts.cn/system/2019/07/07/035769864.shtml，2019 年 7 月 7 日。

④ 《新疆同心协力共繁荣》，《人民日报》2019 年 7 月 31 日。

计开行中欧班列 – 新疆西行国际货运班列 2500 余列。[①]

打造中心城市构筑集散枢纽。乌鲁木齐国际陆港区、乌鲁木齐临空经济区、乌鲁木齐跨境电子商务综合试验区、乌鲁木齐多式联运海关监管中心、中欧班列乌鲁木齐集结中心的建设，将乌鲁木齐从区域交通枢纽建设成"立足新疆、辐射全国、联通欧亚"的核心枢纽和重要平台，成为引领新疆向西开放和中欧经贸往来的重要节点。由中欧班列乌鲁木齐集结中心始发的西行国际货运班列已经形成规模化开行、市场化运营，多点始发、多地运行、多点到达的中欧班列运输新格局，传统单一的通道功能向仓储、分拨、转运、通关等"一站式"多元化服务的集散、枢纽功能提升、转变。乌鲁木齐国际陆港区"集货、建园、聚产业"能力不断提升，通过智能场站平台系统，全国中欧、中亚班列的运行情况等信息一目了然。目前，陆港区已累计引入国内外 90 多家知名商贸物流、跨境电商企业。阿拉山口、喀什、乌鲁木齐、中哈霍尔果斯国际边境合作中心中方配套 4 个综合保税区已经成为国内外客商的交流发展平台。新疆已与近百个国家和地区开展了跨境人民币业务，覆盖全疆各地（州、市）和 22 家银行机构，[②] 全国范围内参与新疆跨境人民币结算的企业 2700 余家。2019 年 1 ~ 6 月，新疆跨境人民币结算量为 220.9 亿元，同比增长 30.7%，结算量居西北五省区第一，创同期历史新高。目前，新疆已与 41 个"一带一路"沿线国家发生人民币跨境收付，累计金额 254 亿元，覆盖国家数量占沿线国家总数的 64%。[③]

四　新疆边境县发展基本情况

新疆有陆地边境县 34 个，其中包括 6 个县级市、22 个县、5 个自治

① 《五年来新疆累计开行中欧班列 2500 余列，外贸额超千亿美元》，澎湃新闻，http：//news. ts. cn/system/2019/07/23/035797150. shtml，2019 年 7 月 23 日。

② 王永飞、王臻：《区域金融中心打通"经济血脉"》，《新疆日报》2018 年 9 月 11 日，http：//news. ts. cn/system/2018/09/11/035372128. shtml。

③ 《新疆跨境人民币结算量创新高》，中华人民共和国商务部网站，http：//www. mofcom. gov. cn/article/i/jyjl/e/201908/20190802889343. shtml，2019 年 8 月 9 日。

县、1个市辖区，分布在10个地（州、市）；共有329个乡镇，占全国陆地边境县乡镇总数的25.5%。边境县人口构成明显具有少数民族人口多、乡村人口多的特点。2017年底，34个边境县共有536.58万人，其中少数民族人口占71.04%，城镇人口占17.09%。边境县因大都地处偏远地区，经济发展水平相对较低。2017年，新疆边境县的地区生产总值为1897.84亿元，其中第一、第二、第三产业增加值分别占地区生产总值的21.4%、37.5%、41.1%，相对于全疆平均水平（14.3%、39.8%、45.9%），一产比重较高，二产及三产都较低。边境县的人均地区生产总值为33620元，分别只有新疆及全国陆地边境县的74.81%、87.29%。居民收入水平与新疆及全国陆地边境县平均水平略有差距，但消费水平相对较高。2017年，新疆边境县农村居民人均可支配收入为10704元，分别是新疆及全国陆地边境县同类平均水平的96.9%、94.5%；人均消费支出为9985元，分别是新疆及全国陆地边境县同类水平的114.6%、116.5%，且与后者比较，均表现为食品支出及医疗保健、交通和通信、娱乐教育文化服务支出偏低，说明新疆边境县农村居民饮食生活较为简单，公共服务水平相对较低。

新疆边境县的社会保障范围更广，同时保障水平相对较低。2017年，新疆边境县城镇居民最低生活保障人数17.87万人，占全国陆地边境县城镇低保人数的35.5%（城镇人口所占比重为26.4%）；农村居民最低生活保障人数59万人，占全国陆地边境县农村低保人数的30.7%（乡村人口所占比重为17.1%）。2017年新疆边境县城镇居民最低生活保障年支出水平（包括春节等一次性补助）为4103元/人，农村居民支出水平为2046元/人，分别是全国边境县同类值的83%、85.7%。[①] 新疆边境县的经济社会发展和居民生活改善还需要更多的关注。

---

① 根据国家民族事务委员会经济发展司、国家统计局国民经济综合统计司编《中国民族统计年鉴2018》（中国统计出版社，2019）相关数据整理。

五 新疆经济社会发展存在的问题

回顾 2018 年新疆经济社会发展，成绩突出，同时仍存在不少问题，给今后经济社会持续稳定发展带来隐患。新疆经济运行形势稳中有变、变中有忧。除外部输入性风险上升态势未有根本性好转之外，实体经济发展面临诸多困难和问题，城乡居民收入增长空间进一步拓展难度加大，社会有效投资增长乏力，基础设施和公共服务建设相对滞后，使得新疆整体消费增长缓慢，内需潜力难以有效释放。企业自主创新能力不足，缺乏内生增长动力问题突出，产业链条短、产业结构偏重，新旧动力转换困难重重，经济转型任务艰巨。民营和小微企业融资难、融资贵问题未得到有效缓解，仍需深入推进"放管服"改革，加大力度改善营商环境。

新疆的社会稳定形势依然严峻，意识形态领域反分裂斗争任重道远。脱贫攻坚任务艰巨，扶志扶智激发内生动力不够，重"输血"轻"造血"；教育、医疗等公共服务有效供给不足，部分群众生活还比较困难。个别干部不作为、乱作为，形式主义、官僚主义依然存在，政府作风建设需要进一步加强。① 要深入学习贯彻习近平新时代中国特色社会主义思想，贯彻落实以习近平同志为核心的党中央治疆方略，聚焦社会稳定和长治久安总目标，不断开创稳定发展各项工作的新局面。

六 新疆经济社会发展趋势展望

（一）发展环境分析

进入 2019 年，新疆经济运行的外部环境和内部条件依然充满变数。不

---

① 《2019 年新疆维吾尔自治区政府工作报告》，人民网，http://xj. people. com. cn/n2/2019/0120/c186332－32552560. html，2019 年 1 月 20 日。

稳定、不确定的国际环境起伏跌宕，国内持续加大的经济下行压力和长期积累的结构性矛盾不断凸显，新疆错综复杂的改革发展稳定形势依然严峻，未来面临的各种风险挑战困难依然较多。但是，正如中央经济工作会议所指出的，我们要看到稳中有变、变中有忧，同时也要看到危中有机，要看到中国发展仍处在重要战略机遇期。尽管面临诸多困难和挑战，存在各种不稳定、不确定、不可预见因素，新疆还是全面贯彻"巩固、增强、提升、畅通"八字方针，统筹推进稳增长、促改革、调结构、惠民生、防风险、保稳定工作，深入挖掘潜力并充分发挥战略机遇期的积极作用，确保新疆经济在合理区间保持稳定运行。

从外部环境看，经济全球化遭遇波折，贸易保护主义盛行，多边主义受到冲击，国际金融市场持续震荡。特别是从 2018 年二季度开始，美国单方面挑起中美贸易摩擦，并持续升级，不断给一些行业的生产经营、国际国内市场预期和全球产业链、价值链与供应链的正常运行带来负面冲击和不利影响。同时，国内的结构性矛盾仍然突出，经济转型期的各类严峻挑战凸显，新旧矛盾交织，周期性、结构性问题叠加。从新疆自身条件来看，既面临经济结构不合理、产业结构偏重、产业链条短、增长方式粗放、经济转型艰难、基础设施和公共服务建设短板制约等诸多长期深层次问题，又面临传统动能改造升级和新动能培育难以有效衔接过渡，实体经济活力不足，有效投资增长乏力，南疆四地州深度贫困地区脱贫攻坚任务艰巨等近期发展困难，这些困难亟待破解。

在世界大变局中，中国坚持开放合作、互利共赢，积极参与全球经济治理，自身经济体量和在全球价值链中的地位不断提升，日渐成为强大且重要的经济体，在世界经济中的引领作用日益凸显。通过不断加大经济结构调整升级和对外开放力度，中国抢抓"危中之机"，大力提升科技能力、创新能力，深化改革开放，加快绿色发展，努力培育增长新动能，推动形成发展新格局。面对中美贸易摩擦，中国政府及时采取稳就业、稳金融、稳外贸、稳外资、稳投资、稳预期的政策，努力使中美贸易摩擦对经济运行的影响总体可控。据国家统计局内部测算，以中国典型的三口之家的年收入在 10 万~

50 万元的标准测算，2017 年，中国的中等收入群体达 4 亿人，有 1.4 亿个家庭，① 加上广大的高收入者、中低收入者，构成了全球最具规模和潜力的消费群体，通过增加居民收入，提升产品质量，改善消费环境，促进形成强大的国内消费市场，国内消费潜力的释放将对我国经济持续平稳增长形成有力和有效支撑。

2019 年，在经济下行压力和风险挑战明显增多的环境背景下，中国经济运行延续了总体平稳、稳中有进的发展态势，显示出巨大潜力、十足韧性和创新活力，这无疑为新疆经济保持稳定发展提供了良好的国内环境。

（二）发展趋势展望

1. 稳定开局奠定全年发展良好基础

进入 2019 年，得益于连续 30 多个月持续稳定的社会安全形势，新疆经济承接上一年积极向好发展趋势，实现稳定开局。一季度，实现地区生产总值 2177.69 亿元，按可比价格计算，同比增长 5.3%，接近全年 5.5% 的增长目标。农业、工业和服务业均保持平稳发展态势，第一、二、三产业对经济增长的贡献率分别为 3.4%、15.3%、81.3%。

2. 主要增长动力产业保持持续上升走势

旅游业作为新疆稳定红利最直接、最明显的受益产业和稳定形势的"晴雨表"，增长势头持续上升，一季度，新疆 105 家 4A、5A 级景区接待国内外游客 553.28 万人次，比上年同期增长 59.0%。旅游业的大幅快速增长，带动住宿和餐饮业一季度分别实现营业额同比增长 9.9% 和 10.0%。上半年，旅游业累计接待游客 7589.35 万人次，同比增长 46.00%；实现旅游收入 1152.06 亿元，同比增长 47.96%。② 疆内企业通过电商平台实现零售额 43.0 亿元，同比增长 19.8%；新疆本地消费者通过电商平台实现零售额 202.0 亿元，增长 35.5%。旅游业和"互联网 + 服务业"的快速增长，成

① 《国家统计局局长宁吉喆解读 2018 年国民经济运行情况》，中国网·中国发展门户网，http：//cn. chinagate. cn/webcast/2019 – 02/21/content_ 74489191. html，2019 年 2 月 21 日。

② 《上半年新疆旅游井喷式增长》，《新疆日报》2019 年 7 月 24 日。

为保持第三产业对经济增长首位拉动力的"稳定器"。

3. 投资形势"回暖"为稳增长带来利好

新疆经济具有突出的投资拉动型特征，投资是经济增长的重要动力源。2019年，固定资产投资降幅收窄，一季度，全疆固定资产投资（不含农户）比上年同期下降9.1%，降幅比上年同期收窄21.2个百分点，比上年末收窄14.1个百分点。新开工项目增长，一季度，全疆施工项目1891个，比上年同期增加91个，同比增长5.1%。2019年新开工项目投资增长18.7%。高新技术制造业投资增长21.5%，增长幅度大于制造业投资增幅26.7个百分点。房地产投资活跃，一季度，新疆完成房地产开发投资31.67亿元，增长9.2%，增速同比提高39.2个百分点。上半年，新疆固定资产投资快速回升，完成固定资产投资1843.48亿元，同比增长7.3%，增速较上年同期提高56.2个百分点。1～6月，全疆重点项目完成投资877.35亿元，新开工项目48个，完成投资89.59亿元。①

4. 就业持续增长稳定民心提振信心

就业不仅是重要的民生指标，更是反映经济活力的景气指数。自治区人力资源和社会保障厅统计资料显示：2019年一季度，新疆实现城镇新增就业15.32万人，同比增加2.48万人，增长19.31%，完成年度目标任务的34.05%。农村富余劳动力转移就业52.66万人次，比上年同期增加6.56万人次，增长14.23%。城镇就业困难人员实现就业1.23万人，比上年同期增加0.18万人，增长17.14%，完成年度目标任务的30.78%。城镇登记失业率3.07%，提前超额达到发展预期目标。南疆22个深度贫困县建档立卡贫困家庭劳动力有组织转移就业18107人，完成年度目标任务的45.27%。上半年，稳定就业比例稳步增长，新疆实现城镇新增就业35.34万人。② 伴随就业形势稳中向好，居民收入稳步提高，随之而来的是消费增长可期。

---

① 《新疆上半年固定资产投资快速回升》，新华网，http://news.ts.cn/system/2019/08/05/035818064.shtml，2019年8月5日。

② 《新疆一季度就业温暖开局》，中国政府网，http://www.gov.cn/shuju/2019-04/05/content_5379880.htm，2019年4月5日。

5. 社会治理能力增强，安全形势进一步好转

社会稳定和长治久安是党中央为新疆确定的总目标。2019 年，新疆进一步完善反恐维稳措施，保持对"三股势力"的高压态势，为经济社会发展和各族群众生产生活创造良好环境。坚持标本兼治、综合施策，健全社会管控机制，创新社会治理方法，把实践证明行之有效的措施常态化、长效化。坚持重心下移，加强基层政法综治组织建设，推进网格化服务管理，继续开展"访民情惠民生聚民心"工作，提高基层社会治理水平，让群众感到更安全。强化作风转变，落实"基层减负年"要求，严禁各种形式的乱检查乱督导，完善问责制度和激励关怀机制，切实减轻基层负担。深入开展意识形态领域反分裂斗争，持续推进去极端化工作，继续揭批"双泛"思想和"两面人"，彻底铲除"三股势力"滋生的土壤。严格落实意识形态工作责任制，宣传思想文化战线强化政治责任感和历史使命感，把党管意识形态落到实处。从 2019 年 6 月开始的"不忘初心、牢记使命"主题教育活动，贯彻守初心、担使命，找差距、抓落实的总要求，不断锤炼干部队伍忠诚干净担当的政治品格。

6. 着力改善民生，促进社会发展进步

民生连着民心，民心凝聚民力。新疆的民生改善，不仅是解决人民群众切身利益问题，还关系社会稳定、民族团结、长治久安。2019 年，新疆本级财政支出和对口援疆资金的 70% 以上用于保障改善民生，持续推进就业、教育、医疗、社保、扶贫、安居、暖心、兴边、安全等九项惠民政策；新疆社会事业领域中央预算内资金计划 37.04 亿元，支持教育现代化推进、全民健康保障、文化旅游提升、社会服务兜底、公共体育普及五大工程项目 274个。① 继续改善农村住房条件和居住环境，提升乡村宜居水平。自治区计划，2019 年底实现全疆所有农村 4 类重点对象（建档立卡贫困户、低保户、农村分散供养特困人员、贫困残疾人家庭）农村安居房全覆盖的工作目标，

---

① 《新疆社会事业领域中央预算内投资项目稳步推进》，天山网，http：//news.ts.cn/system/2019/07/30/035807841.shtml，2019 年 7 月 30 日。

2020年底实现全区农村安居房全覆盖。统筹推进维护稳定与脱贫攻坚。以提高脱贫质量、巩固减贫成效、防止返贫为着眼点，进一步加大教育扶贫、健康扶贫和基础设施建设力度，加大贫困人口转移就业力度，激发贫困人口脱贫内生动力，调动贫困群众积极性主动性，确保2020年现行标准下的农村贫困人口全部脱贫。南疆四地州是脱贫攻坚的重点难点，该地区宜发展特色产业，保证产品质量，与东部地区协作组织实施消费扶贫，增强"造血功能"，努力使发展成果更多更公平地惠及各族群众。继续推动城乡基层社会转变传统社会生活习俗，树立文明健康的生活方式，让各族群众生活更美好。

7.持续推进民族团结进步事业，最大限度凝聚人心

实现新疆社会稳定、长治久安总目标根本在于凝聚人心。2019年，新疆坚持贯彻执行党的民族宗教政策，反对和打击民族分裂势力、宗教极端思想，依法保障各民族享有同等的权利和义务，保护少数民族优秀传统文化，依法保障信教群众正常宗教需求。深入开展民族团结进步宣传教育和创建活动，继续开展"民族团结一家亲"活动、民族团结联谊活动、"三进两联一交友"活动，促进各民族交往交流交融，铸牢中华民族共同体意识。大力推进嵌入式社会结构和社区环境建设，支持少数民族群众到内地省市务工经商，吸引内地各族群众到新疆工作定居，营造各民族共居、共学、共事、共乐、共享的社会环境，把各族人民的智慧和力量最大限度凝聚起来。弘扬社会主义核心价值观和中华优秀传统文化，引导各族群众增强"五个认同"、树牢"三个离不开"思想，建设各民族共有的精神家园。

七 经济社会发展对策建议

1.严守防风险底线，筑牢稳增长基础

在新疆，没有稳定就没有一切。2019年，新疆坚持以习近平同志为核心的党中央治疆方略，特别是社会稳定和长治久安总目标统领各项工作，继续坚持稳中求进工作总基调，基于自身区域特点和所处发展阶段，努力保持

经济持续健康发展和社会大局稳定，不断释放稳定红利，确保新疆经济在合理区间稳定运行。

2. 优化发展环境，激发内生动力

深化重点领域改革，破除不合理体制机制障碍，简政放权、放管结合、优化服务，为实体经济营造良好发展环境。扎实有效地推进审批更简、效率更高、监管更强、服务更优的"放管服"改革，不断优化营商环境，进一步简政放权激发市场活力，最大程度释放内生动力和社会创造力。加速释放减税降费红利，提振企业家信心和实体经济盈利能力。

3. 强化优势产业，打造经济发展增长极

贯彻落实新发展理念，以供给侧结构性改革为主线，推动经济结构调整、产业布局优化、资源有效配置。全面实施旅游兴疆战略，做优、做强、做大旅游产业，不断稳固和强化第三产业对经济增长的拉动作用。坚持就业优先，促进城乡居民增收，增强消费能力，充分发挥消费的基础作用，深入挖掘消费带动经济增长的潜力。推进"互联网＋"，支持新业态、新模式、新兴产业加快发展。加大关键领域和薄弱环节的有效投资，进一步增强经济发展后劲。

4. 扩大高水平对外开放，推动高质量发展

全方位深化对内对外开放，推动新疆"丝绸之路经济带核心区"建设取得新进展。积极抢抓"一带一路"倡议带来的重大历史机遇，进一步拓展开放领域、优化开放布局。在推动基础设施互联互通的同时，加快与市场经济原则和国际通行规则对接，加强国际产能合作，不断提升物流、商贸、金融、法律、技术、人才等方面的服务能力和水平，培育和完善新疆在产业链和价值链层面的集聚和辐射功能，加快形成区域性经济枢纽。

5. 坚持做好培训工作，加大农村富余劳动力转移就业力度

农村富余劳动力转移就业是新疆就业工作的重中之重。尤其在南疆，农村富余劳动力转移就业具有提高农民收入、实现脱贫致富、提高劳动者素质、促进民族交往交流交融、增进民族团结的重要意义。自治区在2018年转移农村富余劳动力就业280.5万人（次）；2019年，自治区推动疆内跨区

域转移就业、向兵团转移就业、向援疆省市转移就业，组织农村富余劳动力到城镇、到产业园区、到企业就业。

加大转移就业培训工作力度，强化国家通用语言能力、法律法规学习。注重引导农民转变就业观念，鼓励农民尤其是新一代青年农民"走出去"，开眼界，主动就业谋生；要重视培养适应企业或机构用人需求的责任意识、纪律意识、时间意识等现代职业观念，帮助引导贫困群众实现从传统农民向现代产业工人转变。提高技术职业院校或企业培训的比重，重视培训的实用性和有效性，不能满足于低层次的重复培训。

建立劳务输出协调机制，有序引导符合条件的农民工到内地省市就业。流入地政府及相关机构管理人员要对流动人口就业及融入当地城市给予更多信任、支持和帮助。要依法妥善处理涉及民族的问题，坚持在法律范围内、法治轨道上处理涉及民族的问题，促进更多的人走到内地、走进城市，融入当地的社会生活。

6. 坚持扶贫与扶志、扶智相结合，打好精准脱贫攻坚战

贫困是一种社会物质生活和精神生活的综合现象，指在经济或精神上的贫乏窘困。虽然物质贫困和精神贫困并不必然并存，但长期困窘于物质生活之人往往在精神上也处于贫困状态，诸如消极无望、依赖资助等。习近平总书记曾强调："脱贫致富贵在立志，只要有志气、有信心，就没有迈不过去的坎。"心贫比任何致贫原因都可怕和难治。2019 年是打赢脱贫攻坚战攻坚克难的关键一年，是南疆四地州脱贫攻坚任务最重的一年，人的因素更显重要。要充分发挥贫困人口自身主体作用，从被动脱贫到主动致富。要为贫困人口提供更多接受教育、获取知识和信息的途径，使其有能力和机会参与更加丰富多样的精神文化生活，提高脱贫的能力和致富的机会。以多种方式开拓所驻乡村的扶贫脱困思路，帮助农民破除"等、靠、要"思想，引导贫困群众转变观念。科学规划扶贫项目，注重扶贫项目效果，因地制宜实施项目，注重发挥扶贫对象的主观能动性。推动公共服务下乡，推进就业服务网络向县以下延伸，实现优质教育、医疗、文化资源城乡共享。积极倡导现代文明生活方式，逐步提高农牧民生活质量以及适应和融入现代社会生活的能力。

参考文献

新疆维吾尔自治区统计局、国家统计局新疆调查总队编《新疆统计年鉴2018》，中国统计出版社，2018。

国家民族事务委员会经济发展司、国家统计局国民经济综合统计司编《中国民族统计年鉴2018》，中国统计出版社，2019。

新疆维吾尔自治区统计局、国家统计局新疆调查总队编《新疆维吾尔自治区2018年国民经济和社会发展统计公报》，2019年3月22日。

《2019年新疆维吾尔自治区政府工作报告》，《新疆日报》2019年1月15日。

北京市社会科学院编《中国区域经济发展报告（2018～2019)》，社会科学文献出版社，2019。

高建龙、苏成主编《2017～2018年新疆经济社会形势分析与预测》，社会科学文献出版社，2018。

《新疆加快推进丝绸之路经济带核心区建设》，天山网，http：//news.ts.cn/system/2019/01/02/035518813.shtml，2019年1月2日。

B.10

2018～2019年新疆生产建设兵团经济
社会发展形势分析与对策建议

王小平　焦心舒*

摘　要： 2018年，面对复杂的国内外经济环境，在自治区党委统一领导和兵团党委的领导下，兵团认真贯彻落实以习近平同志为核心的党中央对新疆和兵团工作做出的一系列重大决策部署，紧紧围绕新疆工作总目标，聚焦兵团职责使命，着力推进改革发展，兵团经济运行总体平稳、稳中有进。加强和改善宏观调控，需求潜力持续释放。向南发展开局良好，职工群众生活持续改善。经济质量效益逐步提升，绿色低碳发展扎实推进。但兵团经济也存在主要行业拉动力减弱、经济增长压力明显、投资下降消费放缓、需求增长动力不足、行业发展不平衡、区域发展协调性不足、工业经济主要指标增长趋缓、工业结构有待优化等问题。2019年，受内外需求同时减弱影响，兵团要减轻经济下行压力，就应加大深化改革和向南发展力度，加快培育壮大发展新动能，全面扩大高水平对外开放等，确保经济保持平稳健康发展。

关键词： 新疆兵团　经济社会形势　向南发展

---

* 王小平，新疆生产建设兵团党委党校副校长、教授；焦心舒，新疆生产建设兵团第六师党委党校讲师。

一 新疆生产建设兵团的区域定位

2014 年，习近平总书记在视察兵团时指出，在"新疆组建担负屯垦戍边使命的兵团，是党中央治国安邦的战略布局，是强化边疆治理的重要方略"。① 兵团组建 60 多年来，几代兵团人坚决履行党中央赋予的职责使命，发扬"热爱祖国、无私奉献、艰苦创业、开拓进取"的兵团精神，在开发建设边疆、增进民族团结、维护社会稳定、巩固西北边防中发挥了不可替代的战略作用，做出了不可磨灭的历史贡献。

（一）基本情况

1949 年 9 月，新疆和平解放。为开发新疆、建设新疆和保卫新疆，1954 年 10 月，以毛泽东同志为核心的党中央决定组建新疆军区生产建设兵团，要求兵团履行屯垦戍边的职责使命。1975 年 3 月，党中央决定撤销兵团建制。1981 年 12 月，以邓小平同志为核心的党中央决定恢复新疆生产建设兵团，要求兵团继续履行屯垦戍边的职责使命，为新疆的稳定和发展服务，为国家西北安全服务。2014 年，习近平总书记在兵团视察时指出："新形势下，兵团工作只能加强，不能削弱。做好新疆工作，必须把兵团工作摆在重要位置，在事关根本、基础、长远的问题上发力。"② 要求把兵团真正建设成为安边固疆的稳定器、凝聚各族群众的大熔炉、先进生产力和先进文化的示范区。

党的十八大以来，在自治区党委统一领导下，兵团广大干部群众坚持以习近平新时代中国特色社会主义思想为指导，牢固树立"四个意识"、坚定"四个自信"、做到"两个维护"，坚决贯彻执行以习近平同志为核心的党中央对新疆和兵团工作做出的一系列重大决策部署，全力提升维稳戍边看家本

---

① 马林、冯骏：《"新形势下兵团工作只能加强不能削弱"——习近平总书记兵团考察纪实》，《兵团日报》2014 年 5 月 8 日。

② 马林、冯骏：《"新形势下兵团工作只能加强不能削弱"——习近平总书记兵团考察纪实》，《兵团日报》2014 年 5 月 8 日。

领，坚定推进兵团深化改革，扎实推进兵团向南发展，着力壮大综合实力，深入推进全面从严治党，兵团进入综合维稳成边能力明显提升、兵地关系更加紧密、经济社会稳步健康发展、干部职工生产生活条件显著改善的新时期。截至 2018 年底，兵团下辖 14 个师、179 个团场、2000 多个连队，拥有包括 14 家上市公司在内的 8600 余家工交建商企业和 1900 余所（个）教科文卫体社会事业单位，地区生产总值为 2515.16 亿元。辖区面积 700.08 万公顷，耕地 127.73 万公顷，总人口 310.56 万人，其中，汉族 262.94 万人，占比 84.67%，维吾尔族、哈萨克族、回族等 36 个少数民族合计占比 15.33%。

（二）体制机制

兵团是新疆维吾尔自治区的重要组成部分，实行党政军企合一体制，承担着国家赋予的屯垦戍边职责，在自己所辖垦区范围内，依照国家和新疆维吾尔自治区的法律、法规，自行管理内部行政、司法事务。兵团是国家实行计划单列的特殊社会组织，受中央政府和新疆维吾尔自治区党委双重领导。兵团实行党政军企高度统一的特殊管理体制。兵团各级都建有中国共产党的组织，党组织发挥着对兵团各项事业的领导作用。兵团设有行政机关和政法机关，负责管理内部行政、司法事务。兵团是一个"准军事实体"，设有军事机关和武装机构，沿用兵团、师、团、连等军队建制和司令员、师长、团长、连长等军队职务称谓，涵养着一支以民兵为主的武装力量。兵团也称"中国新建集团公司"，涵盖农业、工业、交通、建筑、商业等诸多行业，是承担经济建设任务的国有大型企业。兵团建有从幼儿园到大学、从卫生室到三甲医院等相对完整的教科文卫系统。兵团的党、政、军、企四套领导机构与四项职能合为一体。兵团全面融入新疆社会，所属师、团场及企事业单位分布于新疆维吾尔自治区各地（州）、市、县（市）行政区内，由兵团自上而下地实行统一领导和垂直管理。在战略地位重要、团场集中连片、经济基础好、发展潜力大的垦区，设有 9 个"师市合一"的新疆维吾尔自治区直辖县级市和 14 个"团（场）镇合一"的建制镇，由兵团实行统一分级管理。"师和市""团（场）和镇"党政机构设置均实行"一个机构、两块牌子"。

（三）地域分布

兵团总部设在乌鲁木齐市，所属单位分布新疆全境，主要布局在"两周一线"上，即塔克拉玛干沙漠、古尔班通古特沙漠"两大沙漠"周围和中国西北边境线。兵团所属部分师团驻地与吉尔吉斯斯坦、哈萨克斯坦、蒙古三国接壤，国境线在兵团辖区内有2000多公里。兵团的土地面积占新疆总面积的4.2%，占全国农垦土地总面积的1/5左右，是我国农垦土地面积最大的垦区。新疆以天山为界被划分为南疆和北疆，新疆生产建设兵团14个师地域分布、人口规模及在南北疆的分布情况详见表1。

表1　新疆生产建设兵团14个师地域、人口分布情况

兵团	人口（人）	地理位置	以天山为界划分	2018年GDP占比
一师（阿拉尔市）	372052	主要分布在塔里木盆地边缘的绿洲上。其中,58个团场呈月牙形分布在塔克拉玛干沙漠边缘,分布线长1500多公里	南疆	29.43%
二师（铁门关市）	221858			
三师（图木舒克市）	255648			
十四师（昆玉市）	64272			
四师（可克达拉市）	251231	主要分布在伊犁河谷平原、阿尔泰山麓一带的冲积平原,中哈、中俄、中蒙边界的低山谷地	北疆	70.57%
五师（双河市）	131266			
九师（师部驻额敏县）	82016			
十师（北屯市）	106247			
六师（五家渠市）	364360	分布在准噶尔盆地古尔班通古特沙漠南缘绿洲地带		
七师（胡杨河市）	240494			
八师（石河子市）	661268			
十一师（建工师）	69806			
十二师（师部驻乌鲁木齐市）	133014			
十三师（师部驻哈密市）	113394	分布在哈密盆地和吐鲁番盆地		

（四）自然禀赋

地形地貌。新疆远离海洋，四周高山环绕，境内冰峰耸立，沙漠浩瀚，草原辽阔，绿洲点状分布，自然资源丰富。新疆地貌轮廓是"三山夹两盆"，北面是阿尔泰山，南面是昆仑山，天山横亘中部，天山与阿尔泰山中间是准噶尔盆地，盆地中部有我国第二大沙漠——古尔通古特沙漠；昆仑山与天山中间是塔里木盆地，盆地中部有我国最大沙漠——塔克拉玛干沙漠。兵团绝大多数团场分布在山前绿洲和两大盆地边缘，少数分布在山区和山麓地带。

气候特点。兵团气候属于典型的大陆性干旱气候。按地理位置可以分为三种类型，北疆西北部的第四师、五师、九师和十师大部分团场属于中温带大陆性半干旱气候，北疆准噶尔盆地的第六师、七师、八师、十一师和十二师部分团场属于中温带大陆性干旱气候，南疆的第一师、二师、三师、十四师和东疆的第十三师属于暖温带大陆性干旱气候。总体上，兵团驻地气候干燥少雨，且降水分布不均，日照时间长，温差较大。

资源条件。兵团水资源主要来自高山融雪和山区降水，2018年引用水量114.51亿立方米，146座水库库容量为33.87亿立方米。现有农用地433.29万公顷，其中耕地127.73万公顷，人均6.2亩，建筑用地29.17万公顷，未利用地237.62万公顷。生物资源十分丰富，特别是珍稀荒漠动植物物种丰富，具有多样化、特殊化、复杂化等特征。兵团境内的矿产资源只有30余种，其中煤炭、石棉、铁矿石、膨润土、红柱石、花岗岩、云母、天然沥青等矿种已开发利用。

二 2018年新疆生产建设兵团经济运行基本情况

2018年，兵团紧紧围绕新疆工作总目标，聚焦职责使命，大力加强党对经济工作的领导，坚决贯彻新发展理念，坚持稳中求进工作总基调，注重推动经济高质量发展，以供给侧结构性改革为主线，凝聚全兵团力量，攻坚克难，全力做好稳增长、促改革、调结构、惠民生、防风险等工作，经济运行总体平稳、稳中有进，三大攻坚战稳步推进，深化改革成效初显，向南发展实现良好开局，职工群众生产生活条件改善明显。

（一）三次产业运行平稳，夯实高质量发展的基础

2018 年以来，兵团全面推进深化改革和深入实施乡村振兴战略；大力促进实体经济提质增效，出台贯彻新发展理念推动工业经济高质量发展的意见；着力提高现代服务业的规模和质量。2018 年兵团实现地区生产总值 2515.16 亿元，比上年增长 6.0%。三次产业增加值占地区生产总值比重分别为 21.7%、41.7%、36.6%。三次产业对经济增长的贡献率分别为 28.5%、3.8% 和 67.6%，分别拉动经济增长 1.7 个、0.2 个和 4.0 个百分点。全年人均地区生产总值 82317 元，比上年增长 1.2%。全员劳动生产率为 166073 元/人，比上年提高 2.9%。①

图1 2012～2018 年兵团生产总值及增速

农业生产表现良好，粮棉总产实现双增长。全年兵团粮食产量 238.46 万吨，比上年增长 1.9%；棉花产量再创历史新高，达到 204.65 万吨，增长 20.7%，棉花产量占全国总产量的 33.5%、自治区的 40.0%。②

---

① 新疆生产建设兵团统计局、国家统计局兵团调查总队：《新疆生产建设兵团 2018 年国民经济和社会发展统计公报》，《兵团日报》2018 年 3 月 22 日。
② 新疆生产建设兵团统计局、国家统计局兵团调查总队：《新疆生产建设兵团 2018 年国民经济和社会发展统计公报》，《兵团日报》2018 年 3 月 22 日。

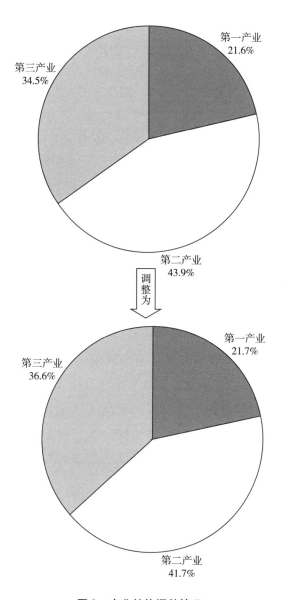

图2 产业结构调整情况

畜牧业稳步发展。2018年末兵团牲畜存栏673.67万头（只），比上年下降8.6%；年内牲畜出栏917.43万头（只），比上年增长11.3%；肉类总产量46.39万吨，比上年增长6.4%。

工业生产增长平稳，新兴产业实现较快增长。2018年兵团规模以上工业增加值比上年增长6.2%，增速比自治区高2.1个百分点，与全国持平。分轻重工业看，轻工业增加值增长5.5%；重工业增加值增长6.5%。分三大门类看，采矿业增加值增长16.6%；制造业增加值增长2.9%；电力、热力、燃气及水的生产和供应业增加值增长17.9%。分经济类型看，国有控股企业增加值比上年增长10.7%；股份制企业增长7.1%，外商及港澳台商投资企业下降13.5%；私营企业增长4.7%。①

2018年兵团规模以上工业战略性新兴产业增加值比上年增长8.2%，高于规模以上工业增速2.0个百分点，占规模以上工业增加值的11.2%。

服务业保持较快发展。全年兵团服务业完成增加值919.39亿元，比上年增长11.9%，对经济增长的贡献率达到67.6%；占兵团生产总值的比重为36.6%，比上年提高2.1个百分点。②

全年兵团旅客周转量144.70亿人公里，比上年增长5.9%；货运周转量999.02亿吨公里，比上年增长17.1%。③

4A、5A级景区游客高速增长。自治区统计局、国家计算机网络与信息安全管理中心新疆分中心游客流量监测统计数据显示：全年兵团15家4A、5A级景区累计接待国内外游客426.78万人次，比上年增长60.0%。其中，疆内游客367.50万人次，增长65.3%，占游客总人次的86.1%；外省游客58.35万人次，增长33.5%，占游客总人次的13.7%。④

（二）加强和改善宏观调控，需求潜力持续释放

固定资产投资触底反弹，短板领域投资较快增长。全年兵团固定资产投

---

① 新疆生产建设兵团统计局、国家统计局兵团调查总队：《新疆生产建设兵团2018年国民经济和社会发展统计公报》，《兵团日报》2018年3月22日。
② 新疆生产建设兵团统计局、国家统计局兵团调查总队：《新疆生产建设兵团2018年国民经济和社会发展统计公报》，《兵团日报》2018年3月22日。
③ 新疆生产建设兵团统计局、国家统计局兵团调查总队：《新疆生产建设兵团2018年国民经济和社会发展统计公报》，《兵团日报》2018年3月22日。
④ 新疆生产建设兵团统计局、国家统计局兵团调查总队：《新疆生产建设兵团2018年国民经济和社会发展统计公报》，《兵团日报》2018年3月22日。

资比上年下降24.3%，降幅比自治区小0.9个百分点。全年兵团投资呈高开低走、触底反弹态势，降幅自9月份触底后，连续3个月收窄。分产业看，第一产业投资下降37.3%，第二产业投资下降19.4%，第三产业投资下降25.2%。分区域看，南疆四个师合计完成投资下降17.3%，北疆十个师合计完成投资下降26.7%。①

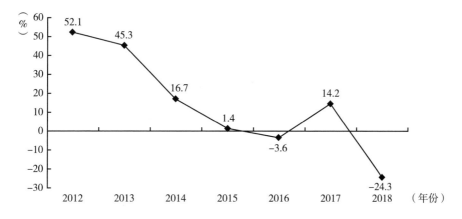

图3　2012～2018年兵团全社会固定资产投资增长速度

短板领域投资较快增长。全年装备制造业投资比上年增长13.2%，高新技术产业投资增长78.4%。

投资结构不断优化。全年民间投资占全部投资比重比上年提高1.6个百分点，民生投资比重提高0.8个百分点，装备制造业投资比重提高1.1个百分点，高新技术产业投资比重提高1.0个百分点。

市场销售保持平稳，进出口总额较快增长。全年兵团社会消费品零售总额762.60亿元，比上年增长7.1%，增速比自治区高1.9个百分点，比全国低1.9个百分点。按经营单位所在地分，城镇消费品零售额677.27亿元，增长6.6%；乡村（连队）消费品零售额85.33亿元，增

---

① 新疆生产建设兵团统计局、国家统计局兵团调查总队：《新疆生产建设兵团2018年国民经济和社会发展统计公报》，《兵团日报》2018年3月22日。

长11.0%。① 按消费类型分，餐饮收入150.06亿元，增长10.7%；商品零售612.53亿元，增长6.2%。

全年兵团进出口总额557.67亿元，比上年增长8.8%，占自治区的比重为42.1%，增速高于自治区13.6个百分点。其中，出口总额473.06亿元，增长5.6%；进口总额84.61亿元，增长30.9%。

（三）向南发展开局良好，职工群众生活持续改善

向南发展开局良好。全年南疆四个师生产总值比上年增长5.5%。固定资产投资下降17.3%，降幅比兵团小7.0个百分点，其中，代管团场（园区）投资增长14.2%。招商引资到位资金376.39亿元，完成全年目标任务的103.7%。社会消费品零售总额增长6.3%。②

居民收入稳步增长。全年兵团居民人均可支配收入31513元，比上年名义增长7.1%，扣除价格因素实际增长5.0%。按常住地分，城镇居民人均可支配收入38842元，比上年名义增长5.8%，扣除价格因素实际增长3.9%；连队居民人均可支配收入19445元，比上年名义增长9.3%，扣除价格因素实际增长6.7%。③

居民消费升级提质。全年兵团居民恩格尔系数为26.3%，比上年下降0.9个百分点，比全国低2.1个百分点。居民人均消费支出中的交通通信和医疗保健支出占比分别达到18.7%、9.4%，分别比上年提高2.6个、0.9个百分点。

就业形势保持稳定。全年兵团城镇新增就业10.37万人，其中援助就业困难人员就业1.52万人。兵团城镇登记失业率为2.49%。

---

① 新疆生产建设兵团统计局、国家统计局兵团调查总队：《新疆生产建设兵团2018年国民经济和社会发展统计公报》，《兵团日报》2018年3月22日。
② 新疆生产建设兵团统计局、国家统计局兵团调查总队：《新疆生产建设兵团2018年国民经济和社会发展统计公报》，《兵团日报》2018年3月22日。
③ 新疆生产建设兵团统计局、国家统计局兵团调查总队：《新疆生产建设兵团2018年国民经济和社会发展统计公报》，《兵团日报》2018年3月22日。

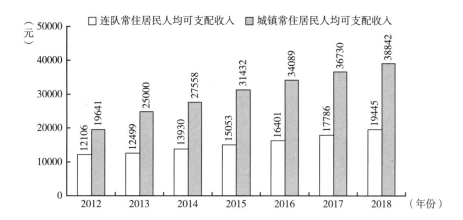

图4 2012～2018年兵团城镇和连队常住人口人均可支配收入

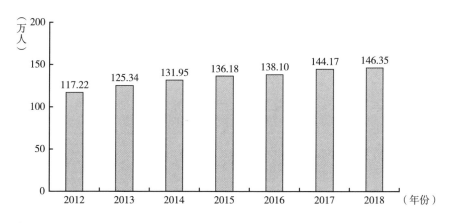

图5 2012～2018年兵团就业人员数

惠民工程深入推进。连续12年实施教育保障、就业促进、乡村振兴、向南发展、扶贫帮困等十类惠民工程，全年累计完成投资350亿元，为职工群众解决实际困难和问题。

脱贫攻坚成效显著。全年兵团1598户、6525人实现脱贫，10个贫困团场摘帽，贫困发生率下降至0.4%。投入财政扶贫资金4.20亿元，80%用于南疆师团。

（四）经济质量效益逐步提升，绿色低碳发展扎实推进

财政收支总体平稳，金融信贷平稳增长。2018 年兵团公共财政预算收入 1180.07 亿元，比上年增长 10.7%。其中，一般公共预算收入 103.82 亿元，上级补助收入 844.25 亿元。一般公共预算支出 958.41 亿元，比上年增长 8.9%。

年末兵团辖区各项存款余额 3051.06 亿元，比上年末增长 4.4%。其中，个人存款 1491.89 亿元，增长 17.9%；单位存款 1531.38 亿元，下降 7.6%。兵团辖区各项贷款余额 2574.10 亿元，比上年末增长 9.4%。其中，个人贷款 311.99 亿元，下降 2.7%；单位贷款（含票据融资）2262.11 亿元，增长 11.3%。[①]

绿色发展成效明显，节能降耗形势趋好。2018 年兵团规模以上工业企业综合能源消费量 3335.98 万吨标准煤，比上年下降 1.3%，增速比上年低 7.9 个百分点。

2018 年兵团规模以上工业六大高耗能行业能源消费量 3147.35 万吨标准煤，比上年增长 0.3%，增速比上年回落 7.1 个百分点。六大高耗能行业完成投资 192.38 亿元，下降 22.8%。

2018 年兵团规模以上工业能源生产与消费中，水能、风能、太阳能发电量所占比重为 7.6%，比上年提高 0.9 个百分点；原煤消费（折合标准量）所占比重为 71.5%，比上年下降 1.3 个百分点。[②]

三 2018年新疆生产建设兵团经济发展存在的主要问题

（一）主要行业拉动力减弱，经济增长压力明显

2018 年兵团生产总值增速比上年回落 2 个百分点，第二产业增长放缓

---

① 新疆生产建设兵团统计局、国家统计局兵团调查总队：《新疆生产建设兵团 2018 年国民经济和社会发展统计公报》，《兵团日报》2018 年 3 月 22 日。

② 新疆生产建设兵团统计局、国家统计局兵团调查总队：《新疆生产建设兵团 2018 年国民经济和社会发展统计公报》，《兵团日报》2018 年 3 月 22 日。

是重要影响因素。第二产业增加值增速比上年回落 4.1 个百分点，拉动经济增长 0.2 个百分点，比上年回落 1.9 个百分点。分行业看，建筑业对经济增长的下拉作用最大。在严厉的宏观调控政策环境下，房地产市场急剧萎缩和基础设施投资下降，关联产业建筑业全年全社会增加值 258.35 亿元，比上年下降 14.0%，拉低经济增长 1.9 个百分点。资质以上建筑业企业中，各类建筑施工单位（含第十一师海外项目）签订合同额 1606.64 亿元，比上年下降 15.5%。全年房屋建筑施工面积 3244.68 万平方米，比上年下降 36.2%。全年销售面积下降 37.5%。但 2018 年房地产建筑业增加值占 GDP 比重仍高达 10.3%。2019 年兵团房地产市场如继续延续下滑和基础设施建设下降趋势，整体经济实现较快增长将面临较大压力，需要其他行业加快增长来弥补建筑业的缺口。

表2　2016～2018 年兵团建筑业有关数据

年份	签订合同额（亿元）	比上年同期增长（%）	房屋建筑施工面积（万平方米）	比上年同期增长（%）
2016	1857.48	9.1	5355.54	−7.6
2017	1901.17	2.4	5085.66	−4.3
2018	1606.64	−15.5	3244.68	−36.2

此外，规模以上工业增加值增速也出现放缓。全年规模以上工业增加值比上年增长 6.2%，与 2017 年同期增速相比降低 0.5 个百分点，对经济增长拉动保持在 2.1 个百分点。受国民经济增长放缓的影响，全年规模以上服务业企业营业收入比上年下降 9.0%，营业利润下降 41.9%，批发和零售业增加值 220.93 亿元，比上年增长 8.8%，拉动经济增长 0.7 个百分点，比上年回落 0.3 个百分点。

（二）投资下降、消费增速放缓，需求增长动力不足

2018 年兵团固定资产投资比上年下降 24.3%，大部分师、部分行业、部分领域投资出现下滑。一是基础设施投资占比较大，对投资增长下拉幅度

明显，2018年基础设施投资比上年下降22.6%，占固定资产投资（不含农业）的比重为39.8%，拉低全兵团固定资产投资（不含农业）增长8.6个百分点。在基础设施投资持续下滑的情况下，2019年兵团需要其他项目投资加大建设力度，才能弥补基础设施投资的缺口，为投资增长补充动力。二是房地产开发投资对投资下拉幅度较明显，2018年房地产开发投资127.71亿元，比上年下降17.6%，拉低全兵团固定资产投资（不含农业）增长2.2个百分点。三是招商项目落地存在困难。全年兵团实施招商引资项目2293个，到位资金1599.74亿元，比上年下降9.0%。各类招商引资项目中，第二产业项目1141个，到位资金868.40亿元，比上年下降103亿元。[①]此外，建设用地涉及永久基本农田、耕地占补指标、林地占用、土地性质调整、征地拆迁等问题，协调难的现象较为突出。

2018年兵团社会消费品零售总额比上年增长7.1%。

从商品结构看，汽车、摩托车、零配件和燃料及其他动力零售下滑是消费增速放缓的主要因素，限额以上单位汽车、摩托车、零配件和燃料及其他动力零售额比上年下降26.3%，拉低消费增速1.4个百分点；石油及制品类、化妆品类、日用品类等主要商品零售额增速也不同幅度放缓。

从居民收支看，居民收入增速有所放缓，一定程度上影响消费增速，城镇、连队常住居民人均可支配收入增速分别放缓2个和0.8个百分点；交通通信类支出较快增加会削弱其他消费支出，城镇、连队常住居民交通通信类支出占人均消费支出的比重分别比上年扩大2.0个和5.7个百分点。

从消费者信心看，消费者消费意愿减弱，前三季度家庭收入、物价水平、购买耐用消费品的信心指数分别为90.6%、70.7%和91.5%，均低于临界值。

（三）行业发展不平衡，区域发展协调性不足

行业经济发展不同步。主要行业方面，其他服务业、农林牧渔业增加值

---

① 新疆生产建设兵团统计局、国家统计局兵团调查总队：《新疆生产建设兵团2018年国民经济和社会发展统计公报》，《兵团日报》2018年3月22日。

增速比上年有所加快，而其他主要行业的增加值增速均不同程度放缓。企业经营效益下滑 40%，各行业分化明显。规模以上工业利润总额中 56.3% 的利润来自农副食品加工业、化学原料和化学制品制造业、非金属矿物制品业以及电力、热力、燃气及水的生产和供应业，四大行业利润对规模以上工业利润增长的贡献率为 -54.8%，而采矿业持续亏损。规模以上服务业营业利润整体下降，但信息传输、软件和信息技术服务业营业利润比上年增长 95.2%。

师市经济对兵团贡献的差距明显。全年第二师、四师、五师、六师、七师、十二师和十四师 7 个师 GDP 增速高于兵团平均水平，除五师、六师、七师、十一师和十二师 5 个师 GDP 增速升高外，其余师增速都有不同程度的降低。八师、七师和六师 3 个师对兵团 GDP 增速拉动最大，分别是 1.1 个、0.8 个和 0.7 个百分点，其余师拉动全兵团经济增长均在 0.5 个百分点以下。

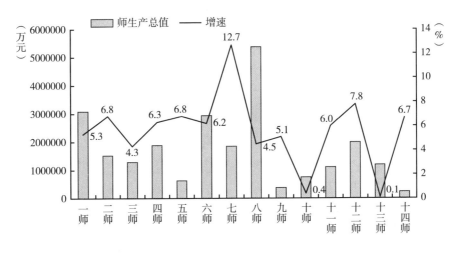

图6　2018 年新疆兵团十四个师生产总值及增速比较

（四）工业经济主要指标增长趋缓，工业结构有待优化

主要工业经济指标增长趋缓。一是总产值增长趋缓。2018 年，兵团规模以上工业实现总产值同比增长 7%，1～3 月、10～12 月总产值增速为正值，其他月份为负值，总产值增速放缓，表明市场需求下降，企业生产动力

有所减弱。二是销售产值增幅收窄。2018年，新疆兵团规模以上工业实现销售产值同比降低5.2%，工业品市场需求逐渐减弱，企业销售面临压力。

规模以上工业发展不均衡，工业结构有待进一步优化。一是规模以上工业企业以大型、国有为主，小型、私营企业发展较慢。2018年，规模以上工业大型企业占兵团总数的2.6%，低于小型企业占比63.1个百分点；实现增加值占兵团GDP的40.4%，高于小型企业占比8.7个百分点。国有控股企业占比为30.6%，低于私营企业占比24.3个百分点；增加值占比为37.0%，低于私营企业占比0.4个百分点。二是工业行业偏重石化、钢铁等传统高耗能行业，高技术含量、高附加值的新兴行业比重较低。2018年，规模以上工业企业综合能源消耗量3381.47万吨标准煤，比去年增长1.4%，其中，原煤消耗量5575.87万吨，下降0.7%；电力消耗量782.52亿千瓦小时，增长5.8%。

（五）经济外向度不高，外贸外资结构单一

2018年，兵团货物进出口总值与地区生产总值的比例为23.9%，明显低于全国33.9%的平均水平。从货物贸易看，一般贸易进出口占进出口总值比重为26.9%，低于全国57.8%的平均水平，边疆贸易占比较大，占进出口总值的比重为72.4%，与哈萨克斯坦和吉尔吉斯斯坦进出口贸易有所增加，但对俄罗斯进出口贸易下降18.8%，对塔吉克斯坦贸易下降7.4%，对土库曼斯坦贸易下降29.5%，主要表现为出口贸易下降，导致兵团货物贸易值增速放缓2.4个百分点，与兵团参与"丝绸之路经济带核心区"建设的要求存在差距。中美贸易摩擦对兵团出口负面影响有所显现。2018年对美出口值下降83.9%，导致兵团货物出口值增速放缓5.3个百分点。从服务贸易看，市场主体少、抵抗风险能力低、产业聚集度低。从利用外资看，利用外资行业流向不均衡，金融、教育、文化等领域利用外资不足。

总的来看，2018年兵团经济运行呈现总体平稳、稳中有进的发展态势。但必须清醒看到，外部环境复杂严峻，变数挑战明显增多，国内经济运行稳中有变、变中有忧，兵团经济面临下行的压力。

四 2019年新疆生产建设兵团经济运行内外部环境和走势判断

（一）中国经济面临下行压力，内外部需求同时减弱

中国推动经济高质量发展顺利开局，经济运行总体平稳，2018年经济增速6.6%。同时必须看到我国发展仍处于并将长期处于重要战略机遇期，当前形势稳中有变、变中有忧，国内经济深层次结构性矛盾在外部环境冲击下趋于显性化，发展不平衡不充分的一些突出问题亟待解决。根据中国宏观经济季度模型预测，2019年我国GDP增长率为6.3%，全年增速可能前低后稳，经济增速比2018年小幅放缓。

外需走弱导致出口放缓压力较大。受全球经济减缓和中美贸易冲突加剧影响，外需明显减弱，2019年中国出口增速可能会出现明显下降的情况，但也不排除中美贸易谈判取得积极成果，出口状况得到改善的可能。受需求走弱加之高基数效应影响，2019年中国进口高增速可能难以持续，货物贸易顺差可能缩小。

消费增长稳中略缓。扩内需促消费是当前及今后一段时期中国宏观经济政策的主要发力点。一方面，随着服务业的不断开放和个税改革的稳步推进，部分消费品进口关税下调或取消，消费促进政策将逐步释放效力；另一方面，受房地产和汽车等消费需求扩张放慢的影响，消费增长可能小幅回调。2019年中国消费增速可能在8.7%左右。

投资增长将有所回调。2019年随着工业企业盈利状况的转弱，企业的投资行为将更加谨慎，制造业投资增速将有所回落；房地产调控政策难以大幅度放宽，房地产开发投资高增速也难以持续；在政策支持、资金保障力度加大的情况下，基建投资有望延续2018年末的回暖，但回升力度有限，难以抵消制造业和房地产开发投资走弱的缺口，全社会固定资产投资整体增速或将持续放缓。

（二）2019年兵团经济增长面临"五大机遇"

一是力度空前的政策机遇。第二次中央新疆工作座谈会对新疆和兵团工作做出新的全面部署。2018年2月26日，习近平总书记在十九届三中全会上作的中央政治局工作报告中指出，制定实施党中央关于向南疆发展的战略部署，促进南疆出现更有利于社会稳定和长治久安的结构性变化。2018年，习近平总书记还在中央领导、部委对新疆开展调研的工作报告上相继做出重要批示。习近平总书记对兵团向南发展做出多次重要指示批示，为加快推进兵团向南发展赋予了强大动力。兵团的战略地位和作用越发凸显，中央在"两个同样适用"外，从南疆发展、民生改善、基础设施、产业发展、资源开发利用、干部人才交流培养等方面给予特殊支持政策。此外，兵团党委始终把习近平总书记关于新疆工作、兵团工作和兵团深化改革的重要讲话重要指示精神以及以习近平同志为核心的党中央关于兵团深化改革的决策部署作为根本遵循，全力推进兵团深化改革。完成中央要求的全面深化兵团改革任务，形成系统完备、科学规范、运行有效的制度体系，使各方面制度更加成熟更加完善。如果把握好这一时期的机遇，兵团就能在全面建成小康社会的基础上，为实现社会主义现代化奠定坚实的基础。

二是全方位开放的历史机遇。借助"一带一路"建设，新疆作为"丝绸之路经济带"和欧亚经济大通道前沿及枢纽的地位进一步凸显，中央明确支持兵团与自治区共建"丝绸之路经济带核心区"，依托兵团资源、地缘以及维护区域安全等优势，在东进西出、产业分工、市场共建、生态保护等方面兵团将有更大发展空间，为形成全面开放新格局提供了重大历史性机遇。

三是全力打造发展环境的最优机遇。针对深化投资审批制度改革，精简审批程序，规范审批事项，实施集中高效审批；推进审批流程优化再造，积极推进并联审批，推行"一站式"审批服务；实施企业投资项目承诺制，积极推广投资项目"代办制"；进一步规范中介服务，加强涉审中介管理，推进中介服务市场化；建立健全综合有效的监管体系，加快网上审批监管平台开发应用，加强事中事后监管，加强信用体系建设。促进投资审批制度改革向纵深发展，解决投资项目在审批方面遇到的难点和痛点问题，大力优化兵团辖区内的营商环境。

四是对口支援的杠杆效应机遇。随着国家新一轮对口援疆工作深入实施，全方位援疆工作深入推进，产业、就业、教育、人才等方面的援疆力度将进一步加大，兵团受援主体地位将进一步凸显，先进理念、技术、经验优势与兵团体制、资源、政策优势融合互动，援疆综合效应延伸放大，借力发力的杠杆作用进一步发挥，助力兵团加快建设实体经济、科技创新、现代金融、人力资源四个协同发展的产业体系的乘数效应凸显。

五是兵团与自治区发展的合力效应机遇。兵团与自治区都调整充实了兵团与自治区融合发展工作领导小组，完善自治区人民政府与兵团联席会议制度。兵团与自治区成立土地确权登记发证工作领导小组，推进土地确权勘界工作。兵团与自治区融合发展势头良好，区域发展环境宽松有利，兵团与自治区共融共建美好新疆和兵团与自治区一体维护长治久安局面初步形成，为兵团加快发展提供了良好区域环境。

（三）2019年兵团经济运行走势判断

2019年兵团经济下行压力进一步加大。从出口看，受全球经济增速减缓和不确定、不稳定因素较多的影响，加上中美贸易摩擦和人民币贬值效应减弱，未来兵团外贸进出口形势可能会面临一定的压力，预计出口将低速增长。从投资看，随着兵团房地产开发投资的缓慢回落，以及受工业经济产值增长趋缓，企业生产动力有所减弱的影响，制造业投资将有所回落，2019年兵团投资保持稳定增长的难度将加大。从消费看，社会消费品零售总额仍将保持平稳，但难以出现大幅提升。因此，需求不足仍将是制约2019年兵团经济增长的重要因素。基于以上分析，2019年兵团经济运行将面临"四个挑战"：一是兵团经济下行压力有所加大，企业投资意愿将有所降低，一般公共预算收入保持较快增长态势难以持续；二是工业增长动力不足；三是房地产投资和制造业投资难以持续增长；四是小型、私营企业经营困难状况难以根本改观。

综合上述情况，结合考虑2018年的基数影响，初步预计2019年兵团生产总值增速为6%~6.6%。

表3　2017~2018年兵团经济主要指标增速及2019~2020年预测

单位：%

指标	2017 年	2018 年	2019 年	2020 年
地区生产总值	8.0	6.0	6.5	6.8
固定资产投资	14.2	-24.3	13	13.2
社会消费品零售总额	14.5	7.1	8.1	8.3
出口总额	6.2	11.4	12.1	12.3
规模以上工业增加值	6.7	6.2	6.3	6.5
一般公共预算收入	21.7	-19.9	13.2	13.3

五　促进2019年新疆生产建设兵团
经济平稳发展的政策建议

（一）扩大内部需求，努力保持经济平稳健康发展

持续加大投资力度。投资是拉动经济增长的三驾马车之一，更加注重防范和化解政府性债务风险，所有政府性投资项目的配套资金由兵团、师两级财政纳入预算，确保零举债。加大脱贫攻坚力度，加强生态文明建设，大力推进乡村振兴战略，多措并举促进就业和创业，持续推进教育强兵团战略，提高医疗卫生保障能力，织密扎牢民生保障网，提升公共服务水平，打造先进文化示范区。特别是提高南疆师团民生保障能力。兵团成立后，一方面受自然条件制约；另一方面由于当时主要是北疆面临外来威胁，因此兵团集中精力加强北疆建设，南疆建设步伐慢于北疆。1966年后，为更好履行维稳戍边使命，兵团依托北疆地区发展成果带动南疆地区发展，加大了在南疆地区的投资建设力度，但由于南疆自身实力和市场环境的制约，兵团南疆建设成效不是非常明显。两次中央新疆工作座谈会，七次对口援疆会，中央高屋

建瓴擘画南疆发展顶层设计，把对口援疆提升到国家战略高度。中央优厚的政策支持，兄弟省份优秀人才的支持，多渠道援疆资金落实到位，投资建成了南疆寄宿式学校，普及义务教育和学前教育；投资产业发展和基础设施建设，继续不断改善南疆各师职工群众生产生活条件。让国家级阿拉尔经济技术开发区、草湖产业园、皮墨工业园成为南疆产业集聚、规模经济发展的引擎。围绕壮大综合实力，协调推动新型产业发展。健全工作机制，强化工作指导。补充完善南疆师市园区基础设施建设、企业经济运行等数据库，建立落实工业及商贸流通重点监测项目推进情况和重点项目定点跟踪联系制，进一步协调推进招商引资和重点项目建设。

积极培育新的消费热点。一方面扩大和提升家庭服务消费。促进养老健康服务业发展，补足民生保障领域的短板。鼓励民间资本投资养老机构和医疗保健服务，扩大养老机构及相关服务供给能力，推进居家养老服务网络建设。积极推动家政服务业。健全家政服务体系，培育一批管理规范、信誉良好、服务全面、竞争力强的家政服务龙头企业。加强社会和居民生活服务人员专业技能培训，加大保洁、烹饪、护理、保育、维修等技能服务人员的培训，规范服务行为，加强服务监督，力促传统家庭服务行业转型发展，满足日益扩大的家庭生活服务需求。另一方面挖掘服务消费潜力。大力推动商贸服务消费，鼓励商贸企业着力提高供给对需求变化的适应性和灵活性，提供更加丰富的日常生活服务用品。推动大众餐饮、经济型酒店、社区便民生活服务等方便快捷、经济实惠的服务发展，开拓高端化生活服务消费市场，合理布局休闲娱乐基础设施，大力拓展发展文化创意、休闲旅游、农家乐、放心早餐、体育健身等服务，培育服务品牌，适应职工群众消费结构升级。鼓励开展形式多样的节庆营销活动，促进节庆消费。发挥会展经济拉动作用，拉动住宿、餐饮等相关行业消费。另外，发展绿色循环消费。推进对绿色消费、循环消费的合理引导，推广新能源汽车和节能环保型产品，倡导文明、节约、绿色、低碳消费模式。引导和鼓励流通企业实行绿色商品采购、销售，推广绿色物流和绿色包装，抵制商品过度包装，构建绿色供应链，推动生产生活方式绿色化。支持流通企业利用合同能源管理等方式进行节能改

造，开展绿色商场示范工作，培育一批集节能改造、节能产品销售和废弃物回收于一体的绿色市场、商场、饭店。推动再生资源回收行业模式创新和转型升级，加强生活垃圾分类和再生资源回收体系的衔接。鼓励旧货市场规范发展，促进二手商品流通。

（二）强化发展城市经济的意识和能力，大力推进产城融合

产业发展与城市进步，是你中有我、我中有你的共生关系，没有产业的城市，再繁华美丽也不过是一具空壳，没有城市的产业，再高端前沿也必将"孤立无援"，失去发展前景。产城融合不仅有利于实现城市土地集约化，扩大产业空间，加速产业聚集，增强产业自我更新能力，还有助于增加就业人口，有序推进城市一体化建设。只有以产促城，以城兴产，产城融合，城市发展才更可持续，产业发展才更具活力。对于兵团来说，产城融合还有其特殊意义。北屯、铁门关、可克达拉、双河、昆玉等一座座年轻城市崛起在天山南北，在维稳戍边、集聚人口、传播文明等方面作用显著。目前，兵团已有9个师建市，有30余个省级以上各类产业园区，这些独具特色、充满活力的城镇，在产城融合中不断成长，正发展成为一个个现代文明的聚集地、一座座维稳戍边的坚强堡垒。要坚持"协同发展"，产业发展与城市建设要同步进行、协调配合。一方面围绕产业发展需求优化城市功能，确保城镇化有产业带动；另一方面产业发展要有城市支撑，避免出现生产、生活的错位发展。产城融合还要坚持"规划先行"，促使发展空间布局更为优化，统筹处理好经济发展与生态环境保护之间的关系，严格产业准入门槛。要坚持"以人为本"的发展理念，全面提升城市公共服务和宜居宜业水平。

坚持以新型工业化为主导。要适应时代和兵团长远发展需要，引进、吸收、研发最新工业技术成果，大力发展新时代的兵团工业经济，推动兵团三次产业协调发展，把兵团主要城镇打造成为当地的就业基地和集聚人口的基地。

坚持园区优先、基础设施优先。集中力量把产业园区建设搞好，原则上

一个师集中精力做好做强一个产业园区，大力推动援疆省市"组团式"建设园中园，力争把图木舒克、昆玉、铁门关等地的产业园区创建为国家级经济技术开发区，尽快完善各产业园区相应的职能、职责和权限，建立健全合理的财税分成机制。

加快城市之间基础设施建设。重点在"铁公机"、水利等补短板领域和"卡脖子"领域，规划建设一批重大工程，特别是要加快"一中心、三依托、八支点"的交通、电、气等基础设施建设，大力推进阿拉尔机场、阿克苏至阿拉尔支线铁路开工建设，加快构建以阿拉尔市为中心的南疆公路枢纽。

优化投资和招商引资。加强项目谋划储备和前期工作，继续加大招商引资力度，对10亿元以上的重大项目加强跟踪服务。落实"政"的职能，提升"政"的意识，着力打造良好营商环境，创造优美发展环境，全力推动城市经济发展走上新台阶。

（三）找准产业定位，着力培育新经济增长点

找准产业定位，要让具有良好市场前景和保持稳定增长的装备制造、生物医药、电子信息、新能源、环保等战略性新兴产业成为兵团新的经济增长点和重点发展方向。在国内外经济转型升级、市场需求较为疲软的大背景下，兵团的装备制造业、高新技术产业、战略性新兴产业等依然保持不错的增长势头，增长情况好于整体工业水平，表现出良好的发展态势和较强的竞争优势，是应当重点培育的产业。随着兵团城镇化的推进和人民生活水平的提高，以现代物流业、金融服务业为代表的服务业，是兵团未来新的经济增长点；食品、建材、纺织、煤炭等传统产业通过改造升级仍有可能成为兵团新的经济增长点。上述产业通过技术改造、信息化带动、品牌打造等途径加大改造提升力度，延长产业链，增强产业竞争力，仍将是兵团经济增长的重要推动力量。发展节能环保产业不仅有助于降低能耗、减轻环境污染，而且能够有效拉动投资、带动绿色消费，有着广阔的市场预期和巨大的发展潜力。

必须准确把握战略性新兴产业发展面临的新形势新任务新要求，突出重点，加快推进重大工程建设，带动相关领域快速发展，扎实做好战略性新兴产业引导和培育工作；要以培育具有核心竞争力的主导产业为主攻方向，把引进和研发新技术落实到产业发展上，不断提升兵团产业竞争力；要加强协同配合，建立健全保障措施，强化工作体制机制，树立正确导向，重点完善政策表彰激励机制及创新要素保障机制，到2020年，实现兵团战略性新兴产业综合实力明显增强，创新能力显著提升，产业贡献作用大幅提升，辐射带动能力进一步增强，成为经济社会发展的新动力。

（四）加快推进国资国企改革，大力支持民营经济发展

要以重点领域和关键环节为主要突破口，全面扎实推进兵团国资国企改革。要统筹推进行政体制和国资国企改革，切实解决政企分离问题。要努力推进供给侧结构性改革，切实解决好发展质量不高的问题。要以"赶考"的心态加快建立现代企业制度，切实解决好不按市场规律办事的问题。要以"补考"的方式大力深化企业内部人事、劳动、分配三项制度改革，切实解决好激励约束不到位问题。要坚决打好防范化解重大风险攻坚战，切实解决好违规担保问题。要加快推进兵团国资监管体制改革，切实解决好监管不力问题，优化国有资本布局。要坚持和加强国有企业党的建设，切实解决好党组织作用不彰问题。要抓住企业家这个"关键少数"，大力培育一支高素质能闯市场的企业家队伍。按照高质量发展的要求，加强国资国企改革顶层设计，以"关闭破产、转让退出"为重点，扎实推进"四个一批"分类改革，争取实现精简瘦身、布局优化、活力增强。

要全力做好稳定工作，为民营经济发展创造良好安全的环境。要进一步深化兵团改革，健全和完善"政"的职能，为民营经济发展提供有力保障。要加快推进向南发展，为民营经济发展提供更广阔的舞台。要坚决抓好各项政策落实，构建亲清新型政商关系，依法保护民营企业家权益，营造公平竞争环境。

（五）积极推进"丝绸之路经济带核心区"建设，构建全方位开放新格局

秉持亲诚惠容，坚持共商共建共享原则，完善双边和多边合作机制，以企业为主体，实行市场化运作，推动与相关国家战略、市场、产业、项目有效对接，推进经贸各领域务实合作，大力开拓国际交流合作新局面，打造内外联动、东西双向开放的全面开放新格局。

积极推进沿边师团开放开发。发挥口岸师团的沿边区位优势，将沿边师团开放开发与"一带一路"倡议有机结合，以"兴边富民"行动为抓手，加强基础设施和民生工程建设，推进边境师市依托城镇、重点口岸、过境（跨境）经济合作区和开发区建设，培育外向型产业集群，大力发展口岸仓储、边民互市和外向工农业为主的口岸经济，开展面向周边市场的经贸合作。充分利用霍尔果斯经济开发区兵团分区和中哈霍尔果斯合作中心，发展加工贸易、进口保税加工业务，推进国际会展、旅游服务、跨境金融等现代服务业。

加强天山北坡经济带师市开放支撑。以加快天山北坡经济带发展为契机，发挥天山北坡经济带师市生产要素集聚优势，以城市为依托，大力提升国家级经济技术开发区等各类产业园区对外合作水平，努力承接各类产业转移，发展壮大商务服务业，打造商务服务总部经济区，积极发展集仓储、物流、加工、配送等多功能于一体的综合物流园区，加强多式联运大通道建设，形成兵团对外开放发展的中坚力量。发挥八师石河子市示范引领作用，发挥石河子经济技术开发区和高新技术产业开发区的优势，打造纺织服装全产业链、绿色农产品加工、农机装备制造、现代煤化工、军垦文化旅游和战略性新兴产业基地。发挥六师五家渠市，十一师、十二师毗邻自治区首府的地缘优势，加快五家渠经济技术开发区发展，提升产业配套能力，延长外向型产业链，加快推进十二师与乌鲁木齐市融合共建集装箱编组站和综合保税区，提升十一师建筑业核心竞争力，发展新型建材，打造具有较强影响力的综合性企业集团和兵团向国外发展的排头兵。推进七师天北新区和五五工业

园区发展，培育形成新的产业聚集区、区域交通枢纽中心和商贸物流中心。发挥十三师资源和区位优势，加快二道湖工业园区发展，建设特色矿产资源加工、新能源、现代煤化工和现代物流基地。

突出南疆师市开放发展。着眼于中巴经济走廊建设，推动南疆师市积极参与中巴经济走廊建设，以阿拉尔市、铁门关市、图木舒克市及昆玉市为中心，以团场城镇为节点，大力发展外向型纺织服装、农副产品深加工、支农产业、民族医药、民族特色手工业等劳动密集型产业，加快发展商贸物流、金融服务、文化旅游、医疗教育等现代服务业，提升现代农业示范区建设水平，建设面向中西亚市场的农产品生产基地。做好喀什经济开发区兵团分区建设和管理，发挥喀什经济开发区综合保税区作用，加快建设集区域加工制造、区域中转、区域采购、金融服务和旅游休闲等功能为一体的综合性贸易中心，发挥其服务贸易基地的作用。

（六）积极发挥兵团资源优势，大力实施乡村振兴战略

加快建设兵团现代农业。按照农业供给侧结构性改革的总体要求，加强粮食安全管理，打造全国重要的粮油和特色农产品生产基地。农业是兵团的基础产业，也是兵团的优势产业。一直以来，兵团充分运用集团化、规模化的生产组织优势，形成了集机械化、集约化、大规模现代化于一体的农业生产体系，在种植业上大农业优势极为显著。目前兵团已建成全国最大的节水灌溉基地和重要的商品棉基地，农业机械化在全国处于领先示范地位。推进兵团农业现代化要进一步加大创新举措。要着力发展高附加值、高品质的农产品。通过加快发展农产品精深加工、电子商务等新产业新业态，着力构建现代农业产业体系、生产体系、经营体系，深入推进农业供给侧结构性改革。比如把香梨加工为果醋、果酒、天然香精、止咳糖浆等多种产品；把红枣加工为保健食品及饮料；等等。通过一系列改革创新举措，进一步提升兵团农产品的产品质量和产品附加值，让优质的兵团农产品走向大江南北，走进千家万户。推进兵团农业现代化向纵深发展还要走出孤立封闭的生产经营小圈子。要把分散的职工有序组织起来，把分散的生产要素整合起来，成立合作社，破

解个体生产经营难题、激发职工生产积极性。要按照现代化农业的生产发展方式，大力引进和培育龙头企业，用龙头企业带动产业发展，用订单农业促进兵团农业健康发展，用市场化手段发展现代农业，带动职工群众增收致富。

治理改善人居环境，建设美丽宜居连队。以"千村美丽、万村整洁"行动为契机，大力推动美丽宜居连队建设。兵团要以连队居住区垃圾处理、生活污水治理、厕所粪污利用、住房安全和连容连貌提升为重点，按计划、分批次向前推进。完成腹心团场、城镇近郊区、重点生态功能区、重要旅游景区整治任务；兵团将根据连队分布区位、基础条件和人口规模，突出兵团的独特性和文化传承，科学确定不同连队居住区整治目标任务。全面加强生活垃圾治理，力争到2020年粪污资源化利用率达到70%以上。加强连队居住区生活污水收集与处理设施建设，多措并举促进水的循环使用。为强化政策资金支持，兵团每年将拿出3亿元专项资金用于连队居住环境治理。同时，通过各种形式吸引企业参与项目整治，鼓励金融机构在信贷上提供支持，引导和发动各类社会组织、相关部门支持连队居住区的环境设施建设和管护运行。

参考文献

李扬、李平：《经济蓝皮书：2019年中国经济形势分析与预测》，社会科学文献出版社，2018。

张宇燕：《世界经济黄皮书：2019年世界经济形势分析与预测》，社会科学文献出版社，2018。

中国科技发展战略研究小组、中国科学院大学中国创新创业管理研究中心：《中国区域创新能力评价报告（2018）》，科学技术文献出版社，2018。

兵团统计局：《新疆生产建设兵团统计年鉴》，中国统计出版社，2017。

新疆生产建设兵团办公厅：《新疆生产建设兵团年鉴》，新疆生产建设兵团年鉴社，2018。

中华人民共和国国务院新闻办公室：《新疆生产建设兵团的历史与发展》白皮书，http：//www.xjbt.gov.cn/c/2014－11－28/2029193.shtml。

《新疆生产建设兵团主体功能区规划》。

B.11
2018～2019年西藏自治区经济
社会发展形势分析与对策建议

何 纲*

摘 要： 中央对西藏的定位是"治国必治边、治边先稳藏"，所以西藏维护民族团结、社会稳定对党和国家全局来讲具有重大意义。2018年，西藏自治区经济总量持续增加，结构进一步优化，统筹国内国际两个大局，以"一带一路"建设为重点，推动形成全面开放的新格局。2019年，西藏自治区狠抓民生改革，围绕项目建设扩大内需，扎实推进脱贫攻坚和乡村振兴战略，推进美丽西藏建设。

关键词： 西藏 经济社会发展 政策建议

一 西藏自治区概况

西藏自治区地处中国西南边陲，全区面积为120.223万平方公里，居全国各省份第二位，南北最宽900多公里，东西最长达2000公里。其地理坐标为东经78°15′～99°07′，北纬26°50′～36°29′。北界昆仑山、唐古拉山与新疆维吾尔自治区及青海省毗邻，东隔金沙江和四川省相望，东南与云南省山水相连，南面和西面与印度、尼泊尔、不丹、缅甸等接壤。平均海拔

---

* 何纲，西藏自治区社会科学院经济战略研究所副所长、副研究员。

4000 米以上，是世界上海拔最高、最年轻的高原，向来有"世界屋脊"和"地球第三极"之称。全区国境线长约 4000 公里，占全国陆地边境线总长 1/6 以上，是中国西南边疆的重要门户和屏障，战略位置十分重要。

（一）气候

西藏气候的主要特点是日照时间长，太阳辐射强；气温偏低，年较差小，日较差大；水、热同期利用率高，降水的时空分布很不均匀；自然灾害频发。

西藏的日照和太阳辐射自藏东南向藏西北递增。年平均日照时数为 1620～3400 小时，各地气温随海拔高度升高而下降，年平均气温在 -2.9℃～11.9℃，拉萨、昌都、泽当、日喀则等地的年平均气温在 6.3℃～8.2℃。年较差在 17℃～19℃，日较差在 14℃～16℃。西藏降水时空分布很不均匀，各地日平均气温 >0℃ 期间的降水量占全年降水量的 90% 左右，主要集中在 6～9 月，冬春两季降水极少，且多为固态。全区年降水量分布自东南向西北递减，藏东南边缘的山谷地区如前门里、巴昔卡等地，年降水量达 3000～5000 毫米，是全国降水量最丰富的地区之一。藏西北日土的北部年降水量在 30 毫米以下，是西藏最干旱的地区。泽当、拉萨、日喀则一带年降水量在 380～480 毫米。

自然灾害频繁，干旱、暴雪、霜冻、冰雹、洪涝、大风等灾害性天气频繁发生，不同程度地影响农牧业生产，限制了气候有利因素的充分利用。

（二）资源

西藏的各类资源极为丰富。植物资源方面，有木本植物 1700 余种，药用植物 1000 余种，油脂、油料植物 100 余种，芳香油、香料植物 180 余种，工业原料植物（含鞣质、树脂、树胶、纤维植物）300 余种，可代食品、饲料的淀粉、野果植物 300 余种，绿化观赏花卉植物达 2000 余种。野生动物资源中，共有脊椎动物 795 种，继云南、四川之后列全国第三位，大中型野生动物数量居全国第一位。被列为国家和自治区重点保护的野生动物有 154 种，被

《濒危野生动植物种国际贸易公约》（CITES）列入附录的动物达 140 余种。

西藏矿产资源潜力巨大，截至 2006 年，全区累计发现矿产 101 种，其中查明资源储量的矿产有 41 种；共发现矿产地（矿床、矿点、矿化点）2000 余处，初步查明的大型矿床达 50 余处；勘查矿区 131 个。其中大型 30 个（含 7 个共、伴生矿床）、中型 33 个（含 9 个共、伴生矿床）、小型 68 个（含 8 个共、伴生矿床）。根据已查明矿产资源储量在全国的排序，12 种矿产居全国前 5 位，17 种居前 10 位。其中铬、高温地热、工艺水晶、刚玉在全国排第 1 位；铜、陶瓷土、火山灰排第 2 位；菱镁矿排第 3 位；硼、自然硫、云母排第 4 位。铬、铜、硼是西藏拥有的国家级优势矿产，铅、锌、富铁、金、锂、锑、矿泉水、高温地热为省区级优势矿产。具有潜在优势的矿产还有银、钼、稀有金属（铷、铯、锶）、钾盐等。

（三）能源

西藏既有煤、石油、油页岩、泥炭、天然气、薪炭等传统能源，也有锂、天然气水合物等新能源，其中石油、锂、天然气水合物等能源矿产具有良好的开发前景。水能、地热能、太阳能、风能等清洁能源也非常丰富。

全区水能资源理论蕴藏量为 2.01 亿千瓦，居全国首位，其中又以藏东南地区最为集中，约占全区理论蕴藏量的 70%。全区可开发的水能资源量为 1.15 亿千瓦，占全国可开发水能资源的 20.3%。雅鲁藏布江是水能资源最丰富的河流，理论蕴藏量达 1.13 亿千瓦，占全区理论蕴藏量的 56%，其中可开发量为 0.68 亿千瓦，占全区可开发量的 59%。地热能蕴藏量居全国各省、自治区、直辖市首位，地热显示点达 600 多处，除常见的温泉、热泉、沸泉、喷泉外，还有喷气孔、冒气地面、硫质气孔、盐泉、沸泥泉、热水湖、热水河、热水沼泽、热水爆炸和间歇喷泉等，世界上所有的地热显示类型，在西藏基本都可见到。

（四）行政区划和人口

2014 年之前，西藏自治区仅有拉萨一个地级市。2014 年 6 月 26 日，国务院批复撤销日喀则地区，设立地级日喀则市；2014 年 10 月，国务院批复撤销昌都地区和昌都县，设立地级昌都市；2015 年 3 月，国务院批复撤销林芝地区和林芝县，设立地级林芝市；2016 年 2 月，国务院批复撤销山南地区和乃东县，设立地级山南市；2017 年 7 月，国务院批复撤销那曲地区和那曲县，设立地级那曲市。目前，全区辖 6 个地级市、1 个地区，66 个县（见表 1）。

表 1　西藏自治区行政区划

单位：个

	市辖区	县	乡	民族乡	镇	街道	居民委员会	村民委员会
总　　　计	8	66	545	9	140	12	214	5261
拉 萨 市	3	5	48		9	8	45	226
日喀则市	1	17	175		27	2	30	1643
昌 都 市	1	10	110	1	28		23	1119
林 芝 市	1	6	34	3	20	2	9	489
山 南 市	1	11	59	5	24		59	497
那 曲 市	1	10	89		25		37	1153
阿里地区		7	30		7		11	134

西藏自治区人口以藏族为主，藏族占总人口的 90% 以上；区内还居住有汉族、门巴族、珞巴族、蒙古族、回族等 44 个民族。2018 年末，全区常住人口为 343.82 万人，比上年净增加 6.67 万人。其中，城镇人口 107.07 万人，占总人口的 31.14%；乡村人口 236.75 万人，占总人口的 68.86%。人口出生率为 15.22‰，死亡率为 4.58‰，自然增长率为 10.64‰。[①] 境内有苯教、佛教、伊斯兰教和天主教 4 种宗教。

二　2018 年西藏国民经济运行特点

2018 年，自治区党委、政府团结带领全区各族干部群众，以习近平新

---

① 　数据来自《2018 年西藏自治区国民经济和社会发展统计公报》。

时代中国特色社会主义思想为指导，牢牢把握"稳中求进、进中求好、补齐短板"的工作总基调，正确处理"十三对关系"，以"三大攻坚战"、"十大工程"和"七大产业"为抓手，着力推动高质量发展，确保全区国民经济持续平稳健康运行。

（一）经济总量持续增加，结构进一步优化

2018 年，西藏实现地区生产总值 1477.63 亿元，按可比价格计算，比 2017 年增长 9.1%。其中，第一产业增加值 130.25 亿元，增长 3.4%；第二产业增加值 628.37 亿元，增长 17.5%；第三产业增加值 719.01 亿元，增长 4.1%。人均地区生产总值 43397 元，增长 7.0%。按年平均美元汇率折算，人均 GDP 折合为 6558.0 美元。[1]

表 2　2011～2018 年西藏地区生产总值和人均 GDP

年份	地区生产总值（亿元）	增长率（%）	第一产业（亿元）	第二产业（亿元）	第三产业（亿元）	人均 GDP（元）
2011	606.13	12.7	74.47	208.83	322.83	20086
2012	701.65	11.8	80.38	243.03	378.24	22970
2013	816.57	12.1	84.68	293.12	438.77	26355
2014	921.73	10.8	91.64	336.97	493.12	29280
2015	1027.43	11.0	98.04	376.28	553.11	32031
2016	1151.41	10.1	115.78	429.17	606.46	35184
2017	1310.92	10.0	122.72	513.65	674.55	39267
2018	1477.63	9.1	130.25	628.37	719.01	43397

2018 年，全区整合各类产业发展专项扶持资金、政府投资引导基金，支持特色优势产业发展。推动青稞增产、牦牛育肥工作，促进了第一产业的增长；全国旅游援藏带动旅游项目不断落地，实施西藏全域旅游，实现了以旅游业为主要支撑的第三产业大发展；大力推动清洁能源产业、绿色矿业、天然饮用水产业发展，促进了西藏工业的增长。2018 年，全区一二三产业增加

---

①　数据来自《2018 年西藏自治区国民经济和社会发展统计公报》。

值所占比重分别为8.8%、42.5%、48.7%，与2017年相比，第一产业下降了0.6个百分点，第二产业提高了3.4个百分点，第三产业下降2.8个百分点。

表3 2011～2018年西藏三次产业结构比重

单位：%

年份	第一产业	第二产业	第三产业
2011	12.3	34.4	53.3
2012	11.5	35.6	53.9
2013	10.4	35.9	53.7
2014	9.9	36.6	53.5
2015	9.6	36.7	53.8
2016	10.0	37.3	52.7
2017	9.4	39.1	51.5
2018	8.8	42.5	48.7

（二）加快产业建设，推动经济高质量发展

随着基础设施条件的改善，西藏经济发展正在从投资拉动向产业促动转变。一批重大项目加速落地：中央支持西藏的24个重大项目2018年已开工建设9个，完成投资446亿元；昌都与藏中电网联网工程建成投运，主电网覆盖62个县，供电人口达272万人；羊易地热电站建成投产，加查、大古、金桥等水电站加快建设，并网光伏电站建设有序推进。川藏铁路拉林段施工全面启动，国道109线那曲至拉萨段新改建工程、拉日高等级公路控制性工程开工。

自治区确定的"七大产业"发展势头良好，支撑作用逐渐显现。高原特色生物产业稳步发展，粮食产量达到104.9万吨，提前两年完成"十三五"规划目标；旅游文化产业迅猛发展，2018年接待游客3368.7万人次，实现旅游收入490亿元，分别增长31.5%和29.2%；清洁能源产业规模持续扩大，电力总装机容量达333万千瓦，与14个省市签署了藏电外送协议，全年外送电量8.7亿千瓦时。绿色工业增长明显，规模以上工业增加值同比

增长 14%；天然饮用水等绿色产品加工业增加值 53 亿元，同比增长 14.3%。现代服务业快速发展，信贷及社会融资规模保持合理增长，本外币各项贷款余额达到 4555.7 亿元，同比增长 12.7%；特别是金融对实体经济的支持力度不断加大，涉农贷款比上年增长 27.57%；农牧区实现网络零售额 7065 万元；高新数字产业加快布局，全社会信息化建设完成直接投资 54 亿元，数字行业实现增加值 20.2 亿元，比上年增长 25.1%，27 个县被确定为国家电子商务进农村综合示范县；边贸物流产业逐步回暖，全年进出口贸易额达 48 亿元，边民互市贸易额增长 1.8 倍。

（三）坚持区域协调发展理念，统筹城乡发展

以"一带一路"重要节点和"环喜马拉雅经济合作带"建设为中心任务，积极推进拉萨、山南、日喀则等面向南亚的前沿开放中心城市建设，拉萨－山南经济一体化、藏中 3 小时经济圈正在形成，区域发展格局日趋合理。

积极编制乡村振兴规划，乡村振兴战略开局良好。大力改善农牧区基础设施条件，建立农牧产品质量安全检验检测体系、动物防疫体系、农牧业防灾抗灾体系；深入推进村容整治、垃圾污水处理工程。2018 年，西藏行政村通光纤率达到 98%，全区农牧民合作社达到 8364 家，农产品加工企业总产值 42 亿元。

着力推进边境地区小康示范乡建设，改善边境地区的群众生产生活条件。2018 年共完成边境小康村公路建设项目 181 个，共计 2534 公里，累计完成 545 个边境小康村示范项目建设；进一步提高边民补助，一线边民补助标准提高到 3700 元、二线边民补助标准提高到 3500 元。对边境无电地区加快实施电力规划，积极推进落实边境自然村和重要交通沿线通信信号全覆盖。

（四）坚持共享发展理念，努力提高居民就业和生活水平

把高校毕业生就业摆在突出位置，正确处理好高校毕业生政府就业和市场就业的关系，2018 年首次实行高校应届毕业生就业实名制登记，积极促

进毕业生多渠道就业和自主创业，就业率超过 86%；有 463 名毕业生考录到区外公务员等岗位就业。

就业形势稳中向好，通过拓宽就业渠道、增加就业岗位，积极开展培训，劳动者技能素质得到提升，自谋职业、自主创业的积极性得到提高。2018 年，全区组织市场化招聘岗位 11.1 万个，比上年增长 161%；实现农牧区转移就业 56 万人、102 万人次，增收 27 亿元。

2018 年，居民人均可支配收入达到 17286 元，比上年增长 11.8%。其中，城镇居民人均可支配收入 33797 元，比上年增长 10.2%；农村居民人均可支配收入 11450 元，增长 10.8%。参加城镇基本医疗保险 42.26 万人，城镇登记失业率为 2.83%，城镇新增就业人口 5.4 万余人。

全民参保计划持续推进，农牧区医疗保险参保率达 100%。城乡居民基本医疗保险全覆盖，城镇职工和居民参保率达到 95%，累计 370.7 万人次参加各类社会保险，社会保障能力持续提高。

（五）大力实施精准扶贫，脱贫攻坚取得决定性进展

为确保西藏到 2020 年与全国一道建成全面小康社会，自治区党委、政府制定了打赢深度贫困地区脱贫攻坚战三年行动计划，深入实施精准脱贫。西藏计划用 3 年时间对"一方水土养不起一方人"的 26.31 万建档立卡贫困人口实施易地扶贫搬迁，用 2 年时间（2019～2020 年）对易地扶贫搬迁工作进行巩固。到 2020 年，力争使搬迁户生产生活条件明显改善，收入水平明显提高，物质文化生活水平明显提升，基础设施条件和基本公共服务有效改善，迁出区生态环境有效改善。

2015 年底，全区建档立卡贫困人口总量为 59 万人，几年来，通过易地搬迁和政策扶持，2016 年、2017 年，全区贫困人口分别减少 14.7 万人、15 万人；到 2018 年底，全区有 25 个贫困县达到脱贫摘帽条件，360 个贫困村退出贫困行列，减贫 18.1 万人，三年来累计减贫人口达 47.8 万人。建档立卡贫困人口从 2015 年底的 59 万人下降到了 2018 年底的 15 万人，贫困发生率由 2015 年底的 25.32% 下降到 2018 年底的 6% 以内。

2018 年，自治区投入各类财政涉农资金 167.3 亿元，又有 25 个县达到脱贫摘帽标准，2100 个村达到退出标准，18 万贫困人口达到脱贫标准。累计投入 144.9 亿元，用于易地扶贫搬迁，21.8 万人入住新区；极高海拔地区生态搬迁完成 1102 人、昌都"三岩"片区跨市扶贫搬迁完成入住 1639人。加大产业扶贫项目建设力度，共建成 707 个产业扶贫项目。贫困农牧民培训 3.6 万人，实现转移就业 6.7 万人。新增 4.7 万个生态岗位。

（六）坚持深化改革，进一步扩大开放

加大重点领域改革力度，不断深化国企国资改革，自治区 15 个产业集团整合重组扎实推进；集体林权制度改革全面启动，农村土地（耕地）承包经营权登记颁证工作基本完成。并积极制定了市（地）级国有林场改革实施方案，深化"放管服"改革，全面推行"证照分离"改革，自治区级政府部门权责减少 43 项，扎实推进 33 证合一、企业开办登记 5 天办结制，营商环境不断改善。

继续加大对外交流合作步伐。2018 年举办的第四届藏博会招商引资落地项目签约 541 亿元。加大普兰、吉隆等口岸基础设施建设力度，吉隆边境经济合作区、拉萨综合保税区建设进展明显，成功举办第十六届中尼经贸洽谈会、首届环喜马拉雅"一带一路"合作论坛和南亚标准化论坛。

（七）健全生态考核机制，加强生态文明建设

2018 年西藏累计投入 107 亿元用于生态安全屏障保护与建设规划，植树造林 112.5 万亩，消除"无树户"8.32 万户，全区森林覆盖率提高到12.14%。扎实开展生态示范区创建工作，珠峰、羌塘和芒康国家级自然保护区调整获批，筑牢西藏作为国家生态安全屏障的基础。

（八）坚持维护社会大局稳定

坚决维护国家安全，旗帜鲜明地与达赖集团做斗争，遏制和打击境内外敌对势力对西藏的分裂、渗透和破坏活动。强化社会面网格化管控，依法管

理宗教事务。深化"先进双联户"创建评选活动,引导信教群众淡化宗教消极影响,鼓励引导民间组织健康发展。深入开展扫黑除恶、打非治乱和扫黄打非专项斗争。持续推进食品药品监管,重点加强疫苗、食用农产品安全监管,确保群众用得安心、吃得放心。

三 经济运行中存在的主要问题

(一)总体经济发展水平低

长期以来,西藏经济保持快速增长态势,但受发展基础薄弱、起步较晚等因素制约,总体经济发展水平依然较低。2018年西藏人均地区生产总值43397元,仅为全国平均水平的65%左右。从全国统计数据看,2017年西藏城乡居民人均可支配收入相当于全国平均水平的84.2%和76.9%,与全国平均水平和发达省份的差距越拉越大。这些重要指标2020年要实现接近全国平均水平的目标时间紧、任务重。

(二)产业支撑能力弱

在看到特色优势产业加快发展的同时,也应看到西藏的产业支撑能力较弱。总的特征是"一产弱、二产散、三产层次低","三二一"的产业结构是在工业发展严重不足、建筑业成为第二产业主要力量的情况下形成的阶段性产业结构。第一产业中的农牧业产业化经营率、科技贡献率等指标均低于全国平均水平;第二产业增加值比重不足40%,工业化率仅为6.4%,传统工业占主导地位,新型工业发展不足;第三产业虽然占比较高,但内部结构不合理,其中生产性服务业和现代服务业占比不足30%。

(三)内生增长动力不足

从需求角度看,西藏的经济发展长期以来属于投资拉动型的增长模式,投资率一直都很高,2017年继续保持了这个趋势。长期依赖高投资率,导

致内生增长动力不足，自我发展能力提升较慢。消费方面，受制于城镇化率低、消费市场小、消费成本高、消费渠道不健全、消费观念落后等因素，消费对经济增长的拉动作用十分有限。外贸方面，虽然"一带一路"倡议给西藏发展对外贸易提供了难得机遇，但受对外开放国别单一、外贸企业规模偏小、自产产品少、接单能力弱等因素制约，短期内西藏的外贸不会有显著改善。受大环境影响，民间投资表现低迷，市场在经济发展中的决定性作用很难发挥。从微观的企业层面来看，高新技术企业少、领域窄、研发投入有限、科技成果转化率不高，大多数企业小散弱、生产效率低、创新能力不足。

（四）补齐短板任务重

西藏的区情特殊，"去产能、去库存、去杠杆"并非西藏推进供给侧结构性改革的重点，"补短板"成为迫切任务。西藏是全国唯一的省级集中连片贫困地区，脱贫攻坚任务艰巨。基础设施建设方面，2016 年底全区高等级公路仅占公路通车里程的 0.37%，仍有 9 个县不通油路，乡镇、行政村通油路率仅为 54% 和 23%，铁路路网密度仅为全国平均水平的 6%，公路路网密度仅有全国平均水平的 13% 左右，支线航空线路只有 3 条；城镇基础设施不完善，对人口和产业的承载力弱，城镇化率比全国平均水平低 30 个百分点。教育、医疗卫生、社会保障等公共服务产品仍然存在供给不足、质量不高等问题，要加快补齐短板。以医疗卫生为例，每千人口卫生技术人员、医疗卫生机构床位分别比全国平均水平少 1.4 人、0.78 张。将国家对西藏"两屏四地一通道"的战略定位转化为战略行动的能力亟待提高，需要补齐很多短板。

四 2019年西藏经济社会发展形势展望

（一）总体要求和目标

做好 2019 年西藏发展稳定工作的总体要求是：以习近平新时代中国特

色社会主义思想为指导，全面贯彻党的十九大和十九届二中、三中全会以及中央第六次西藏工作座谈会精神，贯彻总书记关于治边稳藏的重要论述和一系列重要批示指示精神，统筹推进"五位一体"总体布局，协调推进"四个全面"战略布局，坚持稳中求进、进中求好、补齐短板工作总基调，坚持新发展理念，坚持推动高质量发展，坚持以供给侧结构性改革为主线，坚持深化市场化改革、扩大高水平开放，落实"六稳"要求，全面落实自治区第九次党代会和区党委经济工作会议精神，在自治区党委的坚强领导下，以处理好"十三对关系"为根本方法，加快建设现代化经济体系，继续打好"三大攻坚战"，着力推进"十大工程"，聚力发展"七大产业"，突出保障和改善民生，扎实做好稳增长、促改革、调结构、惠民生、防风险工作，增强人民群众获得感、幸福感、安全感，促进经济持续健康发展和社会大局稳定，为全面建成小康社会收官打下决定性基础，以优异成绩迎接中华人民共和国成立70周年。

2019年经济发展的主要目标：地区生产总值增速保持在10%左右，地方财政收入增幅高于全国平均水平，社会消费品零售总额增长13%；城镇居民人均可支配收入增长10%以上，农村居民人均可支配收入增长13%以上，居民消费价格涨幅控制在4%以内，城镇登记失业率控制在3%以内，城镇调查失业率控制在5%以内，城镇新增就业5万人；能耗、碳排放强度和污染物减排指标控制在国家核定范围内，地级以上城市空气质量优良天数比例保持在95%以上。

（二）狠抓民生改善

当前，西藏的基础设施条件已经能够基本满足保障改善民生的需要，总体来看，公共服务不是弱在硬件上，关键是差在软件上，比如教育，核心是要提升教师的工作能力、增强教师的事业心责任感；卫生则是要解决区域性结构不合理的问题，推动更多的医疗人才扎根基层、服务基层，农牧科技的关键是要加强成果转化应用，激励更多的科技人员到基层服务，推广普及实用技术。这些问题都关乎民生，需要深入研究，有针对性地加以解决。

（1）把高校毕业生就业摆在更加突出的位置。正确处理好高校毕业生政府就业和市场就业的关系，积极促进毕业生多渠道就业和自主创业，切实提高就业水平。继续坚持和完善"双创"政策，落实好促进高校毕业生就业创业的政策措施，为高校毕业生创新创业保驾护航。因地制宜，进一步研究解决毕业生创新创业遇到的突出问题，主动适应共享经济、平台经济等创造的新就业形态的特点，研究制定与之相适应的劳动合同、社会保险、权益保障等政策，消除其后顾之忧，使高校毕业生放心大胆自主创业。突出基层导向，实施高校毕业生基层成长计划，在待遇、保障等方面加大支持力度，鼓励更多毕业生到城乡基层、艰苦边远地区建功立业，更好地服务乡村振兴、脱贫攻坚等重大战略。

（2）推进健康西藏建设，完善公共医疗卫生体系。积极推进公立医院综合改革，重点加强基层医院、标准化村卫生室，基层医疗卫生队伍建设，深化医疗人才组团式援藏工作，推进城乡医疗卫生服务均等化，提高基层医疗卫生服务质量和水平。大力发展"互联网＋医疗健康"，推进远程医疗服务，让更多群众足不出户就能便利享受到优质的医疗服务。完善养老服务，推进医养结合，发展养老产业。实施健康中国人行动计划，推进全民健身，把体育和文化结合起来，研究一批适应高原运动规律的体育项目，提高全民身体素质。

（3）扎实做好民生兜底社会保障工作。进一步完善城乡居民基本医疗保险制度，完善大病、慢性病大额医疗救助和应急医疗救助制度。加强社会养老、社区服务、残疾人综合服务体系建设和儿童服务设施建设。加大公共租赁住房、干部职工周转房等住房保障，城镇低收入家庭住房租赁补贴实现应补尽补。构建面向残障人士、留守儿童、孤寡老人等特殊人群的信息服务体系。

（三）围绕项目建设扩大消费内需

西藏在相当长一段时间内经济发展主要靠国家投资拉动，这是西藏经济发展的阶段性特点，也是必须面对的现实。但抓项目不是简单地推动经济增长，最终是要改善民生、凝聚人心，让群众得到实惠，进而引导各族群众自觉反对分裂、维护祖国统一、加强民族团结。突出民生导向，把项目建设作为推动经济持续健康发展的关键，主动担当作为、用好有利条件，以项目的落实落地带动全区发展、带动民生改善。要进一步加强与中央有关部委的联系和衔接工作。统筹项目用地、环评、审批、资金落实、建材、用电用能、群众搬迁等环节，强化项目建设过程的指导、协调和调度，加强项目监管，实行全程监控。

近年来，随着群众生活水平的提高，西藏人民蕴藏着很大的消费潜力，当前的消费市场状况已难以满足人民日益增长的美好生活需要，应加快构建现代商贸流通体系，大幅改善城市商贸环境，加快布局建设城市商业中心和商圈，推动城市商业街、步行街改造提升，推进便利店、品牌店建设，满足品质化、高端化、个性化、多样化商品消费需求。大力挖掘农村消费潜力，健全农村流通网络体系和售后服务体系，推进电子商务进农村，严厉打击制售假冒伪劣商品违法行为，保障消费者权益。加快教育、育幼、养老、医疗、康养、家政、休闲娱乐等服务业发展，优化服务消费结构和档次，拓展服务消费空间，不断扩大区内消费市场。特别是要抓住西藏群众消费特点，建设一些适宜群众消费、群众乐意消费的项目，努力把消费力拉回区内。

（四）扎实推进脱贫攻坚和乡村振兴战略

坚持精准扶贫精准脱贫基本方略，聚焦深度贫困地区和特殊贫困群体，把打赢脱贫攻坚战作为重大政治任务，强化党政一把手负总责的领导责任制，进一步明确责任，狠抓实效。立足贫困地区实际，扎实推进产业、就业、生态、教育、健康、援藏、社会保障以及党建等扶贫工作，强化易地扶贫搬迁后续措施，精准落实到户到人，围绕乡村振兴战略，深入实施产业和就业扶贫措施，因地制宜制定巩固脱贫攻坚成效的具体措施，切实改善贫困地区基础设施条件和公共服务水平，确保 19 个贫困县、15 万贫困人口全部脱贫摘帽，全区基本消除绝对贫困。依托重大工程项目建设，加大农牧民技能培训，扩大劳务输出，确保 2019 年农牧民劳务性收入增长 20% 以上。

（五）加快构建现代化产业体系

自治区确定的"七大产业"近两年发展势头良好，随着区内环境的改善，要进一步加大扶持力度。重点推进高原生物产业发展，确保粮食产量稳定在 100 万吨以上、青稞产量 80 万吨以上、蔬菜产量 97 万吨以上、肉奶产量 90 万吨以上。抓好牦牛、娟姗牛、特色羊、藏香猪等产业化发展，建设一批特色农产品生产基地和产业带。持续打造净土健康等特色品牌，推进高原生物产业品牌化建设。全力打造"地球第三极"整体旅游品牌，继续推进拉萨国际文化旅游城市、林芝国际生态旅游区、冈底斯国际旅游合作区建设，建好一批旅游脱贫样板村和乡村旅游、红色旅游景点，大力提升旅游便利度、友好度和可进入性。继续推进清洁能源电气化和电力外送通道建设，加大藏电外送力度。确保到 2020 年建成和在建装机容量达到 1000 万千瓦。以融入"一带一路"建设为抓手，进一步完善城乡商业网点和物流配送体系，推进电子商务与快递物流协同发展，提升自产商品市场占有率和综合竞争力。

（六）推进美丽西藏建设

加强生态文明建设，保护好生态环境，打好污染防治攻坚战，是党中央对西藏的重托，是回击达赖集团及国际敌对势力攻击我国形象的重要方面，也是不断为各族群众提供优质生态产品的现实需要。聚焦打赢蓝天、碧水、净土保卫战，突出抓好汽车尾气、城镇扬尘、柴油货车污染、乱挂经幡等专项治理，加强水源地保护和农业农村污染治理，推进城镇污水垃圾处理、基础设施建设，切实把西藏突出的生态环境问题解决好。加快形成绿色发展方式，优化国土空间开发布局，科学合理划定各类自然保护区。加快确定生态保护红线、环境质量底线、资源利用上线，制定生态环境准入清单，加快构建绿色清洁的产业结构和生产方式，促进绿色低碳循环发展。大力倡导绿色生活方式，广泛开展节约型机关、绿色家庭、绿色学校、绿色社区创建活动，让绿色发展、绿色生活成为全社会自觉行动。

五　推动西藏经济高质量发展的宏观政策建议

习近平总书记在参加十二届全国人大一次会议西藏代表团审议时，对西藏工作作出"治国必治边、治边先稳藏"的重要指示。在中央第六次西藏工作座谈会上，习近平总书记重申"必须坚持治国必治边、治边先稳藏的战略思想"。

"治边稳藏"战略思想将"治国"、"治边"与"治藏"问题联系起来，形成系统化的理论体系，成为党的"治藏方略"最新理论创造，有着自己鲜明的理论与实践特色。

当前西藏经济总量不大，加上脆弱的生态环境等因素，不可能要求西藏在经济发展上对全国做出超出其能力的贡献，而西藏工作在党和国家工作大局中的特殊性主要体现在西藏的民族团结、社会稳定对国家统一和安全具有重大意义。这为在西藏施政提供了重要的参照坐标：既要主动治理，还要有效治理，是"治边稳藏"战略思想的鲜明指向。

一是提炼对西藏主动治理、有效治理的基本策略。面对西藏社会现实，采取主动治理、有效治理的基本策略，即将"依法治藏，富民兴藏，长期建藏，凝聚人心，夯实基础"作为西藏工作的重要原则，将"维护祖国统一、加强民族团结"作为着眼点和着力点，把"持续稳定、长期稳定、全面稳定"作为硬任务，把"改善民生、凝聚人心"作为出发点和落脚点。

二是强调更加突出"稳定"在西藏工作中的地位。西藏的稳定直接影响相邻的四川、青海、甘肃、云南四省藏族地区的稳定，而且会对其他民族地区的稳定产生影响。稳住西藏，进而稳住四省藏区，稳住西部其他民族地区，有利于稳定东南。强调更加突出"稳定"在西藏工作中的地位使得西藏工作方向更加清楚。

三是明确将西藏与四省藏区小康社会建设置于全国一盘棋。西藏与四省藏区是我国全面建成小康社会的关键区域，将其置于全国一盘棋主动谋划，并将基本公共服务、扶贫、教育、就业、生态作为"短板"加以重点谋划，

给予重点支持。

四是使用统筹的办法解决区域发展不协调问题。全国存在区域之间发展不协调问题，西藏与四省藏区也存在类似问题，而且这种不协调已经产生了一定副作用。要用加大对西藏和四省藏区政策支持力度的办法，统筹推进西藏和四省藏区的协调发展，统筹解决交界地区突出问题。

五是弘扬统筹国际国内两个大局的工作传统。针对西藏工作异常复杂的现实，采取统筹国际国内两个大局的工作传统，全面系统解决西藏发展和稳定的深层次问题，实现"四个确保"，从而增强西藏工作的协调性。

（一）补齐短板，推动特色优势产业发展

按照正确处理好发挥优势和补齐短板的关系的要求，西藏应着力加快建设实体经济、科技创新、现代金融、人力资源协同发展的产业体系，以经济高质量发展为中心，大力培育具有地方比较优势和市场竞争力的产业集群，同时补齐产业发展中的短板。

1. 大力发展优势特色产业

一是推动高原生物产业快速发展，积极发展绿色农牧业、健康农牧业、品牌农牧业，进一步优化特色农牧业产品结构，加大高原作物、农畜产品深加工，做大做优藏药产业，做精做优林下资源开发，打造高原生物产业品牌，生产更多高原健康生物制品。二是推动特色旅游文化产业全域发展，着眼打造重要的世界旅游目的地和中华民族特色文化保护地，打好特色牌、走好高端路、建好精品区，结合藏民族优秀文化底蕴与核心要素，全面提升旅游文化产品的档次和品位，延伸旅游文化产业链，提高旅游文化综合效益，扩大对外开放，全力塑造"游神圣第三极·享幸福新西藏"旅游品牌形象。三是推动绿色工业规模发展，发挥西藏作为重要的战略资源储备基地的资源优势，坚持有所为、有所不为，支持比较优势明显、市场前景广阔、符合政策导向的产业做大做强，重点推动天然饮用水产业发展；布局好绿色优势矿产业，突出抓好铜、锂等优势矿产品的规模开发；积极发展绿色建材业，推进装配式绿色建材应用，满足建设需要，降低建设成本；支持民族手工业创

新发展，促进民族手工业上档次、上水平；发展节能环保产业。四是推动清洁能源产业壮大发展，充分利用资源优势，加快能源基础设施建设，优化能源生产消费结构，改善民生用能条件，构建以水电为主、多能并举和互联互通的稳定、清洁、经济、可持续发展的综合能源体系，积极推进重要的"西电东送"接续基地建设，进而将其打造成为国家清洁能源基地。五是推动现代服务业整体发展，积极发展金融服务业，发展第三方支付、互联网金融等新业态，积极发展农业服务业、工业服务业、城市服务业。六是推动高新数字产业创新发展，深耕区内信息化市场，推动互联网、云计算、大数据、物联网等信息技术在经济发展和社会政务管理等方面的广泛应用和深度融合，为西藏发展"智慧旅游"、"平安城市"、精准扶贫、维稳管控等提供有力支撑，打造智慧旅游试点城市和高原大数据中心试点城市。推动边贸物流产业跨越发展，以共享共用为原则，完善商贸流通体系，发展口岸经济，加快推动内外贸易融合发展，加大交通干线、口岸要镇仓储物流培育力度，积极构建近南亚经济合作区，将西藏打造成为面向南亚开放的重要通道。完善边贸内贸流通体系、建设分级物流体系、建设出口商品生产基地，以电子商务、会展经济、口岸经济，推动商贸物流业创新发展。

2. 补齐产业发展短板

长期以来，西藏都会针对不同发展阶段，制定不同的产业政策，其选择的优势特色产业也在不断变化和充实，但西藏产业发展的根本问题还在于次级非典型二元结构的存在。次级非典型二元结构的核心问题就是产业链断裂，第一产业的产品无法满足工业的需求，第三产业对工业产品需求也不强烈，整个产业链条都是断裂的。虽然西藏资源禀赋和比较优势明显，但是其原材料产量有限，而且质量也不高，无法满足工业尤其是制造业的需求，制造业原材料不得不转向内地或者国外购买，导致其成本居高不下，使得产成品生产能力有限且价格高，在全国竞争中处于劣势。正是上述原因，导致在藏制造业企业往往规模较小，生产工艺落后、科技含量不高，人力资源缺乏，研发能力欠缺。制造业是产业链中的中间环节，制造业的不发达会导致第一产业和第三产业缺乏中间连接，使得产业链断裂。另外，西藏劳动力素

质不高，具备一定技能素质的人力资源都被政府部门吸收，导致市场人力资源缺乏，无法供给企业需求的人力资源，从而又使得企业陷入无人可用、研发能力不强、生产工艺落后、规模较小、竞争力弱的恶性循环中。因此，在发展特色优势产业的过程中，应该重视补齐产业发展短板的问题，延伸产业链，"延一接二"，"接二连三"，打通一二三产业发展链条。积极支持制造业企业转型升级，设立企业转型升级基金，促进企业转型升级。重视职业教育和人才的培养，重视企业所需人才的针对性，点对点地教育培养和引进人才。大力实施"大众创业、万众创新"，促进各产业创新发展。

（二）大力实施乡村振兴战略，促进"三农"现代化发展

1. 优化城乡空间布局，构建乡村振兴发展新格局

坚持乡村振兴与新型城镇化双轮驱动，统筹国土空间开发格局，优化乡村生产生活生态空间，分类有序推进乡村发展，针对沿边、一江三河、高海拔等地形特点探索不同发展路径，以搬迁扶贫为契机，做好乡村发展规划，构建城乡协调联动的融合发展格局。

2. 加快农业新旧动能转换，推动乡村产业振兴

深入开展质量兴农行动，深化农牧业供给侧结构性改革，积极推动优势特色农牧业发展，不断提高农牧业创新力、竞争力和全要素生产率，加快农业新旧动能转换，率先实现农业现代化。构建现代农业产业体系、生产体系、经营体系。此外，继续提升农牧业科技实力，健全现代农业经营体系，加强农牧产品质量品牌建设，构建农牧业开放发展新格局，从而提高农牧业综合生产能力。

3. 积极培育乡村多层次人才，推动乡村人才振兴

强化乡村振兴的人才支撑，把人力资本开发放在首要位置，正确处理好城镇就业和就近就便、不离乡不离土、能干会干的关系，引进能帮助当地群众致富的农牧业实用性技术人才，加强农牧民技能培训，促进劳动力转移就业，落实强农惠农富农政策，让农牧民在本地发展中就地就业、增收致富。激励大学毕业生、退伍军人等各类人才回乡创业，打造一支强大的乡村振兴人才队伍。

（三）统筹发展四大经济区，促进区域协调发展

促进区域协调发展是解决当前西藏主要矛盾的主要抓手，下一步应该以增长极理论为指导，继续培育区域增长极，发挥藏中南作用，引领带动藏北、藏西、藏东经济区协调发展，在项目投资、产业、基本公共服务等方面统筹均衡发展。四大经济区根据各自的资源禀赋和发展条件，选择符合实际的支柱产业，带动各项经济社会事业发展，正确处理好发挥优势和补齐短板的关系，促进特色优势产业发展。拉萨要发展以自治区七大产业为指引，全领域发展七大产业，延伸产业链。山南要以拉萨山南一体化为契机，发展绿色工业、特色旅游文化、清洁能源、现代服务业等产业。日喀则要以建设南亚重要通道为契机，大力发展边贸物流、特色旅游文化等产业。林芝要以优越的自然地理环境为资本，大力发展特色旅游文化、清洁能源等产业。阿里要以深厚的历史、红色文化，大力发展特色旅游文化、天体物理科研产业。那曲要以草原为依托，大力发展高原养殖、加工等高原生物产业。昌都要以比邻四省的区位优势，大力发展绿色工业、特色旅游文化、清洁能源、现代服务业等产业。

为促进四大经济区协调发展，自治区要深化供给侧结构性改革，对投资、财政、金融等领域进行改革，改革以人头为测算标准的供给机制，采用差异化方式，针对藏西、藏北等自然地理条件差的经济区给予符合实际的测算标准。尤其是投资，当前，藏西、藏北等地由于自然地理、人口规模、维稳、生态等因素限制，其投资条件差，吸引民间投资能力弱，只有国有投资才能促进当地投资，而项目对其地方经济社会发展具有决定性作用，项目可以带动一二三产业整个链条，上至改善当前基础设施建设，下至增加农牧民收入，可谓全领域、全天候的带动。因此，在国有投资领域，要加大各项条件较差的市地的投资力度。同样，由于条件差，人才少，缺乏项目储备能力，因此要改革项目单纯由各市地上报的模式，采用各地上报和自治区统筹的模式，向条件差的经济发展区倾斜。

（四）以"一带一路"建设为重点，推动形成全面开放新格局

西藏融入国家"一带一路"倡议中，要紧扣社会主要矛盾的变化和西藏特殊矛盾，坚持党的治藏方略和新发展理念，统筹国内国际两个大局，推动构建人类命运共同体，推动西藏形成全面开放新格局。

1. 构建开放发展新格局

坚持"引进来"和"走出去"并重，遵循共商共建共享原则，加强创新能力开放合作，西藏融入"一带一路"建设中开放发展，构建对内对外开放的双重双向格局，即以现有的良好的对内开放状态，继续重点巩固提升对内开放水平，加强与国内兄弟省区市互联互通，利用中央对西藏的优惠政策，提升在经济、社会、文化、生态等全领域立体化的合作。在保持社会稳定和国家安全的前提下，提升对外开放水平，打造我国面向南亚开放的重要通道，加强与尼泊尔等南亚国家的互联互通，构建"近南亚合作区"，通过周边省份和援藏平台，加强与世界其他国家在"一带一路"建设中的合作。推动对内"双向"开放发展，即在中央总体供给模式下，继续发挥援藏平台的作用，实现对内"双向"开放发展，在全国统一的大市场背景下，西藏与兄弟省区市互相开放，主动与国内省区市对接发展战略，继续扩大开放，加强互联互通，国内兄弟省区市利用毗邻西藏区位优势和援藏平台，加大对西藏的开放力度，主动加强与西藏互联互通，提升在"一带一路"建设中的合作，积极通过西藏加强与南亚国家对外交流合作。

2. 构建开放发展新格局的战略措施

西藏对内开放发展战略措施中要进行"双向"开放发展，不断提升与国内省区市的"五通"水平，提升西藏开放发展水平，丰富西藏融入"一带一路"建设的内容。一是实现与国内省区市"双向"开放发展。构建藏川滇青三江流域区域经济合作区，实现与周边省份双向开放发展，通过川藏、滇藏、青藏公路、铁路，空中航线，主动对接川渝滇青"一带一路"建设中提出的"与西藏互联互通"的规划，通过在藏川、渝、滇、青商会组织，与川渝滇青加强在产业合作和基础设施共建方面的联系，借助川渝滇青融入欧洲经济圈和亚太经济圈。鼓励川、渝、滇、青外贸企业通过西藏出口南亚。依托茶马古道、南方丝绸之路及古驿道、古栈道等古代交通道路，充分挖掘发挥青藏、川藏、滇藏公路等现代交通线路在要素聚集和流通中的通道效益，加强文化旅游、演艺娱乐、工艺美术、文化创意等新兴业态的合作，共同打造藏羌彝文化产业走廊，推动藏川滇青三江流域区域经济协作。以社会治理和藏羌彝文化产业走廊为纽带，通过与新疆、甘肃、陕西的双向开放合作，加强与北丝绸之路经济带沿线各省份双向开放合作，融入"一带一路"核心区建设中。实现对口援藏省份双向开放合作，融入"21世纪海上丝绸之路"建设。利用对口援藏平台，将东部地区资金、技术、人才、营销等优势与西藏资源、政策等优势结合起来，在西藏产业发展基础好、资源要素丰富的城镇建立特色产业生产基地，构建"东店西厂"合作关系。各援藏省份继续通过援藏平台，加大对西藏的开放力度，打破地区和行业壁垒，通过建立信息长期沟通机制，探索在省内适宜地区建设"西藏飞地产业园区"，加快建设电商平台，发展特色产业，探索建立资源开发利益共享机制。

对外开放发展的战略措施。要贯彻落实中央对西藏融入"一带一路"的定位要求，同时要积极参与相关走廊建设，构建"近南亚经济合作区"，提升对南亚邻国"五通"水平。一是贯彻对外开放总体要求。贯彻落实中央对西藏融入"一带一路"建设的定位要求，把西藏打造成为我国面向南亚开放的重要通道和推进与尼泊尔等国家边境贸易与旅游文化合作示范区，深入分析中央的两个定位，有效找准西藏融入"一带一路"的抓手和途径，从而实现自身突破，助力国家复兴。二是积极参与孟中印缅经济走廊和中尼印经济走廊建设，西藏融入"一带一路"建设绕不开两个"经济走廊"的构建，其中印度是关键因素。一方面以更加开放的姿态积极加强与印度联系，淡化政治色彩，加强互联互通；另一方面以次优理论在国外选择尼泊尔为突破口，以尼泊尔为中间平台、枢纽，打开印度市场，在国内选择其他省份为合作对象，加强与印度交流，实现参与"两个走廊"建设的目标。三是构建"近南亚经济合作区"，除了继续加强与印度的合作交流外，还可以

考虑先期通过其他南亚邻国进行对外互联互通，通过与尼泊尔、不丹、缅甸三国在"一带一路"建设中的合作，构建"近南亚经济合作区"。

提升西藏自身发展能力。以新发展理念为指导，深化供给侧结构性改革，补齐各类制度性和政策性供给的短板，为吸引兄弟省区市市场主体来藏投资兴业提供基础。做大做强特色优势产业，不断提升新型工业化、信息化、城镇化、农牧业现代化发展水平，提升西藏各产业之间的关联度，为"一带一路"建设提供产业支撑。继续加大基础设施建设力度，通过道路、信息、物流、能源等基础设施建设，提升"一带一路"建设中设施互联互通水平。处理好开放与稳定的关系，在开放的同时确保社会稳定不出现问题，在稳定中开放，为"一带一路"建设提供良好的社会环境。

参考文献

《2018 年西藏自治区国民经济和社会发展统计公报》。

《西藏统计年鉴 2018》。

《2018 年西藏政府工作报告》。

《西藏自治区概况》，民族出版社，2009。

B.12
2018~2019年云南省经济社会发展形势分析与对策建议

庄弘泰*

摘　要： 2018年，云南省坚定不移地贯彻新发展理念，紧扣"一跨越""三个定位""五个着力"基调，经济发展保持较快速度，扶贫攻坚成效显著，人民生活水平稳步提高，为2019年经济高质量发展打下坚实的基础。2019年，在复杂的全球经济环境下，云南省要优化产业结构，加大创新力度，继续扩大对外开放，全面提高脱贫质量，持续改善民生，推进经济发展，使人民群众的获得感、幸福感、安全感更加充实、更有保障、更可持续。

关键词： 云南　新发展理念　经济社会发展

2018年，面对错综复杂的国际形势和不断加大的经济下行压力，云南省坚定不移地贯彻新发展理念，坚持稳中求进的工作总基调，坚持以脱贫攻坚统揽经济社会发展全局，紧扣云南"一跨越""三个定位""五个着力"基调，以深化供给侧结构性改革为主线，从供给需求两侧入手，投资消费多点发力，改革创新协同推进，决胜全面建成小康社会，为2019年经济高质量发展打下坚实的基础。

---

* 庄弘泰，云南省社会科学院信息中心副主任、副研究员。

一 云南省的区域定位

云南省位于中国西南边陲，总面积39.4万平方公里。东与广西壮族自治区和贵州省毗邻，北以金沙江为界与四川省隔江相望，西北隅与西藏自治区相连，边境与缅甸、老挝、越南接壤，共有陆地边境线4061公里。

2018年末云南省常住人口4829.5万人，其中城镇人口2309.0万人，城镇化率达47.81%。

云南省民族众多，除汉族以外，人口在6000人以上的世居少数民族有彝族、哈尼族等25个。其中哈尼族、白族、傣族等15个民族为云南特有。少数民族人口数达1603.37万人，占总人口的33.4%。民族自治地方的土地面积为27.67万平方公里，占云南省总面积的70.2%。云南少数民族分布表现为大杂居与小聚居，彝族、回族在全省大多数县均有分布。①

由于良好的生态环境、多样的自然条件和深厚的民族文化底蕴，云南拥有卓越的自然资源与文化旅游禀赋，被誉为"植物王国"、"动物王国"和"有色金属王国"。

第一，云南是全国植物种类最多的省份。在全国近3万种高等植物中，云南拥有量在60%以上，分别列入国家一、二、三级重点保护和发展的树种有150余种。2018年，云南森林面积为2311.86万公顷，森林覆盖率为60.3%，森林蓄积量19.30亿立方米。②

第二，云南动物种类为全国之冠，素有"动物王国"之称。脊椎动物达1737种，占全国的58.9%。全国见于名录的2.5万种昆虫类中云南有1万余种。云南珍稀保护动物较多，许多动物在国内仅分布在云南，云南有国

① "人口及民族"，云南省人民政府网，http://www.yn.gov.cn/yngk/gk/201904/t20190403_96251.html。
② "自然资源"，云南省人民政府网，http://www.yn.gov.cn/yngk/gk/201904/t20190403_96264.html。

家一类保护动物 46 种。①

第三，云南地质现象种类繁多，成矿条件优越，矿产资源极为丰富，尤以有色金属及磷矿著称，被誉为"有色金属王国"，是得天独厚的矿产资源宝地。②

第四，云南能源资源得天独厚，尤以水能、煤炭资源储量较大，开发条件优越；地热能、太阳能、风能、生物能也有较好的开发前景。云南全省水能资源蕴藏量达 1.04 亿千瓦，居全国第 3 位，可开发装机容量 0.9 亿千瓦，居全国第 2 位。煤炭资源现已探明储量 240 亿吨，居全国第 9 位。③

第五，云南以独特的高原风光，热带、亚热带的边疆风貌和多彩多姿的民族风情而闻名于海内外。旅游资源十分丰富。全省有景区、景点 200 余个，国家级 A 级以上景区有 134 个，丽江古城、红河哈尼梯田被列入世界文化遗产名录，三江并流、石林、澄江古生物化石地被列入世界自然遗产名录，丽江纳西东巴古籍文献被列入世界记忆遗产名录。④

基于特殊的地理区位与卓越的资源禀赋，党的十八大以来，党中央对于云南的定位不断明晰细化。2015 年，习近平总书记在考察云南重要讲话中，希望云南主动服务和融入国家发展战略，闯出一条跨越式发展的路子来，提出"我国民族团结进步示范区、生态文明建设排头兵、面向南亚东南亚辐射中心"的三大定位。2015 年，在《推动共建丝绸之路经济带和 21 世纪海上丝绸之路的愿景与行动》中，云南未来发展的定位进一步明确，即"发挥区位优势，推进与周边国家的国际运输通道建设，打造大湄公河次区域经济合作新高地，建设成为面向南亚、东南亚的辐射中心"。2019 年，中国

---

① "自然资源"，云南省人民政府网，http://www.yn.gov.cn/yngk/gk/201904/t20190403_96264.html。
② "自然资源"，云南省人民政府网，http://www.yn.gov.cn/yngk/gk/201904/t20190403_96264.html。
③ "自然资源"，云南省人民政府网，http://www.yn.gov.cn/yngk/gk/201904/t20190403_96264.html。
④ "旅游资源"，云南省人民政府网，http://www.yn.gov.cn/yngk/gk/201904/t20190403_96266.html。

（云南）自由贸易试验区获批，在《中国（山东）、（江苏）、（广西）、（河北）、（云南）、（黑龙江）自由贸易试验区总体方案》中，云南自贸试验区的定位是"通过与越南、老挝、缅甸等周边国家合作发展，建设连接南亚东南亚大通道的重要节点，推动形成中国面向南亚东南亚辐射中心、开放前沿"，云南作为面向南亚、东南亚国家辐射中心的定位又一次得到了巩固和加强。

二 2018年云南省经济社会发展总体态势

（一）经济发展保持较快速度

2018 年，云南坚持发展第一要务不动摇，全省经济稳中有进。全年生产总值 17881.12 亿元，比上年增长 8.9%，高于全国 2.3 个百分点。其中，第一产业增加值 2498.86 亿元，增长 6.3%；第二产业增加值 6957.44 亿元，增长 11.3%；第三产业增加值 8424.82 亿元，增长 7.6%。全省人均生产总值 37136 元，比上年增长 8.2%。非公经济增加值 8464.67 亿元，占全省生产总值的比重达 47.3%，比上年提高 0.1 个百分点。云南省地区生产总值增速达到 8.9%，居全国第 3 位。①

（二）产业结构不断优化

2018 年，云南大力发展八大重点产业和打造世界一流"三张牌"，产业结构优化初见成效。三次产业结构比由上年的 14.3∶37.9∶47.8 调整为 14.0∶38.9∶47.1。

农业生产持续向好，结构调整加快推进。云南省农业总产值 4108.88 亿元，比上年增长 6.3%。其中，农业产值 2234.74 亿元，增长 6.8%；林业

---

① 云南省统计局、国家统计局云南调查总队：《云南省 2018 年国民经济和社会发展统计公报》，云南省统计局网站，http://www.stats.yn.gov.cn/tjsj/tjgb/201908/t20190814_ 884635. html。

产值396.88亿元，增长9.9%；牧业产值1237.12亿元，增长4.2%；渔业产值98.25亿元，增长9.8%；农林牧渔服务业产值141.89亿元，增长6.1%。① 稳步推进农业供给侧结构性改革。建设"三区三园"，培育农业"小巨人"等新型经营主体，编制完成产业品牌发展规划。突出发展优势特色产业，不断扩大高附加值经济作物种植规模。新增销售收入亿元以上绿色食品龙头企业54户，"一部手机云品荟"电子商务平台上线，新认证绿色食品428个、有机食品665个，茶叶等八个优势产业综合产值增长15.5%，农产品加工业产值与农业总产值之比由0.67∶1提高到1.11∶1。②

工业经济高开稳走。全年全部工业增加值4483.96亿元，比上年增长11.6%。规模以上工业增加值增长11.8%。在规模以上工业中，分经济类型看，国有及国有控股企业增加值增长11.4%，集体企业下降7.6%，股份制企业增长9.5%，私营企业增长13.7%。③ 分行业看，在15个重点监测工业行业中有14个行业增加值同比保持增长，其中6个行业保持两位数增长。三大行业贡献过半。电力行业保持高速增长，是云南经济增长的第一大拉动力；石油行业异军突起，2018年石油相关产业工业增加值同比增长145.7%，成为第二大拉动力。电子行业发展迅猛。2018年，电子行业拉动云南规模以上工业增长1.3个百分点。全年规模以上工业企业累计实现利税2428.07亿元，比上年增长17.0%，其中，实现利润925.21亿元，增长21.0%。④

服务业发展态势良好，拉动能力明显增强。启动"旅游革命"，推动旅游业转型升级。实施了"史上最严"的旅游市场秩序整治措施的同时，以

---

① 云南省统计局、国家统计局云南调查总队：《云南省2018年国民经济和社会发展统计公报》，云南省统计局网站，http：//www.stats.yn.gov.cn/tjsj/tjgb/201908/t20190814_884635.html。
② 云南省统计局：《2018年云南经济发展综述》，云南省统计局网站，http：//www.stats.yn.gov.cn/tjsj/jjxx/201901/t20190128_837565.html，2019年1月28日。
③ 云南省统计局、国家统计局云南调查总队：《云南省2018年国民经济和社会发展统计公报》，云南省统计局网站，http：//www.stats.yn.gov.cn/tjsj/tjgb/201908/t20190814_884635.html。
④ 云南省统计局：《2018年云南经济发展综述》，云南省统计局网站，http：//www.stats.yn.gov.cn/tjsj/jjxx/201901/t20190128_837565.html，2019年1月28日。

"一部手机游云南"带动智慧旅游，以"全域旅游"理念推动旅游设施转型升级。2018 年，云南省接待海外入境旅客（包括口岸入境一日游）1416.46 万人次，同比增长 3.8%；接待国内游客 6.81 亿人次，同比增长 20.2%；全年实现旅游业总收入 8991.44 亿元，同比增长 29.9%。来自国外与国内的旅游收入分别增长 24.4% 和 30.2%。① 金融业运行稳定。2018 年底，云南省金融机构人民币各项存款余额 30518.85 亿元，同比增长 1.9%；金融机构人民币各项贷款余额 28042.02 亿元，同比增长 10.4%。交通运输业发展较快。云南省公路货物周转量 1489.23 亿吨公里，比上年同期增长 9.5%；铁路货物周转量 436.08 亿吨公里，增长 3.7%；民航货运周转量 1.21 亿吨公里，下降 16.8%。云南省航空旅客吞吐量接近 6758.56 万人次，高铁开通两年来，累计发送旅客 3448.86 万人次。②

（三）国企混改持续深化

根据中央精神，云南积极推进省属国有企业混合所有制改革，自 2016 年以来先后制定了《云南省人民政府关于推进国有企业积极发展混合所有制经济的指导意见》等混合所有制改革配套文件，形成了指导国有企业发展混合所有制经济的制度体系。同时，云南省国资委与每户省属企业均共同成立混改工作领导小组，一企一策，具体研究，重点推进。在集团层面，云南积极推进白药控股、诚泰保险混改和世博集团、文投集团 4 户企业引进央企股权多元化等试点。4 户企业通过试点，引入战略投资者，放大了国有资本功能，实现股权多元化。2018 年 11 月 21 日，云南省深化国有企业改革大会召开，掀起了云南省深化国有企业改革的新高潮，也标志着《云南省深化国有企业改革三年行动方案（2018～2020 年)》的全面启动实施。

---

① 云南省统计局、国家统计局云南调查总队：《云南省 2018 年国民经济和社会发展统计公报》，云南省统计局网站，http：//www.stats.yn.gov.cn/tjsj/tjgb/201908/t20190814_884635.html。

② 云南省统计局：《2018 年云南经济发展综述》，云南省统计局网站，http：//www.stats.yn.gov.cn/tjsj/jjxx/201901/t20190128_837565.html，2019 年 1 月 28 日。

2017 年，白药控股完成混合所有制改革，形成了国有资本和民营资本并列第一大股东的股权结构。2018 年 9 月 19 日，云南白药宣布停牌启动整体上市。2018 年 11 月，云南白药公告吸收合并方案，形成云南省国资委、新华都及江苏鱼跃股权结构 45∶45∶10，实现了体制机制的市场化转变。

2018 年，诚泰保险引入紫光集团为新股东。诚泰保险以 1.44 元/股的价格向紫光集团增发 19.7 亿股股份，募集资金约 28.37 亿元。交易完成后，紫光集团持有诚泰保险 33% 的股份，成为其第一大股东。此次增资极大地提升了诚泰保险注册资本规模，增强了综合实力，提高了抗风险能力，将有助于进一步推进管理体制和运营机制的改革。公司将立足于紫光集团的信息技术研发和人才优势、大数据运营优势，推动金融科技的运用，增加发展动能，形成新的发展优势。

另外，2016 年 6 月，央企华侨城集团与世博集团、云南文投、省城投集团签署战略合作协议，参与云南省旅游大开发。华侨城集团重组云南世博集团、云南文投并成为绝对控股股东，成为央企和国资混改的参考样本。

（四）高水平双向开放格局不断扩大

2018 年，云南省积极参与孟中印缅经济走廊、中国－中南半岛国际经济走廊和澜沧江－湄公河合作，强化国内区域合作，推动形成内外联动、互为支撑的高水平双向开放新格局。

全年外贸进出口总额 298.95 亿美元，同比增长 27.5%。其中出口总额增长 11.7%；进口总额增长 42.5%。全年对欧盟进出口 14.20 亿美元，增长 44.7%；对东盟进出口额 137.86 亿美元，增长 5.4%；对南亚进出口额 9.71 亿美元，增长 14.0%。云南与"一带一路"沿线国家（地区）贸易保持较快增长，进出口额占云省外贸市场份额 67.5%。边境贸易蓬勃发展，边民互市进出口额 241.2 亿元，增长 20.9%。①

---

① 云南省统计局：《2018 年云南经济发展综述》，云南省统计局网站，http：//www. stats. yn. gov. cn/tjsj/jjxx/201901/t20190128_ 837565. html，2019 年 1 月 28 日。《2018 年云南外贸进出口总值达 1973 亿元》，http：//m. sohu. com/a/289290029_ 381560，2019 年 1 月 16 日。

从经营主体看，民营企业是全省出口贸易的主力军，国有企业则成为进口贸易最大的贡献体，全省外商投资企业进出口额实现了30.9%的较高增幅。从进出口商品结构看，农产品、机电产品、化肥和劳动密集型商品是云南出口的主要大类商品。①

（五）扶贫攻坚成效显著

2018年云南把全面提升扶贫精准度和脱贫质量放在首位，向深度贫困地区聚焦发力。启动了打赢精准脱贫攻坚战三年行动，聚焦深度贫困地区，扎实推进"十大攻坚战"。

经过2016~2018年的努力，云南有374万贫困人口脱贫、15个贫困县脱贫摘帽，贫困发生率由2015年的14.03%下降到5.39%，贫困人口下降至181万人。云南省产业扶贫覆盖建档立卡贫困人口411.25万人，530.22万贫困人口与新型经营主体建立利益联结机制。新增转移就业贫困劳动力69.33万人，新建306个扶贫车间吸纳贫困劳动力就业5285人，乡村公共性服务岗位聘用建档立卡贫困人口10.43万人。此外，还完成了54.9万贫困人口易地扶贫搬迁建设任务，新增搬迁对象安置方式由"农村复制农村"逐步向"城镇集中安置"转变。5.62万建档立卡贫困人口被选聘为生态护林员，生态保护与扶贫实现共赢。②

（六）人民收入显著提高

近年来，通过不断地发展，云南人民收入得到显著提高。2018年，云南省居民人均可支配收入首次突破2万元，增速高于全国平均水平0.8个百分点。其中，城镇常住居民人均可支配收入33488元，增速高于全国平均水平0.2个百分点；农村常住居民人均可支配收入10768元，增速高于全国平

---

① 《2018年云南外贸进出口总值达1973亿元》，http：//m. sohu. com/a/289290029_ 381560，2019年1月16日。

② "脱贫攻坚主题新闻发布会"，云南省网上新闻发布厅，http：//ynxwfb. yn. gov. cn/html/2019/zuixinfabu_ 0130/1470. html，2019年1月30日。

均水平 0.4 个百分点，城乡收入差距继续缩小。

从收入来源看，工资性收入对居民增收的贡献达 65.7%，比上年增长 13.5%。农村劳动力转移力度持续加大，就业率稳步提升及劳动者工资水平的提升使得城乡居民工资性收入明显增长，也使其在城乡居民各项收入来源中增长最快、贡献最大。

就业形势保持稳定。全年城镇新增就业人数 51.92 万人，年末城镇登记失业率 3.4%，城镇失业率连续五年持续处于低位，并低于全国城镇登记失业率。云南农民工总量 822.7 万人。在大扶贫格局下，云南省通过推动就业创业带动扶贫。为精准输出，云南省人社部门打通贫困劳动力向第二产业转移、第三产业转移、县内转移、省内转移、跨省转移、跨国转移等路径，依托滇沪、滇粤东西部扶贫协作机制，采取定向招聘、定向转移，共输出 20.2 万贫困劳动力到上海、广东就业。与此同时，开发乡村公益服务岗位，按每人每月 500 元的标准给予岗位补贴。2018 年，云南省人社部门重点安置"无法离乡、无业可扶、无力脱贫"的贫困劳动力 7.05 万人；发放"贷免扶补"创业担保贷款 2.3 亿元，扶持 2436 名贫困劳动力自主创业。①

（七）民族团结进步示范区建设迈出新步伐

云南在民族团结进步示范区建设中迈出新步伐，11 个"直过民族"和人口较少民族从原始生产生活状态一步千年，跨越到社会主义时期，正在向全面小康迈进，民族地区贫困人口由 2012 年的 426 万人减少至 2018 年底的 86.5 万人，独龙族、基诺族、德昂族已率先实现整族脱贫，阿佤人民再唱新歌，独龙族乡亲给习近平总书记寄去感恩信，其他"直过民族"也将在 2020 年以前实现摆脱贫困的千年梦想。

民族医药开发和产业化发展取得了可喜成果，民族民间医药呈现良好发展态势。云南省第一个民族医药产业园——曲焕章民族医药产业园落地昆

---

① "民生保障主题发布会"，云南省网上新闻发布厅，http：//ynxwfb. yn. gov. cn/html/2019/zuixinfabu_ 0129/1467. html，2019 年 1 月 29 日。

明，云南特色彝族药物"痛舒胶囊"成为我国第一个获 FDA 批准进入临床研究的民族药，《云南省基本医疗保险、工伤保险和生育保险药品目录（2018 年版）》新增加民族药品 11 个。

大理、楚雄两个民族自治州开通高铁，昆明南至西安北高速动车组正式开始运行，云南省再添西昆高铁、昆（明）楚（雄）大（理）高铁两条"大动脉"，极大改善了沿线 1300 多万各族人民的出行条件。大理成为云南铁路第二大交通枢纽，辐射楚雄、丽江、临沧、迪庆、保山等少数民族聚居区，楚雄州旅游文化产业正迎来发展的黄金期。

4 个民族自治县退出贫困县。云南全省有 15 个县（市）退出贫困县，其中包括寻甸回族彝族自治县、宁洱哈尼族彝族自治县、巍山彝族回族自治县、玉龙纳西族自治县等 4 个少数民族自治县。这是云南省历史上首次实现贫困县数量减少。

启动第二轮沿边三年行动计划，计划总投入建设资金 126.1 亿元，覆盖云南省 25 个边境县（市），9424 个自然村，惠及 59.4 万户 235.6 万人，其中边疆少数民族群众 160.6 万人。第一轮沿边三年行动计划使边境面貌、国门形象发生了巨大变化，沿边三年行动计划已成为守土强基的固边工程、深受拥戴的民心工程、改善民生的惠民工程。

启动第三轮"十百千万"工程。2018 年 12 月，《云南民族团结进步示范区建设"十县百乡千村万户示范创建工程"三年行动计划（2019～2021 年）》正式印发实施。计划投入总资金 15.2 亿元，通过 3 年努力，在云南省创建 16 个民族团结进步示范县、100 个民族团结进步示范乡镇、1000 个民族团结进步示范村（其中包含 940 个示范村、60 个示范社区）、10000 户民族团结进步示范户。通过惠民生、促发展、固团结、抓示范、强引领，助推少数民族和民族地区如期实现全面脱贫、全面小康的目标，推进示范区建设取得新成效。

（八）争当全国生态文明建设排头兵

2018 年，云南启动建设中国最美丽省份，全面推进蓝天、碧水、净土三大保卫战，实施好"九大高原湖泊保护治理""以长江为重点的六大水系保护修复""水源地保护""城市黑臭水体治理""农业农村污染治理""生态保护修复""固体废物污染治理""柴油货车污染治理"八大标志性战役；改革完善生态治理体系，推动绿色发展方式和生活方式的形成。

颁布了《云南省生物多样性保护条例》与《云南省大气污染防治条例》，发布了《云南省生态保护红线》与《云南省生态系统名录（2018版)》，使云南省绝大多数的典型生态系统和重点保护野生动植物物种得到有效保护。

2018年来，云南全省16个州（市）人民政府所在地城市空气质量优良天数比例高达98.9%，连续2年居全国第1位。2018年，云南省在生态环境保护工作中最突出的亮点在于滇池水质30年来首次达到4类水标准，标志着治理工作取得阶段性成效。规模以上单位工业增加值能耗比上年下降5.89%，全年新增水土流失治理面积5204平方公里，完成人工造林面积261079公顷，开工建设地下综合管廊122公里，建成海绵城市50.7平方公里。全力推动"厕所革命"，城镇生活垃圾无害化处理率和污水处理率分别达88%、91.3%。[①]

（九）社会保障取得显著成效

2018年，云南省覆盖城乡居民的社会保障体系不断完善，民生得到进一步改善。

困难群众基本生活得到有效保障。制定印发《关于进一步做好农村最低生活保障兜底脱贫工作的通知》《云南省民政厅关于进一步推进阳光低保的若干规定》等一系列配套政策性文件，完善低保监督核查机制，使保障对象更加精准。截至2018年12月底，云南省有城市低保对象48.46万人，累计发放低保金24.56亿元；农村低保对象254.96万人，累计发放低保金63.8亿

---

① 阮成发：《2019年政府工作报告》，云南省人民政府网站，http://www.yn.gov.cn/zwgk/zfxxgk/zfgzbg/201902/t20190226_147537.html，2019年2月2日。

元。城市低保平均保障标准 563 元/人·月，补助水平 373 元/人·月，同比分别提高 10.18%、7.18%；农村低保平均保障标准 3612 元/人·年，补助水平 204 元/人·月，同比分别提高 9.29%、21.43%。城市集中和分散供养特困人员基本生活补助标准分别达 715 元/人·月、683 元/人·月，同比分别提高 13.85%、20.67%；农村集中和分散供养特困人员基本生活补助标准分别达 703 元/人·月、669 元/人·月，同比分别提高 16.58%、39.09%。云南省开展临时救助 98.96 万人次，平均救助水平 887.63 元/人次。①

社会福利和儿童保护制度更加健全。云南省全面落实困难残疾人生活补贴和重度残疾人护理补贴制度，累计发放补贴 10.83 亿元，惠及 44 万困难残疾人和 37 万重度残疾人。建立云南省农村留守儿童关爱保护和困境儿童保障工作联席会议制度，开展农村留守儿童"合力监护相伴成长"专项行动，与云南全省 40.27 万农村留守儿童签订《委托监护责任确认书》，帮助 677 名无户籍农村留守儿童登记户口，278 名辍学农村留守儿童重返校园；启用全国村居儿童主任（乡镇督导员）管理系统；安排 1600 万元省级福彩公益金支持 533 个基层儿童之家建设；向孤儿、艾滋病病毒感染儿童和事实无人抚养儿童发放基本生活费。②

养老服务业加快发展。2015 年以来，云南省建成和在建城市公办养老机构 145 个，农村敬老院 898 所，民办养老机构 146 个，居家养老服务中心 2568 个，全省养老总床位达 17.7 万张，每千名老年人拥有养老床位 29.5 张，居家养老服务设施（含老年活动中心和农村幸福院）在城市和农村的覆盖率分别达到 33.76%、43.99%，养老事业发展水平得到全面提升。积极推进医养结合试点工作。全省有 3 个州市和 19 个区（县）开展了医养结合试点，探索具有云南特色的"医养结合"方式。③

① "民生保障主题发布会"，云南省网上新闻发布厅，http：//ynxwfb. yn. gov. cn/html/2019/ zuixinfabu_ 0129/1467. html，2019 年 1 月 29 日。
② "民生保障主题发布会"，云南省网上新闻发布厅，http：//ynxwfb. yn. gov. cn/html/2019/ zuixinfabu_ 0129/1467. html，2019 年 1 月 29 日。
③ "民生保障主题发布会"，云南省网上新闻发布厅，http：//ynxwfb. yn. gov. cn/html/2019/ zuixinfabu_ 0129/1467. html，2019 年 1 月 29 日。

（十）教育现代化迈出了新步伐

2018 年，云南省各级各类教育协调发展，人才质量稳步提高，教师队伍建设措施有力，教育脱贫攻坚取得新成效，教育现代化迈出了新步伐。

基础教育普及普惠不断拓展，实现"每个县至少有 1 所一级示范幼儿园""每个乡镇至少有 1 所中心幼儿园"目标，学前三年毛入园率和高中阶段毛入学率预计达到 79% 和 80%。实施教育基础薄弱县普通高中建设和改善普通高中办学条件工程，九年义务教育巩固率预计达 93.8%。云南大学"世界一流大学"建设稳步推进，32 所本科高校积极开展"双一流"创建，来滇留学生规模达 1.88 万人。不断推进民族教育，稳步发展特殊教育，健全终身教育体系。统筹推进多项招生改革工作。督促各地按照"免试就近入学"要求，严格控制"择校"行为，进城务工子女在公办学校就读的比例达 84.1%。[①]

加快推进"云上教育"和智慧教育建设，云南省实现全省义务教育阶段所有学校和教学班高速光纤全覆盖。成立云南省应用型高校联盟，立项建设一批职业教育集团化办学项目，推进现代学徒制试点工作。全面完成全省本科专业综合评价工作。新增省部共建协同创新中心 3 个，省级科技创新团队 11 支。在全国第四轮学科评估中，104 个学科进入全国前 70%，7 个学科进入 ESI 排名前 1%。[②]

出台《中共云南省委 云南省人民政府关于深化新时代中小学教师队伍建设改革的实施意见》，建立乡村教师奖励制度，启动实施"万名校长培训计划"。招聘特岗教师 5281 人。在集中连片特困地区的 85 个县实现乡村教师差别化生活补助政策全覆盖，培训中小学幼儿园教师 8.2 万人次。[③]

---

① "教育卫生主题新闻发布会"，云南省网上新闻发布厅，http://ynxwfb. yn. gov. cn/html/2019/zuixinfabu_ 0128/1464. html，2019 年 1 月 28 日。

② "教育卫生主题新闻发布会"，云南省网上新闻发布厅，http://ynxwfb. yn. gov. cn/html/2019/zuixinfabu_ 0128/1464. html，2019 年 1 月 28 日。

③ "教育卫生主题新闻发布会"，云南省网上新闻发布厅，http://ynxwfb. yn. gov. cn/html/2019/zuixinfabu_ 0128/1464. html，2019 年 1 月 28 日。

省级财政投入 8.97 亿元，落实 88 个贫困县"全面改薄"县级资金零配套政策。抓好职教扶贫项目工程建设，一期 35 个项目，累计完成投资 86.63 亿元，投资完成率为 63.84%，已有 4 个项目竣工并投入使用。全面推进职业教育东西协作行动计划滇西实施方案，东部 5 省市在滇西 10 州市招录 4063 名建档立卡户贫困学生。资助建档立卡贫困户学生 268.9 万人次，资助资金 29.12 亿元。通过各类专项计划共录取建档立卡贫困家庭考生 8 万余人，培训不通晓国家通用语言劳动力 2.85 万人，贫困地区自我发展能力不断提高。①

（十一）卫生健康工作呈现出崭新局面

2018 年，云南省卫生健康工作呈现出崭新局面。深化医改迈出新步伐，公立医院改革持续深化，医疗服务能力持续提升，看病贵、看病难的问题进一步得到解决，人民健康水平不断提高。②

分级诊疗制度加快推进。医联体模式全面铺开，县域内县乡村一体化医联体建设稳步推进。全省县域内就诊率提升至 85.36%。③

进一步巩固全面取消药品加成改革成果，在云南全省公立医院收入中，药物收入占比下降至 28.65%，医疗服务收入占比提升到 30.42%。药品供应保障机制不断完善。基层医疗卫生机构非基本药物配备使用比例由原来的 20% 调整为 45%。④

启动 23 个临床医学中心和 71 个分中心建设。云南省新增 4 所州市级三甲医院；实现 40 所县级医院提质达标；87 个州市县医院临床重点专科项

---

① "教育卫生主题新闻发布会"，云南省网上新闻发布厅，http://ynxwfb. yn. gov. cn/html/2019/zuixinfabu_ 0128/1464. html，2019 年 1 月 28 日。

② "教育卫生主题新闻发布会"，云南省网上新闻发布厅，http://ynxwfb. yn. gov. cn/html/2019/zuixinfabu_ 0128/1464. html，2019 年 1 月 28 日。

③ "教育卫生主题新闻发布会"，云南省网上新闻发布厅，http://ynxwfb. yn. gov. cn/html/2019/zuixinfabu_ 0128/1464. html，2019 年 1 月 28 日。

④ "教育卫生主题新闻发布会"，云南省网上新闻发布厅，http://ynxwfb. yn. gov. cn/html/2019/zuixinfabu_ 0128/1464. html，2019 年 1 月 28 日。

目通过省级评审；整合 1.135 亿元、争取中央资金 2.49 亿元，支持 45 个县级卒中中心、45 个县级胸痛中心建设；全省卫生技术人员总量达到 28.39 万人，同比增长 13.46%；基层卫生专业技术人员高级职称者占比提高到 15.13%。[1]

重大疾病防控和公共卫生成效显著。甲乙类传染病发病率 198.06/10 万，持续保持低于全国平均水平。继续实施第四轮防治艾滋病人民战争，疫情形势平稳。慢性病防治水平不断提升。[2]

健康扶贫攻坚战取得重大进展。云南全省建档立卡贫困人口 100% 参加城乡居民基本医保和大病保险，符合转诊转院规范住院医疗费用个人自付比例下降到 9.19%。针对建档立卡贫困人口全面实施"先诊疗后付费"和"一站式、一单式"即时结报。大病专项救治覆盖所有贫困县市区，慢性病签约服务管理覆盖所有建档立卡贫困人口。全年实现因病致贫返贫人口减少 7.2 万户 28.5 万人。[3]

妇幼健康目标有效落实。"关爱妇女儿童健康行动"指标圆满完成。云南省孕产妇死亡率、婴儿死亡率分别控制在 17.90/10 万和 5.78‰，再创历史新低，低于全国平均水平。农村妇女宫颈癌、乳腺癌分别检查 65.93 万人和 64.85 万人，发放儿童营养包 14.96 万人。[4]

中医药事业传承发展稳步推进。云南省中医医院入选国家中医临床研究基地。5 个专科、1 个重点病种入选国家级区域（专科）诊疗中心和重大疑难疾病中西医临床协作试点项目。启动建设"中国－缅甸中医药中心"，在澜湄区域传统医药交流中持续发挥引领示范作用。在全国首创"定制药园"

---

[1] "教育卫生主题新闻发布会"，云南省网上新闻发布厅，http://ynxwfb. yn. gov. cn/html/2019/zuixinfabu_ 0128/1464. html，2019 年 1 月 28 日。

[2] "教育卫生主题新闻发布会"，云南省网上新闻发布厅，http://ynxwfb. yn. gov. cn/html/2019/zuixinfabu_ 0128/1464. html，2019 年 1 月 28 日。

[3] "教育卫生主题新闻发布会"，云南省网上新闻发布厅，http://ynxwfb. yn. gov. cn/html/2019/zuixinfabu_ 0128/1464. html，2019 年 1 月 28 日。

[4] "教育卫生主题新闻发布会"，云南省网上新闻发布厅，http://ynxwfb. yn. gov. cn/html/2019/zuixinfabu_ 0128/1464. html，2019 年 1 月 28 日。

工作，评选认定首批 33 个"定制药园"。①

"健康生活目的地"进一步谋划。成功举办大健康产业博览会，完成南博会生物医药和大健康馆招展工作。积极打造以石林杏林大观园、云南白药大健康产业园为代表的中医药健康旅游示范基地。2018 年云南省大健康产业产值规模增加到 1270 亿元。②

三 2018年云南省对外开放合作概况

自"一带一路"倡议提出以来，云南省以政策沟通、设施联通、贸易畅通、资金融通、民心相通"五通"为主要建设内容，促进面向南亚、东南亚辐射中心建设取得积极成效。

（一）沟通合作网不断织密

自"一带一路"倡议提出以来，云南省与周边国家的沟通合作网不断织密，人类命运共同体纽带逐步强化。云南与周边各国建立双边合作机制，缔结 90 对国际友好城市关系，全面参与中国－中南半岛、孟中印缅两廊建设，配合国家启动澜沧江－湄公河合作机制（LMC），积极推进中越、中老、中缅跨境经济合作区建设；努力提升孟中印缅合作论坛交流水平，不断完善与越北、老北、泰北等合作机制；成功举办了六届中国－南亚博览会、首届南亚东南亚国家商品展暨投资贸易洽谈会、外交部云南全球推介会等重大活动。

（二）基础设施逐步畅通

在国家的支持下，云南省联通南亚、东南亚国家的基础设施逐步畅通。

---

① "教育卫生主题新闻发布会"，云南省网上新闻发布厅，http：//ynxwfb. yn. gov. cn/html/ 2019/zuixinfabu_ 0128/1464. html，2019 年 1 月 28 日。

② "教育卫生主题新闻发布会"，云南省网上新闻发布厅，http：//ynxwfb. yn. gov. cn/html/ 2019/zuixinfabu_ 0128/1464. html，2019 年 1 月 28 日。

中越、中老、中缅（瑞丽方向）高速公路境内全部建成通车；中越铁路境内段建成通车，中老铁路全线开工建设，中缅铁路境内段加快建设。云南全省开通81条国际和地区航线，客货运航线基本实现南亚、东南亚国家首都和重点旅游城市全覆盖。中缅油气管道全面贯通投入运营，与越南、老挝、缅甸实现局部电力联网贸易，2015～2018年国际贸易电量累计达130亿千瓦时。云南成为全国第一个三大基础运营商同时部署面向特定国际区域的网络节点省份，国际通信服务范围覆盖周边8个国家。①

（三）贸易额稳步快速增长

2013～2018年云南省对"一带一路"沿线国家贸易额由126.5亿美元增至215亿美元，在总贸易额中的占比由49%上升至71.9%。其中云南省对印度、新加坡、菲律宾、印度尼西亚等国家出口增速较为突出。优势产品出口较快增长，机电产品出口保持较快增长势头。同时受印度、巴基斯坦、巴西等主要出口市场需求带动，磷化工产品出口实现大幅增长，2018年出口额达14.8亿美元，增长67.8%。大宗产品原油、天然气、金属矿砂、大豆等进口迅猛增长，原油天然气在进口总额中的占比超过38%。农产品进出口额逐步扩大。2018年，云南农产品出口和进口分别为38.7亿美元和13.4亿美元，其中进口水果3亿美元，同比增长73.4%。②

（四）人文基础不断夯实

云南充分发挥地缘优势，用心栽培"民心相通之花"，密切同南亚、东南亚各国的科技、文化、医疗卫生等领域的联系与交流，不断增进与邻国人民之间的感情。打造"留学云南"品牌，2018年云南省中国政府奖学金生培学校达到8所，留学生规模达到1.88万人，居全国第8位。实施"光明

---

① 《云南主动服务融入取得实效》，新华云南，http：//yn. xinhuanet. com/newscenter/2019 - 04/25/c_ 138007668. htm，2019年4月25日。

② 《云南对"一带一路"沿线国家进出口快速增长》，http：//www. sohu. com/a/312267692_ 381560，2019年5月7日。

行"公益医疗活动,累计派出 19 批医疗队对缅甸、老挝和苏丹眼疾患者免费实施白内障复明手术。以部省合作方式建设运营管理柬埔寨金边、缅甸仰光中国文化中心,搭建海外国家级文化展示平台。①

(五)金融支持和服务更加完善

在资金融通方面,云南多层次的金融服务体系初步建立,针对企业的金融支持和服务更加完善。目前云南跨境人民币业务已覆盖 83 个国家和地区,2013 年至 2018 年 6 月,跨境人民币累计结算额 3623 亿元,累计搭建跨境人民币资金池 9 个。鼓励符合条件的企业发行外债,成功发布人民币兑缅币"瑞丽指数"和人民币兑越南盾"YD 指数",目前可兑换币种已达 24 种。挂牌成立全国首个跨境反假币工作中心,并在金融机构及企业支持下,设立跨境金融中心、跨境清算结算中心。

(六)对外合作项目初见成效

云南省积极寻求和扩大与境外地区利益的汇合点,对外合作项目初见成效。截至 2018 年,云南省在全球 58 个国家和地区投资设立了 788 个企业和机构,直接投资总额达 104.21 亿美元。云南富滇银行与老挝大众外贸银行合资成立老中银行,成为地方商业银行率先走出国门的典范。云南在老挝、越南、柬埔寨建设了 5 个海外农业科技合作示范园,还设立了中老可再生能源、中斯(斯里兰卡)生物资源开发利用联合实验室等一批外向型公共技术服务平台,老挝赛色塔综合开发区、缅甸达克鞳燃气电厂深受项目所在国欢迎。②

---

① 《云南主动服务融入取得实效》,新华云南,http://yn.xinhuanet.com/newscenter/2019 - 04/25/c_ 138007668.htm,2019 年 4 月 25 日。

② 《七彩云南融入"一带一路"实现跨越式发展—— 第二届"一带一路"国际合作高峰论坛云南省中外媒体吹风会在京召开》,人民网,http://world.people.com.cn/n1/2019/0424/c1002 - 31048266.html,2019 年 4 月 24 日。

四 云南省社会经济发展面临的主要问题

（一）宏观经济环境下行压力较大

2019 年，国际经济环境较为严峻，美联储加息步伐加快，美联储缩表和美元回流给各国带来的冲击甚于预期；世界经济复苏步伐弱于预期，中美贸易战交锋日趋激烈，国际市场不确定性日趋上升。在国内经济平稳运行的同时，我国也出现了民营企业困难增加、基建投资回落过快等问题。去杠杆和金融严监管超出预期；中央抑制房价上涨意志坚决，房地产政策不断趋严，也使得经济运行稳中有变、变中有忧。

（二）经济发展对资源依赖加深

在各类政策支持的优势下，2018 年，云南经济保持了快速增长的势头，GDP 增速排名全国第三。从三次产业增加值来看，三次产业都有一定程度的增长，但从过去五年数据来看，第二产业增长势头更为强劲。从整体经济规模看，云南省依然落后于全国大多数省份，经济整体存在着对烟草工业以及资源部门过度依赖的问题。

（三）投资增长缺乏结构支撑

2018 年，云南固定资产投资同比增长 11.6%，排全国第 3 名。其中，主要存在三个问题，一是投资增长支撑薄弱，拉动全省投资增长的主要力量来源于基础设施投资和房地产开发投资两大领域，产业投资存在缺口。二是项目资金到位率仍然不高，资金到位率比上年回落 18.0 个百分点。三是民间投资缺乏导向，虽然民间投资同比增长 20.7%，但已有投资主要流向房地产开发，对经济的发展作用没有充分发挥。

（四）引才聚才存在巨大障碍

由于地处边疆，经济发展整体较为落后，目前云南对人才吸引力不足，

成为经济社会发展的重要制约。由于多种原因，除省会昆明外，其他州（市）发展与发达地区相比依然差距较大，产业聚集程度不高，经济总量、产业发展层次、商务环境、人才经济收益等均处于全国后列，良好的人才创业环境与引才兴才机制还未形成，人才尤其是高新技术人才的聚集存在巨大障碍。

五 2019年经济社会发展趋势展望

（一）受国际经济不利形势影响有限

对云南省来说，在国际经济形势面临新变化、内外因素叠加的新形势下，云南整体经济发展有一定的下行压力，但由于云南经济外向型不足，受影响的程度有限，各种不利因素的传导也相对滞后。另外，云南目前各类新兴产业的蓬勃发展也将与不利的外部环境形成一定的对冲作用，经济总体增速将继续高于东南沿海发达省份。

（二）供给侧改革带动发展质量提高

服务管理以及技术领域的创新是破除"资源诅咒"的关键。近年来，云南省新旧动能转换加快，提出了发展生物医药和大健康等八大重点产业，打出了绿色能源、绿色食品和健康生活目的地"三张牌"，形成云南经济发展的新动能。通过坚持"两型三化"，即开放型、创新型和高端化、信息化、绿色化的产业发展方向，大力深化供给侧结构性改革，云南省的产业结构、能源结构和经济结构将继续优化。

（三）持续防范"三股势力"，社会整体稳定

为了着力保障和改善民生，2018年云南全省财政民生支出4475.9亿元，增长8.4%，比2017年提高1.4个百分点。支持教育事业优先发展，全省教育支出达1082.8亿元。预计2019年，云南民生支出将保持高增长趋

势，在较高经济增速的带动下，人均可支配收入增速将维持在9%以上，城乡收入差距继续缩小，居民消费水平稳步提升。医疗、教育、住房等群众关心的问题将继续得到解决，农村地区尤其是贫困地区的民生保障将进一步夯实，民族团结形势总体向好。同时，我们也应该看到，作为边疆民族地区，云南依然面临防范"三股势力"维护边疆经济社会稳定的重点社会治安任务，云南省将坚决切断"三股势力"内外勾连偷渡通道，坚决消除各类暴恐活动威胁隐患，坚决打掉暴力恐怖分子的嚣张气焰，坚持专项治理和整体防控并举，维持针对暴恐活动的高压态势。

（四）深挖周边发展潜力，高水平对外开放进程加快

云南将继续发挥沿边开放区位优势，主动服务和融入国家发展战略，努力建设成为我国面向南亚、东南亚的辐射中心。主动服务和融入"一带一路"建设，聚焦和平、开放、繁荣、创新、文明"五路"目标，做好政策、设施、贸易、资金、民心"五通"文章，继续深挖周边发展中国家发展潜力，着力深化全方位、多领域、深层次的高水平对外开放。2019年，全面升级覆盖南亚、东南亚的经贸合作，不断提高签证、通关和运输便利化水平；继续全面建设南亚、东南亚的基础设施大通道，铁路、公路、水路、航路、信息、能源网络不断完善；人文交流在"走出去"和"引进来"上双向发力，加快推进面向南亚、东南亚的人文交流中心建设，加快教育、科技、医疗领域的沟通合作；着力做好"资金融通"文章，继续在南亚、东南亚开展人民币国际化工作。在开放的背景下实现云南高质量跨越式发展。

（五）固定资产投资结构不断优化

未来云南将促进投资结构调整。抓好基础设施建设，加大民生领域投资力度，适度调节房地产投资，促进房地产投资开发理性健康增长；同时，重点关注产业投资，加快区域产业规划，发挥投资对未来产业结构、产业发展的先导作用。在投资资金筹集渠道上，将促进资金多渠道筹措，稳定项目资金来源。顺应国家的金融政策，加强对金融机构的管理，引导金融机构加大

对优质项目、重大项目的贷款力度；提高综合运用多种融资工具的能力，引导重大工程项目通过企业债券、公司债券等多种融资方式，扩大融资规模，多渠道筹措资金。不断加大招商引资力度，加强对招商引资工作的管理，提高项目的落地率。

六 2019~2020年云南经济社会发展的对策建议

（一）加快建设创新型云南，打造产业新高地

加快建设创新型云南。深入实施创新驱动发展战略，加快建立以企业为主体、市场为导向、产学研深度融合的技术创新体系。大力培育和引进高新技术企业、科技型中小企业以及国内外先进企业研究机构，加强对重点领域应用基础研究的支持，推动相关领域的国家级重点实验室、省级重点实验室、院士专家工作站建立。打造创新平台，充分发挥滇中新区、国家级经开区、高新区和自贸试验区的创新引领作用，引进新兴产业龙头企业，以及相关国内外先进企业研究机构。大力保护知识产权，培育自主品牌，推进质量强省。

以产业创新引领供给侧结构性改革。把深化供给侧结构性改革作为推进经济结构战略性调整和转型升级的治本之策，深入推进"三去一降一补"，把发展产业作为建设现代化经济体系的重要抓手，加快构建"传统产业+支柱产业+新兴产业"迭代产业体系。大力培育新动能。全力打好世界一流的绿色能源、绿色食品、健康生活目的地这"三张牌"，加快形成千亿元产业。

（二）提高重点领域服务水平，持续改善市场环境

围绕文旅产业改善服务品质。以"一部手机游云南"为平台打造"智慧旅游"，以"游客旅游自由自在""政府管理服务无处不在"为目标建设"一流旅游"，开发精品自驾旅游线路，加快旅游基础设施建设，大力发

新业态，推动旅游产业全面转型升级；加快推进高质量、高标准的特色小镇建设，杜绝滥竽充数和变相房地产开发。

夯实对外开放中的服务配套。加大宣传云南开放政策，推出各类进出境便利化举措，推动跨境旅游、跨境物流、跨境结算取得突破性进展；研究出台创新性措施；探索实行预约通关制度，持续推动中国（云南）国际贸易"单一窗口"建设。

加快现代服务业发展。深入实施《云南服务经济倍增计划（2017～2021年）》；继续开展服务业规模以上企业培育；启动建设服务业集聚示范区，支持会展产业发展，加快昆明、大理、河口、瑞丽、磨憨等物流枢纽建设，支持社会力量增加医疗、养老、教育、文化、体育等服务供给。

加强服务保障和人才队伍建设。加大财税、政府采购、高科技企业认定等政策扶持力度；深入实施"千人计划""万人计划"，加快建设科技创新专业人才、科技型企业家、科技管理服务人才"三支队伍"。

（三）继续扩大对外开放，与周边国家开展全面合作

充分发挥云南在"一带一路"建设和对外开放战略中的区位优势，深化与周边国家在各个领域的合作。全力支持建设云南自贸试验区，加快拓展"一带一路"沿线国家、中东、欧洲、大洋洲等市场。积极参与中缅经济走廊、中老泰经济走廊建设，大力推进跨境经济合作区、境外工业园区、铁路公路互联互通项目建设。在周边国家合作建设一批产业园区，推进国际产能合作。探索建设境外商贸中心，推动云南产品"走出去"。深化沿边金融改革，创新金融跨境业务，提升人民币国际化水平。积极参与境外能源资源合作开发和能源基础设施建设，带动能源技术、装备"走出去"。

大力推进基础设施网络建设。要加快构建互联互通、功能完善、高效安全、保障有力的基础设施网络，不断夯实云南省跨越发展的基础条件。加快"五网"建设。扎实推进县域高速公路"能通全通"工程，加快推进铁路州市全覆盖工程，加大民航建设投资，推进水运航道、港口、泊位等水运基础

设施建设，加快信息基础设施建设，加快构建跨境物流高效快速通道，着力提升物流信息化水平。

（四）加强保障和改善民生，提升人民群众获得感与幸福感

促进为民惠民医疗卫生事业发展。深入推进"三医"联动、公立医院综合改革和县级公立医院提质达标，加快建设区域医疗中心，推进分级诊疗，全面提升基层医疗急救能力水平和疾病预防控制能力。

着力解决群众关心的教育突出问题。实施农村义务教育三年振兴计划，全省实现县域内义务教育发展基本均衡。在深度贫困地区启动寄宿制学校标准化建设，抓紧解决学前教育资源短缺问题，实施高中阶段教育普及攻坚计划，创新职业教育发展。加快推进"双一流"建设，支持云南省高校与国内外高校合作办学。

织密民生保障网。全面实施全民参保计划，加快养老保险省级统筹，加快完善养老服务体系，推进医养结合。统筹完善城乡社会救助体系，切实保障困难群众基本生活。大力实施棚户区改造，加大廉租房、经济适用房的供应力度。

全力维护社会和谐稳定。推进社会治理重心下移，打造共治共建共享的社会治理格局；深入推进扫黑除恶专项行动，持续开展严打暴恐专项行动；加强食品药品安全监管工作，切实保障疫苗质量和安全；完善公共法律服务体系，进一步提升执法的公正文明；完善应急管理和防灾减灾体制机制，全力做好抢险救灾和灾后恢复重建工作。

把稳就业放在突出位置。扎实做好高校毕业生、下岗转岗职工、农民工、就业困难人员等重点群体就业工作，深入实施退役军人就业创业计划。加快创业孵化示范基地和示范园区建设。提高劳务输出组织化程度。

（五）全面提高脱贫质量，保障脱贫人群持续发展

多管齐下推动产业扶贫。以扶贫政策为导向，依托整村推进、信贷扶贫、易地开发、财政产业扶贫等项目，充分发挥区域资源优势，找准群众增

收与区域优势的结合点，确定项目重点区域和重点建设领域，优先扶持发展优势产业，发挥各个区域的产业发展优势，实现错位发展、差异竞争、优势互补。兴建专业合作社，开展各类示范项目。充分发挥市场的引导作用，促进产业发展与贫困人口脱贫对接。强化产业利益联结机制，着重抓资产收益扶贫工作，破解失能、弱能贫困户增加收入的难题。

加强保障打赢易地扶贫搬迁攻坚战。保障搬迁群众在原集体经济组织享受的相关权益不变，保障搬迁群众在迁入地遇事有人管、就近可保障、公平享受基本公共服务。做好搬迁农户低保、医保和养老保险等保障的转移接续工作，从高从优落实政策，织牢低保、医保、养老安全网。统筹协调好搬出区和迁入区有关部门职能职责，形成合力、统筹推进，确保搬迁群众"搬得出、稳得住、能脱贫"。

全力提高脱贫质量。下足"绣花"功夫，做实做细贫困对象动态管理，建立促进贫困群众根本脱贫、长远脱贫的体制机制。打好健康扶贫攻坚战，切实降低就医负担，有效防止因病致贫、因病返贫。打好教育扶贫攻坚战和素质提升攻坚战，实施青壮年劳动力素质提升行动计划。坚持扶贫与扶志、扶智结合，培育贫困群众自我发展的意识和能力。

参考资料

李扬、李平：《经济蓝皮书：2019 年中国经济形势分析与预测》，社会科学文献出版社，2018。

云南省统计局、国家统计局云南调查总队：《云南省 2018 年国民经济和社会发展统计公报》，2019 年 6 月。

云南省人民政府：《2018 年云南省政府工作报告》，2019 年 2 月。

张宇燕：《世界经济黄皮书：2019 年世界经济形势分析与预测》，社会科学文献出版社，2018。

"民生保障主题新闻发布会"，云南省网上新闻发布厅，http：//ynxwfb. yn. gov. cn/html/2019/zuixinfabu_ 0129/1467_ 3. html，2019 年 1 月 29 日。

"教育卫生主题新闻发布会"，云南省网上新闻发布厅，http：//ynxwfb. yn. gov. cn/

html/2019/zuixinfabu_ 0128/1464. html，2019 年 1 月 28 日。

《云南省对"一带一路"沿线国家一季度进出口总额达 57.2 亿美元》，《都市时报》，http：//times. clzg. cn/html/2019 – 05/07/content_ 112155. htm，2019 年 5 月 7 日。

《七彩云南融入"一带一路"实现跨越式发展——第二届"一带一路"国际合作高峰论坛云南省中外媒体吹风会在京召开》，人民网，http：//world. people. com. cn/n1/2019/0424/c1002 – 31048266. html，2019 年 4 月 24 日。

B.13
2018～2019年广西壮族自治区经济
社会发展形势分析与对策建议

吕余生　陈禹静　张卫华 *

摘　要： 2018年以来，广西经济呈现"一季度平稳开局、二季度急速回落、下半年有所回升"的"U"形走势，全年经济同比增长6.8%，部分指标表现良好，经济结构逐步优化，质量效益持续提升。展望2019年，面对复杂严峻的外部环境和相对低迷的市场需求，预计广西经济增速仍将呈现放缓趋势，下行压力不会出现较大缓解，存在着旧动能转型升级难度大、新动能培育仍有待增强、投资增长制约因素较多、外贸增长不确定等突出问题，预计2019年广西经济增长6.5%左右。

关键词： 广西　经济运行　"U"形走势

一　广西的区域定位

广西是一个集边疆地区、革命老区、沿海地区、西部地区于一身的少数民族自治区，也是全国少数民族人口最多的省份，有壮、汉、瑶、苗、侗等12个世居民族，全区总人口5639万，常住人口4885万，居全国第11位。其中，少数民族人口约占常住人口的38.92%，壮族人口约占常住人口的

---

* 吕余生，广西社会科学院原院长、二级研究员；陈禹静，广西社会科学院工业经济研究所副所长、副研究员；张卫华，广西宏观经济研究院经济研究所副所长、高级经济师。

32.52%。陆地面积23.76万平方公里，居全国第9位，现设14个地级市、111个县（市、区）。广西的发展优势较多，概括起来主要有以下几点。

区位优势。广西沿海、沿边、沿江，陆地边境线1020公里，海岸线1628.6公里，有8个县（市、区）与越南接壤，拥有国家一类口岸19个、二类口岸6个。广西地处中国大陆东、中、西三个地带的交会点，是中国华南经济圈、西南经济圈与东盟经济圈的结合部，是中国唯一与东盟既有陆地接壤又有海上通道的省份。随着"一带一路"建设，以及中国－东盟自由贸易区全面建成、泛北部湾经济合作的务实推进，广西作为中国－东盟开放的前沿和窗口，已成为连接多区域的交流桥梁、合作平台、国际通道。

资源优势。广西是全国10个重点有色金属产区之一，铝、锰、锡等矿产储量居全国前列，其中铝资源储量10亿吨以上，锰占全国储量的27%；是国家西电东送的重要基地，水能可开发蕴藏量1891万千瓦，居全国第6位。广西是水、土、热资源配合较好的地区之一，是世界十大产糖区之一，甘蔗、蚕茧、木薯、茉莉花产量居全国首位，有中草药4623种，居全国第2位。岸线资源和海洋资源丰富，防城港、钦州港、北海港三个沿海港口具有兴建年吞吐能力数亿吨的资源。广西还拥有丰富的旅游资源，桂林山水、滨海风光和民族风情让人流连忘返。区位、资源等优势，为广西发展特色经济和优势产业提供了优越条件。

生态优势。广西天蓝海碧、山清水秀、空气清新，全区森林覆盖率达62.31%，居全国第3、西部第1；沿海红树林面积7300多公顷，占我国红树林总面积的40%，居全国第2位；有78个自然保护区、34个风景名胜区、26个国家森林公园、6个国家地质公园。14个设区市空气质量优良率天数比例达93.5%。"山清水秀生态美"已经成为广西的一大优势和亮丽品牌。广西现有25个长寿之乡，占全国总数近1/3，巴马县、马山县被评为"世界长寿之乡"。

政策优势。广西同时享有民族区域自治政策、西部大开发政策、沿海地区开放政策和边境贸易政策。同时，北部湾经济区、西江经济带、左右江革命老区、桂林国际旅游胜地全部被纳入国家战略，投资环境和开放优势突出。

基于独特的区位优势和资源禀赋，中央赋予广西国际通道、战略支点、重要门户"三大定位"，批复北部湾经济区、珠江－西江经济带、桂林国际旅游胜地、左右江革命老区规划建设全面上升为国家战略，全方位开放发展新格局加快构建，广西在国家区域发展总体战略中的地位显著提升；这两年又相继批复《中国－东盟信息港建设方案》《北部湾城市群发展规划》《广西壮族自治区建设面向东盟的金融开放门户总体方案》等一系列重大政策，对构建国际通道、战略支点、重要门户给予了强有力的支撑。

二　2018年广西经济运行总体情况

面对严峻复杂的外部环境，广西坚持稳中求进工作总基调，多措并举稳定经济发展增速，全力做好"六稳"工作，努力克服困难和挑战，确保经济增速保持基本平稳。

（一）经济运行缓中趋稳态势

2018 年，全区经济比上年增长 6.8%，同比回落 0.3 个百分点，但高于全国平均水平 0.2 个百分点，尽管下行趋势仍未扭转，但近两年经济年度增速降幅已从之前的 1 个百分点以上收窄到 0.5 个百分点以内（见表 1），季度增速自 2016 年以来已连续 12 个季度运行在 6.2%～7.3%，呈现明显的底部调整特征，表明广西经济增速总体呈现"缓中趋稳"态势，经济运行的稳定性和韧性在不断增强（见图 1）。

其中，匹配指标走势保持基本平稳。金融支撑力度增强，2018 年末广西金融机构人民币各项贷款余额同比增长 14.76%，增速较 2017 年末上升 1.84 个百分点，排全国第 7 位、西部第 2 位，新增人民币各项贷款创历史新高。运输行业较快增长，2018 年广西铁路旅客发送量同比增长 12.8%，货运总发送量同比增长 7.6%；公路货运量同比增长 9.9%；新增沿海和内

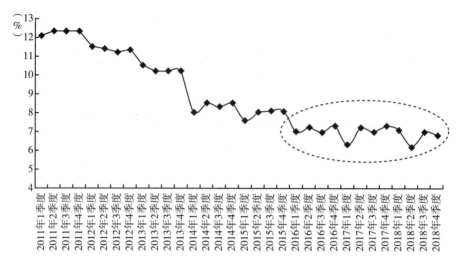

图1　2011年以来广西经济季度增速走势

河港口货物通过能力850万吨，北部湾港口吞吐量同比增长9.7%，集装箱吞吐量290万标箱，增长27.3%；民航货运吞吐量同比增长7.8%。用电增速领跑全国，2018年广西全社会用电量同比增长17.8%，增速连续12个月领跑全国。财政收入结构趋优，一般公共预算收入中税收收入占比为66.7%，比上年提高1.2个百分点。企业效益明显好转，规模以上服务业企业营业收入比上年增长11.3%，营业利润总额同比增长6.0%。

表1　2018年广西主要经济指标完成情况

指　标	单位	2017年	2018年	
		增速（%）	总量	增速（%）
地区生产总值	亿元	7.1	20352.5	6.8
第一产业增加值	亿元	4.1	3019.4	5.6
第二产业增加值	亿元	6.6	8072.9	4.3
第三产业增加值	亿元	9.2	9260.2	9.4
财政收入	亿元	6.1	2790.4	7.1
规模以上工业增加值	亿元	7.1	—	4.7
固定资产投资	亿元	12.8	—	10.8
社会消费品零售总额	亿元	11.2	—	9.3
外贸进出口总额	亿元	24.1	4106.7	5

续表

指　标	单位	2017 年	2018 年	
		增速（%）	总量	增速（%）
出口额	亿元	25.2	2176.1	14.6
居民消费价格指数	上年 = 100	1.6	102.3	2.3
居民人均可支配收入	元	8.7	21485	5.5
城镇居民人均可支配收入	元	7.7	32436	3.8
农村居民人均可支配收入	元	9.3	12435	7.4

资料来源：广西统计信息网。

（二）服务业"压舱石"作用稳定

服务业作为全区经济增长主要推动力的地位日益凸显。2018 年，广西第三产业增加值同比增长 9.4%（见图 2），增速位居全国第五，高于全国平均增速 1.8 个百分点；占 GDP 的比重为 45.5%，对经济增长的贡献率为 61.5%；服务业税收收入占全区税收收入比重达 56%，从业人员占比突破 33%，新增服务业企业占全区新增企业数比例达到 82%。现代服务业成为新增长点。软件和信息技术服务业、租赁业、商务服务业等新兴服务业分别增长 14.0%、53.7%、21.7%，其中，商务服务业中的广告业，会议、展会及相关服务业，人力资源服务业，法律服务业等生产性服务业保持 30% 以上的高速增长。全区多项服务业支撑指标保持较快增长，其中邮政、电信业务总量分别增长 44.5% 和 1.9 倍，增速均排全国首位；批零住宿餐饮行业的基础性支撑作用稳固，批发零售行业同比增长 17.1%，住宿餐饮行业同比增长 26.7%；人民币贷款余额增长 14.8%（见图 3），其他营利性服务业营业收入增长 19.3%；旅游业发展迅猛，全区游客数量同比增长 30.6%，旅游总消费同比增长 36.5%；电子商务持续保持较快增长，全年交易额同比增长 13.4%，快递业务量增长 51.5%。市场主体持续活跃并迅猛发展，全区服务业企业总数达 59.5 万户，年内新增服务业企业 11 万户，占新增企业总数的 81.6%。

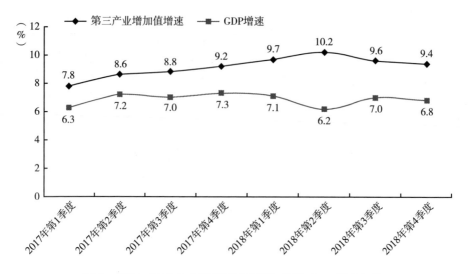

图2 2017~2018年广西第三产业增加值及GDP增速走势

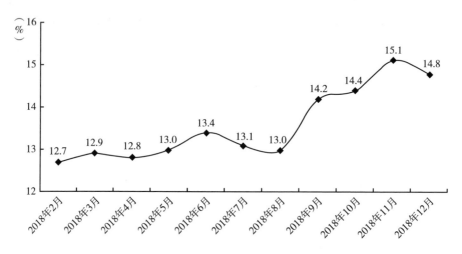

图3 2018年广西金融机构贷款余额增速走势

（三）乡村振兴实施效果初步显现

2018年广西第一产业增加值突破3000亿元，同比增长5.6%（见图4），增速为2013年以来最高，对经济增长的贡献率达13.1%。蔬菜、水果、蚕茧等特色农产品产量稳居全国前列，大部分农产品价格和产量实现双增，其中特色优势农产品产量增加，蔬菜增长 5.4%、水果增长 13.2%、蚕茧增长 2.1%、富硒农产品增长 43.3%、肉类增长 1.6%、水产品增长 5.3%。农产品加工业加快发展，全年规模以上企业达 1900 多家，农产品电商销售额增长 40%，休闲农业总收入超过 280 亿元。新增 99 个自治区级现代特色农业核心示范区，全年粮食总产量 1373 万吨，糖料蔗产量增长 2.9%。乡村振兴战略规划印发实施，农村产业发展、基础设施和公共服务能力加快提升，农村居民人均可支配收入比上年名义增长 9.8%（见图 5），扣除价格因素实际增长 7.4%，名义增速在全国排第 2 位，比全国高 1 个百分点；城乡居民人均收入倍差 2.61，比上年缩小 0.08。城乡居民收入差距继续缩小，不仅有利于扩大居民消费需求，也将对促进城乡经济的平衡发展发挥重要的积极作用。

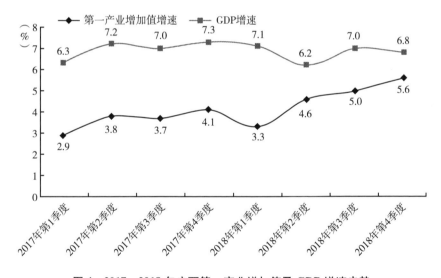

图 4　2017～2018 年广西第一产业增加值及 GDP 增速走势

（四）新旧动能转换步伐持续加快

新动能加快成长壮大。在一系列创新创业活动和成果的支撑下，新产业新业态新产品加快孕育并迅速发展。新兴产业较快发展。全年规模以上工业中，高新技术产业同比增长 11.6%，快于规模以上工业平均增速 6.9 个百

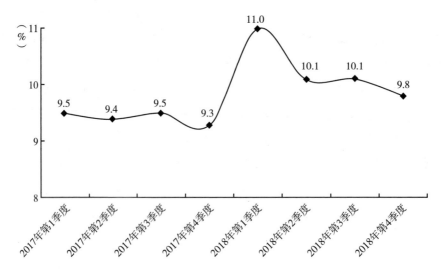

图5　2017～2018年广西农村居民人均可支配收入名义增速走势

分点。全年规模以上服务业中，软件和信息技术服务业营业收入比上年增长17.4%。新产品产量迅猛增长，全年新能源汽车产量增长1.08倍，电子元件增长47.9%，锂离子电池增长16.9%，光电子器件增长53.5%。新业态快速成长，全区快递业务量4.81亿件，比上年增长51.5%；快递业务收入61.50亿元，增长37.1%。同时，"三去一降一补"取得显著成效，2018年末全区商品房待售面积1380.19万平方米，比上年末减少218.66万平方米。年末规模以上工业企业资产负债率为63%，比上年末下降0.3个百分点。全年规模以上工业企业每百元主营业务收入中的费用为6.7元，比上年减少0.23元。

（五）营商环境得到显著改善优化

2018年5月29日全区深化改革优化营商环境大会召开，会上提出"一年重点突破、两年全面提升、三年争创一流"目标要求，出台了"1+14"系列政策文件，聚焦企业和群众反映强烈的痛点、堵点、难点，精准发力、逐个击破，在推动政务服务提效增速、为企业降本减负等重点领域和关键环节突破见效。全年广西新增市场主体53.2万户，新增高新企业600家以上。其中，出台项目建设"五个优化""五个简化"措施，重点推出50项办税便利化和50条便民利企措施，实现办税资料压减30%以上、首次发票申领当日办结。降低企业成本作为优化营商环境的主要"干货"，自2016年以来广西先后出台降成本41条、28条措施，物流业降本增效48条、电改15条举措，全面落实营改增等减税降费政策，累计减免税费1900多亿元，企业成本负担明显减轻，对企业尤其是中小微企业健康稳定发展增添了强大动力和活力。电价实现大幅度下降，广西一般大工业10千伏电力用户电价由0.626元/千瓦时降低到0.54元/千瓦时，电价下降幅度居全国前列。

（六）大宗商品价格总体保持稳定

面对国内外经济形势风云变幻和中美经贸摩擦持续升级，2018年国内大宗商品市场呈现"总体稳定和小幅波动"态势，大宗商品累计平均价格较上年同期上涨5.7%，较年初上涨0.1%；其中，成品油、钢材、化工产品、原煤、有色金属的累计平均价格较上年同期分别上涨17.7%、8.9%、4.7%、2.5%、1.6%。从大宗商品交易情况看，2018年国内大宗商品销售总额达72.8万亿元，增长4.6%；其中电解铝销量为3371.8万吨，同比增

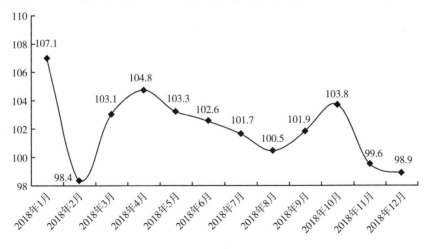

图6　2018年国内大宗商品价格指数走势

长 10.9%，产销率为 99.9%，比 2017 年增加了 0.1 个百分点。由于广西工业结构仍然以重工业为主，资源型产业和劳动密集型产业占工业比重超过 70%，这些中上游初级产品行业对大宗商品价格涨跌敏感，螺纹钢、电解铝、水泥等大宗商品价格保持总体稳定，对广西传统工业企业稳定市场预期、保持生产供应不间断不混乱具有重要意义。

（七）内需和外贸均保持稳健增长

内需消费方面，2018 年广西社会消费品零售总额比上年增长 9.3%，高于全国 0.3 个百分点，居全国第 11 位、西部第 5 位；其中家用电器和音像器材类、中西药品类零售额分别比上年增长 11.1% 和 7.9%，显示消费结构升级的步伐在不断加快，消费对经济增长的基础性作用在不断巩固。城乡消费同比提速，城镇消费品零售额 7240.82 亿元，增长 9.1%；乡村消费品零售额 1050.77 亿元，增长 10.6%。对外贸易方面，积极应对中美贸易摩擦，出台"稳外贸"12 条措施，外贸进出口总额增长 5%，其中出口额增长 14.6%；加工贸易进出口增长 13.8%，边境小额贸易进出口增长 22.5%；机电和高新技术产品出口分别增长 22%、35.4%；与东盟双边贸易额为 2061.49 亿元，占据全区进出口总额的半壁江山，与"一带一路"沿线国家地区的经贸往来日益密切，对巴勒斯坦、蒙古等国的出口分别增长 183.5% 和 55%。招商引资实际到位资金增长 13.7%，新引进世界 500 强企业投资项目 79 个。

表 2　2018 年广西对东盟贸易情况

指标	累计完成（亿元）	同比增长（%）
对东盟地区进出口总额	2061.49	6.3
出口额	1259.8	13.9
按主要贸易方式分		
边境小额贸易	1032.47	22.5
一般贸易	146.1	2.6
其他贸易（含边民互市贸易）	20.02	−57.1

资料来源：广西统计信息网。

（八）对外开放合作深化拓展

一是西部陆海新通道建设取得重大突破。运营规模不断壮大，海铁联运班列上年计划开行目标是 800 多列，实际达到了 1154 列，并且实现了双向开行，北部湾港至中国香港、新加坡班轮常态化运行。国际贸易"单一窗口"在口岸实现全覆盖，防城港口岸扩大对外开放、柳州白莲机场临时对外开放获得国家批准，爱店口岸升格、梧州港口岸扩大对外开放通过国家验收。区域合作取得显著进展，建立了省际政府合作机制、企业间的合作机制，加强与中远海运、新加坡太平船务等企业的战略合作，北部湾国际港务集团、中铁南宁局集团、中铁成都局集团三方专门成立广西北部湾国际联运发展有限公司。二是全面对接粤港澳大湾区。突出发挥与东盟陆海相邻、与粤港澳一水相连的独特区位优势，以北部湾经济区、珠江－西江经济带、沿边重点开发开放试验区、桂东承接产业转移示范区为重点承接区域，积极开展精准对接和承接产业转移，形成内外资同步引进、陆海联动布局的承接产业转移新格局。三是"走出去"步伐明显加快。全年对外承包工程和劳务合作实际完成营业额 7.29 亿美元，比上年增长 5.7%；对外承包工程完成合同额 10.54 亿美元，增长 12.5%；对外劳务合作实际收入总额 539 万美元，增长 181.1%。

（九）就业稳定、物价稳定、财政稳定

深入贯彻国家稳就业各项政策措施，出台积极的就业政策，政策持续显效发力，全年就业保持总体稳定。2018 年全区城镇新增就业 42.1 万人，完成计划的 120.3%。年末城镇登记失业率 2.34%，实现了低于 4.5% 的预期目标。全年本地农民工总量 361.2 万人，比上年增长 2.0%。物价呈现温和上涨的态势，全区居民消费价格比上年上涨 2.3%，其中，食品烟酒价格比上年上涨 1.0%，衣着价格上涨 1.5%，生活用品及服务价格上涨 1.9%，交通和通信价格上涨 1.6%，均小于居民消费价格总涨幅。居民消费价格年内各月累计涨幅在 2.1%～2.5% 的狭窄区间波动，也反映整个市场供求基本

平衡。财政收入质量提高，2018 年全区财政收入同比增长 7.1%，增速同比提高 1.0 个百分点，一般公共预算收入中税收收入占比为 66.7%，同比提高了 1.2 个百分点。

三　广西经济增速下行压力仍较大

自 2011 年以来广西经济持续了近 8 年的下行，经济增速已从 12.3% 逐步回落至目前的 7% 左右，增速回落幅度超过 40%，如此长时间下滑和大幅度回落，表明广西经济增长动力结构发生了较大变化，无论产业支撑力还是需求拉动力都出现了衰减，经济的自我修复能力还比较弱，正处于增速换档、爬坡过坎、转型升级的关键时期。从深层次原因来看，近年来广西经济下行压力加大，原因是多方面的，既有外部环境复杂、市场需求不足、供给体系落后、基础设施薄弱、资源瓶颈等西部地区的共性问题，也有周期性、总量性因素，但根本原因在于结构性矛盾突出，特别是现有经济结构在"新常态"下遇到严峻挑战，产业长期处于低层次而难以转型升级。

（一）工业艰难转型对经济增长的贡献下降

2018 年以来，受宏观经济运行下行压力持续加大、市场疲软等诸多因素影响，广西规模以上工业增加值增速出现近 10 年来的罕见异常波动，特别是 4 月、5 月增速出现大幅下跌，经自治区持续频繁调度、密集出台政策、果断及时采取一系列应对措施，规模以上工业增加值增速在后半年逐步回升，全年增长 4.7%（见图 7），处于近年来较低水平，对经济增长的贡献率大幅下降。一是工业生产及配套活动走势回落。反映制造业景气度的 PMI 持续走低，2018 年广西制造业 PMI 均值为 49.1%，比上年同期低 1.3 个百分点，整体运行于荣枯线下方。分季度看，1~4 季度广西制造业 PMI 均值分别为 50.6%、48.9%、49.4 和 47.6%；从月度看，自 2018 年 5 月以来，制造业 PMI 已连续 8 个月低于 50% 荣枯线运行。二是新旧动能接续不上问题较突出。近年来，广西传统增长动力因遭遇瓶颈而逐步减弱，钢铁、铝、糖等大宗商品价格持续下降，汽车、机械、冶金等重点行业增长低迷，重化工业增速更是从"十二五"初期的18.4%下降到2018年的4.4%。然而，新兴产业发展尚未形成规模，尽管高新技术产业增加值均保持两位数以上的增长，但占规模以上工业增加值比重仅为8%左右，工业机器人、3D打印设备、智能电视、石墨烯、稀土磁性材料、碳纤维增强复合材料、特种钢材等新兴产业尚未形成产业化，高级钢材、环保型钢材、航空航天业所需的高性能特钢等高端产品制造能力仍较薄弱。《中国制造2025》提出大力发展先进装备制造业，重庆十大支柱产业中先进装备制造业有4个，占工业总产值比重接近50%；浙江十大主导产业中先进装备制造业有5个，占工业总产值的比重为31.3%；广西只有汽车、计算机通信电子设备、电子机械及器材三个行业入围，合计仅占工业总产值的20.6%，低于浙江和重庆。三是重点行业发展面临较大困难。特别是汽车、粮油加工、机械等重点行业增长低迷。其中，汽车行业受国内市场需求趋于饱和、双积分和国六政策实施、中美贸易摩擦等因素影响，全年总产值同比下降7.4%。粮油加工行业受中美贸易摩擦影响，企业从阿根廷、巴西进口大豆，原料价格和运输费用均有所提高。机械行业受卡车、传统客车用内燃机以及农机装备用内燃机产量需求下降影响，全年总产值仅增长3.7%。

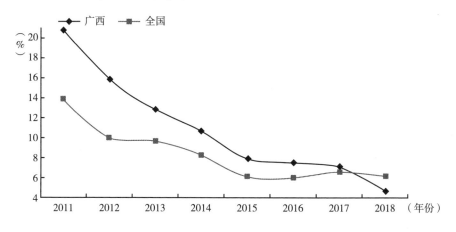

图7　2011～2018年广西规模以上工业增加值增速与全国对比

（二）投资高位回落趋势仍会导致下行压力

2018 年，广西固定资产投资尽管保持两位数增长，但增速呈现明显回落态势，2018 年增长 10.8%（见图 8），同比回落 2.0 个百分点，其中基础设施投资仅增长 7% 左右，同比回落 6.7 个百分点。一是部分投资项目融资难落地难。一方面，投资项目融资渠道有限。广西投资项目资金筹措以银行贷款和地方政府债券为主，并长期依赖财政性补助资金，市场化手段融资的主动性和能力偏弱，受国家财政政策和银行信贷约束，部分新开工项目面临资金紧缺的瓶颈。另一方面，民间投资融资方式基本以银行信贷和民间借贷为主，近年来金融信贷资源"向政府超配、向大企业标配、向小微经济低配或不配"的现象日益严重，民间投资项目融资难融资贵的问题仍存在。二是投资环境仍有待进一步改善。虽然近年来广西在"放管服"改革和商事制度改革等方面做了大量工作，取得了显著成效，但在政务服务"一张网"、企业要素成本、重点领域信用联合惩戒等领域，与国内先进发达地区相比，与企业投资者的期盼相比，仍有一定差距。三是新旧动能接续不足降低新增项目数量。受经济增速放缓、融资成本上升以及中美贸易摩擦冲击等不利因素叠加影响，广西新增投资规模和投资意向明显回落。新兴产业和新业态投资规模仍然偏小且产业链不尽完善，集聚投资能力尚不足以接续传统产业成为主要投资动力。根据广西投资项目在线并联审批监管平台进行大数据分析的结果，2018 年广西部分行业新增意向投资项目投资额降幅较大，其中交通运输、仓储和邮政业同比下降 59.35%，水利、环境和公共设施管理业同比下降 34.85%，信息传输、软件和信息技术服务业同比下降 25.32%。四是政策调控影响部分行业投资意向。为符合经济高质量发展要求，广西加大力度推进产业生态化、生态产业化，积极实施钢铁、有色、化工、建材、轻工等传统制造业绿色改造。同时，根据国家与自治区近期密集出台的环保政策和措施，环保督察的力度和广度不断升级，部分行业和领域受环保指标控制出现投资放缓。比如，敬业集团 570 万吨钢铁产能异地转移、胜宝新一代钢铁生产加工基地等部分钢铁、有色项目因能耗指标、环境容量等环评标准限制，项目开工进度放缓。

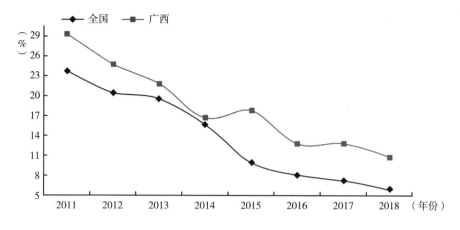

图8　2011～2018年广西固定资产投资增速与全国对比

（三）消费空间收窄加剧需求支撑不足

2018年，广西社会消费品零售总额同比增长9.3%，比2017年回落1.9个百分点，其中，仅玉林市增速高于2017年0.2个百分点，其余各市增速均不同程度回落，百色、北海、来宾、贵港、梧州市增速回落较大，分别回落4.1个、4.0个、3.8个、3.7个、3.1个百分点。一是居民消费动力不足。2018年广西居民人均可支配收入为21485元，低于全国23.9%；同比增长7.9%，低于全国0.8个百分点，与全国差距继续拉大。广西居民人均可支配收入在全国排名（前三季度排第23位）明显落后于社会消费品零售总额的排名（第11位），居民收入水平偏低影响了广西居民消费能力。二是汽车销售持续低迷。中国汽车工业协会发布的数据显示，2018年全国汽车销量2808.1万辆，同比下降2.8%，其中，乘用车销量2371万辆，同比下降4.2%。广西限额以上汽车类商品销售额增速逐月下滑，由1～2月的15.9%下滑至1～12月的0.1%。三是高房价挤占居民消费空间。依据国家统计局发布的2018年12月70个大中城市商品住宅销售价格变动情况，南宁、

桂林和北海市，新建商品住宅销售价格同比分别上涨8.9%、8.2%、11.8%，其中南宁环比增速居全国70个大中城市第6位，同时也是2018年新建商品住宅销售价格每月环比均为正增长的28个城市之一，广西主要城市房价的持续增长挤占了居民的消费空间。四是网上消费外流严重。2018年，广西寄出包裹4.8亿件，收到包裹数11.7亿件。实物商品网上零售额进出比约为2.7∶1，约73%的网络零售流到外省，严重分流本地零售业销售额。

四 2019年广西面临的外部环境

（一）从国内外环境看，既有机遇也有挑战

一方面，当前世界经济贸易延续上年增长态势，总体保持一定程度的正增长，从2017年下半年开始，发达国家和新兴市场国家经济综合先行指标大部分实现增长。世界经济不确定因素增加，总体负债率有所上升，全球债务风险有所增大，单边主义和贸易保护主义抬头，特别是美国大范围制造贸易摩擦、挑起贸易争端，全球贸易战风险加大，国际资本市场和大宗商品市场继续剧烈波动，世界经济增长将明显弱化，国际货币基金组织下调了2018年、2019年的全球经济增长预期，认为美国贸易战将导致全球经济增速放缓，美国加息导致的新兴市场国家货币贬值也将拉低世界经济增速，预测2018年、2019年全球经济分别增长3.9%、3.7%。另一方面，我国经济运行总体平稳、稳中有进，经济增长、新增就业、物价水平以及国际收支平衡持续处于稳定区间，呈现稳中有进的积极态势，既具有保持持续增长的刚性，也具备应对困难压力的韧性。但我国经济也面临下行压力加大、区域行业分化态势加深、部分企业生产经营困难、一些领域风险隐患显现等突出挑战。同时，经济结构性矛盾出现了新变化和新问题，主要表现在：拉动经济增长的内需动力，如投资和消费增长有所放慢；一些地方和企业对创新发展、减少负债、严格环保的高标准不适应，发展和经营存在困难；股市、债市、汇市出现一定波动，国际货币基金组织预测2018年、2019年我国经济

分别增长6.6%、6.4%，国内机构对2019年我国经济增速的预测也普遍在6.3%～6.5%（见表3）。此外，中美贸易摩擦的冲击也存在较大不确定性。由于中美贸易摩擦产品成本上升、企业订单量下降、企业减产、效益下降、开工不足等后果初步显现，2018年广西工业产值受此影响下降53亿元左右。目前中美贸易摩擦虽然暂时缓和、进入僵持阶段，但预计2019年贸易摩擦"边打边谈"的概率较大，情况不容乐观。一旦中美贸易摩擦进一步演变升级，则对广西工业的影响更加严重，由此带来的企业减产停产损失和间接影响可能会更大。

表3　国内不同机构对2019年我国经济增速的预测

单位：%

机构名称	GDP 增速	机构名称	GDP 增速
中国社会科学院	6.4	交通银行	6.3
中金公司	6.4	北京大学光华管理学院	6.3
申万宏源	6.4	招商证券	6.4
国海证券	6.5		

（二）从国家宏观政策看，将保持连续性稳定性

通过对近期党中央、国务院召开的一系列会议精神、出台的政策措施以及向国家发展改革委等了解到的情况分析，可初步判断2019年国家将进一步加强宏观政策的统筹协调，更加注重平衡稳增长与防风险的关系，预计主要有以下几个方向。一是继续实施积极财政政策和稳健货币政策。预计2019年财政政策将更加积极，加大对稳增长、调结构、促改革、补短板、强弱项等方面的支持力度，着力在结构性减税、清理规范收费、促进小微企业发展、鼓励创新创业等方面下功夫，进一步减轻企业负担；稳健的货币政策将松紧有度，把好货币供给总闸门，保持流动性合理充裕和金融稳定运行，引导金融机构将更多资金投向重点领域和薄弱环节，努力缓解实体经济特别是小微企业融资难融资贵等问题。二是加大对西部地区的政策支持。中央继续深入

实施西部大开发战略、大力推进新一轮西部开发开放，制定出台新时代强化举措推进西部大开发形成新格局的指导意见，在重大政策、重大项目和资金安排等方面加大对西部地区、民族地区、边疆地区倾斜。从过去20年看，国家每一轮西部大开发战略的实施都是西部地区完善基础设施、承接产业转移、实现腾飞发展的重大机遇，2000～2017年国家累计支持西部大开发重点工程317项、总投资达6.85万亿元，近期又提出2018年、2019年新开工西部大开发重点工程68项、总投资达1.59万亿元，并持续加强以西部地区为重点的重大项目储备力度。三是加大基础设施领域补短板力度。近期国家出台《关于保持基础设施领域补短板力度的指导意见》，强调要聚焦脱贫攻坚、铁路、公路、水运、机场、水利、能源、农业农村、生态环保、社会民生等重点领域短板，加快推进已纳入规划的重大项目，并提出加强重大项目储备、加强地方政府专项债券资金和项目管理、加大金融支持力度等10条配套政策措施。同时，国家强调要完善和加快重大项目库建设，推进"十三五"规划纲要165项重大工程项目落地，积极从各地组织推介约200项重大项目，为进一步完善基础设施和公共服务体系，提升基础设施供给质量，为扩大有效投资、巩固经济稳中向好势头、实现高质量发展提供重要支撑。四是"六稳"政策措施坚实有力。围绕中央政治局会议强调要做好稳就业、稳金融、稳外贸、稳外资、稳投资、稳预期工作，党中央、国务院制定中发〔2018〕33号文件，提出一系列强有力的政策措施，比如下调存款准备金率1个百分点、预计释放资金1.2万亿元，继续降低部分商品进口关税、提高现行货物退税率等，为实现复杂形势下宏观经济稳中有进、推动经济高质量发展提供重要保障，政策扶持还会继续加强。此外，国家还将围绕推进供给侧结构性改革、创新驱动发展、打好三大攻坚战、深化重点领域改革、加快对外开放步伐、统筹城乡区域发展、保障和改善民生等方面加大工作力度。

（三）从广西发展形势看，稳增长政策预计将加码

一是政策红利逐步显现。2018年广西相继召开全区工业高质量发展大会、深化改革优化营商环境大会、数字广西建设大会、乡村振兴推进大会等

重要会议，制定出台优化营商环境"1＋14"系列政策文件、数字广西"1＋13"系列政策文件以及实施乡村振兴战略规划等一批政策措施文件，提出构建"南向、北联、东融、西合"全方位开放发展新格局并务实推进，支持广西加快构建面向东盟的国际大通道、打造西南中南地区开放发展新的战略支点、西部陆海新通道、对接粤港澳大湾区、向海经济、北部湾经济区、珠江－西江经济带、左右江革命老区、北部湾港口建设、中国－东盟信息港、糖料蔗生产保护区等事关广西长远发展的事项已被列入新一轮西部大开发政策文件中，政策红利持续释放，有利于带动经济企稳回升。二是项目支撑逐步增强。近年来中央突出加强对西部地区、民族地区、边疆地区的倾斜支持，特别是对自治区成立60周年的广西明确给予更大政策扶持，有利于广西经济持续健康发展。此外，广西将认真贯彻《国务院办公厅关于保持基础设施领域补短板力度的指导意见》（国办发〔2018〕101号）文件精神，抓好自治区即将制定出台的广西实施方案落实，聚焦脱贫攻坚、铁路、公路水运、民航机场、水利、能源、农业农村、生态环保、社会民生、企业技改和服务业升级等领域组织实施一批补短板重大项目，落实好加强项目储备、加快推进前期工作、保障在建项目实施、加强资金保障等配套政策措施。三是服务业发展稳步提升。随着自治区促消费政策出台实施和冬游广西等促消费活动的深入开展，批发零售和住宿餐饮等商贸四项指标将保持平稳较快增长；随着健康养生、信息服务、旅游休闲、文化体育、商贸服务和现代服务业集聚区建设等投资转化为服务业新增产能，广西博览集团、数字广西集团、北海凡普金科、信义供应链等一系列龙头企业生产步入正轨，将为明年广西服务业平稳较快发展奠定坚实基础。

总的来看，2019年宏观发展环境对广西来说有喜有忧，广西经济仍将处于结构调整和新旧动能转换的重要窗口期，发展长期向好的基本面不会改变，经济运行仍将呈现筑底企稳态势，主要经济指标增速预计稳中趋缓。结合区内外宏观经济环境，根据历史数据和季节性模型预测结果，预计2019年广西经济仍将低位开局，继续呈现后半年发力的结构特征，全年逐步走高至6.5%左右。

五　做好2019年工作的对策建议

为确保2019年广西经济平稳健康发展，必须对照中央关于"六稳"的总体部署，结合广西经济下行压力大、新旧动能转换不畅、内需市场增速有所放缓等实际情况，精准发力、多措并举，全力确保经济运行保持在合理区间。

（一）加强宏观调控政策储备，加大对经济运行的预研预判

一是把稳增长继续作为各项工作重中之重，提高应对复杂局面的能力，高度警惕经济增长下滑所蕴藏的风险，及时解决苗头性、倾向性问题，保持经济平稳运行，避免出现经济增长大起大落。充分发挥统筹协调作用，针对重点地区、重点行业、重点企业精准调度，及时掌握经济运行情况并提出有效应对措施。二是加强宏观经济政策的预研储备，对重大政策实施效果开展评估，加强对市场需求变化、各种支撑要素的研究和解读，增强宏观调控的预见性。加强对宏观经济形势的跟踪分析，及时发现倾向性、苗头性问题，适时适度进行调控，增强针对性和有效性。认真贯彻落实自治区召开的工业高质量发展大会、深化改革优化营商环境大会、数字广西建设大会、乡村振兴推进大会、生态环境保护大会等会议精神，抓好已出台的政策措施落地生效。三是加大稳增长的项目支撑力度。坚决贯彻中央关于"六稳"的目标任务和工作部署，抓住中央实施西部大开发、加大基础设施领域补短板力度、加强重大项目谋划储备等政策机遇，谋划并适时提出一批重大工程、重大项目，争取纳入国家相关规划和西部大开发重点工程。四是加强煤电油气运等要素调度。密切监测电力、煤炭市场供需状况，加大铁路运输、港口卸装等协调力度，确保电煤供应。做好迎峰度冬、汛期等重要时点的煤炭、石油、天然气等要素产销衔接调运，保障居民生活、公共设施等重点领域油气供应。

（二）优化营造良好营商环境，充分激发民营企业市场活力

一是要坚定企业信心，切实抓好简政放权、减税降费等各项措施的落实，切实降低企业成本，优化企业生存环境，让企业感受政府鼓励生产经营的力度。积极通过财政收入的"减法"换取企业效益的"加法"和市场活力的"乘法"。坚决落实全区优化营商环境各项政策，出重拳、下猛药，破除各类隐性障碍和"潜规则"，将政策落实抓实、抓细、抓出成效。深入开展"优化营商环境攻坚突破年"活动和"优化营商环境重点指标百日攻坚行动"，着眼群众和企业反映的痛点堵点问题，深化"放管服"改革，确保开办企业、办理建筑许可、登记财产和获得电力、用水、用气、信贷等指标达到全国一流水平。二是要深化供给侧结构性改革。完善市场化法治化产能退出机制，强化"地条钢"取缔后续监管，加大处置"僵尸企业"力度；围绕脱贫攻坚、基础设施、产业升级、生态环保、公共服务等薄弱环节，持续加大补短板力度；推动住房制度改革和长效机制建设，确保房地产市场平稳健康发展。三是要把纾解民营经济困境作为一项重要工作来抓，真正落实国家密集出台的政策措施，继续破除民间资本进入重点领域的隐性障碍，建立民营企业贷款风险补偿机制，开展"银税互动"，更好地保护民营企业知识产权、合法的财产权和其他的相关权益，促进民营企业安心创业、发展。完善扶持政策，加强培育和服务，力争首批创建民营经济示范市、示范县（区、市）、示范乡镇和示范园区取得新成效。

（三）加快重塑工业增长动力，全力推动新旧动能同频共振

要按照自治区工业高质量发展会议要求，坚持"有中出新"，促进"老树发新芽"，加快构建新旧动能同频共振的产业体系。一是聚焦"强龙头、补链条、聚集群"，围绕传统产业转型升级、培育壮大战略性新兴产业、加快振兴轻工业，以百项重大工业项目、全区"千企技改"、东部中小企业产业转移、桂酒产业升级等四大工程项目为抓手，加快推进钦州华谊化工、防城港钢铁基地、防城港生态铝基地、北海惠科电子等超百亿元项目建设。二

是盯紧重点行业、重点企业不放松，重点加强对汽车、冶金、机械等重点行业的监测分析预警，加大对龙头企业的帮扶力度，着力解决企业资金、土地等困难；针对上汽通用五菱、东风柳汽、南宁富士康、南南铝加工、广西盛隆等重点企业产量下降，研究出台一批有力政策措施；针对有市场、有潜力的企业，做好生产要素保障，全力支持企业开足马力生产；针对停产、负增长企业，采取全面摸底形式，摸清搞准具体原因，细化企业帮扶措施，挖掘企业生产潜力。三是实施高新技术企业双倍增计划和"瞪羚企业"培育计划，持续支持工业领域一批科技重大专项，攻克产业共性关键技术，壮大具有核心竞争力的新产品生产规模。抓住国家建设"广州－深圳－香港－澳门"科技创新走廊契机，着力加强南宁与广州、深圳、香港、澳门创新资源的"无缝对接"，建设"南宁－广州－深圳－香港－澳门"创新走廊。积极推动以南宁、柳州、桂林等国家高新技术产业开发区为主要载体和平台，建设若干多位一体的产学研协同创新活力示范区。

（四）加快新模式新业态发展，推动服务业和农业提质升级

一是加快推动生产性服务业和新业态发展。积极培育发展科技服务、软件信息、金融服务、商务服务、会展服务、人力资源服务、节能环保等生产性服务业，大力发展旅游休闲、健康养老、教育培训、文化体育、家政服务等生活性服务业。大力推动现代物流、现代商贸、电子商务等创新转型发展，加快推进南宁、柳州、桂林和北部湾国家物流枢纽及节点城市建设。二是开展支持鼓励服务业发展活动。加强房地产市场监管及市场秩序整治工作，严厉打击房企和中介机构捂盘惜售、炒买炒卖、哄抬房价等违法违规行为。持续推动信息通信基础设施建设、宽带提速和移动网络流量降费。加强淡季营销，提前做好节庆班列部署，并积极与港口、企业合作拓展货源。加快服务业龙头企业认定和优秀服务业集聚区评定，培育壮大一批新兴服务业龙头企业和集聚区。三是推进农业品牌化发展，抓好横县茉莉花、来宾市金凤凰、柳南区螺蛳粉等国家级现代农业产业园建设。集中打造一批现代特色农业高质量发展集聚区，推进特色产业集群发展，做大做强农业规模和总

量，着力提品质、创品牌、拓市场，提升农业质量效益和竞争力。四是大力发展富硒特色农业，加大宣传发动、政策支持、科技攻关，从基地建设、产品加工、宣传营销、品牌打造等环节逐个落实，打造一批在全国有一定声誉、市场竞争力强的桂系品牌；深入实施"互联网＋现代农业"，推广应用农业农村大数据 App 和各应用系统，大力培育多元化电商主体。

（五）聚焦提振内需关键领域，促进投资和消费稳步增长

一是加大基础设施和公共服务补短板力度。聚焦脱贫攻坚、铁路、公路、水运、民航机场、水利、能源、农业农村、生态环保、社会民生、企业技改和服务业升级等领域，组织实施一批补短板重大项目，落实好加强项目储备、加快推进前期工作、保障在建项目实施、加强资金保障等配套政策措施。二是加强重大项目谋划储备和开竣工建设。抓好一批后备重大项目谋划，进一步健全完善重大项目储备制度，按月更新进展信息，及时补充新的储备项目。在全区重大项目建设三年滚动计划的基础上，按近期、中期、远期三类项目，加强督促指导，加快前期工作，尽快落实项目条件推动尽早开工建设。抓好一批新开工重大项目，定期或不定期组织全区重大项目集中开竣工活动。三是推动消费服务扩大供给。加快提升桂林国际旅游胜地、北部湾国际旅游度假区和巴马长寿养生国际旅游区，加快建设左江花山岩画文化景区、防城港边境旅游综合改革试验区、中越德天－板约跨境旅游合作区，不断推出乡村游、邮轮游、自驾游、低空游、康养游、体育游等"旅游＋"产品，鼓励发展夜间经济。四是加快发展数字经济。充分运用互联网、物联网、大数据、云计算等信息技术，加快推动各行各业融合发展，实现网上与网下、虚拟与实体相结合，打造数字经济发展新模式和新体系。推进中国－东盟国际大宗商品电子交易平台，打造面向东盟的跨境电子集聚区。

（六）抓住粤港澳大湾区发展机遇，加快承接东部产业转移

一是抓住加工制造业"关键行业"。加强与大湾区产业融合、互补、联动式发展，全产业链承接大湾区日用化工、日用不锈钢制品、五金水暖、纺

织服装、皮革玩具、家具家装建材等消费品加工业和电子信息、人工智能、无人机、生物医药等新兴产业。集中梳理形成一批符合产业规划布局的重点产业项目，寻找有先进产能置换指标的目标企业进行精准招商，打造一批龙头引领、链条完善、集约发展的产业集群，在大湾区建设中发挥广西独特功能。二是抓住飞地经济"关键平台"。充分借鉴"飞地经济"新模式，推动一批产业园区及大型企业在异地共同打造"园中园""共建园""两国双园"，重点加快高铁经济带柳州园、桂林园及贵港、贺州、来宾等分园建设，强化与广东园的联动机制，努力将大湾区政策延伸到广西。同时，进一步创新产业融合发展机制，共建完善利益分配机制，让大湾区产业"飞出地"获取较高收益，最大限度激发双方合作的积极性、主动性。三是抓住要素引进和协同创新"关键优势"。积极对接广深科技创新走廊，引导汽车制造、机械、食品加工、生物医药等领域的龙头企业以及电子信息、节能环保、新材料等领域高成长性企业与大湾区企业共建区域产业链、创新链，积极打造大湾区工业科技成果转化的承接区。四是抓住城市对口合作"关键主体"。积极拓展南宁与广州、深圳及港澳地区智能制造、空港经济、现代金融等产业对接与合作，加强柳州市和佛山市先进制造业融合发展，完善桂林市与深圳市电子信息产业融合发展，强化梧州、贺州与惠州、东莞在电子信息和智能手机制造等产业的对口合作，鼓励百色与河池等市的深圳产业园、深圳－巴马大健康合作特别试验区、北海－澳门葡语系国家产业园等共建园区加快发展。

B.14
2018~2019年海南省经济社会
发展形势分析与对策建议

邓颖颖 王 渊 何 彪*

摘　要： 2018年，在习近平总书记"4·13"重要讲话和中央12号文件精神的指导下，海南省经济社会发展呈现总体平稳、稳中提质的良好态势。其中，三次产业平稳增长，有效供给持续扩大；投资需求降幅明显，消费市场总体平稳；自贸区建设稳步推进，对外开放水平显著提升；社会效益向好，民生福祉持续改善。但海南省经济社会在发展的过程中也出现了诸如主要行业拉动力回落、投资下降消费放缓、需求增长动力不足、行业发展不平衡、区域发展不协调、资金减少费用增加、企业运营成本加大、农业农村工作需要持续加强、社会事业历史欠账较多、群众生活水平有待提高等问题。2019年，为使海南经济社会继续平稳高质量发展，海南省委、省政府提出了有关深化供给侧结构性改革、多措并举扩大有效需求及高标准高质量建设自贸试验区（港）等举措，确保海南省经济社会持续稳定发展。

关键词： 海南　自由贸易试验区（港）　市场化改革

---

* 邓颖颖，海南省社会科学院南海经济社会发展研究所副所长、副研究员；王渊，海南省旅游和文化广电体育厅办公室主任科员；何彪，海南大学旅游学院副院长、副教授。

2018 年，在海南省委、省政府坚强有力的领导下，各市县、各部门深入贯彻落实习近平总书记"4·13"重要讲话和《中共中央、国务院关于支持海南全面深化改革开放的指导意见》（以下简称"中央 12 号文件"）精神，紧紧围绕海南经济社会发展大局，按照高质量发展的要求，扎实推进供给侧结构性改革，稳步推进海南自由贸易区（港）建设，开展"百日大招商"活动，大力引进总部经济企业，加快发展十二个重点产业，建设以服务型经济为主导的现代化经济体系，海南经济社会运行呈现总体平稳、稳中提质的良好态势，为全面深化改革开放实现良好开局。

一 海南省概况和发展定位

（一）海南省概况

海南省位于中国最南端。北以琼州海峡与广东省交界，西隔北部湾与越南相对，东面和南面在南海中与菲律宾、文莱、印度尼西亚和马来西亚为邻。海南省的行政区域包括海南岛、西沙群岛、中沙群岛、南沙群岛的岛礁及其海域，是全国海陆面积最大的省份。全省陆地（主要包括海南岛和西沙、中沙、南沙群岛）总面积 3.54 万平方公里，海域面积约 200 万平方公里。海岸线总长 1823 公里，有大小港湾 68 个。①

海南省现有 27 个市、县（区），包括 4 个地级市、5 个县级市、4 个县、6 个自治县、8 个区；218 个乡镇（含街道办事处），其中 21 个乡、175 个镇、22 个街道办事处。

2018 年末海南省常住人口 934.32 万人，比上年增加 8.56 万人，城镇人口比重为 59.06%。② 汉族、黎族、苗族、回族是海南省世居民族，其余

---

① 海南省人民政府网站，http://www.hainan.gov.cn/hainan/shengq/sq.shtml。
② 海南省人民政府网站，http://www.hainan.gov.cn/hainan/rkmz/201901/c710436460194f149ae 204a62a05e63a.shtml。

民族人口是解放后迁入的干部、职工和移民，分散于全省各地。黎族是海南岛上最早的居民。世居的黎、苗、回族，大多数聚居在中部、南部的琼中、保亭、白沙、陵水、昌江等县和三亚市、五指山市；汉族人口主要聚集在东北部、北部和沿海地区。

海南拥有中国最丰富的热带自然资源，富集海、岛、山、河、湖等各类资源形态，阳光、空气、水源、沙滩、雨林、生物、温泉等资源种类多样，组合度极佳。

海南是我国最具热带海洋气候特色的地方，全年暖热，雨量充沛，干湿季节明显，台风活动频繁，气候资源多样。环境、大气、河湖和近海海域水体质量长期保持全国一流水平，森林覆盖率达62.1%，空气质量优良天数比例达98.4%，地表水质总体优良率（达到或好于Ⅲ类标准）为94.4%，海南岛近岸海域水质总体为优。海南岛年日照时数为1750～2550小时，年平均气温在23℃～26℃，全年无冬。全岛降雨充沛，年平均降雨量在1600毫米以上，东多西少，中部和东部相对湿润，西南部沿海相对干燥。降雨季节分配不均匀，冬春雨少，夏秋雨多。① 2015年6月，海南成为中国省域"多规合一"试点。"多规合一"从战略、空间、实施管控三个层面搭建工作框架，实现全省建设发展"一张蓝图干到底"。2016年1月，海南成为国家旅游局确定的首个全域旅游创建省。2016年2月，海南成为全国服务贸易创新发展试点省。

（二）发展定位

在全面贯彻党的十九大精神开局之年、中国改革开放40周年、海南建省办经济特区30周年的重要历史时刻，2018年4月13日习近平总书记亲临海南出席庆祝海南建省办经济特区30周年大会并发表重要讲话，与此同时，中共中央、国务院正式发布中央12号文件，赋予海南新的战略定位和历史

---

① 海南省人民政府网站，http：//www.hainan.gov.cn/hainan/sthj/201901/0e5dca5572c245579c4c8be46d857b72.shtml。

使命。在中国特色社会主义进入新时代的大背景下，赋予海南经济特区改革开放新的使命，这是习近平总书记亲自谋划、亲自部署、亲自推动的重大国家战略，海南迎来了千载难逢的发展机遇。

定位之一，全面深化改革开放试验区。大力弘扬敢闯敢试、敢为人先、埋头苦干的特区精神，在经济体制改革和社会治理创新等方面先行先试。适应经济全球化新形势，实行更加积极主动的开放战略，探索建立开放型经济新体制，把海南打造成为我国面向太平洋和印度洋的重要对外开放门户。

全面深化改革开放试验区，重在试验，打造开放型的经济体系，适应经济全球化的潮流，有效应对当前贸易保护主义、单边主义倾向，使我国的对外开放更上一层楼，使我们的经济能够保持高质量发展的态势，真正走上持续健康发展的路子。

定位之二，国家生态文明试验区。牢固树立和践行绿水青山就是金山银山的理念，坚定不移走生产发展、生活富裕、生态良好的文明发展道路，推动形成人与自然和谐发展的现代化建设新格局，为推进全国生态文明建设探索新经验。

打造国家生态文明试验区，就是要解决好保护和发展的关系，真正走出一条生产发展、生活富裕、生态良好的道路，践行习近平总书记提出的绿水青山就是金山银山的理念。以海南实践证明，发展不一定导致生态环境质量的下降，甚至会让我们的生态环境更加美丽。

定位之三，国际旅游消费中心。只有不断开放旅游消费领域、培育旅游消费新热点、提升旅游服务水平，才能打造业态丰富、品牌集聚、环境舒适、特色鲜明的国际旅游消费胜地。

打造国际旅游消费中心，是针对海南的特点，在供给侧结构性改革方面开展的重大举措。通过大力推进旅游消费领域对外开放，积极培育旅游消费新热点，下大气力提升服务质量和国际化水平，有效适应当前大众旅游时代的到来，充分满足国人和国际游客旅游消费水平和消费质量不断提升的需求。

定位之四，国家重大战略服务保障区。这就要求海南要扛起党中央赋予的南海维权维稳保护开发的责任担当，争创军民深度融合典范，守好祖国的南大门，为实现国家南海战略再立新功。

国家重大战略服务保障区的定位，凸显了海南在国家战略中的重要地位，也是海南的使命担当。这就要求海南深度融入海洋强国、"一带一路"建设、军民融合发展等重大战略，全面加强支撑保障能力建设，切实履行好党中央赋予的重要使命，守好祖国的南大门。①

二 2018年海南省经济社会发展状况

（一）全年经济运行总体保持平稳，经济运行呈现稳中提质的良好态势

初步核算，2018年海南地区生产总值完成4832.05亿元，按可比价格计算，比上年增长5.8%。如扣除房地产业，海南地区生产总值增速为7.6%，比全年预期目标快0.6个百分点。其中，第一产业增加值1000.11亿元，增长3.9%；第二产业增加值1095.79亿元，增长4.8%；第三产业增加值2736.15亿元，增长6.8%。②

宏观效益和微观效益总体向好。财政收入增长加快，税收占比继续提高。全省全口径一般公共预算收入1373.98亿元，比上年增长12.4%。全年地方一般公共预算收入752.66亿元，同口径增长11.7%，高于上年0.2个百分点；其中，税收收入增长15.7%，占地方一般公共预算收入的83.5%，比重提高2.9个百分点。③企业经营效率提高，盈利水平提升。全年规模以上工业产品产销率达到97.6%，比上年提高1.3个百分点；实现利润总额143.67亿元，增长33.4%；主营业务收入利润率为7.2%，提高0.7个百分点。

---

① 《中共中央国务院关于支持海南全面深化改革开放的指导意见》，《人民日报》2018年4月15日。
② 《2018年海南省国民经济和社会发展统计公报》，《海南日报》2019年1月26日。
③ 《2018年海南省国民经济和社会发展统计公报》，《海南日报》2019年1月26日。

表1 2018年海南主要经济社会指标

指标	2018年	比上年同期增减（%）
一、地区生产总值（亿元）	4832.05	5.8
第一产业增加值（亿元）	1000.11	3.9
第二产业增加值（亿元）	1095.79	4.8
第三产业增加值（亿元）	2736.15	6.8
二、规模以上工业增加值（亿元）	507.62	6
三、固定资产投资总额（亿元）	3609.7	−12.5
四、社会消费品零售总额（亿元）	1717.08	6.8
五、进出口总值（亿元）	848.96	20.8
六、全口径一般公共预算收入（亿元）	1373.98	12.4
地方一般公共预算支出（亿元）	1685.44	16.7
七、全社会用电量（亿千瓦时）	326.78	7.2
八、常住居民人均可支配收入（元）	24579	9
城镇常住居民人均可支配收入（元）	33349	8.2
农村常住居民人均可支配收入（元）	13989	8.4
九、居民消费价格指数	102.5	2.5
十、环境空气质量优良率（%）	98.4	0.1

资料来源：海南统计月报。

（二）三次产业平稳增长，有效供给持续扩大

热带特色高效农业稳定发展。全年农林牧渔业增加值完成1034.44亿元，增长4.1%，增速比上年加快0.3个百分点，农业经济运行稳中有升。农业气候等生产条件总体良好，粮食、蔬菜（含菜用瓜）、水果稳产增收，产量分别增长6.4%、2.5%和6.5%；农业结构优化，扩大冬季瓜菜种植面积10万亩、热带水果7.6万亩，推广优质稻95万亩、特色稻2.8万亩，调减低效经济作物12万亩，恢复撂荒地生产10万亩；特色作物种植面积扩大，花卉收获面积增长4.4%，槟榔产量增长7.5%。林业受橡胶价格走低、胶农生产积极性不足、改种其他经济作物等因素影响，橡胶收获面积和产量

分别下降3.0%和6.4%；胶园更新改造和天然橡胶新品种种植的推广带动木材采伐量增长11.2%。牧业平稳增长，肉类总产量79.81万吨，增长1.1%；生猪、禽类出栏量分别增长2.5%和2.9%。受海洋渔业资源总量调控影响，水产品产量175.82万吨，下降2.7%，其中海水产品产量下降3.8%。

工业生产加快增长。全年规模以上工业增加值完成507.62亿元，增长6.0%，增速比上年加快5.5个百分点，全年工业生产呈现逐步加快态势。其中，受龙头企业完成检修全面恢复生产带动，石油加工业增加值增长12.9%，增速比规模以上工业快6.9个百分点，对规模以上工业增长的贡献率为56.3%，是拉动海南工业增长的首要因素；[1] 受GMP影响，部分龙头医药制造企业产能集中在上半年释放，全年医药制造业增长15.9%，增速比规模以上工业快9.9个百分点，对规模以上工业增长的贡献率为34.5%。

服务业保持较快增长。全年服务业增加值2736.15亿元，比上年增长6.8%，增速高于整体经济1.0个百分点，全年服务业经济增势总体趋缓。[2] 从行业看，其他服务业增加值增长20.5%，对GDP增长的贡献率为60.4%；交通运输、仓储和邮政业增加值增长12.5%，批发和零售业增加值增长3.8%，住宿和餐饮业增加值增长6.1%，金融业增加值增长0.8%，房地产业增加值下降12.0%。

（三）投资需求降幅明显，消费市场总体平稳

投资下降幅度较大。2018年固定资产投资比上年下降12.5%。全年投资增长呈现高开低走态势，一季度以25.3%的增速高开，但自4月起受海南实施房地产全域限购"主动调控"政策及新开工项目支撑不足等因素影响，房地产开发投资及固定资产投资大幅下降（见图1）。从投资种类看，全年房地产开发投资下降16.5%，非房地产开发投资下降8.4%；从产业

---

① 《2018年海南省国民经济和社会发展统计公报》，《海南日报》2019年1月26日。
② 《2018年海南省国民经济和社会发展统计公报》，《海南日报》2019年1月26日。

看，第一产业投资下降 22.0%，第二产业投资增长 15.8%，第三产业投资下降 14.4%；① 从区域看，东部地区投资下降 10.8%，中部地区投资下降 6.4%，西部地区投资下降 19.8%。

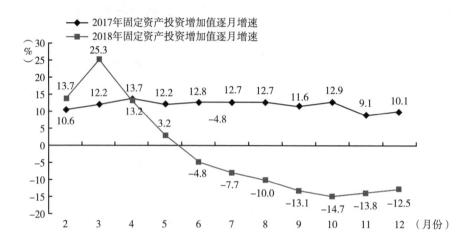

图1　2017~2018 年海南省固定资产投资增加值逐月增速

资料来源：海南统计月报。

消费市场增长平稳。全年社会消费品零售总额 1717.08 亿元，比上年增长 6.8%。全年消费经济增势总体趋缓，主要受汽车销量大幅回落影响，如扣除汽车销售因素，海南社会消费品零售总额可实现增长 10.6%。按经营地分，城镇市场实现零售额增长 6.2%，农村市场实现零售额增长 9.4%；按消费类型分，餐饮收入增长 7.8%，商品零售增长 6.6%。②

（四）市场运转表现良好，市场活力不断激发

市场价格平稳。全年居民消费价格比上年上涨 2.5%，涨幅比上年回落 0.3 个百分点，涨幅控制在 3.5% 的全年预期目标内。其中，食品烟酒价格同比上涨 1.2%，居住价格上涨 3.4%。供需呈现扩张态势，工业生产者出

---

① 《2018 年海南省国民经济和社会发展统计公报》，《海南日报》2019 年 1 月 26 日。

② 《2018 年海南省国民经济和社会发展统计公报》，《海南日报》2019 年 1 月 26 日。

厂、购进价格分别比上年上涨 8.2% 和 10.8%。

流通领域相对活跃。全年货物运输量 22093.11 万吨，比上年增长 3.3%；主要港口货物吞吐量 17725.76 万吨，下降 1.2%；旅客吞吐量 5715.70 万人次，增长 4.7%。金融机构本外币贷款余额 8820.12 亿元，比上年增长 4.3%；金融机构本外币存款余额 9610.47 亿元，下降 4.8%。

市场主体扩容明显。全年全社会用电量 326.78 亿千瓦时，比上年增长 7.2%；其中，全行业用电量增长 6.6%，居民生活用电量增长 9.9%。2018 年末，市场主体共计 75.45 万户，比上年增长 13.5%。

（五）自贸区建设稳步推进，对外开放水平显著提高

全面深化改革开放取得良好开局。以制度创新为核心，加快推进营商环境法治化、国际化、便利化，大力推行商事登记"全省通办"制度、商事主体信用修复制度、减免商事主体公示负面信息、施工图审市场化和"多审合一"、全国首单知识产权证券化等极简审批模式，为建设全面深化改革开放试验区搭建更加开放、高效的平台。全年新增市场主体 14.40 万户，比上年增长 15.5%；完成国际贸易"单一窗口"基本功能建设，综合简化率达 59%。开展"百日大招商（项目）"活动，年内海南共签署战略框架协议、投资合作协议 230 个，已注册项目公司 106 家，已运营或开工建设的项目 54 个。[①] 太平金融服务有限公司、大唐集团国际贸易有限公司、中免集团（海南）运营总部有限公司等 30 家企业被正式认定为总部企业。实施"百万人才进海南"行动计划，全年引进人才 3 万余人。实施 59 国人员入境旅游免签政策，进一步调整了离岛旅客免税购物政策。举办首届海南岛国际电影节。2019 年 1 月 1 日，海南自由贸易账户体系（FT 账户体系）正式上线运行，成为继上海自贸区之后国内第二个拥有 FT 账户的自贸区。

外向型经济加快发展，利用外资较快增长。全年海南新设外商投资企业 167 家，比上年增加 80 家，其中，中外合资企业 52 家、外资企业 109 家、

---

① 《2018 年海南省国民经济和社会发展统计公报》，《海南日报》2019 年 1 月 26 日。

外商投资股份制企业 3 家、中外合作企业 2 家、合作开发企业 1 家；实际利用外资 7.33 亿美元，同比增长 112.7%（未含投资性公司数据）。货物进出口贸易加快增长。全年货物进出口总值 848.96 亿元，增长 20.8%，增速比上年加快 27.3 个百分点。其中出口总值 297.67 亿元，增长 0.7%，对中国香港、中东、非洲等地区的外贸出口分别增长 30.1%、28.2% 和 108.3%；进口总值 551.29 亿元，增长 35.4%，主要进口来源地中美国、欧盟占海南外贸进口比重分别上升至 32.7% 和 21.8%。旅游国际化步伐加快。全年接待入境游客 126.36 万人次，增长 12.9%；实现国际旅游收入 7.71 亿美元，增长 13.1%；年内累计运营国际航线 74 条。[①]

"一带一路"国际合作不断深化。印发并实施《海南省参与"一带一路"建设工作要点》，支持企业加强国际产能合作，促进人文交流和经贸往来。"请进来"和"走出去"并举，与世界许多国家和地区围绕友城、经贸、旅游、医疗健康、体育、人文教育等领域加强合作。深化琼港澳合作，与香港共同启动旅游、经贸等 10 个领域合作。

（六）新动能加快转换，结构调整持续优化

以 12 个重点产业、现代服务业为主导的新动能进一步成长。实施"百日大招商"、总部经济企业引进等重大政策措施，加快了海南旅游、金融、互联网、电信、跨境电商等产业领域的发展。全年 12 个重点产业完成增加值 3066.63 亿元，占海南经济的比重为 63.5%，对经济增长的贡献率为 66.9%；其中，互联网业、医药产业和医疗健康产业实现较快增长，增加值分别增长 27.4%、18.7% 和 10.4%（见表 2），是经济增长的重要拉动力；新兴服务业发展迅速，战略性新兴服务业、高新技术服务业、科技服务业、健康服务业营业收入分别增长 16.1%、13.1%、15.9% 和 22.9%，分别比上年加快 1.1 个、0.9 个、7.8 个和 13.7 个百分点。

---

① 《2018 年海南省国民经济和社会发展统计公报》，《海南日报》2019 年 1 月 26 日。

表2　2018年海南12个重点产业增加值、增速及占GDP比重

产　业	全年 （亿元）	比上年同期 增减（％）	占GDP比重（％）
12个重点产业增加值合计	3066.63	6.0	63.5
旅游产业	392.82	8.5	8.1
热带特色高效产业	758.30	4.5	15.7
互联网业	230.95	27.4	4.8
医疗健康产业	137.09	10.4	2.8
现代金融服务业	309.09	0.8	6.4
会展业	90.57	9.1	1.9
现代物流业	171.88	9.1	3.6
海洋产业（含油气）	1599.32	3.9	33.1
海洋产业	1380.00	5.9	28.6
油气产业	219.32	-9.3	4.5
医药产业	76.70	18.7	1.6
低碳制造业	179.40	8.3	3.7
房地产业	389.66	-12.0	8.1
教育、文化、体育产业	407.38	7.9	8.4
教育产业	234.66	8.2	4.9
文化产业	159.29	7.9	3.3
体育产业	13.43	3.0	0.3

资料来源：海南统计月报。

产业结构进一步优化。三次产业结构比由上年的21.6∶22.3∶56.1调整为20.7∶22.7∶56.6；第三产业经济规模稳步提升，比重较上年提高0.5个百分点（见图2）。

需求结构进一步改善。房地产开发投资占全部投资的比重比上年回落1.3个百分点；住宿和餐饮业投资增长11.6％、金融业投资增长74.4％、居民服务和其他服务业投资增长26.0％，均明显快于全部投资增速。与社交需求、居住改善、健康养生相关的升级类服务产品持续旺销。限额以上单位通信器材类、家具类、化妆品类商品零售额分别增长16.2％、17.8％和32.9％；免税类商品销售额破百亿元大关，达到100.99亿元，增长

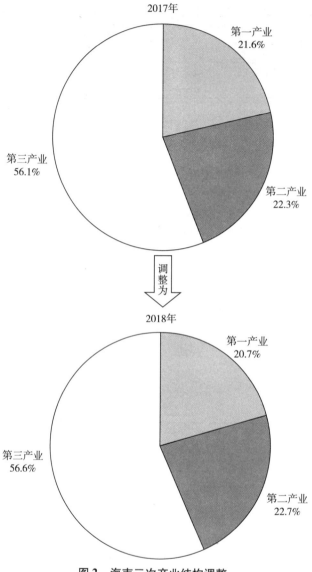

图2 海南三次产业结构调整

资料来源：海南统计月报。

24.8%；接待游客总人数7627.39万人次，增长11.8%，实现旅游总收入950.16亿元，增长14.5%。农村消费市场增速快于城镇消费市场增速3.2个百分点。

（七）社会效益向好，民生福祉持续改善

切实做好稳就业提收入工作。全省就业形势稳中向好、就业质量稳步提升。全年城镇新增就业 12.8 万人，完成年度任务的 140%，2016～2018 年未就业残疾人本科毕业生 100% 就业。城镇登记失业率处于较低水平。民生保障水平持续提高，居民收入增速快于人均 GDP 增速，2018 年海南居民人均可支配收入 24579 元，同比名义增长 9.0%，扣除价格因素，实际增长 6.3%。

提高社会保障水平。社会保障卡全省持卡人数超过 723 万。城乡居民基本医疗保险财政补助资金标准由每人每年 450 元增至 490 元，建档立卡贫困人口、低保对象等困难群体的大病保险起付线由 8000 元降至 4000 元。取消本省农业户籍灵活就业人员参保限制，妥善解决五个华侨农场 1.45 万名职工社保遗留问题。机关事业单位、企业退休人员月人均养老金增加 5%。保障性安居工程超额完成任务，棚户区改造开工 1.53 万套、开工率 112.5%。

提升医疗卫生服务能力。基层医疗卫生机构标准化建设全面启动。省儿童医院、三亚妇女儿童医院、东部精神卫生中心等建成运营。24 家三级医疗机构、18 个市县组建医疗联合体，实现 20 种重大疾病检查、治疗不出岛。三亚、琼海、保亭成功创建"国家卫生城市（县城）"，三沙、临高成为省级卫生城市（县城）。

推动教育事业发展。引进或正在洽谈"一市（县）两校一园"项目 66 个，新建特殊教育学校 4 所，新建、改扩建幼儿园 30 所，新建中小学生游泳池 234 个。着力解决"大班额"等突出问题，66 人以上超大班额减少 415 个。实施"好校长、好教师培养工程"，建设校长教师工作室 80 个，培养骨干校长、教师 1177 名。推动海南大学成为"部省合建"高校。

精准扶贫成效明显。落实"两不愁三保障"政策，全面实行医疗"两免一降五道保障"，大力推行产业扶贫"五带动全覆盖"模式。全省 8.67 万人脱贫、81 个贫困村出列，保亭、琼中 2 个国定贫困县将脱贫摘帽。农

村危房改造 4 类重点对象开工 2.63 万户、竣工 2.6 万户，开、竣工率分别为 105% 和 104%。①

三 2018年海南经济社会发展存在的主要问题

（一）主要行业拉动力回落，经济增长压力明显

2018 年海南地区生产总值增速比上年回落 1.2 个百分点，服务业主要行业增长放缓是重要影响因素。服务业增加值增速比上年回落 3.4 个百分点，对经济增长的拉动率为 3.9%，比上年回落 1.7 个百分点。分行业看，房地产业对经济增长的下拉影响最大。在严厉的宏观调控政策环境下，房地产市场急剧萎缩，全年销售面积下降 37.5%，房地产增加值下降 12.0%，拉低经济增长 1.2 个百分点。2018 年房地产业增加值占 GDP 比重仍高达 8.1%，2019 年房地产市场如延续下滑趋势，将对整体经济实现较快增长带来压力，需要其他行业加快增长来弥补房地产业的缺口（见表 3）。

表3　2016～2018 年海南房地产有关数据

年份	销售面积(万平方米)	比上年同期增长(%)	房地产增加值(亿元)	占 GDP 比重(%)
2016	1508.53	43.4	345.04	8.5
2017	2292.61	52	437.54	9.8
2018	1432.25	-37.5	389.66	8.1

资料来源：海南统计月报。

此外，服务业其他行业增长也出现放缓。受房地产投资开发放缓影响，银行存贷规模收窄，金融业增加值仅增长 0.8%，对经济增长拉动率为 0.1%，低于上年 0.7 个百分点。受华信公司业务暂停影响，批发零售业对经济增长的拉动率为 0.4%，比上年低 0.3 个百分点。

---

① 《今年确保我省剩余 4.5 万贫困人口基本脱贫》，《海南日报》2019 年 3 月 9 日。

（二）投资下降、消费放缓，需求增长动力不足

2018年固定资产投资下降12.5%，大部分市县、部分行业、部分领域投资出现下滑。一是房地产开发投资占比仍然较大，对投资下拉幅度明显，2018年房地产开发投资下降16.5%，拉低海南投资增长8.4个百分点。在房地产开发投资持续下滑的情况下，2019年需要其他项目投资加大建设力度，才能弥补房地产开发投资的缺口，为投资增长补充动力。二是受规划调整、审批进度慢等因素影响，新开工项目支撑不足。2018年新开工项目个数、新建项目投资额比上年分别下降0.7%和10.9%，新开工项目减少有可能影响2019年续建项目投资规模，投资增长动力趋弱。三是储备项目前期准备不充分，不少储备项目还未具备开工条件，储备项目库里计划2018年开工的项目仅占14%。四是招商项目落地存在困难。项目建设用地涉及永久基本农田、耕地占补指标、林地占用、土地性质调整、征地拆迁等问题，协调难的现象较为突出。

2018年海南社会消费品零售总额增长6.8%。

从商品结构看，汽车销售下滑是消费增速放缓的主要因素，限额以上单位汽车零售额下降21.2%，拉低消费增速2.7个百分点；石油及制品类、化妆品类、日用品类等主要商品零售额增速也不同幅度放缓。

从居民收支看，居民收入增速有所放缓一定程度上影响消费增速，城镇、农村常住居民人均可支配收入增速分别放缓0.1个和0.5个百分点；居住类支出较快增加会削弱其他消费支出，城镇、农村常住居民居住支出占人均消费支出的比重分别扩大3.0个和1.8个百分点。

从消费者信心看，消费者消费意愿减弱，前三季度家庭收入、物价水平、购买耐用消费品的信心指数分别为91.6、71.7和90.5，均低于临界值。

（三）行业发展不平衡，区域发展协调性不足

行业经济发展不同步。主要行业方面，其他服务业、工业及农林牧渔业增加值增速比上年有所加快，而其他主要行业的增加值增速均不同程度放

缓。企业经营效益的行业分化明显。规模以上工业利润总额中66.4%的利润来自石油加工业、化学原料和化学制品制造业、医药制造业，三大行业利润对规模以上工业利润增长的贡献率高达90.1%，而汽车制造业持续亏损，造纸和纸制品业利润总额比上年下降3.8%。海南规模以上服务业营业利润整体维持下降格局，但信息传输、软件和信息技术服务业营业利润比上年增长43.6%。

市县经济对海南贡献的差距明显。全年海口、三亚、文昌、屯昌、白沙、东方、儋州、昌江8个市县GDP增速高于海南平均水平，其余市县增速介于0.5%~5.1%。海口、三亚经济在促进海南经济增长中具有较强的稳定和拉动作用，两地区GDP增速超出海南平均水平1.8个和1.4个百分点。全年海口、三亚对海南GDP增长的贡献率为57.3%，拉动GDP增长3.3个百分点；其余市县（区）对海南经济增长的拉动率为2.5%（见图3）。

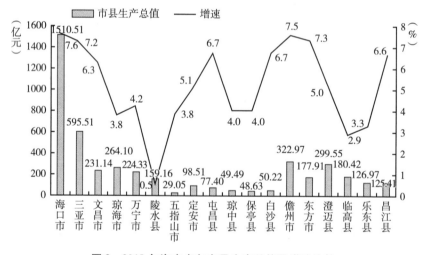

图3　2018年海南省各市县生产总值及增速比较

资料来源：海南统计月报。

（四）资金减少、费用增加，企业运营成本加大

2018年末，非金融企业本外币存款余额为2991.52亿元，比年初减少

709.02 亿元，同比减少 719.24 亿元，比上年下降 19.4%，降幅比上年扩大 34.9 个百分点。降幅扩大的主要原因是企业经营不善或项目未落地使得投资款转出省外，引起企业活期存款流失加速，加上部分企业内保外贷业务结清导致保证金存款大幅减少。

1~11 月规模以上工业主营业务成本同比增长 20.0%，销售、管理、财务等三项费用支出同比增长 29.0%，其中销售费用支出增速比主营业务收入增速高 32.5 个百分点。2018 年海南制造业 PMI 均值为 49.8%，处于临界点之下，其中小微型企业为 42.2%，比上年回落 2.1 百分点，在市场竞争加剧下小微型企业经营面临严峻考验。1~11 月，规模以上服务业营业成本同比增长 22.1%，比主营业务收入增速高 4.1 个百分点。2018 年海南非制造业商务活动指数均值为 49.3%，其中道路运输业、水上运输业、餐饮业、互联网相关服务及软件信息技术服务业、房地产业和社会服务业的指数均值均在临界点以下。

（五）经济外向度不高，外贸外资结构单一

2018 年，海南货物进出口总值与地区生产总值的比例为 17.6%，明显低于全国 33.9% 的平均水平。从货物贸易看，一般贸易进出口占进出口总值比重为 30.9%，低于全国 57.8% 的平均水平，加工贸易占比较大，占进出口总值的比重为 14.8%，与海南自贸区发展"不以转口贸易和加工制造为重点"的要求存在差距。中美贸易摩擦对海南出口负面影响有所显现。2018 年海南对美出口值下降 3.5%，使得海南货物出口值增速放缓 0.2 个百分点，主要对美出口商品（如变压器、整流器、电感器及零件）出口值 7944 万元，比上年下降 12.7%。从服务贸易看，市场主体少、抵抗风险能力低、产业聚集度低。从利用外资看，利用外资行业流向不均衡。外商直接投资中房地产业所占比重为 25.4%，资金流入位居行业前列，金融、教育、文化等领域利用外资不足。

四 海南省未来趋势变化和展望

（一）世界经济增长趋缓，不确定不稳定因素增多

世界经济增长速度放缓。世界经济复苏存在诸多不稳定不确定因素，地缘冲突加剧，贸易保护主义、单边主义抬头。联合国、世界贸易组织（WTO）、经济合作与发展组织（OECD）、国际货币基金组织（IMF）和世界银行等机构纷纷下调 2019 年世界经济增速预期，最低已下调至 2.6%，明显低于 2018 年的 3.4%。

美国经济发展动力不足。2018 年美国经济增速为 2.9%，略低于特朗普政府设定的 3% 的年度目标，但仍是 2008 年全球金融危机以来的最快增速。2019 年一季度，美国经济运行相对平稳，增速达到 3.2%，远超预期。但受中美贸易战不断升级、美联储加息、美国国债收益率倒挂等因素叠加影响，2019 年美国经济放缓是大概率事情。

主要经济体和新兴经济体面临较大经济下行压力。欧洲、日本等主要经济体和新兴经济体都存在较大经济增长问题。国际权威机构对欧洲经济增长预期也大幅下调，日本经济同样不容乐观。新兴经济体仍将面临货币贬值、资金流出压力，金融市场剧烈波动等不利因素，经济下行压力不小。

我国发展的外部环境正在发生明显变化，特别是美国对我国采取加征关税措施及继续升级的趋势已成为影响我国经济平稳运行的最大不确定因素。

（二）中国经济面临下行压力，内外部需求同时减弱

中国推动经济高质量发展顺利开局，经济运行总体平稳，2018 年经济增速 6.6%。同时我们必须看到我国发展仍处于并将长期处于重要战略机遇期，当前形势稳中有变、变中有忧，国内深层次结构性矛盾在外部冲击下趋于显性化，发展不平衡不充分的一些突出问题亟待解决。根据中国宏观经济

季度模型预测，2019 年我国 GDP 增长率为 6.3%，全年增速可能前低后稳，经济增速比 2018 年小幅放缓。

外需走弱导致出口放缓压力较大。受全球经济增速减缓和中美贸易摩擦加剧影响，外需明显减弱，2019 年中国出口增速可能会出现明显下降的情况，但也不排除中美贸易谈判取得积极成果，出口状况改善的可能。受需求走弱加之高基数效应影响，2019 年中国进口高增速增长可能难以持续，货物贸易顺差可能缩小。

消费增长稳中略缓。扩内需促消费是当前及今后一段时期中国宏观经济政策的主要发力点。一方面，随着服务业的不断开放和个税改革的稳步推进，下调和取消部分消费品进口关税，消费促进政策将逐步释放效力；另一方面，受房地产和汽车等消费需求扩张放缓的影响，消费增长可能小幅回调。2019 年我国消费增速可能在 8.7% 左右。

投资增长将有所回调。2019 年随着工业企业盈利状况的转弱，企业的投资行为更加谨慎，制造业投资增速将有所回落；房地产调控政策难以大幅度放宽，房地产开发投资高增速也难以持续；在政策支持、资金保障力度加大的情况下，基建投资有望延续 2018 年末的回暖，但回升力度有限，难以弥补制造业和房地产开发投资走弱的缺口，全社会固定资产投资整体增速或将持续放缓。

（三）2019年海南经济社会发展面临的机遇和挑战

2019 年是建设海南自由贸易试验区、逐步探索和稳步推进中国特色自由贸易港建设至关重要的一年，经济社会发展面临的机遇与挑战并存。习近平总书记"4·13"重要讲话和中央 12 号文件为海南全面深化改革开放指明了方向，《中国（海南）自由贸易试验区总体方案》等一揽子实施方案和含金量很高的配套政策措施陆续出台，"百日大招商""百万人才进海南"等引资引智成果正在并将持续转化为推动经济发展的市场活力和人才支撑，加快建设海口江东新区、大力发展总部经济、聚焦"陆海空"领域加强创新能力建设等一系列重大举措正在深入推进，这些都将为海南全面深化改革

开放、加快向高质量发展转变提供强劲动力。同时也要看到，欠发达的省情实际仍未明显改变，经济总量小、产业层次偏低、竞争力不强、创新驱动能力不足；投资结构有待继续优化，生产性投资不足问题亟待解决；城乡、区域发展不平衡，陆海统筹不充分，生态文明建设体制机制有待进一步健全完善；基本公共服务均等化水平低，民生领域仍存在着不少短板等，对标建设自由贸易试验区（港）还有不小差距，任务繁重艰巨。

综合上述情况，结合考虑2018年的基数影响，初步展望2019年海南地区生产总值增速为7%~7.5%。其中，一季度和上半年经济增速将面临较大下行压力，三、四季度将稳中有升，全年呈现"前低后高"态势。

五　2019年促进海南经济社会平稳发展的对策建议

2019年是海南全面深化改革开放的关键之年，是持续践行习近平总书记"4·13"重要讲话和中央12号文件精神，继续扎实推进供给侧结构性改革，加快推进海南自由贸易区（港）建设的关键之年，面对依然错综复杂的国际环境和国内经济转型、产业结构调整的局面，积极和负面因素并存，海南应抓住建设自贸区（港）良好机遇，以全面深化改革开放来推动海南经济社会的全面发展。

（一）高标准建设自贸试验区，加快推进中国特色自由贸易港进程

以政策和制度创新为核心，推进自贸试验区（港）建设。2019年要全面落实海南自贸区总体方案，推动人才创新发展、国家生态文明试验区、热带雨林国家公园、国家重大战略服务保障区、调整行政区划等实施方案出台，争取中央有关部门制定实施更多支持性政策措施。加快构建开放型经济新体制的"四梁八柱"，形成一系列基础性制度和核心制度，推出一批具有海南特色、可复制可推广的制度创新成果。在此基础上，抓紧研究设计海南自贸港政策和制度体系，推动出台自贸港总体方案。以发展旅游业、现代服务业和高新技术产业为主导，在部分领域、部分园区率先探索实施自贸港政策。

表4 2019年海南省经济社会主要指标预测

指标名称		单位	2017年实际完成	2018年实施情况				2019年预期增速（%）	"十三五"预期	
				计划目标	实际完成		目标完成情况		2020年预期完成额	年均增速（或累计增速）（%）
					绝对额	增速（%）				
（1）地区生产总值		亿元	4462.5	增长7%	4832.1	5.8	低1.2个百分点	7~7.5	5170	7
（2）人均地区生产总值		元	48430	增长6%	51958	4.8	低1.2个百分点	6	54620	6
（3）地方一般公共预算收入		亿元	674.11	增长10%	752.7	11.7	超1.7个百分点	8	920	8
（4）全社会固定资产投资		亿元	4125.4	增长10%	3536.3	-12.5	低22.5个百分点	10	5400	10
（5）社会消费品零售总额		亿元	1618.76	增长10%	1717.1	6.8	低3.2个百分点	10	1940	8
（6）城镇化水平	常住人口城镇化率	%	58.04	59	59.06		达到	60	60	60
	户籍人口城镇化率	%	38.9	42.5	42		低0.5个百分点	44	47	47
（7）服务业增加值占地区生产总值比重		%	56.1	57.2	56.6		低0.6个百分点	58.1	58.3	58.3
其中:旅游业增加值占地区生产总值比重		%	7.8	7.9	7.9		达到	8.0	8	8
（8）海洋生产总值占地区生产总值比重		%	30	31	28.6		低2.4个百分点	30	35	35
（9）接待游客总人数		万人次	6785.7	增长10%	7627.4	11.8	超1.8个百分点	13	8000	8.5
其中:入境游客		万人次	111.9	增长10%	126.4	12.9	超2.9个百分点	18.9	120	14.5
（10）旅游收入		亿元	829.8	增长12%	950.2	14.5	超2.5个百分点	15	1055	13
（11）常住居民人均可支配收入		元	22553	增长8%	24579	9	超1个百分点	8.7	27050	7.3
其中:城镇常住居民人均可支配收入		元	30817	增长8%	33349	8.2	超0.2个百分点	8.2	37000	7
农村常住居民人均可支配收入		元	12902	增长8%	13989	8.4	超0.4个百分点	8.5	16000	8

资料来源：海南省2018年国民经济和社会发展计划执行情况与2019年国民经济和社会发展计划。

创新管理制度，营造良好营商环境。稳妥推进投资管理、贸易监管、金融开放、风险防控和事中事后监管五大管理制度创新，加强准入前和准入后市场管理措施的有效衔接，基本建成国际先进、具有海南特色的国际贸易"单一窗口"，依托自由贸易账户体系提高企业跨境存贷汇兑便利化水平，防范政府房地产、债务、金融风险，建立健全以信用监管为核心、与负面清单管理方式相适应的监管体系。着力打造法治化、国际化、便利化营商环境，大力建设法治政府，推动投资贸易活动更好地与国际接轨，政府各相关部门应推行"互联网＋政务"，实行海南"一网通办"和市县"一枚公章管审批"，推广"极简审批"，实现"一次都不用跑""最多跑一次"。

发展更高层次、更高水平开放型经济。围绕种业、医疗、教育、旅游、文化、体育、金融等重点领域，加大开放力度。降低或取消相关行业外资股比和准入限制，吸引外商全面参与自贸区（港）建设。加快建设海口跨境电子商务综合试验区，积极打造"国际陆海贸易新通道"，建设更加高效便捷的国际化物流及仓储体系，推动外向型经济发展。深度融入共建"一带一路"，拓展更广阔的双边或多边合作，实现更多的互利共赢。服务保障并依托博鳌亚洲论坛，努力使海南成为对外开放的重要窗口。针对对59国免签政策实施效果进行定期评估，根据自贸区（港）建设进程，对标国际通行做法，短期内实现东盟十国免签证。

深化重点领域市场化改革，增强发展动力和活力。真正落实好支持民企和小微企业发展的各项政策措施，推动设立省级中小微企业融资担保基金、重点产业投资发展基金、企业纾困基金等政策性基金。全力推进大规模减税降费政策落地见效，制定出台切实降低企业经营成本的政策措施。创新投融资体系，进一步减少、归并专项资金，提高政府资金使用效益。加快推进国资国企改革，推进海建、海南铁路等混合所有制改革，提高国企效益。推动农垦土地资源资本化、证券化取得实质性突破。稳步扩大农村土地征收、集体经营性建设用地入市和宅基地制度改革的范围。开展法定机构改革试点，构建适应高度开放体系的管理体制。深化空域精细化管理改革，推动博鳌机场口岸正式开放和升格为国际机场，承接海口和三亚部分国际航线。

（二）深化供给侧结构性改革，推动经济高质量发展

推动旅游业转型升级。加快建设具有世界影响力的国际旅游消费中心。落实更加开放便利的离岛免税购物、邮轮游艇、医疗旅游等政策。加快推动凯蒂猫探索发现、长隆主题乐园等项目开工建设，引进信德集团、重庆鹰飞航空公司、创意荷兰、韩国FNC等更多世界IP品牌和吸引外资。加快构建富有海南特色的十大旅游产品体系，推动森林旅游取得新突破，促进西部旅游资源有效开发，做大邮轮游艇旅游，有序推进西沙旅游资源开发，稳步开放海岛游。深入开展全域旅游创建工作，推动市县创建一批5A、4A级景区和升级旅游度假区，实施A级景区"扫零工程"，评定和认定一批椰级乡村旅游点、旅游小镇和旅游特色街区。推动重点旅游市县打造夜间旅游产品，拓展"夜经济"消费。建立多层次旅游文体外宣IP体系，深耕俄语区、韩国、日本、欧美、东南亚五大主要客源市场和国内十大客源市场。打造干净安全规范的旅游文化消费环境，健全旅游服务标准以及监管、诚信、投诉体系。

大力发展现代服务业。将健康产业培育为战略性支柱产业，出台健康产业发展规划，大力支持博鳌乐城国际医疗旅游先行区发展，引进国际一流特色诊疗、康复疗养、医学美容等机构，基本实现医疗技术、设备、药品等领域与国际先进水平同步，打造世界一流的国际医疗旅游目的地。大力发展节庆会展体育经济，办好海南国际旅游岛欢乐节、乡村旅游文化节、海南世界休闲旅游博览会、海南国际旅游美食博览会、首届中国（海南）国际商品博览会等旅游节庆会展活动和环海南岛国际公路自行车赛、亲水运动季、沙滩运动嘉年华、万宁国际冲浪节等体育赛事活动，打造高水准的文艺演出项目，着力提升公共文化体育设施建设管理服务水平。引进国内外银行、证券、保险、信托、基金等各类金融机构和优秀从业人员，实施好金融支持海南自贸区（港）建设的一揽子政策措施。坚定"房子是用来住的、不是用来炒的"发展理念，构建房地产市场可持续发展的长效机制。

培育壮大高新技术产业。落实好创新驱动发展战略实施方案，构建海南

"海陆空"高新技术产业发展的框架,推动文昌航天科技城、三亚深海科技城、三亚南繁育种科技城和三亚大学城规划建设。布局建设一批重大科研基础设施及平台,加快航天领域重大科技创新基地、国家深海基地、全球动植物种质资源引进中转基地、国家南繁科研育种基地建设,打造空间科技创新战略高地,设立海南国际离岸创新创业示范区。加快建设老城生态软件园等园区,重点发展创意设计、动漫游戏、影视制作、数字出版、电子竞技等数字产业。深入实施"互联网+"行动,积极发展新一代信息技术产业,推动互联网、物联网、大数据、商用航天、人工智能和实体经济深度融合,吸引更多行业龙头区域总部落户海南,形成互联网发展集聚效应。

做强做优海洋经济和热带特色高效农业。引导海洋渔业由捕捞向养殖转型、养殖从近海向外海拓展、传统池塘养殖向深海网箱和海洋牧场养殖转变、渔民从传统捕鱼向休闲渔业转型。加快培育深海高端装备、海洋生物医药等海洋新兴产业,推动海洋生产总值超过1500亿元。落实农业供给侧结构性改革的总体要求,大力实施乡村振兴战略。加强粮食安全管理,使海南农产品达到国际最高的安全标准。从源头上提高热带农产品竞争力,探索构建"互联网+高质量农业"的发展新路,利用现代信息技术,鼓励知名电商企业和平台进入农村。培育一批农业产业龙头企业和知名品牌,鼓励支持新型农业经济主体加快发展,将海南杧果、莲雾、火龙果、黑猪等10个省级公共品牌打造成为全国知名的绿色农产品品牌,进一步扩大农业经济的总量。优化调整种植养殖结构,调减低效作物10万亩,恢复撂荒地农业生产10万亩,扩大椰子、热带水果、蔬菜等高效品种种植面积。

统筹发展12个重点产业。紧紧围绕"旅游业、现代服务业、高新技术产业"三大领域和"12个重点产业",在布局上进行优化调整,规划建设三大类25个重点产业园区;在政策上给予支持,落实好《海南省重点产业园区高质量发展的若干意见》,按照"一园一策"的思路研究制定各个园区的个性化扶持政策,实现差异化发展;在管理上推动创新,实施"法定机构+市场主体"运行模式,推动园区建设管理由政府主导向市场化、专业化转变;在服务上进行提升,落实好《中国(海南)自由贸易试验区重点园区极简审批条例》，在海南所有园区推广极简审批和深化"放管服"改革。

（三）多措并举扩大有效需求

推动投资提质增量。投资是拉动经济增长的三驾马车之一，保持经济平稳发展，则需要大力推进重大项目建设。2019年，海南应按照"三区一中心"的战略定位和"以发展旅游业、现代服务业和高新技术产业为主导"的原则，围绕总部经济、高新技术、12个重点产业等重点行业，"五网"基础设施、军民融合、生态环保、公共服务基础设施等重点设施，"海澄文"一体化、大三亚旅游经济圈、洋浦经济开发区、博鳌乐城国际医疗旅游先行区、深海科技城、南繁科技城、航天科技城、海口江东新区、海口临空产业园、三亚总部经济及中央商务区等重点区域，将建设规模大、投资体量大、带动作用强的项目优先列为省级重点项目。用好中央给予的综合财力补助，加强与央企等大型企业合作，在基础设施建设、生态环境保护等方面高质量谋划和实施一批重大项目。落实《进一步激发社会领域投资活力实施方案》《扩大对外开放积极利用外资的实施意见》，鼓励民间资本进入社会领域，引进境外资本参与海南建设发展，推动社会投资平稳增长，确保全年外商直接投资翻番。以定期和集中开工的模式促投资，组织开展项目集中开工、签约、开业活动，倒逼政策措施落地见效。坚持符合"多规合一"和环境保护的原则，坚持实行最严格的生态环境保护制度、最严格的节约用地制度和"少而精"、"宁缺勿滥"、产业项目必须进入产业园区的原则。在2018年重大项目建设取得突破性进展的基础上，进一步完善基础设施"五网"，建成投用海口美兰国际机场二期扩建项目、文昌至琼海高速公路等重大项目；持续优化信息基础设施，实现光纤宽带、4G网络全岛覆盖，无线局域网重要公共场所全覆盖，建设5G国家示范试点；强化重点产业项目支撑：建成投用三亚海棠湾梦幻不夜城（一期）、中电科海洋信息产业基地（一期）、东方13-2气田等重大工程；开工建设中免集团总部基地、保利国际展览中心、海口嘉年华旅游度假区、南繁（乐东）产业园、中国电信（海南）大

数据中心等重大项目；加快实施招商局集团区域总部、华为云计算数据中心、观澜湖度假区、陵水 17 - 2 气田开发等项目。

促进消费加快增长。大力发展服务消费，降低旅游、文化、体育、健康、养老、家政、教育等领域准入门槛，支持更多元化的社会力量提供消费服务。出台推进建设具有国际影响力的大型消费商圈的指导意见，支持海口、三亚建设大型消费商圈，支持各市县结合当地特色商业街区，推动建设"智慧店铺""智慧商圈"。大力发展住房租赁市场，促进汽车消费优化升级，发展壮大绿色产品消费，进一步扩大信息消费。打造消费领域"海南品牌"，加强重要产品追溯体系建设，提高产品追溯能力。推进消费者维权机制改革，建立健全消费信用体系，严肃查处假冒伪劣、虚假广告、价格欺诈等行为，加强消费者权益保护，让群众花钱消费少烦心、多舒心。加快推进海南消费品市场增长，最重要最根本的是要尽快提高海南居民实际收入水平，加快补齐民生领域短板，让海南居民尽快享受海南自贸区（港）的红利，不断夯实海南居民消费的基点，增强居民消费信心。

创新发展对外贸易。加快建设海口、洋浦、三亚跨境电商综合试验区，开发出口跨境电商海关系统，建设覆盖重点国家、重点市场的海外仓。加快培育邮轮游艇、汽车平行进口等贸易新业态，落实种子种源等进口税收优惠政策。支持具备资质的供油企业开展国际航行船舶保税油供应业务，建设保税油供应基地。争取国家赋予原油非国有贸易资质，做大海南油品国际贸易。推进三亚港口岸莺歌海港区扩大开放，做好口岸提效降费工作，口岸通关时间达到全国先进水平。结合海南全面深化改革开放、区港建设衔接的实际需求，探索建立跨境服务贸易特别管理措施（负面清单）管理制度，更加积极有效利用 CEPA 加强琼港澳服务贸易合作。培育电信、计算机和信息服务、文化和娱乐服务等服务贸易新增长点。

（四）全力服务和融入国家重大战略

强化南海维权和开发服务保障能力。一是完善维权执法基础设施。编制维权执法基础设施建设总体规划。统筹谋划本岛及三沙诸岛、陆域和海域的维权执法基础设施建设和设备配备，切实提高维权维稳能力。二是启动南海保障工程。规划建设海南岛本岛及西沙海域海上救援基础设施。三是稳妥推进南海能源资源开发。研究制定海南油气（含天然气水合物）资源管理地方法规，推进天然气水合物先导试验区建设相关工作，开展儋州国家石油储备基地前期工作。

建设国家军民融合创新示范区。一是深入推进空域精细化管理改革。优化空域结构和航路航线，充分释放空域资源。二是优化军地土地资源配置。制定相关规划和指导性文件，推动有关试点工作。三是完善海上搜救协调机制。建立由省海上搜救中心牵头、军地部门参与的应急协调机制，切实提高应急抢险和搜救的能力。四是共建国家海上紧急医学救援基地（海南）。打造南海地区卫生应急保障战略支点，构建陆海空立体紧急医学救援体系。

密切对外交流合作。一是深度融入"一带一路"建设。推动与"一带一路"沿线国家和地区开展务实高效的合作，加快打造"21世纪海上丝绸之路"文化、教育、农业等对外交流合作平台，搭建面向"一带一路"相关国家乃至全球的旅游文化营销平台。配合做好第二届"一带一路"国际合作高峰论坛工作，谋划海南项目。二是充分利用博鳌亚洲论坛平台。办好"21世纪海上丝绸之路"岛屿经济分论坛、中国-东盟省市长对话、南海议题分论坛、华商领袖与智库圆桌会以及自贸试验区（港）推介会等主题活动，为海南全面深化改革开放发声亮相、拓展空间。办好2019年中非圆桌会议。三是加深国际友城交往。拓展友城范围，谋划友城间合作项目。进一步密切高层互访和民间、商界交流合作。继续开展柬埔寨光明行医疗义诊活动，促进民心相通。争取"一带一路"沿线国家、海南旅游重点客源国在海南设立领事馆。四是扩展对外交流平台。将中国（海南）国际热带农产品冬季交易会打造成为国际农业合作交流平台，鼓励医疗健康、文化体育和生态环保等领域国际组织的区域总部、专业性总部在海南落户。

深化区域合作。一是加强与泛北部湾的交流合作。建立海南与北部湾经济合作组织对话沟通合作机制、重大发展战略规划对接机制、重大活动相互支持机制。二是加强琼港、琼澳、琼台合作。谋划建设琼港、琼澳服务业合作园区，加快建设粤港琼海洋经济合作区。建立与港澳台地区教育、医疗、农业、海洋、科技机构互访交流机制。三是推动落实沪琼、浙琼合作。落实沪琼、浙琼合作协议，共同探索构建开放型经济新体制，推进三地自由贸易试验区建设，开展生态文明建设合作，共享博鳌亚洲论坛国际交流大平台，围绕产业园区、港口、旅游、农业、科技创新等领域加强产业合作，同时进一步深化医疗、人力资源与教育等领域交流合作。

（五）切实保障和改善民生

决战脱贫攻坚战。做到"两个确保、一个巩固、一个提升、一个延伸"，即确保临高、白沙、五指山3个国定贫困县摘帽和剩余3个贫困村出列；确保剩余4.5万贫困人口基本脱贫；巩固脱贫成果，争取返贫率降至最低；提升基层党组织战斗堡垒作用和帮扶干部能力水平；逐步探索将帮扶政策向收入略高于建档立卡贫困人口的边缘人群延伸，防止新增贫困人口。

补齐教卫文体事业短板。优先保障教育事业，继续实施"一市（县）两校一园一院"工程，推进高等教育"1+2+X"总体布局，推动海南大学加快建设世界一流学科和国内一流大学，优化中小学和中等职业学校布局，加快学位紧张地区公立幼儿园建设步伐，实现基础教育主要指标达到全国中等偏上水平。以小病不进城、大病不出岛、基层卫生服务水平全国领先为目标，扎实推进基层医疗卫生机构标准化建设三年行动计划，率先实现基础建设投入使用、设备购置全部到位、信息化建设基本完成，着力构建"15分钟城市健康服务圈、30分钟乡村健康服务圈"。试点推进按人头医保总额预付的新型医联体改革，率先实现医保省级统筹，切实减轻群众医药费用负担，提高医疗服务和保障能力。完善城乡公共文化和体育服务体系，让群众文体活动就近就便、丰富多彩。

加强民生兜底保障。制定切实可行措施，确保物价稳定。确保 2019 年城镇新增就业 9 万人以上，城镇调查失业率、城镇登记失业率分别维持在 5.5% 和 4% 以下。建立以社会保障卡为载体的"一卡通"服务管理模式。建立完善城乡低收入认定和临时救助工作保障机制。落实就业优先政策，促进高校毕业生、农民工等群体就业创业。完善住房保障和供应体系，加快建设面向本地居民和引进人才的商品住房和租赁住房。

参考文献

钟业昌：《中国（海南）自由贸易试验区发展报告（2019）》，社会科学文献出版社，2019。

《2018 年海南省国民经济和社会发展统计公报》，《海南日报》2019 年 1 月 26 日。

《2019 年中国经济十大预判》，《全球商业经典》2019 年第 2 期。

阿东：《政府工作报告》，《三亚日报》2019 年 2 月 27 日。

程少林：《海南省统计月报》（2018 年 12 月），海南省统计局。

《改善民间投资环境 支持消费商圈建设》，《海南日报》2019 年 2 月 3 日。

《海南：高标准建设自贸试验区 探索中国特色自由贸易港》，《中国海洋报》2019 年 1 月 31 日。

《海南经济运行总体平稳 消费保持升级态势》，《中国商报》2019 年 1 月 30 日。

《海南省六届人大二次会议隆重开幕》，《海南日报》2019 年 1 月 28 日。

《海南省全面深化改革开放实现良好开局》，《中国贸易报》2019 年 5 月 16 日。

《海南以优化营商环境打造自由贸易新高地》，《中国经济导报》2019 年 5 月 15 日。

李扬、李平：《经济蓝皮书：2019 年中国经济形势分析与预测》，社会科学文献出版社，2018。

《全面深化改革开放 更好保障改善民生》，《海口日报》2019 年 1 月 28 日。

沈晓明：《政府工作报告——2019 年 1 月 27 日在海南省第六届人民代表大会第二次会议上》，《今日海南》2019 年第 2 期。

唐建荣、陈波：《自由贸易港建设背景下海南总部经济发展研究》，《南海学刊》第 4 卷第 3 期，2018。

王一鸣：《在应对复杂变局中保持经济持续健康发展——2018 年经济形势和 2019 年展望》，《中国经济报告》2019 年第 2 期。

《我省将打造 7 个电商进农村示范县》，《海南日报》2019 年 2 月 20 日。

张燕生：《海南高质量发展与现代化经济体系建设》，《南海学刊》第 4 卷第 3 期，2018。

张宇燕：《世界经济黄皮书：2019 年世界经济形势分析与预测》，社会科学文献出版社，2018。

张兆安：《自贸试验区：中国改革开放的"升级版"和"压力试验"》，《南海学刊》第 4 卷第 3 期，2018。

《政府工作报告》，《海南日报》2019 年 2 月 2 日。

专 题 篇

Thematic Topic

B.15
"一带一路"国际合作廊道建设
与中国边疆地区的举措

初冬梅*

摘　要：　"一带一路"六条国际经济合作走廊包括新亚欧大陆桥、中蒙俄经济走廊、中国－中亚－西亚经济走廊、中国－中南半岛经济走廊、中巴经济走廊以及孟中印缅经济走廊，是"一带一路"的主体骨架。中国边疆省区是六大经济走廊连接中国与世界60多个国家和地区的必由之路。自"一带一路"六条经济走廊规划出台以来，中国边疆省区纷纷采取措施，积极参与六条国际合作走廊的建设工作。由于六条廊道建设尚处于起步阶段，本文梳理近年来六大国际合作走廊的建设进展，并对进一步深化中国边疆省区参与廊道建设提出建议。

* 初冬梅，中国社会科学院中国历史研究院中国边疆研究所副研究员。

关键词： "一带一路"　六大廊道　中国边疆　经济合作

　　"一带一路"倡议提出6年来，已经初步形成由六条经济走廊构成的基本框架，联通中国与周边世界。其中三条经济走廊贯穿欧亚大陆中东部，它们是：新亚欧大陆桥、中蒙俄经济走廊、中国－中亚－西亚经济走廊。上述经济走廊把亚洲与欧洲两大经济圈连接在一起，并整合了波斯湾、地中海和波罗的海这三条通道。而纵深于亚洲南部和东部的三条经济走廊包括：中国－中南半岛经济走廊、中巴经济走廊和孟中印缅经济走廊。这些经济走廊连接了全球人口密度最大的地区，拥有巨大的发展潜力。经由澜沧江－湄公河国际航道和交通基础设施网络，"一带"和"一路"交会于此。六条廊道将在国际伙伴关系以及融合亚欧大市场方面发挥重要作用。

　　自"一带一路"六条经济走廊规划出台以来，中国边疆省区纷纷采取措施，积极参与六条国际合作走廊的建设工作。由于六大廊道建设尚处于起步阶段，本文梳理近年来六大国际合作走廊的建设进展，并对进一步深化中国边疆省区参与廊道建设提出建议。

一　"一带一路"六大廊道建设愿景

　　在横贯欧亚大陆的东西方向，新亚欧大陆桥经济走廊依托中欧班列而建，从中国江苏连云港市出发，连接中国东南沿海地区和中西部边疆地区，经横跨亚欧大陆的铁路网络，抵达荷兰鹿特丹港和比利时的安特卫普等港口。该经济走廊的合作伙伴包括东北亚地区、中亚与俄罗斯以及中东欧国家。新亚欧大陆桥经济走廊的重要合作领域是经贸和产能以及能源资源。[①]中蒙俄经济走廊是中国"丝绸之路经济带"倡议、俄罗斯主导的"欧亚

---

　　① 《新亚欧大陆桥简介》，http://www.silkroad.org.cn/ydyl/bjzl/content/19cbe7cc－3df7－4088－986b－28611f1960de.html，最后访问时间：2019年8月2日。

经济联盟"和蒙古国的"草原之路"倡议相对接的结果。中国－中亚－西亚经济走廊从中国西北地区出发，经过中亚抵达波斯湾、阿拉伯半岛以及地中海沿岸，合作伙伴包括中亚、西亚和北非地区的有关国家。该经济走廊的主要合作领域是能源、基础设施建设、投资贸易以及高新技术领域。

在往东南亚和南亚地区延伸的纵向上，中国－中南半岛经济走廊建立在中国－东盟稳步合作的基础上，其合作建设范围包括中国和中南半岛地区国家。该经济走廊的合作内容初步包括推进中越两国的基础设施合作，并且建设澜沧江－湄公河航道二期整治工程、中老铁路、中泰铁路，以此促进基础设施互联互通。设立经济合作区是中国－中南半岛经济走廊的重要合作模式。中巴经济走廊是"一带一路"的旗舰项目，中巴两国政府积极组织联合编制远景规划。中巴经济走廊的合作建设的空间范围包括中国和巴基斯坦。该经济走廊的合作重点是能源、交通基础设施、产业园区和瓜达尔港。孟中印缅经济走廊的合作空间包括东亚、南亚、东南亚。六条经济合作走廊的空间范围与合作领域具体见表1。

表1　六大国际经济合作走廊的空间范围与合作领域

走廊名称	空间范围	合作领域
新亚欧大陆桥经济走廊	东北亚、中亚、俄罗斯、中东欧	·经贸和产能 ·能源资源
中蒙俄经济走廊	中国、蒙古国、俄罗斯	·交通基础设施 ·口岸建设和海关、检验检疫监管 ·产能与投资 ·经贸 ·人文交流 ·生态环保 ·地方及边境地区
中国－中亚－西亚经济走廊	中国、中亚五国、伊朗、土耳其	·能源 ·基础设施建设与投资贸易 ·高新技术

续表

	空间范围	合作领域
中巴经济走廊	中国、巴基斯坦	· 瓜达尔港 · 交通基础设施 · 能源 · 产业园区
中国–中南半岛经济走廊	中国、越南、老挝、缅甸、泰国、柬埔寨、马来西亚	· 交通基础设施建设 · 经济合作区 · 投资贸易便利化 · 人文往来
孟中印缅经济走廊	中国、缅甸、孟加拉国、印度	· 通路、通电、通商、通关、通信 · 进出口贸易和产业 · 金融 · 教科文等人文和减贫事业

资料来源：六大廊道规划纲要和相关政策性文件。

二 "一带一路"六大廊道建设进展

6年来，六大经济走廊的发展取得初步成绩的同时，也出现了地区差异。总体来看，六大走廊中进展最快的是中巴经济走廊，能源合作最见成效；中蒙俄经济走廊制度建设最完善；中国–中亚–西亚经济走廊建设的成就目前主要集中于产业园区建设；新亚欧大陆桥经济走廊建设最显著的成效是中欧班列的开通；孟中印缅经济走廊发展相对缓慢，但发展加速度相对较大。六大走廊的建设进展具体见表2。

从"一带一路"五通的角度看，六条经济走廊的建设成就有以下几方面。

（一）政策畅通

从表1可以看到，六大廊道自提出以来，历时5年多的发展，取得了很多成绩。从"一带一路"的五通来看，六大廊道建设最见成效的内容就是政策沟通，六大国际合作走廊的有关国际方积极参与中国倡议，并在建立合

表 2 "一带一路"六大廊道建设进展情况（2018 年）

走廊名称	政策沟通	设施联通	贸易畅通	资金融通	民心相通
新亚欧大陆桥经济走廊	签署了《中国－中东欧国家合作布达佩斯纲要》《中国－中东欧国家合作索菲亚纲要》《中国－中东欧国家合作杜布罗夫尼克纲要》；利用原有合作机制，如"16＋1"中国－中东欧合作机制，2019 年扩容为"17＋1"机制	匈塞铁路塞尔维亚境内贝旧段已经开工；中国西部－哈萨克斯坦－俄罗斯－西欧国际公路也基本建成	中欧班列 2018 年货运总值达 160 亿美元；2018 年中国与中东欧 16 国贸易额增长 21%，达 822 亿美元	除亚投行外，建立中国－中东欧投资合作基金	2012～2017 年，中国与中东欧国家之间新开设 6 条直航线；到访中东欧的中国游客从 28 万人次增加到 93 万人次；双方留学生规模翻了一番；建立中国－中东欧国家文化合作协调中心；青年艺术人才培训和实践中心、文创产业交流合作中心等
中蒙俄经济走廊	2016 年，中蒙俄三国签署了《建设中蒙俄经济走廊规划纲要》；2018 年签署了《关于建立中蒙俄经济走廊联合推进机制的谅解备忘录》《关于沿亚洲公路网国际道路运输政府间协定》正式生效	中俄原油管道二线投入运营；阿穆尔天然气处理厂正在建设；亚马尔液化天然气项目从 2018 年开始供气；中俄天然气管道 2019 年建成通气；2018 年 10 月，中俄铁路桥同江－下列宁斯阔耶中方工程已完工。黑河－布拉戈维申斯克项目的初步设计也由中俄企业联合体基本敲定。在蒙古国方面，中蒙俄经由二连浩特的跨境陆缆系统已经建成	满洲里综合保税区、中俄互市贸易区已运营；二连浩特－扎门乌德跨境经济合作区正在建设中；满洲里、二连浩特边民互市从 2016 年开始运行；策克、满都拉护市贸易区正在建设中	中俄跨境贸易本币结算	积极打造"草原丝绸之路旅游带""跨欧亚跨境旅游带""跨龙江旅游带"

续表

	政策沟通	设施联通	贸易畅通	资金融通	民心相通
中国－中亚－西亚经济走廊	2016年签署《中哈丝绸之路经济带建设和"光明之路"新经济政策对接合作规划》；中国与塔吉克斯坦、吉尔吉斯斯坦、乌兹别克斯坦等国签署了共建"丝绸之路经济带"的合作文件。中国与土耳其、伊朗、沙特、卡塔尔、科威特等国签署了共建"一带一路"合作备忘录。中国与沙特"一带一路"产业对接，并签署阿拉伯伯推动共建"一带一路"倡议与沙特"2030愿景"对接。中国与伊朗也决定加强道路、基础设施、能源等领域的合作	中国与土耳其就土耳其东西高铁项目合作问题，进入谈判阶段。中国联通中亚和西亚地区的基础设施建设不断完善。中国与哈萨克斯坦、乌兹别克斯坦、土耳其等国家签署双边及多边国际道路运输文件。中巴哈、中哈俄、中吉与多边国际道路运输协定也得以签署；中哈石油管道运营、中亚列列运行顺利；《上海合作组织成员国间国际道路运输便利化协定》生效；电力能源基础设施建设得以发展，如安格连火电厂，杜尚别2号热电厂，沙尔贡煤矿现代化改造项目	正推进《中亚区域运输与贸易便利化战略（2020）》；中哈霍尔果斯国际边境合作中心发展顺利；数额为20亿美元的中哈产能合作基金合作成立	亚投行投资项目覆盖中亚、西亚地区，在塔吉克斯坦、阿塞拜疆投资项目	中国与中亚国家在旅游、教育、媒体等领域展开人文合作
中巴经济走廊	2017年发布《中巴经济走廊愿景规划》；中巴两国组建了中巴经济走廊联合合作委员会，建立了定期会晤机制；中巴经济走廊正筹划开启第三方合作，吸引更多国家参与其中；巴基斯坦单独成立中巴经济走廊专门委员会	瓜达尔港、白沙瓦至卡奇奇高速公路（苏库尔至木尔坦段）、喀喇昆仑公路项目二期改扩建工程（哈维连－塔科特段）、卡拉奇－拉合尔高速公路项目2018年试运行，巴基斯坦MI-1铁路干线升级与哈维连陆港建设项目处于前期勘察研试行，2018年试运行。信息产业基础设施建设领域，2018年中巴跨境光缆开通。中巴能源领域的17个优先实施项目，11个已经开工建设。卡西姆燃煤电站等重点项目也已开工，部分项目已产生效益，卡洛特水电站、苏基克纳里水电站正在施工中	瓜达尔港自由区2018年开园，并实现4G通信	亚投行在巴基斯坦有投资项目	瓜达尔东湾区民生项目如雨后春笋般出现，建立学校、职业培训中心、医院

续表

	政策沟通	设施联通	贸易畅通	资金融通	民心相通
中国－中南半岛经济走廊	《大湄公河次区域交通发展战略规划(2006～2015)》已实施完毕;2016年发布《中国－中南半岛经济走廊倡议书》;2017年启动《大湄公河次区域便利货物及人员跨境运输协定》;中老经济走廊"一带一路"加快对接建设已与我国"一带一路"倡议也与中国－中南半岛经济走廊积极发挥已有机制的作用,比如中国－东盟合作机制,澜湄经济合作机制,大湄公河次区域经济合作机制,泛北部湾区域经济合作机制等	广西、云南建成多条对接中南半岛的高速公路或铁路;中欧班列双向对开;雅万高铁全面施工;中缅铁路的中国段进展顺利;昆明－曼谷公路全线贯通;泛亚铁路东线国内段昆玉河二桥即将投入使用;中老铁路、中泰铁路等项目积极推进;中老缅泰澜沧江－湄公河国际航道二期整治前期工作启动;中国－东盟港口城市合作网络,中国－东盟信息港2015年在南宁正式挂牌	跨境经济合作区快速建设,广西靖西万生隆国际商贸物流中心投入使用;2018年,20家位于东南亚的跨境合作区通过商务部确认为考核,合作领域从传统能源、矿产,建向新能源,制造业和科技转变,跨境电子商务成为中国－东盟贸易新引擎	亚投行在印尼有投资项目	旅游合作是中国与东盟民心相通的重要内容。中国是东盟第一大境外游客来源地。2017年举办中国－东盟旅游合作年;中国－东盟中心2017年举办中国－东盟生态旅游研讨会、旅游培训班等活动
孟中印缅经济走廊	孟中印缅四方在机制和制度建设领域着手,成立联络工作组,四方元首举行会晤;中缅经济走廊合作规划编制启动,中缅两国成立中缅经济走廊联合委员会	启动了基础设施建设。另外,木姐－曼德勒铁路项目可行性研究项目已签署建设框架协议;中缅边境经济合作区水港项目已投入使用	2018年瑞丽口岸进出口贸易额同期增长66.7%;瑞丽－木姐－曼经济走廊经济贸的主要通道,中缅边境经贸合作区正在推进;2019年缅甸准许使用人民币作为结算货币	推动国际金融开放合作;亚投行在孟加拉国、缅甸有投资项目	人文交流与民生合作

资料来源:"一带一路"网、新华网、《"一带一路"报告》。

作机制、合作制定规划方面取得了长足的进步，从而在制度设计层面保障合作的有序进行。从图1可以看到，六大国际合作走廊的机制建设目前呈现圈层的特点，包括多边层面、双边层面和地区层面。在多边层面，各大廊道颁布了各自的建设规划，并建立工作组；在双边层面，中国与廊道建设相关方签署了廊道框架内双边建设合作协议；在国内地区层面，有关地方也颁布了参与廊道建设的规划性文件，有的地方建立了具体的地区合作机制。除建立新的合作机制外，六大国际合作走廊建设的有关政策沟通也充分利用了本地区现有的合作机制平台。比如新亚欧大陆桥经济走廊，就充分利用了现有的中国－中东欧"16＋1"合作机制（2019年希腊加入，合作机制扩编为"17＋1"），并取得了很好的效果。

六大廊道比较来看，在政策沟通方面，中蒙俄经济走廊和中巴经济走廊成绩突出。上述两个合作走廊参与国数量少，参与国之间保持了非常好的政治关系，并且参与国有着强烈的合作愿望。其他走廊涉及建设方数量多，各国之间存在利益差异，政策沟通稍微滞后一些。不过，与中国的双边沟通比较顺畅，比如孟中印缅经济走廊，中国与孟加拉国、中国与缅甸之间双边机制非常活跃。由于政治关系，印度参与国际走廊建设的态度相对不积极。

（二）设施联通

设施联通包括铁路、公路、港口等交通基础设施建设，管道建设，电网建设，以及信息设施建设。从表1可以看到，设施联通是六大廊道建设的重要成绩。目前"一带一路"的基础框架——六条走廊格局基本形成。新亚欧大陆桥经济走廊、中蒙俄经济走廊和中国－中亚－西亚经济走廊，将东亚和欧洲经济圈联系起来，中巴经济走廊、中国－中南半岛经济走廊和孟中印缅经济走廊，联通东亚、南亚和东南亚地区。其中一些项目已经产生效益。比如新欧亚大陆桥的主体物流体系——中欧班列，2011年全年开行仅17列，年运送货物总值不足6亿美元，2018年，累计开行班列突破1.2万列，年货运总值达160亿美元。目前，中欧班列线路主要分布在德国、俄罗斯、哈萨克斯坦、塔吉克斯坦、波兰、白俄罗斯等国。运输的货物从电脑、手机

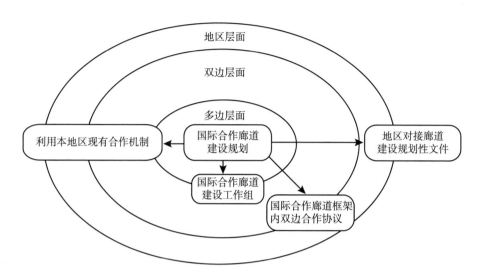

图1 国际合作廊道机制建设示意

资料来源：笔者自制。

等电子产品，扩大到服装鞋帽、粮食、葡萄酒、汽车及配件等日常用品。①

中蒙俄经济走廊的建设成果主要集中在基础设施互联互通方面。中蒙俄三方推动建设跨境基础设施链条网络，整合铁路、公路和边境口岸。2018年中俄铁路桥同江－下列宁斯沃耶中方工程已完工。黑河－布拉戈维申斯克公路桥建设顺利。莫斯科－喀山高铁项目的初步设计也由中俄企业联合体基本敲定。在蒙古国方面，中蒙俄经由二连浩特的跨境陆缆系统已经建成。②中国－中南半岛经济走廊的建设成绩突出表现在基础设施互联互通和跨境经济合作区建设。昆明－曼谷公路全线贯通，中老铁路和中泰铁路正在顺利推进。中巴经济走廊的交通基础设施建设项目顺利推进，达尔港疏港公路、白沙瓦至卡拉奇高速公路（苏库尔至木尔坦段）、喀喇昆仑公路升级改造二期（哈维连－塔科特段）、拉合尔轨道交通橙线、卡西姆燃煤电站等重点项目

① 《"一带一路"数据观》，中国"一带一路"网，https://www.yidaiyilu.gov.cn/xwzx/gnxw/43662.htm，2019年8月2日。

② 冯晓玲、姜珊珊：《"一带一路"倡议下中蒙俄经济走廊合作发展分析》，《东北亚经济研究》2019年第8期，第18~33页。

已经开工，部分项目已产生效益。[①] 孟中印缅经济走廊的基础设施项目也在有序推进。

（三）贸易畅通

在贸易畅通方面，六大廊道沿线地区国家多处于工业化初级阶段，市场潜力较大，吸引外资意愿强烈。经贸合作区建设是六大廊道沿线地区贸易合作的重要内容。中国 - 白俄罗斯工业园、中埃苏伊士经贸合作区、中马关丹产业园等标志性项目，提升了当地工业化水平，促进了当地就业，促进了亚欧各国的互利共赢。投资合作也是六大廊道贸易合作的重要内容。2016 年，中国对外投资主要集中于中国 - 中南半岛经济走廊沿线国家和孟中印缅经济走廊以及中蒙俄经济走廊上的俄罗斯。国际产能合作也是六大廊道贸易畅通的重要内容。中国 - 中亚 - 西亚经济走廊的一个合作亮点就是国际产能合作。中国与哈萨克斯坦建立了钢铁、水泥、机械制造等多个领域的 52 个产能合作项目。随着交通基础设施的完善和政策方面的磋商协调，六大廊道沿线国家贸易进出口活跃。进一步实现通关一体化、自贸合作、跨境电商。[②]

（四）资金融通

资金融通（人民币国际化）。丝路基金与欧洲投资基金共同投资的中欧共同投资基金开始实质性运作。《"一带一路"融资指导原则》已经被 27 个国家的财政部核准。中国 - 中东欧银联体、中国 - 阿拉伯国家银联体、中非金融合作银联体成立。出口信保累计支持"一带一路"沿线国家出口和投资超过 6000 亿美元。德国商业银行成为首家加入"一带一路"银行合作常态化机制的德国银行。熊猫债发行规模已达 2000 亿元人民币（截至 2018 年底）。11 家中资银行在"一带一路"沿线国家设立一级机构。"22 个沿线国

---

① 朱翠萍、陈富豪：《中国 - 中南半岛经济走廊建设：潜力、挑战与对策》，《东南亚纵横》2019 年第 2 期，第 38 ~ 47 页。

② 《六大经济走廊》，中国"一带一路"网，https：//www.yidaiyilu.gov.cn/zchj/rcjd/60644.htm，最后访问时间：2019 年 8 月 3 日。

家 50 家银行在中国设立 7 家法人银行、19 家外国银行分行和 34 家代表处。与 20 多个沿线国家建立双边本币互换安排。与 7 个沿线国家建立人民币清算安排。人民币跨境支付系统覆盖近 40 个沿线国家和地区。"①

（五）民心相通

民心相通是"一带一路"倡议实施的民意基础和社会保障，也是六大廊道建设的重要内容之一。各方在旅游产业发展，促进人文交流等领域做了大量的工作，增加了解，加强互信。六大廊道的民心相通水平总体趋于良好。中巴经济走廊成绩最为突出，中蒙俄经济走廊位居第二。中国－中南半岛经济走廊在民心相通方面效果明显。该走廊的旅游合作和文化交流活动发展蓬勃。中国是东盟第一大境外游客来源地。

三 促进边疆地区深度参与国际合作廊道建设的建议

中国边疆地区是"一带一路"六大经济走廊的通道和建设必经之地，在六大经济走廊建设中发挥着重要的窗口作用。然而，从中国各地区参与"一带一路"建设情况看，中国边疆地区的融入程度有待提高。《"一带一路"大数据报告（2018）》数据显示，中国西北边疆和西南边疆地区对"一带一路"的融入水平较低，且区域内差距较大。西北地区的新疆 2017 年第一次进入全国前十名。西南地区的广西 2017 年第一次进入全国前十名。中国中部的山西、河南与"一带一路"沿线国家和地区贸易增速最高。东北地区融入"一带一路"水平差距最小。黑龙江与"一带一路"沿线国家和地区合作办学数量最多，民心相通工作做得比较好。②为促进边疆地区参与六大廊道建设，本文有以下几点建议。

第一，加强边疆地区之间的战略协调，打破行政壁垒。"一带一路"倡

---

① 《"一带一路"沿线国家五通指数报告（2018）》，商务印书馆，2018。
② 《"一带一路"大数据报告（2018）》，经济日报出版社，2018。

议被写入党章，肩负着中华民族伟大复兴的伟大使命。中国边疆地区对六大廊道建设非常积极，各自出台了对接政策。然而，省区之间缺少应有的战略协调，各自为政，这就分散了战略资源的有效投入。

第二，边疆地区应该集约化发展，这样有助于形成六条经济走廊的经济支点。在尊重边疆地区传统生活方式的前提下，加快城镇化步伐。一方面注重环保，另一方面形成规模效应。对于少数民族生活的地区，允许多样化的城镇化存在，让民众有选择自己生活方式的权利。

第三，加强边疆地区民生建设，从讲好中国故事到过好中国生活。

第四，边疆地区在参与六大廊道建设的同时，应该关注生态文明建设。"一带一路"大型交通基础设施项目，使边疆地区和沿线地区暴露于环境破坏的风险之中。边疆地区生态环境非常重要，然而保护措施目前采取得不够。因此，边疆地区在参与六大廊道建设时，应加强生态保护措施，保护生态多样性，关注生态文明建设。以更有吸引力的方式吸引沿线地区共商共建共享六大经济走廊建设。

Abstract

This report was approved by the Institute of Chinese Borderland Studies, CASS, Chinese Academy of History. Relying on discussion of relevant scholars from the Academy of Social Sciences of 9 provinces and regions of the land frontier, the Party School of the Xinjiang Production and Construction Corps, and the Academy of Social Sciences of Hainan Province, this report is divided into three sections: the general reports, the regional reports and the thematic topic, which comprehensively analyzed the strategic cooperation between China's border areas and its surrounding areas, the border strategy of 70th anniversary of the founding of the People's Republic of China, the economic and social development of the border areas since the reform and opening – up, especially the "Belt and Road" Initiative, and the economic and social development of the border areas in 2018. The general report is divided into three articles. With the name of "China's Frontier Development and the Surrounding International Regional Cooperation", the first article analyzes and discusses the problem that China's deep cooperation with the world will inevitably be realized by the help of China's bored areas— China's land and sea frontier. The second article analyzes the border strategy issues in the past 70 years since the founding of the People's Republic of China, and the third article analyzes the development of border areas since the reform and opening – up, especially the "Belt and Road" Initiative. On the whole , the economic development of the nine provinces and regions of the land frontier, as well as the Xinjiang Production and Construction Corps and Hainan Province, have made steady progress, but there are regional differences in 2018. With detailed information and reliable data, the regional reports is divided into 11 parts and respectively analyzes the economic and social development of nine provinces and regions in the land border areas of Heilongjiang, Jilin, Liaoning, Inner Mongolia, Gansu, Xinjiang, Tibet, Yunnan, Guangxi, as well as the Xinjiang

production and Construction Corps and Hainan Province in 2018, and puts forward countermeasures and suggestions. The last section is a thematic topic, which explains the relationship between the six corridors of the "Belt and Road" and the development of the border areas in details. The content of each part is closely related to the analysis of the economic and social situation, rooted in the practical experience of the development of China's border provinces and regions, and based on the mode of team work to tackle key problems, trying to provide an authoritative and professional research report on the development of China's frontier areas for the society.

Keywords: China's Frontier Areas; Economy and Society; "Belt and Road" Initiative

Contents

I　General Reports

Abstract：The deep cooperation between China and the world must be realized by means of China's frontier areas—China's land and sea areas. China's land and coastal areas are China's leading areas to the world, and they are the important lines of convergence and connection between the "Belt and Road" Initiative to coordinate the two major domestic and international situations. With the gradual promotion and deepening of "Belt and Road" Initiative, the role played by China's frontier needs to be carefully studied. The "Belt and Road" Initiative is an important platform and carrier for the development of China's frontier areas, and the development of China's frontier areas needs to be realized under the framework of "Belt and Road" Initiative. The China's frontier areas is an important space to realize the "Belt and Road" Initiative and fit with the surrounding international environment. We should focus on and study the opportunities of depth cooperation between the frontier and the neighboring countries and regions, and we also need to focus on and study the risks at the same time . The development of China's frontier areas is an important part of China's development and a major problem that the Chinese government has been focusing on to solve. The regional economic cooperation between China's frontier areas and its surrounding environment is not only friendly, sincere and beneficial to surrounding countries and regions, but also can realize their own development and

边疆蓝皮书

prosperity through mutual cooperation.

Keywords: China's Frontier Areas; "Belt and Road" Initiative; Surrounding International Regional Cooperation

B. 2 Strategy and Practice of China's Frontier in the 70 Years Since the Founding of New China　　　　　　*Lv Wenli* / 011

Abstract: In 1949, the People's Republic of China was founded. Now, 70 years later, China has leapt from a country that had accumulated poverty and weakness to the world's second-largest economy. This is inseparable from the stability and development of China's border areas. By reviewing the frontier strategy and practice in the past 70 years, it is found that in the practice of revolution and socialist construction, the generations of collective leadership have kept pace with the times and constantly adjusted the frontier strategy to adapt to the current practice. Whether it is the peaceful settlement of border issues, the adherence to and improvement of the system of regional ethnic autonomy, or proposal of the "Rule of the country must rule the border, rule the border first stable Tibet ", " promote social stability and long-term stability in Xinjiang ", " build a strong maritime power" and other strategies, all shine the light of the new era.

Keywords: The 70th anniversary of the founding of new china; 70 Years; Frontier Strategy; Development of the frontier

B. 3 "Belt and Road" Initiative and the Development of Chinese Border Areas

—Analysis on the Economic and Social Development of Chinese Border Areas in 2018 −2019

Lv Wenli, Shi Yuqing and Yuan Sha / 029

Abstract: The development of China's border areas is important to the overall situation of China's development. Therefore, it is necessary to conduct in-depth investigation and research on the economic and social development of China's border areas. According to the data, the economy in China's border areas was stable from 2018 to 2019, and social development was basically stable. Especially, major achievements were made in the economic and social development of Xinjiang. This not only shows the correctness of the central government's strategic thought of governing the border areas, but also shows that the border areas have achieved remarkable results in undertaking the "One Belt and One Road" construction.

Keywords: "Belt and Road" Initiative; Chinese Border Areas; Economics and Society; Six Corridors

Ⅱ   Regional Reports

B. 4   Analysis and Suggestions on the Situation of Heilongjiang's

Economic Development   *Sun Haojin, Zhang Fan* / 056

Abstract: In 2018, Heilongjiang Province thoroughly carried out Xi Jinping's thought of socialism with Chinese characteristics in the new era. Guided by general secretary Xi Jinping's important speech, Heilongjiang Province actively tackled the downward pressure and challenges of the economy, grasped the general keynote of steady progress, strengthened confidence, tackled difficulties, made progress and worked hard, carried out the new development concept and implemented the high quality development requirements. Taking supply-side structural reform as the main line, we will promote the overall steady operation of Heilongjiang's economy and make new progress in economic and social development. At present, the economic and social development of Heilongjiang Province is in the process of bottoming and stabilizing. But at the same time of making progress in stability and improving in progress, the deep contradictions of the long-standing structural, institutional low degree of marketization and so on are still quite prominent. The traditional industries in the industry are more important,

the reserves of large projects are less and the driving effects are not enough, the resources are not well processed, the growth potential of several industrial fields has not been fully released, and the upgrading of industrial structure requires more effort. The private economic development environment and the business environment need to be further optimized. There is resistance to the development of private economy.

People's livelihood also has historical arrears and outstanding shortcomings, and the loss of human capital is serious. The transformation method has a difficult task, the new and old kinetic energy conversion needs to be accelerated, and the endogenous power of the independent innovation is insufficient. The deep-seated contradictions and problems, such as ideas and institutional mechanisms, which do not meet the requirements of the market economy, have not yet been fundamentally solved, and there are still many important issues that need to be studied and solved urgently in the course of economic and social development. General Secretary Xi Jinping stressed that Heilongjiang should focus on power and strive to get out of the new way of full-scale revitalization. This is a major strategic task entrusted to Heilongjiang by the Central Committee. Therefore, Heilongjiang Province must adapt to and lead the new normal of economic development, persist in taking economic construction as the center, carry out the concept of innovation, coordination, green, opening and sharing development, walk out a new road of higher quality, better efficiency, better structure and full release of advantages, so as to realize the all-round revitalization of all-round revitalization.

Keywords: Heilongjiang Province; Industrial Structure; Endogenous Power; High Quality Development

B. 5 Analysis and Prospect of Economy and Society in Jilin

Province from 2018 to 2019   *Zhang Lina*, *Xu Zhuoshun* / 077

Abstract: Jilin is located in the geometric center of Northeast Asia, and is adjacent to Russia, Japan and DPRK. It is a window of "Belt and Road" Initiative opening to the north. In 2018, although the economic growth rate of Jilin Province declined, it basically maintained a steady and progressive trend. There are still many difficulties in economic development and serious problems, such as slow pace of industrial restructuring, insufficient motive force for economic growth and lack of talents. In 2019, facing the complex international and domestic environment, the downward pressure of Jilin's economy will continue to increase, and the growth rate of investment, consumption, import and export will slow down. In order to reduce the pressure, Jilin Province should intensify the reform efforts, accelerate the energy conversion of economic growth, stabilize the real economy, adhere to green development, promote balanced regional development, focus on ensuring and improving people's livelihood, and improve the quality of economic development.

Keywords: Jilin; Developing Quality; Energy Conversion

B. 6   Analysis and Prospect of Liaoning's Economic and Social

Situation in 2018 −2019   *Jiang Ruichun /* 109

Abstract: Liaoning has the only land and sea dual gateway for Northeast Asian countries, and the coastal edge location advantage. It is the most convenient transit hub for China, Russia, Japan, South Korea, DPRK and Mongolia. In 2018, in the face of complicated international and domestic situation, Liaoning's economic and social development trend is good. However, the growth rate of Liaoning's economy is lower than the national average, the gap between urban and rural regional economic development is large, the growth rate of investment and consumption is slowing down, the growth of industrial economy's main indicators is slowing down, the industrial structure needs to be optimized, there are still some problems in social development, such as the employment structural contradictions, the arduous task of poverty alleviation for the deep poor. In 2019, affected by the simultaneous weakening of internal and external demand, in order to reduce the

downward pressure on Liaoning's economy, we should strengthen reform, accelerate the cultivation and growth of new momentum for development, comprehensively expand the high-level opening-up, actively respond to the aging population, consolidate the achievements of poverty alleviation, etc., so as to ensure the stable and healthy development of the economy and society of Liaoning Province.

Keywords: Liaoning; Market-oriented Reform; Improvement of People's Livelihood; "Belt and Road"

B. 7　The Development and Suggestions of Economic and Social

Situation in Inner Mongolia from 2018 to 2019

Fan Lijun, *Shi Hui* / 140

Abstract: As the earliest ethnic minority autonomous region in China, Inner Mongolia has made remarkable achievements after 70 years of development. Especially since the 18th National Congress of the Communist Party of China, Inner Mongolia has actively adapted to the new normal of economic development, actively changed its mode, adjusted its structure, promoted reform, benefited the people's livelihood, worked hard to improve quality and efficiency, overcome the downward pressure of macroeconomic, base on regional conditions, and people's feelings, change the mode of development, actively adapt to the new changes in the market, and develop "steadily and steadily" in the economic and social fields. With the joint efforts of autonomous region's Office of Human Resources and Social Security, the social security work in Inner Mongolia has been carried out steadily, and new progress has been made in all key work. In the field of foreign cooperation, Inner Mongolia has formulated its strategic positioning, construction objectives and overall layout in the construction of "Belt and Road" and national regional cooperation, find gaps, strength weaknesses, make up for shortcomings, actively integrate into the construction of "Belt and Road", find new opportunities for the development of Inner Mongolia, and build a new platform.

Keywords: Inner Mongolia; High Quality Development; Transformation Results Appear

B. 8 Analysis and Forecast of the Economic and Social

Situation in Gansu Province from 2018 to 2019

Wang Fusheng, Ma Dajin / 164

Abstract: In 2018, facing the complicated international and domestic situation, Gansu's economic operation has made steady progress out of the trough and was generally good. Adhere to the "three-keynote" and "three-one" working mechanism, actively integrate into the "Belt and Road" construction, and focus on promoting high-quality development. The industrial structure has been continuously optimized, the development of the top ten ecological industries has started well, the poverty alleviation has been solidly promoted, efforts have been made to create a high-quality and efficient business environment, regional economic exchanges and cooperation have been strengthened, the five commanding points of culture, hub, technology, information and ecology have been actively seized, the opening-up has been expanded in an all-round way, and the quality and efficiency of economic operation have been gradually improved. At the same time, Gansu is also faced with the following problems: the year-on-year decline in fixed asset investment, the lack of potential for industrial growth above the scale of Gansu, the lack of innovation momentum, the reduction of old kinetic energy while deficiency of new kinetic energy, the slow adjustment of economic structure, and the continuous widening gap between Gansu and the whole country. Therefore, we need to further emancipate our mind, boost our confidence, plan for the long term, maintain our concentration, and pool our efforts to promote the industrial economy. To get out of the dilemma, we should strive to accelerate the development of green ecological industry, strive to expand effective demand, stimulate market vitality,

comprehensively deepen reform and expand high-level opening-up, and ensure the stable and healthy development of Gansu's economy.

Keywords: Gansu; Economic Situation; Green Development; Structural Adjustment

B. 9　Analysis and Prospect of Economic and Social Development in

　　Xinjiang in 2018　　　　　　　　*Li Xiaoxia, Zhou Xiao* / 192

Abstract: In 2018, facing the complicated international environment and arduous task of reform, development and stability, Xinjiang Uygur Autonomous Region implemented the general plan of the Party Central Committee for Xinjiang's governance, especially the general goal of social stability and long-term stability, and comprehensively promoted all aspects of steady growth, reform, restructuring, benefiting the people's livelihood and preventing risks. It has achieved a good development situation of sustained stability of the overall social situation, steady economic development, continuous enhancement of market vitality, continuous improvement of people's livelihood, continuous strengthening of exchanges and contact among all ethnic groups, and overall progress in various undertakings. In 2019, despite facing many difficulties and challenges, having various unstable, uncertain and unpredictable factors, Xinjiang fully implements the eight-character policy of "consolidation, enhancement, promotion and unimpeded", further improves anti-terrorism and stability-maintaining measures, maintains the high-pressure situation of "three forces", create a good environment for economic and social development and for the production and life of people of all ethnic groups, and making steady progress towards the goal of building a well-off society in an all-round way.

Keywords: Xinjiang; The General Plan for Xinjiang's Governace; Long-term Stability

374

B. 10 Analysis and Forecast of Economic Situation of Xinjiang Production and Construction Corps from 2018 to 2019

Wang Xiaoping, Jiao Xinshu / 223

Abstract: In 2018, in the face of the complex economic environment at home and abroad, under the unified leadership of the party committee of the autonomous region and the leadership of the party committee of the Corps, the Corps conscientiously implemented a series of major decisions and deployments made by the Central Committee of the CPC with Comrade Xi Jinping as its core on the work of Xinjiang and the Corps, closely revolved around the general goal of Xi Jinping work, focused on the duty and mission of the Corps, and focused on promoting reform and development. The economic operation of the Corps is generally stable and steady. Through strengthening and improving macroeconomic regulation and control, the potential of demand has been continuously released. The development to the south has made a good start, and the lives of the staff and workers have continued to improve. The efficiency of economic quality and efficiency has been gradually improved, and the development of green and low carbon has been promoted in a down-to-earth manner. However, there are also some problems in economy of the Corps, such as the pullback of impetus in major industries, the obvious pressure of economic growth, the decline of investment and the slowdown of consumption, the insufficient momentum for demand growth, the unbalanced development of the industry, the insufficient coordination of regional development, the slow growth of the main indicators of the industrial economy, and the need to optimize the industrial structure. In 2019, under the influence of internal and external demand weakening, in order to lighten the downward pressure on the economy of the Corps, we should strength efforts to deepen reform and develop southward, speed up the cultivation and expansion of new momentum of development, comprehensively expand high-level opening to the outside world and so on, so as to ensure the steady and healthy development of the Corps economy.

Keywords: Corps; Economic and Social Situation; Southward Development

B. 11　Analysis and Forecast of the Economic Situation of

Tibet in 2018 −2019　　　　　　　　*He Gang* / 250

Abstract: The central government's position on Tibet is "To govern a country must govern the borderland, and to govern the borderland first to stabilize Tibet". Therefore, maintaining national unity and social stability in Tibet is of great significance to the overall situation of the Party and the country. In 2018, the total economic volume of the Tibet Autonomous Region continued to increase, the structure was further optimized, the overall domestic and international situation was coordinated, and the "Belt and Road" Initiative construction was the key point to promote the formation of a new pattern of comprehensive opening-up. In 2019, Tibet Autonomous Region will pay close attention to the reform of people's livelihood, expand domestic demand around the construction of the project, firmly push forward the poverty eradication and rural revitalization strategies, and promote the construction of a beautiful Tibet.

Keywords: Tibet; Economic and Social Development; Policy and Suggests

B. 12　Analysis and Forecast of Economic Situation in Yunnan

Province from 2018 to 2019　　　*Zhuang Hongtai* / 273

Abstract: In 2018, Yunnan Province firmly implemented the new concept of development, closely adhered to the "one leapfrog", "three orientations", "five efforts", maintained a relatively rapid economic development, achieved remarkable results in poverty alleviation, and steadily improved the living standards of the people, laid a solid foundation for high-quality economic development in 2019. In 2019, under the complex global economic environment, Yunnan Province should optimize its industrial structure, increase the intensity of innovation, continue to open wider to the outside world, comprehensively improve the quality of poverty eradication, continuously improve people's livelihood, promote economic development, and make the people's sense of obtaining, well-being, and the sense of security are more enriched, guaranteed and sustainable.

Keywords: Yunnan; The New Concept; Economic Social Development

B. 13   Guangxi Economic Operation Situation in 2018 and

Outlook for 2019

Lv Yusheng, Chen Yujing and Zhang Weihua / 299

Abstract: Since 2018, Guangxi's economy has shown a "U" trend of "a steady start in the first quarter, a rapid decline in the second quarter, and a recovery in the second half of the year. " Guangxi's year on year economic growth of 6. 8% , some indicators performed well, the economic structure was gradually optimized, and the quality and efficiency continued to improve. Looking forward to 2019, in the face of complex and severe external environment and relatively depressed market demand, it is expected that the economic growth rate of Guangxi will still slow down, the downward pressure will not be relieved. And there will be outstanding problems, such as the transformation and upgrading of old kinetic energy is difficult, the cultivation of new kinetic energy still needs to be strengthened, many restrictive factors for investment growth, and the uncertainty of foreign trade growth is strong. It is expected that the economic growth rate in 2019 will be about 6. 5% .

Keywords: Guangxi; Economical Operation; "U" Trend

B. 14   Analysis and Suggestions on the Economic and Social

Situation in Hainan Province from 2018 to 2019

Deng Yingying, Wang Yuan and He Biao / 323

Abstract: In 2018, under the guidance of General Secretary Xi Jinping's

important speech on "April 13" and the spirit of document No. 12 of the Central Committee, Hainan's economic and social development showed a good trend of overall stability and quality improvement. Among them, three industries grew steadily and effective supply continued to expand; investment demand declined significantly and the consumer market was generally stable; the construction of free trade area was steadily promoted and the level of opening-up was significantly improved; social benefits were better and people's lives were continually improved. However, some problems still existed. For instances, the pulling power of major industries was fallen, investment was fallen and the growth of consumption slowed down, the power of demand growth was insufficient, the development of industries was unbalanced, regional development was not coordinated, the capital was reduced while cost was increased, the operating cost of enterprises was increased, the work of agriculture and countryside needed to be continuously strengthened, more historical debts of social undertakings emerged, and people's living standards needed to be improved, etc.. In 2019, in order to develop Hainan's economy and society more smoothly and qualitatively, this paper puts forward measures to deepen the structural reform on the supply side, expand effective demand and build a pilot free trade area (port) with high standards and quality, so as to ensure a sustainable and stable development of Hainan's economy and society.

Keywords: Hainan; Pilot Free Trade Area (Port); Market-oriented Reform

Ⅲ   Thematic Topic

B. 15   Construction of "One Belt and One Road" International
Cooperation Corridor and Measures of China's Border Region

Chu Dongmei / 353

Abstract: The "Belt and Road" six economic corridors include the New Asia-Europe Continental Bridge, the China-Mongolia-Russia Economic Corridor, the China-Central Asia-West Asia Economic Corridor, the China-Indochina Economic Corridor, the China-Pakistan Economic Corridor and the Bangladesh-China-Myanmar Economic Corridor, which formulate the main structure of the "Belt and Road" Initiative. China's borderlands are the important way for the six economic corridors to connect China with more than 60 countries and regions all over the world. China's frontier provinces have taken measures to actively participate in the construction of six international cooperation corridors. Since the construction of the six corridors is still in its infancy, this paper has qualitatively combed the progress of the construction of the six international cooperation corridors in recent years, and made suggestions for further deepening the participation of Chinese frontier provinces in the construction of corridors.

Keywords: "Belt and Road" Initiative; Six Corridors; Chinese Borderland; Economic Cooperation

权威报告·一手数据·特色资源

皮书数据库
ANNUAL REPORT(YEARBOOK)
DATABASE

当代中国经济与社会发展高端智库平台

所获荣誉

- 2016年，入选"'十三五'国家重点电子出版物出版规划骨干工程"
- 2015年，荣获"搜索中国正能量 点赞2015""创新中国科技创新奖"
- 2013年，荣获"中国出版政府奖·网络出版物奖"提名奖
- 连续多年荣获中国数字出版博览会"数字出版·优秀品牌"奖

成为会员

通过网址www.pishu.com.cn访问皮书数据库网站或下载皮书数据库APP，进行手机号码验证或邮箱验证即可成为皮书数据库会员。

会员福利

- 已注册用户购书后可免费获赠100元皮书数据库充值卡。刮开充值卡涂层获取充值密码，登录并进入"会员中心"—"在线充值"—"充值卡充值"，充值成功即可购买和查看数据库内容。
- 会员福利最终解释权归社会科学文献出版社所有。

社会科学文献出版社 SOCIAL SCIENCES ACADEMIC PRESS (CHINA) 皮书系列

卡号：743376869418
密码：

数据库服务热线：400-008-6695
数据库服务QQ：2475522410
数据库服务邮箱：database@ssap.cn
图书销售热线：010-59367070/7028
图书服务QQ：1265056568
图书服务邮箱：duzhe@ssap.cn

S 基本子库
SUB DATABASE

中国社会发展数据库（下设 12 个子库）

全面整合国内外中国社会发展研究成果，汇聚独家统计数据、深度分析报告，涉及社会、人口、政治、教育、法律等 12 个领域，为了解中国社会发展动态、跟踪社会核心热点、分析社会发展趋势提供一站式资源搜索和数据分析与挖掘服务。

中国经济发展数据库（下设 12 个子库）

基于"皮书系列"中涉及中国经济发展的研究资料构建，内容涵盖宏观经济、农业经济、工业经济、产业经济等 12 个重点经济领域，为实时掌控经济运行态势、把握经济发展规律、洞察经济形势、进行经济决策提供参考和依据。

中国行业发展数据库（下设 17 个子库）

以中国国民经济行业分类为依据，覆盖金融业、旅游、医疗卫生、交通运输、能源矿产等 100 多个行业，跟踪分析国民经济相关行业市场运行状况和政策导向，汇集行业发展前沿资讯，为投资、从业及各种经济决策提供理论基础和实践指导。

中国区域发展数据库（下设 6 个子库）

对中国特定区域内的经济、社会、文化等领域现状与发展情况进行深度分析和预测，研究层级至县及县以下行政区，涉及地区、区域经济体、城市、农村等不同维度。为地方经济社会宏观态势研究、发展经验研究、案例分析提供数据服务。

中国文化传媒数据库（下设 18 个子库）

汇聚文化传媒领域专家观点、热点资讯，梳理国内外中国文化发展相关学术研究成果、一手统计数据，涵盖文化产业、新闻传播、电影娱乐、文学艺术、群众文化等 18 个重点研究领域。为文化传媒研究提供相关数据、研究报告和综合分析服务。

世界经济与国际关系数据库（下设 6 个子库）

立足"皮书系列"世界经济、国际关系相关学术资源，整合世界经济、国际政治、世界文化与科技、全球性问题、国际组织与国际法、区域研究 6 大领域研究成果，为世界经济与国际关系研究提供全方位数据分析，为决策和形势研判提供参考。

法律声明

　　"皮书系列"（含蓝皮书、绿皮书、黄皮书）之品牌由社会科学文献出版社最早使用并持续至今，现已被中国图书市场所熟知。"皮书系列"的相关商标已在中华人民共和国国家工商行政管理总局商标局注册，如 LOGO（▨）、皮书、Pishu、经济蓝皮书、社会蓝皮书等。"皮书系列"图书的注册商标专用权及封面设计、版式设计的著作权均为社会科学文献出版社所有。未经社会科学文献出版社书面授权许可，任何使用与"皮书系列"图书注册商标、封面设计、版式设计相同或者近似的文字、图形或其组合的行为均系侵权行为。

　　经作者授权，本书的专有出版权及信息网络传播权等为社会科学文献出版社享有。未经社会科学文献出版社书面授权许可，任何就本书内容的复制、发行或以数字形式进行网络传播的行为均系侵权行为。

　　社会科学文献出版社将通过法律途径追究上述侵权行为的法律责任，维护自身合法权益。

　　欢迎社会各界人士对侵犯社会科学文献出版社上述权利的侵权行为进行举报。电话：010-59367121，电子邮箱：fawubu@ssap.cn。

社会科学文献出版社